국제조세입문

International Tax Primer

제 4 판

Brian J. Arnold 저

문준필 · 서보국 · 양인준 · 전애진 · 최정희 · 황남석 역

정독
DEEP READING

역자 서문

이 책은 캐나다의 저명한 국제조세법 학자인 브라이언 아놀드(Brian J. Arnold)의 국제조세입문(*International Tax Primer*) 제4판을 번역한 것이다. 세계 10위권의 경제 대국인 우리나라에서 국제조세가 차지하는 중요성은 굳이 여기서 강조할 필요조차 없다.

역자들은 평소 국제조세의 중요성과, 또 국제조세를 배우고자 하는 수요에 비하여 이 분야에 입문하려는 초학자들이 학습하기에 적합한 입문서가 부족하다는 문제의식을 느끼고 있었다. 물론 현재 국내에는 이미 여러 권의 훌륭한 국제조세법 서적이 간행되어 있다. 그러나 지나치게 실무적이거나 혹은 저자의 학술적인 주장이 강하게 드러나 있어 초심자가 입문용으로 삼기에는 부담스러운 것도 사실이었다. 그리하여 국제조세법의 입문서로서 전세계적인 평판을 얻고 있는 이 책의 번역에 착수하기로 의기투합을 하게 된 것이다.

이 책의 저자인 브라이언 아놀드는 국제조세의 전 영역에 걸쳐서 활발한 활동을 하여 온 노년의 대학자인데 평소 각 분야별로 소수설도 적지 않게 주장하여 왔지만 이 책에서는 지배적인 견해에 입각하여 최대한 이해하기 쉬운 서술로 일관하고 있는 것이 특히 돋보인다. 그러면서도 각 분야별로 가장 깊이 있는 내용까지 언급을 빠뜨리지 않아 추가적인 공부의 실마리를 던져주고 있는 것도 대가의 풍미가 엿보이는 부분이라고 생각된다. 이 책을 여러 번 되풀이하여 공부할수록 그 맛을 느끼게 되실 것으로 믿는다. 이런 점에서도 이 책은 보편적인 국제조세를 처음 접하려는 학생, 실무가에게 가장 적합한 저술이라고 확신한다.

다만, 외국서적을 통해 국제조세법을 입문할 경우에는 국내의 국제조세법에 관한 내용을 충분하게 학습하기 어려운 점을 보완하기 위하여 역자들은 각 장별로 최대한 역주를 풍부하게 추가하여 국내의 법령, 판례 및 학술적 논의 상황을 소개하고자 하였다. 각주의 내용을 출발점으로 삼아 국내의 문헌을 스스로 조사하여 학습한다면 한 차원 높은 국제조세법의 지식을 쌓을 수 있을 것으로 본다. 아무쪼록 이 책이 작은 디딤돌의 역할을 할 수 있기를 바란다.

이 책의 번역을 허락하여 주시고 번역 과정에서 역자의 사소한 질문에도 성의있게 답변하여 준 저자에게 감사를 드리고, 어려운 출판 환경에서도 이 책의 출간을 위해 용기를 내어 주신 김중용 대표님께도 감사의 말씀을 드린다.

2021. 8.

역자 일동

차 례

제 9 장 최근의 쟁점

일러두기

1. 이 책의 번역은 다음과 같이 담당 부분을 나누어 진행되었다.

제1장 양인준

제2장 황남석

제3장 황남석

제4장 최정희

제5장 문준필

제6장 문준필

제7장 최정희

제8장 전애진

제9장 서보국

다만 일단 담당 부분을 나누어 전체의 번역을 마친 후에는 다른 역자의 번역 부분에 관하여 교차하여 여러 차례 심층적인 검토를 진행하였고 그 과정에서 역자들 간에 의견 교환을 거쳐 최종적인 번역 내용을 확정지었다.

각 장에 관한 의문이나 개정의 건의는 해당 부분의 역자에게 다음의 연락처로 직접 알려주시기를 부탁드린다.

문준필 mjpkr123@naver.com

서보국 bocookseo@cnu.ac.kr

양인준 ijyang@uos.ac.kr

전애진 aejinchun@gmail.com

최정희 jhchoi04@gmail.com

황남석 nshwang@khu.ac.kr

2. 원저에는 각주가 실려있지 않으며 이 책의 각주는 모두 역주이다.

제1장

서 론

1.1 이 책의 목표

이 책, 국제조세입문은 독자들에게 국제조세의 주요 쟁점에 대한 기본적인 분석을 보여주기 위한 것이다. 여기서 다룬 주요 쟁점은 한 국가가 자국의 국제조세 관련 법규정을 만들거나 이렇게 만든 법규정과 교역상대방의 세법규정을 조화롭게 유지하고자 할 때 반드시 직면하게 되는 것들이다. 한때 국제조세 쟁점들은 일부 세무전문가들에게만 중요하게 다루어지기도 했었다. 여기서의 세무전문가는 대체로 규모가 큰 다국적기업의 세무자문역과 이들 다국적기업과 연계된 선진국의 과세당국을 말한다. 그러나 전 세계 국가들이 점차 경제적으로 통합되어감에 따라 국제조세의 쟁점들이 갖는 중요성은 급속하게 커지게 되었다. 오늘날 많은 중소기업뿐만 아니라 개인도 **국경간 거래**(cross-border transactions)에 관여하게 되었고 이들 중소기업이나 개인들 또는 이들의 세무자문역도 업무과정에서 정기적으로 국제조세 쟁점에 직면해야 된다. 대부분의 정부도 해외 투자자에게 우호적인 투자환경을 제시하고 자국의 세수기반(revenue base)을 지키기 위해서 국제조세 쟁점을 중요하게 다룬다.

이 책은 처음으로 국제조세법을 공부하는 학생, 정부공무원과 조세실무가들을 염두에 두고 쓴 것이지만, 국제조세분야에서 이미 상당한 경험을 한 사람에게도 유용하기를 기대한다. 이 책을 쓰는 과정에서 복잡한 국제조세 쟁점들을 분석하면서 매번 계속해서 국제조세의 기본원칙들로 되돌아가야 했다. 결국, 이 책의 목적은 국제조세의 기본원리를 명확하게 설명하기 위한 것이라고 볼 수 있다.

국제조세전략을 어떻게 짤 것인가가 한 국가 세법규정의 기술적이고 세부적인 쟁점에 의해서만 좌우되는 것은 결코 아니지만, 그와 같은 세부 쟁점들에 분명한 근거를 두고 행해지는 것임에는 틀림없다. 따라서 이 책에서 특정한 쟁점에 관하여 적절하고 구체적인 세부내용을 언급해야 할 필요가 있는데, 그래야 비로소 이들 주제가 실무적 중요성을 갖는다는 점도 이해할 수 있기 때문이다. 하지만 이 책에서 국제조세에 관한 일반원칙과 기본구조를 설명하는 데 중점을 두지 않는다면 애초 이 책을 쓴 목적도 사라지게 된다. 그래서 저자로서는 총론(일반원칙)과 각론(구체적 세부사항) 간에 적절히 균형을 유지하면서 설명하려 하였고, 이를 위해 기본원칙을 언급하면서도 계속해서 다수의 선진국과 개발도상국의 실무를 참고로 언급하는 방식을 택하였다.

이 책에서 처음부터 끝까지 등장하는 많은 예시는 적절히 설명을 하기 위한 목적으로 든 것이기 때문에 특정한 국가의 법령을 확정적으로 해석하기 위한 것으로 이해해서는 안 된다. 모든 국가의 과세실무가 어떠한 것인지를 살펴보기 위해 이 책을 쓴 것도 전혀 아니다. 저자는, 저자가 잘 아는 국가 등 어느 특정한 국가의 관점에서 이 책을 집필하지 않으려고 했다. 그 대신에 대부분의 국가에 관련되거나 중요한 국제조세의 쟁점을 파악해서 논의해보고자 하였다.

우선 1.2에서는 '국제조세'의 정의를 설명한다. 1.3은 국가들이 국제조세에 관한 법령을 만들 때 따라야 하는 가장 중요한 목표가 무엇인지 살펴본다. 1.4에서는 세무자문역이 국제거래와 관련해서 세무전략을 짤 때 어떤 역할을 담당하는지를 설명하고 전형적인 국제조세전략에 관한 몇 개의 예시사례를 함께 소개한다. 1.5에서는 국제조세와 관련해서 중요한 역할을 담당하는 주요 국제조직들을 살핀다.

제2장은 각국이 자국 거주자와 비거주자가 번 소득에 대해 과세권의 범위를 정할 때 적용해온 규정에 관하여 설명한다. 제3장은 한 국가가 자국 거주자의 전세계소득에 대한 과세할 때 생기는 쟁점을 다룬다. 어느 한 국가가 자국 거주자의 전세계소득에 대해 과

세하고 같은 소득에 대해 다른 국가가 소득이 자국에서 발생하였다거나 자국에서 번 소득이거나 자국에서 소득원천이 있다는 이유로 다시 과세하게 된다면, 이 소득에는 필연적으로 이중과세문제가 뒤따라오게 된다. 이런 납세자가 겪게 되는 곤란 및 다른 형태의 **국제적 이중과세**(internatioanl double taxation)를 완화시키기 위해 이용되는 법체계를 다루는 것이 제4장이다. 앞선 제3장과 짝을 이루는 내용인 제5장에서는 한 국가의 비거주자가 그 국가에서 벌었거나 그 국가에 원천이 있는 소득에 대해 과세할 때 생기는 쟁점을 다룬다. 제6장은 **이전가격세제**(transfer pricing rules)에 관한 논쟁적 쟁점을 다루는데, 여기서 이전가격세제는 법인 간에 이전가격을 조정해서 다국적기업이 조세회피를 하지 못하도록 하는 규정을 뜻한다. 제7장에서는 국제거래에 관한 다양한 조세회피방지규정을 설명하는데, 예를 들면 **피지배외국법인세제**(CFC), **과소자본세제**(thin capitalization), **소득대비 과다이자비용 손금불산입규정**(earning-stripping rules) 등이다. 제8장은 양자간 조세조약의 규정, 그리고 이들 양자 조세조약 규정의 바탕이 된 **OECD 모델조약**과 **UN 모델조약**을 개관하고 분석해본다. 이전 장에서 다룬 쟁점들과 관련된 여러 최근 중요 쟁점들은 제9장에서 검토한다. **세원잠식 및 소득이전**[1](BEPS)에 관한 OECD 대응방안, **혼성사업체**(hybrid entities) 및 **혼성금융상품**(hybrid financial instruments)의 세무상 취급, UN 모델조약상 기술서비스에 대한 수수료 과세문제, 국제조세분쟁 해결을 위한 중재의 활용, 전자상거래를 통해 생긴 소득의 과세에서 생기는 새로운 과세문제 등이 제9장에서 다루는 쟁점에 들어간다.

제9장 뒤에는 국제조세용어에 대한 광범위한 용어집을 덧붙여 두었다. 이 용례집에 수록된 국제조세용어는, 처음에 본문에 등장하면 볼드체로 표시하였다. 용어집에 등장하는 용어에 대해서는 국

1) 다른 용례로, 과세기반침식과 소득이전이라고 옮기기도 한다.

제조세법 맥락에서 해당 용어의 뜻을 적어두었다. 다만 일부 용어의 경우 내국세법의 맥락에서는 약간 다른 의미를 가질 수도 있다는 점을 주의하여야 한다.

1.2 국제조세는 무엇인가?

이 책에서는 편의상 '국제조세'라는 용어를 사용하지만, 특정 국가의 법인세법 또는 소득세법의 국제적 측면을 가리키는 말로는 국제조세법이 보다 정확하다. 사소한 예외가 있긴 하지만 세법은 '국제적'이지 않다. 왜냐하면 과세관할권을 갖는 각 국가들이 만든 것이기 때문이다. 논쟁의 여지가 있긴 하나 적어도 주권국가의 관례나 UN, OECD 같은 국제조직의 조치 등에 의해 다른 규범에 우선하는, 과세에 관한 국제법이 생겨나지는 않는다.

조세조약은 아마도 한 국가의 소득과세법[2] 체계의 국제적 측면을 가장 명확하게 드러내보이는 지점이 된다. 대부분 선진국은 자신과 주요 교역상대방 국가와 조세조약을 체결하며, 주요 교역상대방이 아닌 국가와 조세조약을 체결하기도 한다. 많은 개발도상국 역시 폭넓은 조세조약망을 만든다. 지난 25년에 걸쳐 조세조약의 개수는 기하급수적으로 증가해왔고, 오늘날 3,000개가 넘는 양자간 조세조약이 존재하고 있다. 조세조약은 조약체결국(흔히 **체약국**이라고 한다)의 과세권에 중대한 제약을 가한다. 하지만 일반적으로 조세조약은 조세를 부과하는 역할을 하는 것은 아니다. 오히려 대부

---

2) 저자는 법인세법과 소득세법을 포괄하여 소득세법이라는 표현을 사용하고 있다. 전 세계적으로 법인세법에 관하여 독립된 단행법전을 두지 않고 있는 국가가 많기 때문에 그와 같은 표현을 사용한 것으로 보인다. 그러나 한국은 소득세법과 독립된 법인세법을 두고 있으므로 번역 과정에서는 문맥상 법인세법이라는 표현을 추가하거나 양자를 함께 지칭할 때에는 소득과세법이라는 표현을 사용하기로 하였다.

분 국가에서 조세조약은 그 속성상 조세를 감면하는 역할만을 하게 된다. 조세조약은 체약국 쌍방에는 법적 구속력이 있는 협약이 되지만, 조세조약이 직접 내국세법[3]의 일부로 편입되는 입법례를 제외하면 대체로 조세조약은 납세자에 대해 직접 영향을 미치지는 않는다.

이 책에서 말하는 국제조세의 범위는 매우 넓다. 한 국가에서 법인세법이나 소득세법에 따라 발생하는 조세 문제 중 국제적인 요소를 가지고 있는 모든 문제가 포함한다. 예를 들면 재화나 용역의 국경간 거래, 다국적기업에 의한 국경간 생산, 제조 및 자원개발, 개인이나 투자펀드에 의한 국경간 투자, 자신이 통상 거주하는 국가 밖에서 근무하는 개인 등이 있다. 이러한 경제활동은, 소득을 버는 자가 거주하는 국가와 그 소득이 발생하는 국가 등 최소한 두 개 국가의 법인세법이나 소득세법 하에서 국제적 조세문제를 일으킨다.

일부 국제조세문제는 지극히 복잡한 상황에서 생겨난다. 예를 들어, 여러 국가에 외국 **자회사**(subsidiary)를 두고 있는 다국적기업의 기업재조직이 대표적이다. 반면 단순한 상황도 있다. 이를테면 개인 **거주자**(resident)가 외국법인으로부터 배당을 받거나 혹은 이런 거주자가 해외에 거주하는 배우자나 자녀의 부양에 대해 소득공제를 주장하는 경우에도 일부 국가의 세법에 따르면 국제조세문

3) 원문은 a country's tax law이다. 흔히 일본 학계에서 미국연방세법(Internal Revenue Code)의 역어로 사용하는 경우가 많지만 국내세법의 의미로 혼용해서 사용되는 경우도 적지 않다. 조세조약과 대응시켜 각국의 자국세법이라는 뜻으로 쓴다면 국내세법이라는 말이 더 적절해 보인다. 왜냐하면 논자에 따라 넓은 의미에서의 국제조세에는 부가가치세나 상속세의 국제적 측면이나, 관세법의 쟁점까지 망라하기도 하는데, 일본식 표현 혹은 당연히 관세를 제외하는 의미에서의 '내국세법'보다는 '국내세법'이라는 용어가 보다 적절할 수 있기 때문이다. 조약과 국내법을 두 용어를 흔히 대비시켜 쓴다는 측면을 생각해도 그렇다. 하지만 내국법인과 외국법인처럼 한국의 실정세법상 내국과 외국을 뚜렷이 대비시켜 사용하는 예가 적지 않기 때문에 독자들이 직관적으로 책 내용을 따라올 수 있도록 하기 위하여 이 책에서는 특정국가 입장에서 자국세법을 뜻하는 말로 '내국세법'의 용어를 쓰기로 한다.

제가 발생할 수 있다.

한 국가의 국제조세법은 다음 두 가지 차원의 문제를 갖는다.

(1) 거주자인 개인이나 법인이 해외에서 벌어들인 소득에 대해 과세하는 것과,

(2) **비거주자**(nonresident)의 국내소득(즉 그 국가에서 생겨나거나 원천을 두고 있는 소득)을 과세하는 것

위의 첫 번째 차원의 문제는 이 책에서 '거주자의 국외원천소득에 대한 과세'로, 두 번째 차원의 문제는 '비거주자의 국내원천소득에 대한 과세'로 언급되게 된다. 분명한 것은, (일반적으로 **거주지국**(resident country)이라고 부르는) 특정 국가 거주자의 국외원천소득에 대해 과세하는 것은, (일반적으로 **원천지국**(source country)이라고 부르는) 또 다른 국가 입장에서는 자국 비거주자의 국내원천소득에 대해 과세하는 것이 된다.

자본이나 그 밖의 자원을 어느 한 국가에서 다른 국가로 수출하는 거래를 논자들은 흔히 **아웃바운드**(outbound) 거래라고 부른다. 이와 반대로 **인바운드**(inbound) 거래라는 말은 통상 다른 국가에서 자본이나 그 밖의 자원을 수입하는 거래를 일컫는 용례로 이용된다. 어느 한 국가가 아웃바운드 거래를 하면 대개는 거주자인 납세의무자의 국외원천소득 과세에 관한 규정이 문제되고, 그와 반대로 인바운드 거래를 하면 대개는 비거주자인 납세의무자의 국내원천소득 과세에 관한 규정이 문제된다. 일정한 경우에는 하나의 거래에서 두 가지 규정이 모두 적용되는 결과가 생길 수도 있다. **외국계열회사**(foreign affiliate)를 **내국모회사**(parent corporation)로 매각청산하는 거래가 그 예이다.

국제조세는 법인세나 소득세에 국한되지 않는다. 국제조세에는 유산세(estate tax), 증여세, 상속세, 일반 부유세, 부가가치세, 관세 그리고 다양한 특별세 등이 포함된다. 유산세, 증여세 그리고 부

가가치세의 국제적 측면은 특히 중요하다. 예를 들어 거주자가 비거주자나 비영주자인 개인으로부터 유증이나 증여를 받는 경우 혹은 어떤 개인이 국외에 재산을 보유한 채로 사망하는 경우, 부의 이전에 관한 조세(wealth-transfer taxes)는 중요한 국제적 함의를 갖는다. 마찬가지로, 재화나 용역이 디지털형태든 아니든 간에 그 공급시 국외의 다른 국가가 국내사업자나 소비자에 대해 부가가치세를 과세하는 경우에는 중요한 세수문제나 경쟁력(competitiveness) 문제가 생긴다. 이들 문제는 모두 이 책이 다루는 범위를 넘는데, 이 책은 넓은 의미의 소득세법, 즉 법인세법과 소득세법의 국제적 측면에 국한해서 국제조세를 다루기 때문이다.

1.3 국제조세법의 목표

국제조세법규를 입안하는 과정에서 어느 국가든 다음 4개의 주요한 목표를 달성하기 위해 노력해야 한다. 종종 이들 목표가 상충하기 때문에 어느 국가든 이들 상충된 목표 사이에서 균형을 달성하기 위해 노력해야 한다. 국제조세의 정책목표 중 일부는 일방적 조치를 통해 효과적으로 달성될 수 있기도 하지만, 다른 목표들은 다른 국가들과의 협력을 통해서만 달성될 수 있다.

세수 고려 정부는 공공재나 공공서비스에 사용할 돈을 마련하기 위해 세수를 걷는다. 순수하게 국가적 관점에서 보면 모든 국가는 자국의 세수를 극대화하기를 바란다. 다만 이러한 목표는 다른 목표들과 상충하는데, 외자유치의 필요성이나 다른 국가의 세수라는 목표 등이 이에 속한다. 국제적 관점에서 보면, 각국은 거래활동에서 생겨나는 소득으로부터 자국의 정당한 몫을 얻어야 한다. **국가간 형평성**(internation equity)이라는 이런 목표를 달성하려면 어느 국가든 자국의 과세기반을 보호해야 한다. 즉 내국세법체계를 적절히 발전시키고 세법규정을 집행하기 위해 효율적인 과세행정도 아울러 갖추어야 한다. 그리고 거주자나 비거주자의 국내원천소득에 대한 과세권을 부적절하게 제약하는 조세조약이라면 체결해서는 안 된다.

공평 다른 세목보다 법인세나 소득세가 월등히 유리한 점은 공평과 관련해서이다. 통상적으로 공평이라는 것은, 소득원천이나 그 유형과 무관하게 같은 소득이 있는 사람이라면 같은 세부담을 지는 것으로 달성되고(수평적 공평), 개인의 담세력에 상응하는 부담을 지게 하는 것으로 달성된다(수직적 공평, 즉 많이 벌면 벌수록 더 많이 조세를 내라는 것이다). 회사나 법인에 대한 과세와 관련해서는 공평을 고려할 필요가 없다. 왜냐하면 이런 단체들은 법에 의해 창조된 법적 의제일 뿐이어서 자연인과는 달리 현실세계에서 유형적 실체를 갖지 않기 때문이다. 비록 회사나 이들 법인이 조세를 납부하기는 하지만, 궁극적으로 이런 조세는 주주든, 피용자든, 회사 고객이든 궁극적으로는 살아있는 자연인이 부담하는 것임에 틀림없다. 법인세가 어느 정도까지 주주나 피용자 혹은 고객에게 전가되는지는 분명치 않다. 조세귀착에 관한 분명한 정보가 부족하기 때문에, 각국들이 국외원천소득에 대한 내국법인 과세나 국내원천소득에 대한 외국법인 과세에 관하여 적절한 조세정책을 시행하기가 어렵다.

종종 논자들이 회사와 관련해서 공평을 언급하는 경우, 이들은 실제로는 아래에서 언급하는 경제적 효율성이나 중립성이라는 고려요소를 언급하고자 하는 경우가 있다.

개인 납세자에게 공평이라는 것은 국내원천소득과 국외원천소득 모두에 대한 과세를 하는 것을 뜻한다. 더 나아가 국외원천소득이 직접 벌어들인 것이든 일정한 외국법인체를 통해 벌어들인 것이든 반드시 과세되어야 함을 뜻한다. 하지만 국내원천소득을 벌어들인 비거주자에게 이 같은 공평 기준을 들이대어 조세를 부과할 있는 국가는 존재하지 않는다. 왜냐하면 어느 국가도 자국의 국경 밖에서 발생한 비거주자의 소득 전부에 대해 조세를 부과할 수 없기 때문이다. 예를 들어본다. A국 거주자인 한 개인이 A국, B국, C국에서 소득이 있다고 하자. 일반적으로 B국은 오로지 B국에서 생기는 국내원천소득에 대해서만 과세할 수 있다. 같은 개인이 A국과 B국에서 벌어들인 소득에 대해서는 관련정보를 얻을 수도 없고, 이를 계산에 집어넣을 수도 없다. 하지만 공평하고 적절한 국제조세 기준을 발전시키는 데 기여하거나, 이러한 국제조세 기준에 상응하는 조세부담을 지게 하거나, 그 외에도 자국 납세자의 조세를 부과하거나 징수하는 과정에서 다른 국가들과 협력함으로써 국가들은 공평을 증진시킬 수 있게 된다.

경쟁력 고려 각국이 비거주자의 형편에도 관심을 가져야 하는 것은 맞지만, 각국의 우선적인 의무는 자국 거주자나 국민의 경제적 이익을 증진시키는 것이다. 이를 위해 어느 국가든 자국의 경쟁적 지위를 훼손하거나 세계경제에서 내국법인의 경쟁적 지위를 훼손하는 조세정책수단은 회피해야 한다.

국제적 맥락에서 보자면 각국은 경쟁관계에 있다. 조세경쟁은 각국이 일자리와 투자를 놓고 벌이는 경쟁의 한 방식이며, 이를 위해 일반적으로 조세를 감면하거나 아니면 특정활동에서 생기는 소득에 대해서 조세를 감면해주게 된다. 하지만 국가의 경쟁력은 매우 다양한 요인들에 의해 좌우되는데, 예컨대 노동자의 교육수준, 현대화된 사회기반시설, 정치적 안정, 투자자 보호를 위한 법체계의 확립, 자연자원 등이 그 요인이다. 각국은 투자나 일자리가 국외로 빠져나가도록 만드는 자국 세법규정이나 자본과 일자리의 국내유입을 저해하는 세법규정을 없애버림으로써 자국의 경쟁력을 높일 수 있다. 중장기적으로 본다면 한 국가의 경쟁력은 **조세혜택**(tax incentives)에 의해 증진되는 것은 아니어서, 이러한 조세특례 등의 근린궁핍화정책(beggar-thy-neighbor policies)은 다른 국가의 보복적 대응과 '바닥을 향한 경주'를 초래할 뿐이며, 결국 모든 국가들의 이익을 해치게 된다. 이들 정책은 여기저기로 이동하기 쉬운 자본에서 생기는 소득에 대해 각국이 공평하고 효율적으로 세금을 매길 수 없도록 방해한다.

자본 수출과 자본 수입의 중립성 **자본수출중립성**(capital-export neutrality)과 **자본수입중립성**(capital-import neutrality)은 국제조세정책을 논의할 때 매우 중요한 부분이다. 이들 개념의 중요성을 두고 시비가 없는 것은 아니지만 아무튼 독자들로서는 이들 개념을 숙지하고 있어야 한다.

자본수출중립성의 원칙은 한 국가의 국제조세정책이 자본 유출을 촉진하지도 저해하지도 않아야 한다는 것을 말한다. 자본수출중립성이 달성되려면 한 국가가 자국 거주자(개인이든 법인이든)의 전세계소득에 관하여 과세해야 한다. 실무에서는 정책입안자는 대개 자본수출중립성을 기껏해야 법인과 관련해서 부차적인 목표로 취급할 뿐이다. 거의 모든 국가에서 자본의 유입을 바람직한 것으로 평가하고 조세나 다른 경제정책을 통해 장려한다. 이와는 반대로 자본의 유출은 일반적으로 한 국가의 국부를 감소시키는 것으로 여겨져서, 다수 국가들은 자본유출을 어렵게 만드는 정책수단을 채택해왔다(물론 이들 국가의 세법에도 의도했든 아니었든 자본유출이 쉽도록 하는 세법규정이 있을 수는 있다). 신중한 정책입안자라면 자본유출을 어렵게 만드는 방안에 대해 조심스럽게 접근하게 되는데, 이는 자본유출을 어렵게 하면 자본유입까지도 어려워질 수 있기 때문이다. 예를 들어, 어느 한 국가가 비거주자에게 지급하는 배당, 이자, 사용료에 대해 과도하게 높은 **원천징수세**(withholding taxes)

를 과세하게 되면 비거주자로서는 그 국가에 투자할 의욕을 잃어 버릴 수도 있다.

자본수입중립성의 원칙에 따르면, 어느 한 국가에서 사업활동을 벌이는 납세자는 자신이 어느 국가의 거주자인지와 무관하게 동일한 세부담을 져야 한다. 일반적으로 자본수입중립성이 달성되려면 거주자(개인이든 법인이든)가 국외에서 번 소득(외국자회사를 통해 벌어들인 소득이라도 똑같다)은 과세대상에서 면제해 주어야 한다. 그래서 만약 A국이 내국법인의 외국자회사가 벌어들인 소득에 대해 그 내국법인을 과세하지 않는다면, 해당 외국자회사는 자신이 거주자로 되어 있는 특정한 국가에서만 과세될 것이다. 이는 결과적으로 자회사가 자신이 소재하는 국가의 다른 법인거주자, 즉 그 국가의 내국법인과 동일하게 세부담을 지게 되는 것을 의미한다.

대부분 국가들은 국제조세 법령을 만들 때 자본수출중립성과 자본수입중립성 양자를 모두 감안한 다음 그 내용을 해당 법령에 담는다. 예를 들어 대부분 국가들이 자국 거주자의 전세계소득에 대해서 과세하는 것은 자본수출중립성을 반영하는 것이다. 이와 반대로, 대부분 국가들이 자국 거주자가 지배하는 외국자회사가 벌어들인 국외원천소득에 대해서 과세하지 않는 것(일부 예외가 있기는 하다)은 자본수입중립성을 반영한 것이다. 자본수입중립성은 회사가 벌어들이는 국외사업소득과 관련해서 널리 받아들여지고 있는데, 결과적으로 그런 소득에 대해서는 오로지 원천지국에서만 과세가능하게 된다. 뿐만 아니라 이러한 소득은 법인의 거주지국에서 과세대상에서 아예 면제되거나 혹은 해당 소득이 흔히 배당 같은 형태로 국내로 송금되기 전까지는 과세이연되게 된다.

최근에 몇몇 연구자들은 **자본소유중립성**(capital-ownership neutrality)이라고 하는 또 다른 중립성개념을 주장하고 있다. 자본수출중립성과 자본수입중립성은 자본의 장소를 주목하는 반면, 자본소유중립성은 자본의 소유를 중시한다. 이들은, 자본소유중립성에 터잡은 이상적인 조세체계에서는 조세는 납세자의 자산 소유를 왜곡시키지 않을 것이라고 본다. 자본소유중립성이 달성되려면 모든 국가들이 전세계소득 과세나 속지주의 과세나 어느 쪽이든 같은 제도를 써야 한다고 한다.

소득과세의 공평이나 효율은 궁극적으로 어느 한 국가의 세법에 의해 좌지우지되는 것이 아니고 모든 국가의 소득과세법 적용과정에서 누적되는 효과에 의해 좌우되는 문제이다. 각국은 자국의 소득세제를 교역상대방의 세제와 조화시킴으로써 잃게 되는 것은 거의 없고 얻어낼 것은 많다. 조세조약이 바로 이러한 협력을 달성하는 주요한 수단이 된다.

소득과세에 관한 조세조약은 두 가지 주요한 운용목표가 있다. 하나는 국제거래를 발생하는 납세자의 이중과세 위험을 줄이는 것이고, 다른 하나는 국제거래에서 생기는 소득이 완전히 세부담에서 벗어나지 않도록 하는 것(이를 **이중비과세**(double nontaxation) 혹은 **국적없는 소득**(stateless income)이라고 부르기도 한다)이다. 이들 두 가지 목표로 나아가려면 국제조세 법령의 조화를 장려할 필요가 있는데, 이는 동일하고 일반화된 형태를 갖는 조세조약 채택을 통해 이루어질 수 있다. 조세조약의 부차적인 목표로는 비거주자나 해외국적자의 차별대우금지, 정보교환이나 징세, 분쟁해결에서의 행정협력 등을 들 수 있다. 사실상 모든 현대적 조세조약은 상당부분 OECD 모델조약과 UN 모델조약을 기초로 체결되었다. 그리고 UN 모델조약은 많은 부분에서 OECD 모델조약을 본받아 만들지만, OECD 모델조약과 비교하면 UN 모델조약은 대안규정이나 추가규정을 통해 OECD 모델조약규정에 비해 원천지국이 더 많은 소득에 대해 과세할 수 있도록 해주고 있다. 조세조약에 관해서는 제8장에서 다룬다.

1.4 국제거래에 관한 조세전략을 수립할 때 세무자문역의 역할

국제거래에서 세무자문역의 역할은 국내거래에서 세무자문역이 담당하는 역할과 서로 비슷하다. 대개 세무자문역의 가장 중요한 역할은, 자신의 고객이 함정이나 변칙적인 상황에 빠져서 결국 합리적으로 예측할 수 있는 수준을 넘어서는 세부담으로 이어지지 않도록 하는 것이다. 이러한 방어적인 조세전략 때문에 세무자문역이 일국의 세무공무원들이 적대적인 관계에 서서는 안된다. 세무공무원들 역시 납세자에게 적절한 세부담을 지게 한다는 자신의 역할을 해야 하기 때문이다. 사람들은 국내 세무자문역이든 해외 세무자문역이든 국제조세전략을 잘 알 것으로 생각하는데, 세금을 적게 내려면 국제조세전략이 필요하기 때문이다. 이러한 전략에는 소득 일반에 대해 혹은 특정 소득에 대해 저율과세 혹은 비과세하는 국가를 활용하는 경우가 흔하다. 이러한 국가를 흔히 **조세피난처**(tax havens)라고 부른다.

국제조세 자문역은 방어적 세무전략을 수립할 때 국내 자문역에 비해 더 많은 시간이 걸리는 경향이 있는데, 왜냐하면 국제거래를 하는 납세자는 과도한 세부담을 지게 될 심각한 위험에 자주 직면하게 되기 때문이다. 전형적으로 이러한 위험은 두 국가 혹은 그 이상의 국가가 같은 소득에 대한 과세권을 행사하면 생기게 된다. 다수의 중요한 국제조세법령은 이러한 이중과세문제를 완화하거나 제거하기 위해서 고안된다. 이중과세를 경감하기 위해 통상 활용되는 조치는 제4장에서 논의한다.

공격적 조세전략은 눈에 쉽게 띄고 뉴스거리도 되기 쉽겠지만, 사실 이러한 공격적 조세전략 활동이 대부분의 국제조세 자문역의 실무에서 차지하는 비중은 그다지 높지 않다. 하지만 이러한 공격적 조세전략 활동은 일부 대형 로펌과 회계법인의 실무에서 중요한 부분을 차지하고 있고, 이 때문에 각국 정부들도 점점 복잡한 조세회피대응세제를 갖추어오고 있다. 국제적 **조세회피**(tax avoidance)에 대응하기 위해 고안된 대부분의 주요법령들은 제6장, 제7장, 제8장에서 논의된다. 이들 규정을 통해 조세피난처가 완전히 없어진 것은 아니어서, 여전히 국제적 조세회피의 기회는 개인투자자나 다국적기업에 의해 광범위하게 활용되고 있다.

세무자문역의 역할은 관련거래나 투자가 아웃바운드인지 인바운드인지에 따라 다르다. 거주자인 납세자가 아웃바운드 투자를 하는 상황에서 세무자문역은 흔히 자신의 고객과 지속적인 관계를 유지해왔고 고객의 모든 상황에 대해 익숙한 경우가 흔하다. 결과적으로 납세자는 자기가 한 거래의 국내 세부담만이 아니라 해외에서의 세부담에 관해서도 국내 세무자문역에게 우선적으로 물어보게 된다. 국내 세무자문역은 대개 다른 국가의 세법에 관한 법률자문을 해줄 역량이 안 되는 경우가 많지만 고객입장에서는 세무전문가이므로 해외조세에 관한 법률자문에 있어서도 일종의 필터(filter)로서 역할을 할 수 있을 것으로 기대하게 된다. 그래서 해외세무자문역이 고객에게 직접 자문을 해주는 경우보다는 국내 세무자문역과 함께 진행하는 경우가 오히려 보통이다. 이와 대조적으로, 세무자문역이 비거주자가 한 인바운드투자에 대해 자문을 해주는 경우라면 그의 역할은 훨씬 더 제한된 범위에 그친다. 보통 자문은 세무자문역이 속한 특정 국가에서의 세금문제에 국한되고, 그래서 세무자문역은 비거주자를 위한 전반적인 조세전략에 지속적으로 관여하지는 못한다. 또한 앞서 지적했듯이 이런 상황에서 세무자문역은 자신이 직접 고객과 소통하기보다는 국외의 세무자문역과 함께 업무를 진행하게 될 것이다.

인바운드투자가 문제되든 아웃바운드투자가 문제되든 국제거래에 관해 자문을 해주는 국내 세무자문역은 언제나 해외의 변호사, 회계사, 사업자문역들과 업무를 진행하게 된다. 이 점에서 세무자문역의 역할은 쉽지 않을 때가 많다. 기본적인 법개념, 세법 그리고 회계실무 등이 차이가 나기 때문이다. 언어문제나 문화적 차이점 때문에 격차가 더 벌어질 수도 있다.

세무자문역이 해외 세법에 관해 자문을 해 줄 법적인 자격은 없지만 그렇더라도 다른 국가의 세법에 대한 지식은 자신의 중요한 자산이 된다. 이러한 지식을 통해서 해외 세무자문역과 훨씬 더 효율적으로 업무를 진행할 수 있고 양국의 법제도 하에서 적정한 세부담을 나오도록 거래구조에 관한 여러 대안을 제시할 수도 있다.

납세자 입장에서 본다면, 국외에서 발생하는 세부담문제는 국내에서 생기는 세부담문제만큼, 아니 그보다 훨씬 더 중요하다. 국내보다 국외의 과세결과가 더 중요하다고 생각하는 사람도 있다. 예를 들어 T라고 하는 어떤 개인 거주자가 다른 국가에 **포트폴리오 투자**(portfolio investment)[4]를 하려고 하는 경우를 생각해보자. T는 자신의 거주지국에서 국외원천소득을 어떻게 과세할 것인지와 이중과세 경감을 위해 활용할 수 있는 규정에 대해 당연히 관심을 가진다. 하지만 T는 국외에서의 세부담 정도에 대해서도 관심을 갖고 있다. T의 거주지국에서 국외원천소득에 대해서는 면제해주는 방식으로 이중과세를 경감해주고 있다면, T로서는 원천지국에서 내는 조세만 고려하면 된다.

그러나 T의 거주지국이 **외국납부세액 공제제도**(foreign tax credit)를 사용하고 있으면 상황이 더 복잡해지는데, 그 이유는 제4장에서 상세히 설명한다. 간단하게만 언급하자면, 외국납부세액 공제제도를 채택하는 국가들은 국외원천소득에 대해 부과되는 국내세액에서 외국납부세액을 공제해줄 때 언제나 그에 대해 공제한도를 둔다. 즉, 국외원천소득에 대한 국내세액에 비해 같은 소득에 대

4) 경영권 취득과 무관한 유가증권 투자를 말한다.

한 외국납부세액이 더 많다면 그 초과분에 대해서는 정부가 환급해주지 않는다. T가 자신의 국외원천소득에 부과된 외국세액을 공제받을 자격이 있더라도 T 입장에서는 외국납부세액이 국내세액을 넘는지를 고려해야 한다. 이런 경우처럼 외국납부세액이 국내세액을 넘는 경우라면 국외세율이 T의 실효세율이 된다.

훨씬 더 복잡한 사례를 통해 다른 국가 세법이 세무자문역에게 중요하다는 점을 보기로 한다. 가령 다국적기업이 사업상 이유로 자신의 회사들에 대해 기업재조직을 하고 싶어하는 상황을 생각해보자. 특별한 규정이 없으면, 이러한 기업재조직은 다국적기업이 사업활동을 벌이거나 자신의 자회사들을 두고 있는 국가들의 세법 하에서 상당히 불리한 세부담을 야기할 가능성이 있다. 하지만 많은 국가에서 특정한 기업재조직[5]에 대해 면세가 되도록 규정을 두고 있다(보다 정확히 말하면 과세이연되도록 규정을 두고 있는 셈인데, 기업재조직과정에서 자산이 넘어가면서 생긴 이득이나 손실은 나중에 해당 자산이 궁극적으로 다른 자에게 처분될 때에야 과세대상이 되기 때문이다). 그러므로 다국적기업이 기업재조직을 할지 말지 정할 때 다국적기업은 세무자문역에게 모회사의 거주지국 세법에 따를 경우 기업재조직에 따른 세부담의 정도에 관해 자문을 구해보게 된다. 또한 자회사가 있는 국가나 자회사가 사업활동을 벌이는 국가의 세법에 따를 때의 세부담 정도에 대해서도 자문을 구하게 된다. 이런 자문에 답하는 것은 쉽지 않은 일인데, 기업재조직에 관한 세법규정이 국가에 따라 매우 다양할 뿐만 아니라 종종 복잡한 방식으로 서로 밀접히 연관되기 때문이다.

이렇게 내국세법과 외국세법이 교차하는 지점은 국제조세를 공부하거나 이를 실무로 다룰 때 맞닥뜨리게 되는 가장 어려운 부분 중 하나이다. 세무자문역들은 대개는 자신의 자국세법에 대해서

5) 기업조직재편이라고 부르기도 한다.

자문해주는 것에만 능숙하겠지만, 거기에만 머물러서는 안된다. 곧 외국세법에 대해서도 충분히 익숙해져서 잠재적인 문제점을 인지할 수 있어야 하고 또 해외 세무자문역들과 효율적으로 업무를 진행할 수 있어야 한다. 게다가 내국법과 외국법이 교차하는 지점은 세무에 한정되지 않는다. 어떤 거래의 세부담이 얼마인가는 해당 거래의 민사법적 법률관계에 따라 좌우될 때가 많다. 예를 들어 세부담 정도는 소득을 개인이 벌었는지, **신탁**(trust), 파트너십, 회사 혹은 그 밖의 다른 법적 단체가 벌었는지에 따라 달라지게 된다. 마찬가지로 세부담 정도는 납세자가 자산을 넘겼는지, 노하우를 넘겼는지 아니면 용역을 제공하였는지 여부에 따라 달라질 수 있다.

민사법적 법률관계를 염두에 두면서 어떤 거래의 세부담 정도를 판단하는 문제는 외국이라는 사정까지 고려하면 더욱 복잡해진다. 국내의 세부담문제가 외국의 법개념에 근거해서 결정되어야 하는 경우가 종종 있기 때문이다. 예를 들면, 어떤 거주자가 다른 국가에서 설립된 유한책임회사(이런 형태의 단체는 투자자에게 유한책임을 지게 하면서도 소득과세목적에서는 회사에 대해 투시과세를 하는 것이 핵심이다)에 지분이 있다고 할 때, 이러한 지분은 파트너십의 지분으로 봐야 하는가, 주식회사에 대한 주주권처럼 봐야 하는가, 아니면 다른 무언가로 봐야 하는가? 그리고 이러한 법률관계 성질결정은 양국에서 동일한가? 해당 단체의 법률적 성격을 양국에서 서로 달리 본다면 바로 혼성단체가 되는 것이고, 이런 혼성단체에서 생기는 쟁점에 대해서는 제9장의 9.2에서 다룬다.

기업이 해외에 **직접투자**(direct investment)를 할지 여부를 일차적으로 판단할 때 조세가 중점적인 고려요소는 아니다. 적어도 최초의 투자 여부와 관련해서는 다른 고려요소들, 예를 들면 투자수익, 정치적 안정성, 노동력에 대한 비용, 해외시장에 대한 접근성이 조세보다 훨씬 더 중요하다. 세금을 꼬리로 보면 사업은 개로 볼 수 있고, 꼬리는 개를 흔들 수 없다. 하지만 일단 투자하겠다는 결정을 내리고 나면 조세는 투자를 어떻게 구조화하고 재원을 어떻게 조달할지를 선택할 때 중요한 고려요소가 된다. 또한 투자로부터 생긴 소득을 재투자할 것인지 아니면 본국으로 송금할 것인지에 대해서도 중요한 고려요소가 된다. 세무자문역은 해외기업이 국내기업에 이익을 송금하는 각 방안들에 따른 세부담 정도(tax consequences)에 대한 자문을 해 주어야 하고, 또 해외기업이 활동할 때 드는 추가적인 자본을 제공할 때 생기게 되는 세부담 정도에 관해 자문을 해 주어야 한다.

세무전략을 세울 때 꼭 명심해야 하는 중요한 점 한 가지는 고객의 회사 등 그 단체가 세무전략을 이행할 때의 영향을 버텨낼 수 있느냐이다. 세무전략이 이행하기에 너무 복잡하면 조세를 줄여서 얻는 이익은 추가적인 관리비용 때문에 상쇄되어 버릴 수 있다. 더 나아가 사실상 세무전략에 상응하게 사업을 운용할 수 없으면 조세전략의 유용성은 크게 저해될 것이다. 예를 들면, 조세전략을 통해 조세피난처에 외국자회사를 설립한 후 국내의 모회사에서 상품을 사서 해외에 있는 고객에게 재판매한다고 하자. 이런 세무전략은 조세피난처의 자회사에 물건을 보내야 한다는 조건이 붙는 셈이다. 하지만 사업적 견지에서 보면 모회사가 물건을 고객에게 곧바로 보내는 게 더 나을 수도 있고, 이런 경우라면 위와 같은 세무전략의 성공 여부는 크게 위협을 받게 된다. 그리고 납세자 입장에서 보더라도 이런 경우에 엄청난 패널티를 받을 가능성도 있다.

국외투자를 구조화하는 많은 다양한 방법이 있다. 예를 들자면, 한 제조회사가 다음 한 가지 이상의 방법으로 해외에 자신의 상품을 판매할 수 있다.

- 우편주문, 인터넷판매, 순회판매대리점 등을 통해 상품을 해외에 있는 고객에게 직접 판매하는 방식

- 상품을 자신의 특수관계인이 아닌 유통업자에게 판매하고, 유통업자가 이를 다시 고객에게 판매하는 방식
- 해외에 창고나 판매사원 등을 포함해 **지점**(branch)을 설립하고 이를 통해 상품을 판매하는 방식
- 해외에 자회사를 설립하고 이를 통해 상품을 판매하는 방식
- 해외에 지주회사를 설립한 후 이 지주회사가 해외 판매자회사를 다시 만들고 이 자회사가 상품을 판매하는 방식
- 자신의 특수관계인이 아닌 외국법인에 상품에 대한 제조 및 판매 허가를 내주고는 방식

위에 제시한 여러 방법에 따른 세부담 정도는 어느 국가의 세법이 문제되는지에 따라 상당히 다른 결론이 나오게 된다.

어느 한 국가의 거주자인 법인이 다른 국가에 하는 투자를 구조화할 때에는 크게 두 가지 중 하나를 선택하게 되는데, 그 하나는 지점을 두는 것이고 다른 하나는 자회사를 설립하는 것이다. 지점을 둘 것인지 자회사를 둘 것인지의 핵심적인 차이는, 자회사는 별개의 법률적, 세무적 실체를 갖지만 이에 반해 지점은 다른 국가 거주자인 법인의 한 부분에 불과하다는 점이다. 결과적으로 국외지점을 통해 사업을 수행하는 내국법인[6]이라면 내국법인은 지점이 벌어들인 이득에 대해 과세가 되는데, 이는 지점이 법인과 구별되는 별개의 법적 실체가 아니기 때문이다. 조금 더 언급하자면 법

6) 원문은 a resident corporation이기 때문에 직역하면 '거주자법인'으로 옮길 수 있다. 우리 세법상 개인의 내외구분으로 거주자/비거주자, 법인의 내외구분으로 내국법인/외국법인의 용어를 사용하는데 이는 기본적으로 국내법 개념이다. 조약에서는 개인거주자든 법인거주자든 그냥 거주자(resident)로 구분하고 있어서 위의 국내법 용례와는 다소 차이가 있다. 즉, 내국법인/외국법인 용례는 특정국가 법률을 전제로 한 법인의 내외기준으로 사용되는 말이다. 그렇다면 특정국가를 염두에 두지 않고 일반적으로 "자국에 거주하는 법인"의 의미로 내국법인이라는 말은 쓰는 것은 엄밀한 의미에서는 부적절한 측면이 있다. 하지만 한국의 실정 세법에 익숙한 독자의 가독성을 고려해서 내국법인이라는 용어로 통일해서 쓰기로 한다.

일반의 견지에서 볼 때 내국법인은 지점을 통한 자신의 해외사업 활동에서 생기는 법적인 책임, 가령 상품결함 때문에 생기는 채무를 지게 된다. 이와 반대로 외국자회사를 통해서 해외사업활동을 벌인다면 그 자회사가 자신이 벌어들인 이득에 대해 조세를 내고 자기의 법적 채무에 대해 책임을 진다. 자회사는 별개의 법적 실체를 갖기 때문이다. 물론 이러한 일반적인 원칙에는 예외도 있기는 하다.

요약해보자. 국제거래에 대한 세무전략을 세울 때 세무자문역은 두 가지 역할을 수행하게 된다. 첫째, 세무자문역은 합리적인 범위 내에서 사업수행에서 생기는 세무적 비용과 혜택을 수량화해야 하고 이들 세무적 비용과 혜택에 따른 세무위험을 평가해야 한다. 둘째, 세무자문역은 조세를 제일 적게 납부하기 위한 방안을 제시해야 한다. 흔히 국제조세전략에서 조세를 최소화하는 방안을 찾는다고 하는 것은, 먼저 거래를 구조화하는 다양한 방식을 확인한 다음 세부담 차원 및 전반적 사업수행과정에서 특정 세무전략의 수용가능성 차원에서 다른 방식보다 더 나은 방식을 추천해준다는 것을 포함한다.

국제조세전략은 항상 각 고객의 개별적 상황에 맞추어 정교하게 세워야 하지만, 세무전략 중 전형적인 유형 몇 가지는 눈에 띈다. 실무가 어떻게 이루어지는지 맛보는 차원에서 국제조세전략 중 세 가지 유형에 대해 아래에서 설명한다. 아래 예시사례는 극히 단순화시켜 만든 것들이다.

이중공제리스(Double-dip leases) 일부 국제거래는 양국이 해당거래를 서로 다르게 세무처리한다는 점을 활용하기 위해 만들기도 한다. 국제적 리스 거래는 이러한 조세전략 유형을 설명할 수 있는 예이다.

A국 법인인 항공사가 자기 사업에 쓰기 위해 새 비행기를 신용

거래방식으로 구매하려고 한다고 하자. 이 회사는 상업대출(commercial loan)을 일으켜 비행기를 직접 사버릴 수도 있고 금융리스를 활용해서 비행기를 구매할 수 있다. 일반적으로 금융리스는 금융계약의 일종인데, 이를 통해 임차인은 리스한 자산의 소유권을 실질적으로 취득하게 된다. 사실상 임대인은 임차인에게 재산의 소유권을 판매하고 금융계약을 통해 임차인이 리스를 통해 재산을 취득할 수 있도록 금융을 제공한다. 임대인은 전형적인 임대차에서는 이자를 수령하고 원본을 되돌려 받지만, 금융리스에서는 재산의 매매대금과 거래의 금융 측면을 반영한 렌탈비를 지급받는다.

A국 세법에 따를 때 금융리스는 매매로 취급된다고 하자. 그러면 A국 거주자인 항공사가 금융리스를 통해 비행기를 넘겨받게 되면 A국 세금목적상으로는 해당 항공사가 비행기의 소유자로 취급된다. 그러므로 이 항공사는 비행기의 감가상각분과 리스비용 중 이자부분에 대해 손금으로 공제를 받을 수 있다. 감가상각공제분은 꽤 큰 부분인데 왜냐하면 많은 국가가 중요자산 투자에 대해서는 일종의 조세특례로 가속상각제도를 규정해두고 있기 때문이다. 또한 이 항공사는 비행기 구입을 통해 A국이 규정한 투자세액공제도 받을 수 있게 될 것이다.

만일 임대인도 A국 거주자라면 금융리스는 판매로 취급되어 그에 따른 적절한 이득이나 손실도 인식되고 리스비 중 이자부분도 임대인의 소득에 반영될 것이다. 하지만 임대인이 B국 거주자이고 B국에서는 이런 금융리스도 세금목적상 일반리스로 취급된다고 가정해보자. 이런 경우라면 임대인은 B국에서는 자신이 항공기의 소유자로 취급된다. 그러므로 감가상각비 공제분과 비행기 소유자로서 누릴 투자세액공제도 임대인이 받게 될 것이다. 항공사에서 받은 이자에 대해서는 임대인도 B국에서 조세를 내게 된다. 하지만 A국 입장에서 금융리스는 매매로 취급되기 때문에 항공사를 비행기의 소유자로 본다. 이처럼 B국 입장에서 렌트해주었다는 이유로 받는다고 본 동일한 금액을 A국은 비행기 구입비용과 이자로 취급하게 된다.

이런 형태의 구조화된 세무전략을 흔히 **이중공제리스**(double-dip lease)라고 부르는데, 그 이유는 비행기 소유권과 관련된 세제상 혜택을 양국에서 모두 받을 수 있기 때문인데 이는 양국에서 동일한 거래의 법적 성격을 다르게 평가하기 때문이다.

조세피난회사 국제조세전략은 조세를 거의 안 내거나 아예 안 내는 국가를 활용하는 경우가 아주 많다. 이러한 조세피난처를 이용해서 다양한 방식으로 고세율국가 거주자의 세부담을 줄일 수 있다. 일반적인 방법은 조세피난처에 피지배외국법인을 설립하는 것이다.

예컨대 A사는 A국에서 제조업을 종사하는 거주자라고 하고, A국 법인세율을 40%라고 하자. A사가 자신이 만든 상품을 A국뿐만 아니라 여러 다른 국가에서 판매한다. A사의 전세계소득에 대해서는 A국이 과세한다. 한편, A사는 TH국에 자신이 100% 지배하는 완전자회사인 TH사를 설립하는데, TH국은 어떠한 소득과세도 하지 않는다. TH사는 A사부터 **정상가격**(arm's-length price)으로 상품을 구입해서 A국 이외의 다른 국가에 다시 판다. 그에 따라 A국 밖에서의 판매소득은 A회사가 아닌 TH사에 귀속한다. TH사는 별개의 법적 실체이고 또 세무자문역이 TH사는 A국법인이 안 되도록 할 것이기 때문에, TH사에 귀속되는 소득은 TH국에서도 A국에서도 과세하지 않은 결과가 된다. 결과적으로 TH사의 소득을 200만 달러로 가정하면 이 거래구조를 통해 A국에 납부해야 할 세금을 80만 달러(200만 달러×40%)만큼 줄일 수 있다.

만일 TH사가 자신의 종업원도 없고 A사로부터 산 물건도 한 번도 넘겨받지 않았다면, A국은 TH사를 허울뿐인 회사로 볼 것이고 판매소득도 A사에 귀속시킬 수 있다. 일정 국가들은 TH사가 실제로 판매업무를 수행하더라도 TH사에서 생긴 소득을 A사로 귀속시키는 법규정을 두고 있다. 이런 규정을 피지배외국법인세제[7]라고 부르고, 국제적 조세회피를 다루는 제7장 중 7.3에서 다룬다.

스스로를 조세피난처로 홍보하는 대부분 국가들은 전통적으로 거래 세부내용을 다른 국가 정부에 공개하지 않는 방식으로 내국법인과 금융 중개회사를 광범위하게 보호한다. 이들 국가의 비밀주의체제 때문에 고세율국 과세당국은 자국 거주자의 조세회피나 탈세를 적발하는 것이 어려웠다. 이런 상황은 2000년대 초반에 급격히 바뀌게 되었는데 세간의 이목을 끄는 일련의 광범위한 조세회피문제에 리히텐슈타인이나 스위스 등 조세피난처의 대규모 은행들이 주도적 역할을 했기 때문이다. 이들 사건 때문에 은행비밀주의가 사라지게 되었고 그 뒤 과세당국간에 요청에 따른 정보교환 및 자동적인 정보교환에 관한 공통의 국제기준이 수립되었다. 조세회피 및 탈세 방지를 위한 정보교환의 주요사항에 대해서는 제8장 8.8.4에서 다루게 된다.

조약편승 또 다른 형태의 국제조세전략은 조세조약을 이용해 조세를 줄이는 방법이다. 한 가지 흔한 사례는, 어느 국가의 거주자가 다른 국가의 조세조약망을 이용하기 위해 그 다른 국가에 도관회사를 설립하는 것이다.

A국 거주자인 A사가 값비싼 무형자산을 개발하고 다른 여러 국가에 있는 제조업자에게 사용허가를 내주려 한다고 하자. A국은 사용허가를 받게 될 일부 제조업자의 거주지국과는 아예 조세조약

---

7) 해외자회사라는 법적 형식을 택하면 전세계소득 과세원칙을 우회해 사실상 해외소득 면제의 혜택을 누리게 되는데, 이를 막기 위해 일정요건을 충족시킨 자회사에 대해 아직 배당이 안된 소득이더라도 모회사 등 그 주주에 과세하는 제도를 두는 경우가 많다. 한국법에서는 '특정외국법인 유보소득 합산과세제도'라고 한다(「국제조세조정에 관한 법률」 제2장 제2절). 이 책에서는 편의상 피지배외국법인세제라 옮기기로 한다.

이 체결된 바 없고, A국과 조약을 체결한 국가들의 경우도 조세조약규정에 따르면 사용료에 대한 원천징수세율이 15%로 정해져 있다. A국은, 내국법인이 지분참여를 한 외국법인으로부터 받는 배당이라면 거기에 대해서는 과세대상에서 면제를 해준다. A회사는 자신의 무형자산을 B국가에서 설립된 100% 완전자회사인 B사로 이전한다. B국은 사용허가를 받게 될 제조업자들의 거주지국 모두와 조세조약을 체결하고 있고, 또 이들 조약은 사용료소득에 대해 원천징수를 하지 않는다고 규정하고 있다.

이런 거래구조 하에서는 결과적으로 사용료가 발생하는 국가에서는 사용료에 대한 조세가 부과되지 않는다. B국은 B사가 받은 사용료에 대해 아예 과세하지 않거나 적게 과세하게 되는데, 이는 B국이 전통적인 조세피난처이기 때문이거나 아니면 무형자산에 대한 사용료를 특히 저율로 과세하는 세제를 두고 있기 때문이다. B사가 A사로 배당하면 A국은 **지분참여면제**(participation exemption) 제도 때문에 외국법인으로부터의 배당에 관하여 과세하지 않을 것이다. A국이 B국으로 무형자산을 이전한 것을 과세가능한 거래로 보더라도 A국이 무형자산 이전에 따른 적정 소득금액에 대해 과세하는 것은 상당히 어려울 것이다. 왜냐하면 이전 당시에 무형자산의 공정시장가치를 정확히 산정해야 하는 문제가 남기 때문이다.

위의 예시사례는 **조약편승**(treaty shopping)의 문제를 보여준다. 사실상 A사는 B국의 조세조약망을 악용한 셈인데, 단순히 B국 거주자가 되는 회사를 하나 설립하는 간단한 편법을 통해 이것이 가능했다. B사는 일종의 도관 역할을 통해 사용허가를 받은 사람으로부터 받은 사용료소득을 과세가 면제되는 배당소득으로 탈바꿈시켜 이를 A사에 지급하였다. B사는 아마도 B국에서 종업원도 없고 사업장도 없을 것이다. 결과적으로 이런 거래구조에 따르면 사용료가 발생하는 국가에서 조세를 원천징수하는 것을 피할 수 있다. 조약남용은 제8장 8.8.2.2에서 다시 다루게 된다.

1.5 국제조세와 관련된 국제적인 단체나 조직

주로 주권국가들이 국내법령이나 조세조약을 통해 국제조세법 규범체계를 수립할 책임이 있기는 하지만 여타 국제적 단체나 조직도 국제조세와 관련해서 중요한 역할을 한다. 국제조세에 영향을 미치는 주요한 네 개 국제조직은 다음과 같다: 경제협력개발기구(OECD), 국제통화기금(IMF), 국제연합(UN), 세계은행그룹(World Bank Group). 이 절에서는 이들 조직에 대해서 간략히 살펴본다.

OECD는 의문의 여지없이 국제조세에 관한 한 가장 영향력 있는 단체이다. 유럽경제협력기구(OEEC)가 제2차 세계대전 이후 유럽재건을 위한 마샬계획의 일부로 설치되었다. 해당 기구는 1961년에 OECD가 되었는데, 그 해 캐나다와 미국이 유럽경제협력기구의 회원국에 참여하였기 때문이다. 오늘날 OECD는 36개 회원국으로 이루어져 있는데, 이들 회원국 대부분은 경제적으로 부유한 자본수출국이다.

OECD의 작업은 다양한 위원회를 통해 이루어지는데, 위원회는 컨센서스(consensus) 방식으로 운영된다. 조세문제를 다루는 위원회는 재정위원회(Committee on Fiscal Affairs)이며, 회원국의 고위세무공무원(senior tax officials)으로 구성된다. 위원회의 작업은 조세정책행정센터(Centre for Tax Policy and Administration)라는 이름의 집행사무국(administrative secretariat)이 지원을 해주는데, 해당 사무국에는 현재 30개국에서 다양한 세무분야 전문가 130명이 파견나와 있다.

재정위원회의 통상적인 작업은 회원국의 고위세무공무원으로 구성된 여러 작업반(working parties)을 통해 수행된다. 현재 작업반과 책임분야는 다음과 같다:

- 제1작업반: OECD 모델조약 및 관련 조약 쟁점
- 제2작업반: 조세정책 및 통계
- 제6작업반: 다국적기업과 이전가격세제
- 제9작업반: 소비세제
- 제10작업반: 정보교환과 납세순응
- 제11작업반: 공격적 국제조세전략

비회원국은 옵저버(observer) 지위를 통해 OECD 작업반의 업무에 참여한다.

OECD 조세정책행정센터는 회원국 범위를 상당히 넘어서는 국제조세계획안(initiatives)에 대해서는 일종의 주도적 역할을 맡고 있다. 여기에는 개별 국제조세 쟁점을 다루는 포럼들이 포함되는데, 포럼에서 다루는 주제에 대해 기여할 의사가 있는 전 세계 모든 국가들은 이들 포럼에 참여할 수 있다. 조세목적 정보의 투명성과 교환에 관한 글로벌 포럼(Global Forum on Transparency and Exchange of Information for Tax Purposes)에는 150국 넘게 참여하고 있는데, 이 포럼은 각 참가국이 정보교환에 관한 국제기준을 실제로 이행하도록 만들기 위한 것이다. 이는 각 포럼참가국끼리 자국 국내법이나 과세실무를 상호점검하게 하는 방식으로 이루어진다.

2012년에는 **G20**과 OECD가 이른바 세원잠식과 소득이전(Base Erosion and Profit Shifting, **BEPS**)을 막기 위한 공동프로젝트를 시작했다. 2013년 OECD는 이에 대한 행동계획(*Action Plan on Base Erosion and Profit Shifting*)을 밝혔는데, 여기에는 15개의 개별적인 계획안이 제시되어 있었다. 그리고 이에 관한 최종보고서가 2015년 10월에 마무리되었다(www.oecd.org에서 이용가능하다). 유해조세경쟁에 관한 포럼은, OECD 회원국과 비회원국이 상호검토를 통해 행동계획 5에 관한 2015년 최종보고서(*Countering Harmful Tax Practices More Effectively, Taking into Account Transparency and Substance*)에 상응하

게 자국의 유해조세실무를 제거하도록 하기 위한 것이다. 세무행정에 관한 포럼은 2002년에 만들어졌고 납세순응도를 높이기 위한 목표를 가지고 세무행정 전반의 이슈를 다루는데, 현재 참가국은 50개국이다.

G20/OECD 포괄체계(G20/OECD Inclusive Framework)는 BEPS안에 따른 최소기준을 이행하기 위한 제도적 합의의 일환으로 2016년 2월에 만들어졌다. 이러한 포괄체계는 감시과정과 상호검토를 통해 운용되며, BEPS 최소기준을 이행하는 데 동의하는 모든 국가들에 공개되어 있다. 현재 120개국이 여기에 참여하고 있다. 이러한 포괄체계는 세원잠식 및 소득이전(BEPS)에 대응하는 개발도상국을 지원할 일련의 실무적 수단을 준비하는 데 도움을 주는 역할도 맡고 있다.

세계은행그룹은 1944년에 설립되었고 5개 기관과 189개 회원국으로 구성되어 있다. 이 단체는 개발도상국에 금융정책조언 및 기술지원을 해주고 있는데, 으뜸가는 목표는 빈곤을 없애고 지속가능한 경제성장을 도모하는 일이다. 세계은행그룹은 자신의 글로벌조세포럼을 통해 조세정책과 세무행정 전반에 대해 개별 회원국에게 자문서비스를 제공해준다.

IMF는 1945년에 설립되었고 189개 회원국을 두고 있다. 기본적인 목표는 국제통화체제의 안정성을 확보하는 일이지만, 그 업무는 경제나 재정 이슈에 광범위하게 확대되어 있다. IMF는 일정 조건 하에서 회원국에 차관을 제공해서, 회원국이 재정상황을 개선시킬 수 있도록 돕는다. 또한 개별회원국에 대해 경제, 통화, 세무 쟁점(조세정책에 대한 자문, 교육훈련, 입법초안작성 등)에 대해 기술지원을 해주고 있다.

끝으로 UN도 1970년대 이후로 국제조세업무를 다루어오고 있으며 그 초기부터 선진국과 개발도상국간 조세조약에 관한 모델조약을 개발하는 업무를 시작하였다. 최초의 UN 모델조세조약은 1980년에 공간되었고, 2001년, 2011년 그리고 가장 최근에는 2017년에 개정되었다. UN 모델조약은 조세 문제에서의 국제협력에 관한 UN 전문가위원회(UN Committee of Experts on International Cooperation in Tax Matters)의 책임 하에 작업이 진행되는데, 참고로 해당 위원회의 전신은 1980년 모델조약을 만들었던 UN 전문가그룹(UN Group of Experts)이다. UN 전문가위원회는 각국에서 지명되어 UN 사무총장이 임명한 25명의 위원으로 구성되며, 개발도상국 위원들이 다수를 점하고 있다. 각 위원은 4년간 각 정부의 대표가 아니라 개인 자격으로 일하게 된다. 하지만 실제로는 이들 위원 중 다수가 자국 정부의 입장을 따르고 있다. 전문가위원회는 일년에 두 번 나흘 동안 모임을 갖는데, 한번은 뉴욕에서 모이고 다른 한번은 제네바에서 모인다. 위원회 회의는 위원들뿐만 아니라 대중들에게도 공개되지만, 위원 아닌 사람은 토론과정에 참여할 수는 있지만 표결을 할 수는 없다. 회의에는 통상 위원회에 위원을 보내지 못한 UN 회원국들, OECD나 IMF 같은 다른 국제단체, 시민사회, 기업조직, 학계의 대표들도 참석한다.

뿐만 아니라, 2012년 이후로는 UN 개발금융국의 역량개발과(the Capacity Development Unit of the UN Financing for Development Office)가 UN 전문가위원회와 함께 국제조세 경험이 일천한 개발도상국을 돕기 위해 아시아, 남미, 아프리카의 국가들에 세금에 관한 기술적인 지원을 해왔다. 이런 업무는 크게 네 가지 분야에 초점을 맞추고 있는데, 이전가격세제, 조세조약, 세무행정, 세원잠식에 대한 대응이 그것이다. 역량개발과는 세원잠식에 관해 세 개의 실무지침[Practical Portfolios(toolkits)]을 발간했는데, 여기에는 개발도상국이 자국 세제를 분석해서 세원잠식 위험을 식별하고 적절한 대응세제를 고안할 수 있도록 활용할 수 있는 상세한 가이드라인이 담겨있다. 이들 실무지침은 용역에서 생기는 소득, 이자소득, 임대소득, 사용료소득 등을 다루고 있다. 이들 지침은 UN 웹페이지에서 이용가능하다. 국제조세 이슈를 다루고 있는 아래의 UN 발간물 역시 UN 웹페이지에서 이용할 수 있다:

- 개발도상국을 위한 이전가격세제 실무지침(제2판, 2017년)
- 조세조약 집행에 대한 편람(2013년)
- 개발도상국을 위한 조약협상과정에서의 몇몇 논제에 관한 보고서(2014년)
- 개발도상국의 세원보호에 관한 몇몇 논제에 관한 편람(제2판, 2017년)

2016년 4월에 IMF, OECD, UN, 세계은행은 이들 네 개 단체의 제도적 조직으로 세무협업플랫폼(Platform for Collaboration on Tax)을 만들어서, 개발도상국이 자국의 세제를 강화하는 데 도움을 주기 위한 협력을 하고 있다. 이 플랫폼의 주된 일차적 목표는 개발도상국이 세원잠식과 그 관련이슈에 대응하는데 도움이 되는 실무적 가이드라인을 담은 8개의 실무지침을 마련하는 것이다. 플랫폼의 작업은 위의 네 개 단체에서 개별적으로 이루어지겠지만, 플랫폼 이름으로 발간되는 보고서에 대해서는 반드시 전원이 동의해야 한다. 지금까지 개발된 보고서는 조세특례, 이전가격에 대한 비교가능성 분석, 그리고 이른바 간접적 소유이전(부동산, 채광, 통신사용허가권 등의 자산을 소유한 법인거주자의 지분의 처분에서 생기는 소득)에 관한 것이다. 기술지원제공이나 교육자교육프로그램 등을 포함한 역량개발활동, 효과적인 정보교환시스템 구축, 지하경제 대응 가이드라인의 제공, 그리고 특히 세무행정, 천연자원 과세, 재정통계 등 다양한 세무이슈에 대한 지식 공유 등도 위 플랫폼에서 다루게 될 것이다.

제2장

과세관할권

2.1 개 관

소득이나 소득을 발생시키는 활동과 연결점(nexus)을 갖는 국가는 그 소득에 관하여 자국의 세법에 따라 과세할 수 있다. 국제적인 용례에 따르면 그러한 연결점에 따른 과세관할권을 "**원천지국 과세관할권**(source jurisdiction)"이라고 한다. 소득세를 과세하는 모든 국가들은 원천지국 과세관할권을 행사한다. 즉, 그 국가들은 그 국가 내에 원천이 있는 소득에 관하여 과세한다.

반면에 소득을 얻은 자와의 연결점을 이유로 그 자의 소득에 관하여 과세할 수 있는 국가도 있다. 그 경우의 과세관할권을 "**거주지국 과세관할권**(residence jurisdiction)"이라고 한다. 어떤 국가의 거주지국 과세관할권에 속하는 자는 일반적으로 소득의 원천을 가리지 않고 전세계소득에 관하여 과세될 수 있다. 즉, 그 자는 국내원천소득과 국외원천소득 모두에 대하여 과세될 수 있다.

일반적으로 대부분의 국가들은 거주자 및 내국법인(이하 이 장에서 '거주자')에 대하여는 전세계소득을 과세하고, 비거주자에 대하여는 국내원천소득을 과세한다고 말한다. 그 서술은 일정 부분 사실이기는 하지만 대다수 국가의 과세체계를 지나치게 단순화한 것이라고 할 수 있다. 거주자의 전세계소득에 관하여 과세한다고 하는 국가들도 모든 거주자들에 관하여 전세계소득 전부를 과세하지는 않는다. 그 대신 거주자, 특히 내국법인이 외국에서 능동적 사업활동[1]을 이행하여 얻은 소득 및 법인 거주자가 지분을 보유하고 있는 외국법인을 통해서 얻은 소득에 관하여는 면세하는 것이 일반적이다.[2] 마찬가지로 원천지국 과세원칙을 채택하고 있다고 하

1) 능동적 사업활동은 수동적 사업활동에 대응하는 개념이다. 수동적 사업활동은 납세의무자가 실질적으로 참여하지 않고 따라서 소득에 대한 직접적인 통제력을 행사하지 않는 것을 말한다. 전형적인 예는 부동산임대활동이다.

2) 많은 경우에 내국법인이 일정 지분 이상을 보유한 외국법인으로부터의 배당소득

는 국가도 외국에서 이행한 기술적 용역의 대가로서 거주자가 비거주자에게 지급하는 것 등의 국외원천소득에 관하여는 과세하는 경우가 많다.

거주지국 과세관할권을 과세원칙으로 채택하고 있는 국가들은 거의 예외없이 그 국가가 거주자라고 규정한 개인과 법인의 소득에 관하여만 그 원칙을 적용한다. 아주 소수의 국가는 — 미국이 대표적인 예이다 — 거주자뿐만 아니라 국적자에 대하여도 과세관할권을 행사한다. 이들 국가는 거주자의 전세계소득뿐만 아니라 국적자의 전세계소득에 관하여 — 국적자의 거주지를 묻지 않고 — 과세한다.

어느 국가의 거주자가 거주지국 밖에서 소득을 얻은 경우(국외원천소득), 거주지국으로서 행사하는 과세권은 그 소득원천이 소재한 원천지국이 행사하는 과세권과 중첩될 수 있다. 또한 거주지국으로서 행사하는 과세권은 거주자의 국적지국(國籍地國)이 행사하고자 하는 과세권이나 — 이른바, **이중거주자**(dual-resident taxpayer)의 경우 — 제2의 거주지국이 행사하고자 하는 과세권과 중첩될 수 있다. 또 국가들이 서로 상반되는 원천지규칙(source rule)을 가지고 있다면 같은 소득에 대하여 서로 과세하고자 할 수도 있다. 이 문제가 만족스럽게 해결되지 않는다면, 거주지 및 소득원천에 바탕을 둔 과세권의 경합은 국제적 상거래와 투자를 저해할 것이다. 나아가 국제거래를 통해서 얻은 소득에 관하여 개인에게 지우는 조세부담은 전통적인 조세형평(tax equity)의 관점에서 불공평하다. 국제적 이중과세를 완화시키기 위하여 취하는 국내적 입법조치 및 조세조약 체결에 관한 내용은 제4장에서 다룬다.

을 비과세하는 방식을 취하고 있다. 이를 특히 지분참여면제제도(participation exemption)라고 한다. 현재 대부분의 선진국들이 이 제도를 도입하였으나, 한국은 아직 도입하지 않고 있다. 상세는 황남석, "원천지국 과세원칙으로의 전환 필요성에 관한 고찰", 「외법논집」 제43권 제3호, 2019, 189면 이하.

국제적 거래활동에 종사하는 자는 이중과세의 위험에 직면하지만, 동시에 국제적 조세회피[이중비과세(double nontaxation)라고 하기도 한다]를 행할 가능성도 있다. 이런 가능성은 거주지국 과세원칙을 취하는 국가들과 원천지국 과세원칙을 취하는 국가들의 원칙 간 차이 및 각 국가들의 조세법령 간 불일치에서 비롯된다. 국제적 거래에서 발생하는 소득에 관하여 과세가 누락되면 비효율과 불공평이 생기게 된다. 과세의 누락이 비효율을 유발하는 이유는 경제적 행위를 교란시키기 때문이다. 즉 납세의무자는 보다 높은 세전 이익을 얻을 수 있는 사업활동 대신에 과세가 누락되는 사업활동을 할 유인을 갖게 된다. 또한 동일 소득을 거둔 납세의무자들 간에도 동일한 세금을 납부하지 않는 결과가 된다는 점에서 불공평하다.

조세피난처(tax haven) 국가는 국제적 소득에 관하여 적정한 수준 이하의 과세가 이루어질 가능성을 증가시킨다. 조세피난처 국가는 외국의 납세의무자들로부터 어느 정도의 수입을 얻겠지만, 그 수입액은 그로 인해 다른 국가들이 잃는 세수에 비하면 작은 액수이다. 여러 국가의 세법은 조세피난처 국가가 취하는 근린궁핍화정책(beggar−thy−neighbor)과 우대조치에 대응하여 자신의 세수를 보호하기 위한 복잡한 규정들을 두고 있다. 가장 중요한 조세회피방지장치는 제7장에서 다룬다.

조세피난처의 악용을 막기 위한 일방적 조치들은 대체로 비효율적이다. 그 중요한 이유는 원천지국과 거주지국이 조세피난처 국가를 거치는 거래에 관하여 정보를 얻기 어렵기 때문이다. 최근까지도 조세피난처 국가들은 다국적기업들과 부유한 개인 국외거주자들이 조세를 회피하고 포탈할 수 있도록 은행의 엄격한 비밀유지규정 및 그와 유사한 비공개 규정들을 두고 있었다. 그러나 최근 10여 년 간 OECD가 지속적으로 펼쳐온 프로젝트를 통해서 은행의 비밀유지규정은 폐지되었고 조세회피 및 조세포탈을 막기 위한 국가들간의 정보교환은 상당히 개선되었다. 세무상 목적을 위한 정보교환을 촉진하기 위한 최근의 여러 노력들에 관해서는 제8장 8.8.4에서 살펴본다.

2.2 거주지(residence)의 정의

거주자(및 비거주자)를 과세하려면, 국가는 개인과 법인을 거주자나 비거주자로 분류하는 규칙을 두어야 한다. 개인과 법인의 거주지를 결정하는 규칙은 아래 2.2.1과 2.2.2에서 각각 살펴본다. 거주지 결정과 관련된 조세조약의 쟁점들은 아래 2.2.3에서 다룬다. 거주지를 결정하는 규칙(결국 비거주지를 결정하는 규칙)은 거주자에 대하여 국내 및 국외원천소득을 과세하기 위해 필요하지만, 비거주자에 대하여 국내원천소득에 관하여 과세하기 위해서도 필요하다. 배당이나 이자 등과 같은 일정한 유형의 국내원천소득의 소득원천은 일반적으로 그 소득을 지급하는 자의 거주지에 있는 것으로 본다.

2.2.1 개인의 거주지

이상적인 거주지 판정기준은 개인 및 과세관청이 그 기준을 적용하였을 때 분명하고, 확실하며, 공평한 결과를 얻을 수 있는 것이어야 한다. 거주자와 비거주자의 세법상 취급은 매우 다르고, 개인이 그 국가의 세법을 준수하려면 스스로 거주자인지 비거주자인지 알 필요가 있기 때문에, 확실성(certainty)은 매우 바람직한 특성이다. 하지만 단순하고 확실한 거주지 판정기준이라도 자의적이고 불공평할 수 있으며 국제적 활동에 종사하는 개인을 복수 국가의 거주자로 판정해 버릴 가능성이 있다. 결국 기대할 수 있는 최선은 압도적인 다수의 납세의무자에게 단순하고, 확실하며, 공평하지만 특별한 상황에 대처하기 위한 세부 규정에 의해 보완되는 규칙이다.[3)]

많은 국가들에서 개인의 거주지는 느슨한 「사실 및 정황 기준(facts-and-circumstances test)」에 의해 결정된다. 개인이 어떤 국가와 밀접한 관련성(allegiance)을 갖는다는 것을 보여주는 가장 중요한 징표는 아마도 그 국가에 그 자신과 가족이 사용할 수 있는 주거를 유지한다는 사실일 것이다. 다음 요소들도 대체로 관련이 있다.[4)]

- 개인의 소득창출활동의 소재
- 개인의 가족의 소재
- 개인의 국가에 대한 사회적 연결점(예를 들어 은행계좌, 클럽 회원권, 운전면허 등)
- 개인의 비자 및 이민법상 지위
- 개인의 실제 물리적 소재의 정도

이 기준에 따라 과세관청은 대체로 객관적인 사실들을 바탕으로 어떤 개인이 국가에 대하여 갖는 경제적, 사회적 관련성이 그 개인을 거주자로 과세하도록 정당화할 수 있는 수준인지 여부를 결정한다.

단순한 추정 규정의 뒷받침이 없다면, 「사실 및 정황 기준」은 만족스럽지 못하다. 「사실 및 정황 기준」은 지나치게 적용하기 어

3) 한국법상 개인 거주자는 국내에 주소를 두거나 183일 이상의 거소를 둔 개인으로 정의된다(소득세법 제1조의2). 주소와 거소의 판정에 관하여는 다시 소득세법 시행령 제2조가 규정하고 있다.

4) 한국의 판례도 소득세법상 외국으로 출국한 사람이 거주자에 해당하는지 여부는 "국내에서 생계를 같이하는 가족의 유무, 국내에 소재하는 자산의 유무, 출국의 목적, 직업, 외국의 국적이나 영주권을 얻었는지 여부 등 생활관계의 객관적 사실을 종합하여 판정하여야 한다"고 판시한 바 있다. 서울행정법원 2010. 2. 5. 선고 2009구합23266 판결(대법원 2011. 1. 27.자 2010두22719 판결로 심리불속행 확정).

려울 때가 많기 때문이다. 객관적 기준에 근거하여 추정 규정을 두는 「사실 및 정황 기준」은, 확실성과 공평성 사이에서 적절한 균형점을 찾을 수 있다. 납세의무자가 거주지를 얻으려는 경우보다는 거주지를 포기하려고 하는 경우에 그런 기준을 더욱 엄격하게 적용할 필요가 있다. 개인의 거주지를 결정할 때에는 다음의 추정들 중 하나 이상이 논거로 이용될 수 있다.

- 과세연도 중에 어떤 국가에 183일 이상 거주하는 개인은 그 국가에 주거를 갖지 않으며 그 국가의 국민이 아니라는 점을 입증하지 못하는 한 그 과세연도 중에 그 국가의 거주자로 본다.
- 어떤 국가에 주거를 가진 개인은 다른 국가에 주거를 갖지 않은 이상 그 국가의 거주자이다.
- 어떤 국가의 국적자는 주거를 외국에 두고 정기적으로 국외에서 연 183일 이상을 체류한다는 사실을 입증하지 못하는 한 그 국적지국의 거주자로 본다.
- 어떤 국가에 주소(domicile)를 둔 경우 그 국가의 거주자로 볼 수 있다.
- 어떤 국가를 잠정적으로 떠났지만 다시 복귀하여 주거를 회복할 의사가 있는 개인은 그 국가의 거주자 지위를 유지하고 있는 것으로 추정한다. 다만 이 추정은 번복될 수 있다.
- 어떤 국가의 거주자로 판명된 개인은 다른 국가의 거주자임을 분명하게 입증하지 못하는 한 거주자 지위를 부인할 수 없다.
- 비자 혹은 이민법 목적상 거주자 또는 비거주자 지위를 갖고 있는 개인은 소득세 목적상으로도 동일한 지위를 갖고 있는 것으로 추정한다. 다만 이 추정은 번복될 수 있다.

어떤 경우에는 특별한 규칙이 필요하다. 예를 들어 외교관, 군

인 및 그 밖의 정부 피고용인들은 「사실 및 정황 기준」에 따르면 국적지국 밖에서 대부분의 시간을 체류하지만, 국적지국의 거주자로 간주하는 것이 적절하다.[5)]

특정 국가에서의 체류일수를 기준으로 하는 임의성 기준(arbitrary test)을 채택한 국가들도 있다. 그러한 기준은 위에서 설명한 「사실 및 정황 기준」을 보완하기 위하여 사용된다. 많이 사용되지만 완전하지 않은 규칙 또는 추정으로는 어떤 국가에 연 183일 이상을 체류한 개인을 그 연도의 거주자로 보는 것이 있다. 183일 기준은 국경에 관하여 강력한 통제력을 갖는 국가에서 적용될 수 있을 것이다. 그러나 수많은 개인들이 국경검문없이 빈번하게 국외를 넘나드는 유럽연합 회원국들의 경우 과세관청의 입장에서 그 규칙을 집행하기는 매우 어렵다. 대부분의 국가는 183일을 체류하지 않았다는 사실에 관한 입증책임을 개인에게 돌리지 않는 이상 이 기준을 적정하게 적용하기 어려울 것이다. 특정 국가와 실질적·경제적 관련성을 갖는 개인들도 183일 되기 전에 그 국가를 떠남으로써 183일 기준에 따른 거주자 판정을 피할 수 있다. 그 결과 이 기준을 적용하는 국가들은 대체로 미숙하거나 제대로 된 조언을 받지 못한 자들만을 거주자로 판정하게 될 가능성이 크다. 이들 중에 일부는 실제로 그 국가와 실질적 관련성이 없을 수도 있다.

그 국가에 주소(domicile)를 둔 개인을 거주자로 판정하는 국가도 있다. 주소란 국가의 법에 의해 정의되는 법적 개념으로서 주소에 의해 개인의 항구적 관련성이 확인된다. 일반적으로 주소는 거소(residence)에 비하여 좀 더 항구성이 강하다. 어떤 사람이 태어난

---

5) 한국 소득세법 시행령 제3조(해외현지법인등의 임직원 등에 대한 거주자 판정)는 거주자나 내국법인의 국외사업장 또는 해외현지법인(내국법인이 발행주식총수 또는 출자지분의 100분의 100을 직접 또는 간접 출자한 경우에 한정한다) 등에 파견된 임원 또는 직원이나 국외에서 근무하는 공무원은 거주자로 본다.

국가나 그 사람의 부모가 주소를 두고 있는 국가는 그 사람 본인이 주소를 둔 국가로 볼 수 있다. OECD 모델조약과 UN 모델조약 제4조 제1항은 거소를 정의하기 위한 근거로 주소를 이용하고 있다.

2.2.2 법인의 거주지

법인의 거주지는 일반적으로 법인설립지 또는 사업의 관리장소에 따라 결정된다(둘 다를 고려할 수도 있다). **법인설립지기준**(place-of-incorporation test)은 과세관청 및 법인의 관점에서 단순하고 확실하다. 이 기준에 따르면 법인은 최초의 거주지를 임의로 정할 수 있다. 조세피난처로서 마케팅을 하는 국가들은 법인을 설립할 때 간편하고 비용이 덜 들도록 하는 법률을 두고 있다.

일반적으로 법인이 설립지를 임의로 변경하려면, 고가의 무형자산을 포함하여 재산의 증가분에 관한 소득에 관하여 조세를 납부하여야 한다. 따라서 법인설립지기준은 법인이 조세회피를 위하여 거주지국을 바꾸는 것을 제한한다. 많은 국가들이 법인설립지기준을 채택하고 있다(다른 기준과 함께 사용하기도 한다). 미국은 전적으로 법인설립지기준에 의존하는 국가이다.

국제적 거래활동을 영위하는 법인들의 경우 특정한 과세연도 중에 여러 국가에서 경영활동을 이행할 수 있다. 따라서 **관리장소기준**(place-of-management test)은 적어도 이론상으로는 법인설립지 기준보다는 적용상의 확실성이 떨어진다. 관리장소 기준을 채택한 국가들은 실무적으로 본사의 소재지나 이사회 개최지 등의 실질적인 기준을 적용하여 관리장소를 결정한다. 영국과 과거에 영국의 식민지였던 국가들이 관리장소 기준을 채택하고 있다. 호주, 캐나다, 영국 등은 법인설립지기준과 관리장소기준을 함께 사용한다.[6)]

---

6) 한국도 이 입법례에 속한다. 법인세법은 외국법인을 '본점 또는 주사무소가 외국에 있는 단체(사업의 실질적 관리장소가 국내에 있지 아니하는 경우만

관리장소기준은 쉽게 조세회피에 악용될 수 있다. 왜냐하면 관리장소 변경은 과세의 계기가 아니기 때문이다. 예를 들어 A사는 관리장소 기준을 채택하고 있는 국가인 A국의 내국법인이라고 가정하자. A사는 고가의 무형자산을 개발하여 B국에 거주하는 납세의무자에게 라이선스를 부여하려고 한다. 사용료 수입에 관한 A국의 과세를 회피하기 위하여 A사는 사업의 관리장소를 저세율 국가인 H국으로 이전한다. A사의 무형자산에 발생한 거액의 이익은 A국에서 과세되지 않는다. 무형자산의 이전은 일어나지 않기 때문이다[하지만 제3장 3.4.1에서 보는 바와 같이 일부 국가는 거주자가 거주지를 변경하여 조세를 회피하지 못하도록 **국외전출세**(exit or departure tax)를 과세하고 있다]. 다음으로, A사는 그 기술의 라이선스를 B국 사용자에게 부여한다. A사의 사용료 수입은 A국에서 과세되지 않는다. A사는 더 이상 A국 거주자가 아니기 때문이다.

만일 A국이 법인설립지기준을 채택하고 있다고 가정하면, A사가 거주지를 H국으로 옮기는 과정에서 반드시 조직재편을 거쳐야 할 것이고, 그 조직재편은 대개는 H국에서 설립될 법인으로의 자

해당한다)로서 대통령령으로 정하는 기준에 해당하는 법인'으로 정의한다(법인세법 제2조 제3호). 한편 법인세법 시행령 제2조 제2항은 대통령령으로 정하는 기준으로서, ① 설립된 국가의 법에 따라 법인격이 부여된 단체, ② 구성원이 유한책임사원으로만 구성된 단체, ③ 그 밖에 외국단체와 동종 또는 유사한 국내의 단체가 상법 등 국내의 법률에 따른 법인인 경우의 그 외국단체를 열거하고 있다. 한편 실질적 관리장소의 의미와 관련하여 대법원은 다음과 같이 판시하였다(대법원 2016. 1. 14. 선고 2014두8896 판결).

「'실질적 관리장소'란 법인의 사업 수행에 필요한 중요한 관리 및 상업적 결정이 실제로 이루어지는 장소를 뜻하고, 법인의 사업수행에 필요한 중요한 관리 및 상업적 결정이란 법인의 장기적인 경영전략, 기본정책, 기업재무와 투자, 주요 재산의 관리·처분, 핵심적인 소득창출 활동 등을 결정하고 관리하는 것을 말한다. 법인의 실질적 관리장소가 어디인지는 이사회 또는 그에 상당하는 의사결정기관의 회의가 통상 개최되는 장소, 최고경영자 및 다른 중요 임원들이 통상 업무를 수행하는 장소, 고위 관리자의 일상적 관리가 수행되는 장소, 회계서류가 일상적으로 기록·보관되는 장소 등의 제반 사정을 종합적으로 고려하여 구체적 사안에 따라 개별적으로 판단하여야 한다.」

산이전을 수반하게 될 것이다. 그런 자산이전은 무형자산의 미실현 이익을 실현시키는 계기가 될 것이므로 A사의 조세회피 기회를 제한하거나 없앨 수 있다.

미국과 같이 법인설립지기준만을 채택한 국가들은 법인도치(corporate inversions)라고 하는 조세회피구조에 직면하게 된다. 법인도치의 경우 거주자인 다국적기업은 거주지국의 조세체계를 회피하기 위해 기업조직을 재편한다. 법인도치는 다양한 방식으로 이루어지고 매우 복잡하지만, 다음의 단순화된 예를 보면 기본적인 발상을 알 수 있다.

미국에 근거를 둔 다국적 대기업인 US사는 미국의 피지배외국법인세제(제7장의 7.3에서 살펴본다)의 적용을 피하려 한다고 가정해 보자. 이를 위해 US사는 피지배외국법인 유보소득 합산과세제도가 없는 국가에 자회사인 Forco사를 설립한 후, US사의 주주로 하여금 그들이 보유하고 있는 US사 지분을 Forco사 지분과 교환하도록 하고, US사가 보유하고 있는 모든 외국자회사 주식은 Forco사로 이전하도록 한다. 최종적으로 Forco사는 미국 주주에 대한 관계에서 피지배외국법인세제의 적용대상인 피지배외국법인(Controlled Foreign Corporation)에 해당하지 않고, US사의 외국자회사들은 Forco사의 자회사가 되었으므로, 더 이상은 피지배외국법인세제가 적용될 수 없다.

많은 학자들은 법인세의 적절한 목적은 법인의 개인 주주에게 조세부담을 지우는 것이라고 본다. 이런 관점에 따르면, 법인세는 주주들이 법인에 투자함으로써 조세를 이연하지 못하도록 법인이 개인 주주를 대신하여 사전에 납부하는 조세이다. 그렇게 하지 않으면, 개인 주주는 법인을 통해 얻은 소득에 관하여는 배당을 받거나 주식을 매각할 때까지 조세를 이연할 수 있기 때문이다. 그러므로 법인의 거주지 판정은—최소한 이론상으로는—그 주주들의 거주지를 고려하여 결정될 수 있다. 그러나 주주거주지기준(residence-of-the-shareholders test)을 적용하면, 복수의 국가 거주자들이 해당 법인 주식 중 상당 부분을 보유하고 있는 경우 또는 해당 법인의 주식이 상장되어 주주의 신원을 알아내기 어려운 경우에 심각한 문제가 발생할 것이다. 이와 같은 관점을 논리적으로 연장시키면 각 주주의 거주지국은 자신의 거주자인 주주에게 귀속되는 소득에 관하여 과세를 하게 되므로, 실질적으로는 법인을 파트너십처럼 과세하는 결과가 될 것이다.

회사 이외의 법인의 경우 거주지는 일반적으로 설립장소기준(place-of-organization test) 또는 관리장소기준(place-of-management test)에 따라 결정된다. 파트너십의 거주지를 결정하는 것은 어려울 때가 적지 않은데, 그 이유는 파트너십의 설립에 특별한 형식이 요구되지 않기 때문이다. 예컨대, 일부 국가에서는 형식적인 법정의 서류 제출 요건없이 관련 당사자의 행위만으로도 파트너십이 만들어질 수 있다. 많은 국가는 파트너십을 조세목적상 투시단체나 도관단체로 취급한다. 다시 말해, 파트너들은 파트너십의 소득 중 자신의 지분에 해당하는 부분에 관하여 과세되지만, 파트너십 그 자체는 과세대상이 되지 않는다. 이런 국가의 경우 파트너십은 과세대상단체가 아니므로, 파트너십 그 자체의 거주지는 별다른 의미가 없다.

일부 국가의 경우 신탁(trust)의 거주지를 결정할 때에도 까다로운 문제가 발생한다. 특히 신탁이 조직된 국가, 수탁자 거주지국, 위탁자 또는 신탁설정자 거주지국, 수익자 소재지국이 모두 다른 경우에 어려운 문제가 생긴다.

2.2.3 거주지와 관련된 조세조약상의 쟁점

OECD 모델조약 제4조 제1항에 따르면, 조세조약과 관련하여

'거주자'는 '주소, 거소, 관리장소 또는 그와 유사한 그 밖의 기준에 따라' 해당 거주지국에 조세를 납부할 의무가 있는 인(人, person)이다. UN 모델조약 제4조 제1항은 관련성 요소 항목에 '법인설립장소'를 추가한다. 한 개인이 동시에 두 국가의 거주자가 되는 상황을 방지하기 위해, 두 모델조약 제4조 제2항은 그 개인이 조세조약상으로 오직 한 국가의 거주자로만 되도록 하는 일련의 **이중거주자 판정기준**(tie-breaker rules)을 두고 있다. 첫 번째 판정기준은 개인이 항구적 거주지(permanent home)를 가지고 있는 장소이다. 두 번째는 개인의 중대한 이해관계(vital interests) 중심지가 있는 국가이다. 세 번째는 일상적인 거소(habitual dwelling)를 두고 있는 장소, 네 번째는 국적이 속해 있는 국가이다. 만약, 이와 같은 판정기준에 의해 특정 개인을 조세조약상 오직 한 국가만의 거주자로 결정할 수 없다면, 두 조세조약 양 체약국의 "**관할관청**"이 **상호합의절차**(mutual agreement procedure: MAP)를 통해 거주지를 결정하여야 한다. 대부분의 현대 조세조약은 OECD와 UN 모델조약에 있는 판정기준을 충실하게 따른다.7)

양 체약국에 모두 거주하는 법인의 경우 2017년까지는 OECD 모델조약 및 UN 모델조약 제4조 제3항이 법인의 거주지국은 그 실질적 관리장소(effective management)가 있는 국가라고 규정하고 있었다. 제4조에 관한 종전의 **주석**에 따르면, 실질적 관리장소는 중요한 관리 및 상업상의 의사결정이 실질적으로 이루어지는 장소, 즉 가장 중요한 경영상의 문제에 관하여 최고위급의 의사결정이 이루어지는 장소이다. 나아가, 주석에 따르면 법인은 다수의 관

7) 대법원 2019. 3. 14. 선고 2018두60847 판결은 프로축구 선수인 갑이 일본의 프로축구 구단에서 활동하면서 받은 연봉에 관한 과세와 관련하여 한국의 거주자인지 혹은 일본의 거주자인지가 문제가 된 사안이다. 대법원은 한·일 조세조약 제4조 제1항, 제2항을 근거로 갑이 일본의 거주자에 해당한다고 판단하였다.

리장소를 둘 수 있지만 실질적 관리장소는 오직 하나만을 둘 수 있다.[8)]

실질적 관리장소에 의한 이중거주자판정기준은 적용하기 어려울 때가 많았고, 다수의 국가들은 탐탁지 않게 생각했다. 이 기준이 규정된 조세조약은 많지 않았다. 대부분의 이중거주 법인은 조세회피목적으로 사용된다. 예를 들면 손실이 발생한 이중거주법인은 그 손실을 두 거주지국 모두에서 공제받을 수도 있다. 따라서 여러 조세조약은 이중거주법인을 대부분의 조세목적상 어느 국가의 거주법인도 아닌 것으로 간주하는 규정을 두고 있다. 그 결과 그런 법인은 조세조약의 혜택을 전혀 적용받을 수 없다.

2017년, OECD 모델조약과 UN 모델조약 제4조 제3항이 개정되면서, 관할당국은 실질적 관리장소, 설립장소 및 그 밖의 관련되는 요소들을 고려하여 이중거주법인의 거주지국을 확정하기 위하여 “노력하여야 한다”고 수정되었다. 관할관청이 합의할 수 없는 경우 법인은 관할관청이 합의한 범위를 제외하고는 일체의 조세조약상 혜택을 누릴 수 없다.

미국은 조세조약에 ‘유보조항(saving clause, ‘savings clause’라고도 하는데 이는 잘못된 것이다)’이라고 부르는 조항을 포함시킬 것을 주장한다. 일부 예외가 있기는 하지만, 전형적인 유보조항에 따르면, 미국은 마치 그 조세조약이 발효되지 않은 상태인 것처럼 그 거주자 및 국민에 대하여 과세할 권리를 유보한다. … 예를 들어, 유보조항이 있는 경우 조세조약 체결상대국에 거주하는 미국 국민은 미국으로부터 받은 배당에 대해서는 조약에 규정된 낮은 원천징수세율의 적용을 받을 수 없다.

2017년, OECD 모델조약과 UN 모델조약은 제1조 제3항에 비슷한 유보조항을 추가하는 내용으로 개정되었다. 그에 따르면 일정

---

8) 대법원 2021. 2. 25. 선고 2017두237 판결도 같은 취지로 판단하였다.

한 예외를 제외하고, “이 조약은 체약 당사국이 그 거주자를 과세하는데 영향을 미치지 않는다.”

2.3 원천지국 과세관할권

2.3.1 개관

국제적 관습에 따르면, 어떤 국가는 그 국가에서 발생하거나 원천을 두거나 얻은 소득에 관하여 과세할 수 있는 기본적 권리를 가지고 있다. 제3장에서 살펴보는 바와 같이, 국제적인 관습에 따르면, 거주지국은 그 거주지국 과세관할권이 다른 국가의 원천지국 과세관할권과 겹치는 경우 이중과세에 대하여 조정해 주는 것이 일반적이다. 다시 말하면, 납세의무자의 거주지국은 다른 국가의 원천소득에 관하여는 2차적인 과세권을 가질 뿐이다. 대부분의 조세조약은 소득의 원천지국은 그 소득에 대해 과세할 수 있는 일차적 권리를 가지며, 거주지국은 그 소득에 대한 이중과세를 제거할 의무를 부담하도록 규정하고 있다. 조세조약은 소득의 원천지국에 그 소득에 관한 1차적 과세권을 부여하지만, 동시에 원천지국으로 하여금 일정한 범주의 투자소득(이자, 배당, 사용료 소득)에 관하여 제한세율을 두거나 면세하도록 규정한다.

원천지국이 갖는 우선권에 불구하고, 내국세법과 조세조약상 원천의 개념은 제대로 발달되어 있지 않다. “거주지(residence)”라는 용어와는 달리 ‘원천(source)’이라는 용어는 내국세법이나 조세조약에 사용되거나 정의되어 있지 않다. 즉, 원천지규칙(source rule)은 보통 다른 규정에 내포된다. 예를 들어, 거주자가 비거주자에게 금액을 지급할 때 원천징수세가 부과된다는 규정은 그 금액의 원천지는 거주지국이라는 암묵적인 원천지규칙을 전제로 한다.

대부분 국가들의 경우 소득의 원천지를 결정하는 규정은 개괄적이다.9) 특히 사업활동에서 얻은 소득은 더더욱 그렇다. 예컨대, 영국과 과거 영국의 식민지였던 국가에서는 사업활동에서 얻은 소득은 실제의 사업(real business)이 이행되는 곳에 원천을 두고 있는 것으로 본다. 이런 규정은 너무 애매해서 납세의무자나 세무공무원에게 의미있는 지침이 되기 어렵다.

OECD 및 UN 모델조약에는 암묵적인 원천지규칙과 실질적으로 원천지규칙처럼 작동하는 규정이 섞여 있다. 예컨대, 각 모델조약 제11조 제4항에 따르면 이자소득은 지급인의 거주지국에서 과세할 수 있고, 제6조에 따르면 부동산에서 얻은 소득(광산이나 유정 또는 가스정에서 발생하는 소득 포함)은 부동산 소재지국에서 과세할 수 있다. 그러나 OECD 및 UN 모델조약에는 사업소득에 관하여 명시적인 원천지규정이 없다. 제7조에 따르면 일방체약국의 거주자가 얻은 사업소득은 그 거주자가 타방체약국에 있는 **고정사업장**(permanent establishment, "PE" 각 모델조약 제7조)을 통해 사업을 이행하고 그 소득이 그 고정사업장에 귀속하는 경우에만 타방체약국이 과세할 수 있다. 이 규정은 기능적으로 원천지규칙과 동일하다.10)

일반적으로 OECD 및 UN 모델조약 제5조에 따르면 고정사업

---

9) 한국의 경우 개인에 대하여는 소득세법 제119조가, 법인에 대하여는 법인세법 제93조가 국내원천소득을 규정하고 있다. 한편 위 규정이 한국에 과세권이 있는 국내원천소득을 열거한 것인지 여부에 관하여는 견해 대립이 있다. 국내원천소득의 범위를 열거한 것으로 볼 수 없다는 견해도 있으나(이창희, 「국제조세법」, 제2판, 박영사, 2020, 46면), 다수설과 판례의 입장은 해당 규정에 열거된 것에 한하여 한국이 과세권을 행사할 수 있다는 입장으로 보인다(대법원 1996. 11. 15. 선고 95누8904 판결; 이태로·한만수, 「조세법강의」, 신정14판, 박영사, 2020, 1094면; 임승순, 「조세법」, 제18판, 박영사, 2020, 1229면).

10) 법인세법 제94조 제1항은 "외국법인이 국내에 사업의 전부 또는 일부를 수행하는 고정된 장소를 가지고 있는 경우에는 국내사업장이 있는 것으로 한다"라고 규정하고 있다. 법인세법상의 국내사업장이 조세조약상의 고정사업장에 대응한다. 소득세법에는 제120조 제1항에 규정되어 있다.

장은 사무소, 지점, 공장, 광산과 같이 고정된 사업장소이고, 때에 따라서는 다른 자를 위하여 행위하는 자(이른바 종속대리인 고정사업장 dependent-agent PE)를 포함하기도 한다.[11] 그러나 그런 규정들에는 여러 예외와 특별 규정이 붙는다. 조세조약 목적상 고정사업장의 정의와 관련된 추가적 논의는 제8장 8.7.3.2를 보라.

제21조(기타소득)와 같은 OECD 및 UN 모델조약의 일부 조항들은 추가적인 상세한 설명 없이 체약당사국에서 발생하는 소득을 가리키는 일반적인 표현을 쓰고 있다. 이 경우 그와 같이 특정 목적을 위한 소득의 원천은 어쩔 수 없이 조세조약을 적용하는 국가의 내국세법에 따라 결정될 수밖에 없다.

제대로 된 원천지규칙은 다음과 같은 특성을 가지고 있어야 한다.

- 이중과세를 제거하고 이중비과세가 일어나지 않도록 하려면, 다수의 국가들이 널리 수용할 수 있어야 한다.
- 대부분의 국가들이 널리 수용할 수 있는 합리적인 기준에 따라 소득과 조세를 배분하여야 한다.
- 납세의무자와 세무공무원이 적용할 수 있게 비교적 분명하고 단순해야 한다.
- 상호적 기준으로 적용될 수 있어야 한다(예컨대, 다른 국가가 채택하는 것에는 반대하면서 자국은 그 원천지규칙을 일방적으로 채택하여서는 안 된다).
- 소득과 중요한 경제적 관계(substantial economic connection)가 있는 국가에 그 소득을 배분하여야 한다(OECD의 BEPS 프로젝트상 표현에 따르면, 소득은 가치가 부가되거나 창출되는 국가에서 과세되어야 한다).

---

11) 한국법은 2018년 세법 개정 시에 법인세법 제94조 제3항, 소득세법 제120조 제3항으로 이를 수용하였다.

- 납세의무자가 조작할 수 없어야 한다.
- 조세를 부과하지 않는 나라에 소득을 배분해서 안 된다.

근로소득, 인적용역소득, 사업소득과 투자소득에 관하여 일반적으로 적용되는 원천지규정은 아래에서 살펴본다. OECD 및 UN 모델조약에 규정되어 있는 원천지규칙도 살펴본다.

2.3.2 근로소득과 인적용역소득

많은 국가들의 경우 피용인, 독립적 계약자 또는 전문가가 이행한 인적용역에서 얻은 소득은 그 용역이 이행된 국가를 소득원천지로 취급하는 것이 일반적이다.[12)13)] 납세의무자가 하나 이상의 국가에서 인적용역을 이행하고 소득을 얻는 경우에는 까다로운 배분 문제가 발생할 수 있다. 개인이 인적용역을 이행한 국가들 간의

---

12) 한국법상 국내원천 근로소득은 국내에서 제공하는 근로와 대통령령으로 정하는 근로의 대가로 받는 소득을 말한다(소득세법 제119조 제7호). 대통령령으로 정하는 근로의 대가로 받은 소득은 ① 거주자 또는 내국법인이 운용하는 외국항행선박·원양어업선박 및 항공기의 승무원이 받는 급여, ② 내국법인의 임원의 자격으로서 받는 급여, ③ 「법인세법」에 따라 상여로 처분된 금액을 말한다(소득세법 시행령 제179조 제8항). 국내원천 퇴직소득은 국내에서 제공하는 근로의 대가로 받는 퇴직소득을 말한다(소득세법 제119조 제8호).

13) 한국법상 국내원천 인적용역소득은 국내에서 대통령령으로 정하는 인적용역(① 변호사·공인회계사·세무사·건축사·측량사·변리사 기타 이와 유사한 전문직업인이 제공하는 용역, ② 과학기술·경영관리 기타 이와 유사한 분야에 관한 전문적 지식 또는 특별한 기능을 가진 자가 당해 지식 또는 기능을 활용하여 제공하는 용역, ③ 직업운동가가 제공하는 용역, ④ 배우·음악가 기타 연예인이 제공하는 용역)을 제공함으로써 발생하는 소득을 말한다. 국외에서 과학기술·경영관리 기타 이와 유사한 분야에 관한 전문적 지식 또는 특별한 기능을 가진 자가 당해 지식 또는 기능을 활용하여 제공하는 용역으로 발생하는 소득이 조세조약에 따라 국내에서 발생하는 것으로 간주되는 경우 그 소득을 포함한다. 이 경우 그 인적용역을 제공받는 자가 인적용역 제공과 관련하여 항공료 등 대통령령으로 정하는 비용을 부담하는 경우에는 그 비용을 제외한 금액을 말한다(소득세법 제119조 제6호, 같은 법 시행령 제179조 제6항; 법인세법 제93조 제6호, 같은 법 시행령 제132조 제6항).

배분은 전형적으로, 최소한 부분적으로는, 그 개인이 각각의 국가에서 용역을 이행하는데 들인 시간을 기준으로 한다. 남아메리카와 라틴 아메리카 국가들을 포함한 몇몇 국가들은 만약 그 용역이 자국에서 (소비자나 고객에 의해) 소비되었거나 사용되었다면, 설사 그 용역을 국외에서 이행하였더라도 용역에 따른 소득의 원천지를 자국으로 본다.

UN 모델조약 제14조에 따르면, 전문가 및 그 밖의 독립적 계약자가 얻은 소득은 그 용역의 공급자가 원천지국에 정기적으로 이용할 수 있는 **고정근거지**(fixed base, 고정사업장에 대응한다)를 두고 있거나 원천지국에서 최소한 183일을 보낸 경우에만 그 용역을 이행한 국가에서 과세할 수 있다. OECD 모델조약은 2000년에 제14조를 삭제하기 전까지는 유사한 면제 조항을 두고 있었다. OECD 모델조약을 따르는 조세조약에서는, 전문직 및 그 밖의 독립적 용역으로부터 얻은 소득은 제7조에 따른 사업소득으로 과세할 수 있고, 그 용역의 공급자가 (고정근거지가 아니라) 고정사업장을 두고 있지 않은 국가로부터는 과세를 면제받을 수 있다. UN 모델조약에 따르면, 일방체약국의 거주자에 해당하는 납세의무자는 피용인 또는 그 밖의 직원(personnel)을 통하여 타방체약국에, 해당연도에 시작되거나 끝나는 임의의 12개월 중 183일 이상 용역을 제공하면 그 타방체약국에 고정사업장을 둔 것으로 간주한다. OECD 모델조약 제5조의 주석은 유사한 서비스 고정사업장 간주규정을 대체규정으로서 선택할 수 있다고 적고 있다.

OECD 모델조약에서 제14조를 삭제한 효과 중 하나는 예비적·보조적 활동이 이루어지는 장소를 고정사업장으로 보지 않는 예외규정(제5조 제4항)과 대리인 고정사업장(agent PE)에 관한 규정(제5조 제5항, 제6항)이 다른 사업활동과 마찬가지로 전문직 및 독립적 용역으로부터 얻은 소득에 대해서도 적용된다는 점을 분명하게 한 것이다. UN 모델조약 제14조는 예비적·보조적 활동에 관한 예외규정이나 대리인에 관한 특별 규정을 포함하고 있지 않기 때문에 이 두 가지 쟁점은 아직 해결되지 않은 상태이다.

2017년, UN 모델조약은 기술적 용역(technical services)의 대가에 관한 과세를 규율하기 위하여 제12A조를 추가하였다. 제12A조 제2항에 따르면, 기술적 용역에 관한 대가가 일방체약국에서 발생한 경우 해당 체약국은 체약당사국이 합의한 세율로 그 대가의 총액에 관하여 과세할 수 있다. 기술적 용역의 대가는 거주자나 고정사업장을 둔 비거주자가 그 대가를 지급하는 국가에서 발생하는 것으로 보고, 그 대가는 귀속되는 고정사업장의 소득을 계산할 때 공제될 수 있다. 기술적 용역의 대가는 컨설팅, 기술, 관리에 대한 대가로 정의가 되지만, 피용인에게 지급하는 대가, 인적용역에 관한 대가, 교육기관에서 또는 교육기관이 행하는 교육에 관한 대가를 포함하지 않는다(UN 모델조약 제12A조에 규정된 기술적 용역의 대가에 관한 상세한 논의는 제9장을 보라).

OECD 모델조약과 UN 모델조약 모두 제15조에서 고용으로부터 얻은 소득은, 만일 그 고용이 원천지국에서 이행되지 않는다면 전적으로 피용인의 거주지국에서만 과세할 수 있다고 규정하고 있다. 고용이 원천지국에서 수행되는 경우에는 다음의 조건 중 어느 하나가 충족될 경우에만 원천지국이 과세할 수 있다.

(1) 그 피용인은 원천지국에서 183일 이상 체류하여야 한다.
(2) 그 피용인은 원천지국에서 거주하는 사용자로부터 혹은 사용자를 대신하는 자로부터 보수를 지급받는다.
(3) 그 피용인의 보수는 비거주자인 사용자가 원천지국에 둔 고정사업장에 귀속하는 소득을 계산할 때 공제될 수 있다.

다시 말하면, 일방체약국에 거주하는 피용인이 타방체약국에 거주하는 사용자를 위해 (혹은 타방체약국의 비거주자이지만 타방체약국에 고정사업장을 두고 있는 사용자를 위해) 타방체약국에서 고용상의 의무를 이행하고 얻은 소득에 관하여, 고용에 관한 보수가 타방체약국의 고정사업장에 귀속된다면 타방체약국이 과세할 수 있다. 혹은, 일방체약국에 거주하는 피용인이 타방체약국에서 이행한 고용으로부터 얻은 소득은 그 피용인이 해당 연도에 시작하거나 끝나는 임의의 12개월 중 183일 이상을 타방체약국에서 체류하는 경우에만 타방체약국이 과세할 수 있다(제8장 8.7.3.3 참조).

2.3.3 사업소득(business income)

원천지국이 행하는 사업소득에 대한 과세는 매우 다양하다. 그러나 두 가지 일반적인 패턴을 발견할 수 있다. 가장 일반적인 패턴은, OECD 및 UN 모델조약 제7조에 따라, 사업소득은 일반적으로 납세의무자가 특정 국가에 존재하는 고정사업장을 통해 사업을 이행하고 그 사업소득이 해당 고정사업장에 귀속될 수 있는 경우에만 그 특정 국가가 과세할 수 있다는 것이다. 이러한 체계에서는, 고정사업장 규칙은 원천지국의 과세를 위한 최소기준일 뿐 아니라 과세 대상이 되는 소득, 즉 고정사업장에 '귀속될 수 있는' 소득을 확정하는 수단으로 쓰인다. 대부분의 유럽국가들은 이 일반적 패턴을 따른다. 그러나 대체로 고정사업장의 내국세법상 정의는 조세조약상 정의보다 넓다.14)15)

---

14) 소득세법 제119조 제5호는 국내원천 사업소득을 비거주자가 경영하는 사업에서 발생하는 소득(조세조약에 따라 국내원천 사업소득으로 과세할 수 있는 소득을 포함한다)으로서 대통령령으로 정하는 소득이라고 규정한다(다만 소득세법 제119조 제6호에 따른 국내원천 인적용역소득을 제외한다). 그리고 소득세법 시행령 제179조 제2항은 '대통령령으로 정하는 소득'을 소득세법 제19조에 따른 사업 중 국내에서 경영하는 사업에서 발생하는 다음 각 호의 소득으로 정의한다(다만, 국내 및 국외에 걸쳐 사업을 경영하는 비거주자의 경우 다음 각 호의 소득을 국내에서 경영하는 사업에서 발생하는 소득으로 한다). 또한 국외에서 발생하는 소득이라도 국내사업장에 귀속하면 국

내원천 사업소득에 포함되는 것으로 한다(소득세법 시행령 제179조 제3항).

1. 비거주자가 국외에서 양도받은 재고자산을 국외에서 제조·가공·육성 기타가치를 증대시키기 위한 행위(이하 이 조에서 "제조등"이라 한다)를 하지 아니하고 이를 국내에서 양도하는 경우(당해 재고자산에 대하여 국내에서 제조등을 한 후 양도하는 경우를 포함한다)에는 그 국내에서의 양도에 의하여 발생하는 모든 소득
2. 비거주자가 국외에서 제조등을 행한 재고자산을 국내에서 양도하는 경우(당해 재고자산에 대하여 국내에서 제조등을 한 후 양도하는 경우를 포함한다)에는 그 양도에 의하여 발생하는 소득 중 국외에서 제조등을 행한 타인으로부터 통상의 거래조건에 따라 당해 자산을 취득하였다고 가정할 때에 이를 양도하는 경우(국내에서 행한 제조등을 한 후 양도하는 경우를 포함한다) 그 양도에 의하여 발생하여야 할 소득
3. 비거주자가 국내에서 제조등을 행한 재고자산을 국외에서 양도하는 경우(당해 재고자산에 대하여 국외에서 제조등을 한 후 양도하는 경우를 포함한다)에는 그 양도에 의하여 발생하는 소득 중 국내에서 제조한 당해 재고자산을 국외의 타인에게 통상의 거래조건에 따라 양도하였다고 가정할 때에 그 국내에서 행한 제조등에 의하여 발생하여야 할 소득
4. 비거주자가 국외에서 건설·설치·조립 기타 작업에 관하여 계약을 체결하거나 필요한 인원 또는 자재를 조달하여 국내에서 작업을 시행하는 경우에는 당해 작업에 의하여 발생하는 모든 소득
5. 비거주자가 국내 및 국외에 걸쳐 손해보험 또는 생명보험사업을 영위하는 경우에는 당해 사업에 의하여 발생하는 소득중 국내에 있는 당해 사업에 관한 영업소 또는 보험계약의 체결을 대리하는 자를 통하여 체결한 보험계약에 의하여 발생하는 소득
6. 출판사업 또는 방송사업을 영위하는 비거주자가 국내 및 국외에 걸쳐 타인을 위하여 광고에 관한 사업을 행하는 경우에는 당해 광고에 관한 사업에 의하여 발생하는 소득중 국내에서 행하는 광고에 의하여 발생한 소득
7. 비거주자가 국내 및 국외에 걸쳐 선박에 의한 국제운송업을 영위하는 경우에는 국내에서 승선한 여객이나 선적한 화물과 관련하여 발생하는 수입금액을 기준으로 하여 판정한 그 비거주자의 국내업무에서 발생하는 소득
8. 비거주자가 국내 및 국외에 걸쳐 항공기에 의한 국제운송업을 영위하는 경우에는 국내에서 탑승한 여객이나 적재한 화물과 관련하여 발생하는 수입금액과 경비, 국내업무용 유형자산 및 무형자산의 가액 기타 그 국내업무가 해당 운송업에 대한 소득의 발생에 기여한 정도등을 고려하여 기획재정부령으로 정하는 방법에 따라 계산한 그 비거주자의 국내업무에서 발생하는 소득
9. 비거주자가 국내 및 국외에 걸쳐 제1호 내지 제8호외의 사업을 영위하는 경우에는 당해 사업에서 발생하는 소득중 당해 사업에 관련된 업무를 국

내업무와 국외업무로 구분하여 이들 업무를 각각 다른 독립사업자가 행하고 또한 이들 독립사업자간에 통상의 거래조건에 의한 거래가격에 따라 거래가 이루어졌다고 가정할 경우 그 국내업무와 관련하여 발생하는 소득 또는 그 국내업무에 관한 수입금액과 경비, 소득등을 측정하는데 합리적이라고 판단되는 요인을 고려하여 판정한 그 국내업무와 관련하여 발생하는 소득

10. 외국법인이 발행한 주식 또는 출자지분으로서 증권시장에 상장된 것에 투자하거나 기타 이와 유사한 행위를 함으로써 발생하는 소득
11. 비거주자가 산업상·상업상 또는 과학상의 기계·설비·장치·운반구·공구·기구 및 비품을 양도함으로 인하여 발생하는 소득

15) 법인세법 제93조 제5호는 국내원천 사업소득을 외국법인이 경영하는 사업에서 발생하는 소득으로서 대통령령으로 정하는 소득으로 규정한다. 대통령령으로 정하는 소득은 국내에서 영위하는 사업에서 발생하는 다음 각 호의 소득을 말한다. 조세조약에 따라 국내원천 사업소득으로 과세할 수 있는 소득을 포함하되 국내원천 인적용역소득은 제외한다. 국외에서 발생하는 소득으로서 국내사업장에 귀속되는 것은 국내원천 사업소득에 포함되는 것으로 한다(법인세법 시행령 제132조 제2항, 제3항).

1. 외국법인이 국외에서 양도받은 재고자산을 국외에서 제조·가공·육성 기타 가치를 증대시키기 위한 행위(이하 이 조에서 "제조등"이라 한다)를 하지 아니하고 이를 국내에서 양도하는 경우(당해 재고자산에 대하여 국내에서 제조 등을 한 후 양도하는 경우를 포함한다)에는 그 국내에서의 양도에 의하여 발생하는 모든 소득
2. 외국법인이 국외에서 제조등을 행한 재고자산을 국내에서 양도하는 경우(당해 재고자산에 대하여 국내에서 제조등을 한 후 양도하는 경우를 포함한다)에는 그 양도에 의하여 발생하는 소득 중 국외에서 제조등을 행한 타인으로부터 통상의 거래조건에 따라 당해 자산을 취득하였다고 가정할 때에 이를 양도하는 경우(국내에서 행한 제조등을 한 후 양도하는 경우를 포함한다) 그 양도에 의하여 발생하는 소득
3. 외국법인이 국내에서 제조등을 행한 재고자산을 국외에서 양도하는 경우(당해 재고자산에 대하여 국외에서 제조등을 한 후 양도하는 경우를 포함한다)에는 그 양도에 의하여 발생하는 소득중 국내에서 제조한 당해 재고자산을 국외의 타인에게 통상의 거래조건에 따라 양도하였다고 가정할 때에 그 국내에서 행한 제조등에 의하여 발생하는 소득
4. 외국법인이 국외에서 건설·설치·조립 기타 작업에 관하여 계약을 체결하거나 필요한 인원이나 자재를 조달하여 국내에서 작업을 시행하는 경우에는 당해 작업에 의하여 발생하는 모든 소득
5. 외국법인이 국내 및 국외에 걸쳐 손해보험 또는 생명보험사업을 영위하는 경우에는 당해 사업에 의하여 발생하는 소득 중 국내에 있는 당해 사업에 관한 영업소 또는 보험계약의 체결을 대리하는 자를 통하여 체결한

여러 중남미 국가는, 고정사업장 개념을 비거주자의 용역으로부터 발생한 소득을 순소득기준으로 과세할 것인지, 아니면 총수입금액기준으로 과세할 것인지를 가르는 기준으로 사용한다. 특정 국가에 위치한 고정사업장을 통해서 제공한 용역의 대가로 소득을 얻은 비거주자는 그 국가가 순소득기준으로 과세할 수 있다(즉, 그 비거주자는 그 소득을 얻는 과정에서 발생한 비용을 공제할 수 있다). 특정 국가에서 이행되었거나 소비된 용역의 대가로 소득을 얻었지만, 그 국가에 고정사업장을 두고 있지 않은 비거주자는 원천징수세를 통해 총액 기준으로 (어떠한 공제도 없이) 과세된다.

OECD 및 UN 모델조약 제7조에 따르면, 고정사업장에 귀속되

보험계약에 의하여 발생하는 소득

6. 출판사업 또는 방송사업을 영위하는 외국법인이 국내 및 국외에 걸쳐 타인을 위하여 광고에 관한 사업을 행하는 경우에는 당해 광고에 관한 사업에 의하여 발생하는 소득중 국내에서 행하는 광고에 의하여 발생한 소득
7. 외국법인이 국내 및 국외에 걸쳐 선박에 의한 국제운송업을 영위하는 경우에는 국내에서 승선한 여객이나 선적한 화물에 관련하여 발생하는 수입금액을 기준으로 하여 판정한 그 법인의 국내업무에서 발생하는 소득
8. 외국법인이 국내 및 국외에 걸쳐 항공기에 의한 국제운송업을 영위하는 경우에는 국내에서 탑승한 여객이나 적재한 화물과 관련하여 발생하는 수입금액과 경비, 국내업무용 유형·무형자산의 가액이나 그 밖에 그 국내업무가 해당 운송업에 대한 소득의 발생에 기여한 정도 등을 고려하여 기획재정부령으로 정하는 방법에 따라 계산한 그 법인의 국내업무에서 발생하는 소득
9. 외국법인이 국내 및 국외에 걸쳐 제1호 내지 제8호 외의 사업을 영위하는 경우에는 당해 사업에서 발생하는 소득중 당해 사업에 관련된 업무를 국내업무와 국외업무로 구분하여 이들 업무를 각각 다른 독립사업자가 행하고 또한 이들 독립사업자간에 통상의 거래조건에 의한 거래가격에 따라 거래가 이루어졌다고 가정할 경우 그 국내업무와 관련하여 발생하는 소득 또는 그 국내업무에 관한 수입금액과 경비, 소득 등을 측정하는데 합리적이라고 판단되는 요인을 고려하여 판정한 그 국내업무와 관련하여 발생하는 소득
10. 외국법인이 발행한 주식 또는 출자증권으로서 유가증권시장등에 상장 또는 등록된 것에 투자하거나 기타 이와 유사한 행위를 함으로써 발생하는 소득
11. 외국법인이 산업상·상업상 또는 과학상의 기계·설비·장치·운반구·공구·기구 및 비품을 양도함으로 인하여 발생하는 소득

는 소득금액은 고정사업장을 독립된 법인으로 보고, 고정사업장이 동일 기업 내의 다른 부문(본점을 포함)과 독립기업의 원칙에 따라(at arm's length) 거래한다는 가정하에 결정된다. 고정사업장과 본점 간의 **내부거래**(Dealings. 개념상 독립된 법인 간의 거래와 대등하다)는 이전가격규정(arm's length transfer pricing rules)의 적용대상이 된다. 이전가격규정은 제6장에서 논한다. 실무상 대부분의 나라는 고정사업장의 회계장부에 절대적으로 의존하고, 남용을 알게 된 경우에만 이 장부에 조정을 한다. 그 결과 고정사업장에 귀속하는 사업소득을 결정하는 과정에서 납세의무자에게 상당한 재량권을 주게 된다. 고정사업장에 소득을 배분하는 규칙에 관하여는 제8장 8.8.5에서 다룬다.

사업소득 과세의 다른 일반적 패턴은 고정사업장(또는 기능적 등가물)의 개념이 비거주자 과세의 최소요건으로 사용되고 동시에 명시적인 원천지규칙이 과세소득의 범위를 결정하는데 적용된다는 것이다. 이와 같은 접근방식의 대표적인 예는 미국법이다. 미국법에 따르면, 총소득에 속하는 대부분의 범주에는 원천지가 정해져 있다. 그 다음에 공제액이 총소득의 항목별로 대응되는데, 그 대응은 일반적으로 회계관행에 따른다. 사업소득에 속하는 항목들 중 일부는 미국 또는 외국에 배타적으로 귀속된다. 예를 들면 비사업용재산의 매수 및 판매로 얻은 소득의 원천지는 판매가 이루어진 국가에 있다. 그 밖의 범주에 속하는 소득은 외국와 미국 간에 — 주로 공식에 따라서 — 배분된다. 예컨대, 2017년 미국 세제 개혁 이전에는 재고자산의 제조와 판매로 인한 소득은 제조국가와 판매국가 사이에서 동등하게 배분되었는데, 전형적으로 두 가지 요소 공식(판매와 재산)에 의하였다. 이 원천지규칙은 2017년에 폐지되었고, 모든 소득을 재고자산이 생산된 국가로 배분하는 규칙이 새로 생겼다.[16)]

---

16) 미국연방세법 제863조(b). 이에 관하여는 Gianni, Inventory Sourcing Rules

미국 국민에게 발생한 국제적 통신소득은 원천지를 미국과 외국이 절반씩 나누는 것으로 본다.[17)]

미국 원천지규칙은 공제항목을 취급하는 방식이 독특하다. 여러 공제항목들은 재고자산회계기준과 같은 회계기준에 따라 총소득과 연결되어 있는데, 그 회계기준에 따라 감가상각 및 그 밖의 고정비용은 판매된 재화의 원가를 결정할 수 있도록 배분된다. 그러나 지급이자, 연구개발비, 총소득에 대응시키기 어려운 그 밖의 비용에 관하여는 별도의 규정을 적용한다.[18)]

대부분의 국가들은 소득과 공제에 관하여 정교한 원천지규칙을 두지 않고 있다. 따라서 따라서 소득과 공제는 납세의무자에게 상당한 재량권이 부여되는 일반 규정에 따라 국내원천소득과 국외원천소득으로 배분된다.

2.3.4 투자소득(Investment Income)

일부 예외가 있지만, 대부분의 국가는 비거주자가 얻은 배당, 이자, 사용료와 같은 투자소득에 대하여는 그 지급 총액에 단일세율을 적용하여 원천징수하는 방식으로 과세한다. 제5장 5.8.5에서 살펴보는 바와 같이 자본이득(양도소득, capital gains)[19)]에 관하여는 특별한 방식으로 징수하는 일부 국가를 제외하면 일반적으로 원천

After the U.S. Tax Cuts and Jobs Act: Do the Changes Work? 90 Tax Notes Int'l 1513 (June 25, 2018); Kadet, Sourcing Rule Change: Manufacturing and Competitiveness, 161 Tax Notes 717 (Nov. 5, 2018); Koontz & Kadet, Effects of the New Sourcing Rule: ECI and Profit Shifting, 159 Tax Notes 1119 (May 21, 2018) 등을 참조하라.

17) 미국연방세법 제863조(e). 원문에 오류가 있어서 저자와의 협의를 거쳐 수정하였다.

18) 미국 연방재무부규칙 § 1.861－10 이하에 규정되어 있다.

19) 강학상 자본소득, 자본이익이라고 부르기도 하지만, 한국이 체결한 조세조약 상으로는 양도소득으로 번역되는 것이 일반적이다.

징수를 하지 않는다. 투자소득의 원천지는 보통 암묵적인 규정이나 그런 기능을 하는 규정에 의해 결정된다. 몇 가지 기술적 예외가 있기는 하지만, 다수의 국가들이 채택하여 왔고 OECD 및 UN 모델 조약이 지지해 온 규정은 다음과 같은 내용으로 되어 있다.

• 이자,[20] 배당,[21] 사용료[22]는 지급하는 자의 거주지국에서 발

---

20) 1. 소득세법상 국내원천 이자소득은 다음의 어느 하나에 해당하는 소득으로서 소득세법 제16조 제1항에서 규정하는 이자이다(같은 항 제7호의 소득은 제외한다).
① 국가, 지방자치단체(지방자치단체조합을 포함한다), 거주자, 내국법인, 「법인세법」 제94조에서 규정하는 외국법인의 국내사업장 또는 제120조에서 규정하는 비거주자의 국내사업장으로부터 받는 소득
② 외국법인 또는 비거주자로부터 받는 소득으로서 그 소득을 지급하는 외국법인 또는 비거주자의 국내사업장과 실질적으로 관련하여 그 국내사업장의 소득금액을 계산할 때 손금 또는 필요경비에 산입되는 것
다만, 거주자 또는 내국법인의 국외사업장을 위하여 그 국외사업장이 직접 차용한 차입금의 이자는 제외한다(소득세법 제119조 제1호).
2. 법인세법상 국내원천 이자소득은 다음의 어느 하나에 해당하는 소득으로서「소득세법」 제16조 제1항에 따른 이자소득(같은 항 제7호의 소득은 제외한다)과 그 밖의 대금의 이자 및 신탁의 이익을 말한다.
① 국가, 지방자치단체, 거주자, 내국법인 또는 외국법인의 국내사업장이나「소득세법」 제120조에 따른 비거주자의 국내사업장으로부터 지급받는 소득
② 외국법인 또는 비거주자로부터 지급받는 소득으로서 그 소득을 지급하는 외국법인 또는 비거주자의 국내사업장과 실질적으로 관련하여 그 국내사업장의 소득금액을 계산할 때 필요경비 또는 손금에 산입되는 것
다만, 거주자 또는 내국법인의 국외사업장을 위하여 그 국외사업장이 직접 차용한 차입금의 이자는 제외한다(법인세법 제93조 제1호).

21) 소득세법은 국내원천 배당소득을, 내국법인 또는 법인으로 보는 단체나 그 밖의 국내에 소재하는 자로부터 받는 같은 법 제17조 제1항 각 호(제6호는 제외한다)에서 규정하는 배당소득 및 「국제조세조정에 관한 법률」 제9조 및 제14조에 따라 배당으로 처분된 금액으로 정의한다(소득세법 제119조 제2호). 법인세법도 동일하다(법인세법 제93조 제2호).

22) 소득세법 및 법인세법 모두 국내원천 사용료소득을 각 목의 어느 하나에 해당하는 권리·자산 또는 정보('권리등'이라 한다)를 국내에서 사용하거나 그 대가를 국내에서 지급하는 경우 그 대가 및 그 권리등을 양도함으로써 발생하는 소득으로 규정한다(소득세법 제119조 제10호, 법인세법 제93조 제8호).
1. 학술 또는 예술상의 저작물(영화필름을 포함한다)의 저작권, 특허권, 상

생하거나 거주지국에 원천지를 두고 있는 것으로 본다(OECD 및 UN 모델조약의 각 제11조 제4항, 제10조 제4항 및 UN 모델조약 제12조 제4항 참조). 투자소득에 대한 원천지규칙이 이자, 배당, 사용료를 지급하는 자의 거주지에 좌우된다는 점에 유의할 필요가 있다. 따라서 소득의 원천지를 기초로 배타적으로 세금을 부과하는 국가(원천지국)도 이자, 배당, 사용료에 대한 원천징수세를 부과하기 위하여 개인의 거주지 결정을 위한 규정이 필요하다. 고정사업장에 귀속되는 소득을 계산하는 과정에서 이자비용을 공제하는 제11조 제4항을 적용할 경우, 이자비용은 고정사업장이 소재한 국가에서 발생하는 것으로 본다.

- 무형자산과 관련하여 지급하는 사용료(royalty)에 관하여는 그 무형자산이 사용되고 법적 보호를 받는 국가에서 발생하는 것으로 보아 과세한다.[23] 일부 국가의 경우 영화상영에

표권, 디자인, 모형, 도면, 비밀스러운 공식 또는 공정(工程), 라디오·텔레비전방송용 필름 및 테이프, 그 밖에 이와 유사한 자산이나 권리
2. 산업상·상업상·과학상의 지식·경험에 관한 정보 또는 노하우
3. 사용지(使用地)를 기준으로 국내원천소득 해당 여부를 규정하는 조세조약('사용지 기준 조세조약')에서 사용료의 정의에 포함되는 그 밖에 이와 유사한 재산 또는 권리[특허권, 실용신안권, 상표권, 디자인권 등 그 행사에 등록이 필요한 권리('특허권등'이라 한다)가 국내에서 등록되지 않았으나 그에 포함된 제조방법·기술·정보 등이 국내에서의 제조·생산과 관련되는 등 국내에서 사실상 실시되거나 사용되는 것을 말한다]

23) 한·미 조세조약 제6조 제4항은 사용료의 원천지를 사용지로 규정하고 있다. 이와 관련하여 미국법인이 특허권을 국외에서 등록하였을 뿐 국내에는 등록하지 않은 경우에 미국법인이 그와 관련하여 지급받는 소득을 국내원천소득으로 볼 수 있는지가 계속 문제되고 있다. 대법원은 일관하여 국외에서 등록되었을 뿐 국내에는 등록되지 아니한 미국법인의 특허권 등은 설령 국내에서 제조·판매 등에 사용되었더라도 미국법인이 그와 관련하여 지급받은 소득을 국내원천소득으로 볼 수는 없다고 판단하여 왔다(대법원 2018. 12. 27. 선고 2016두42883 판결; 대법원 2016. 6. 9. 선고 2016두33667 판결; 대법원 2015. 12. 24. 선고 2015두52418 판결; 대법원 2014. 12. 11. 선고 2013두9670 판결 등). 그러한 판례의 입장을 입법적으로 뒤집기 위한 시도가 2019년말 소득세

관한 사용료 및 컴퓨터 소프트웨어에 관한 사용료와 같은 특정한 유형의 사용료를 사업소득으로 분류하기도 한다. OECD 모델조약에서는 사용료에 관한 배타적인 관할권이 거주지국에 부여되므로, 사용료에 관한 원천지규칙은 필요하지 않다. 그러나 UN 모델조약 제12조에 따르면 원천지국이 과세할 권리를 가지며, 원천징수세율의 상한은 체약당사국간의 협의에 의해 정한다. 제12조 제4항은 사용료의 원천지는 그 사용료를 지급하는 자의 거주지국으로 본다. 다만 고정사업장의 소득을 계산할 때 사용료가 공제되는 경우에는 고정사업장이 있는 국가에서 발생하는 것으로 본다.

• 사업을 영위하는 과정에서 발생하는 임대소득은 위에서 본 사업소득 규정에 따라 과세할 수 있다. 부동산에서 발생하는 임대소득은 그 자산이 소재하고 있는 국가에서 과세할 수 있다.[24)] 동산 사용에 따른 임대소득은 일반적으로 그 자산이 사용되는 국가가 과세할 수 있다.[25)] 그러므로 소득의 원천지

법 제119조 제10호 다목, 법인세법 제93조 제93조 제8호 다목의 개정이다. 상세는 이경근, 「국제조세 이해와 실무」, 제6판, 조세통람, 2020, 797~803면.

24) 소득세법과 법인세법 모두 부동산 임대소득을 '국내원천 부동산소득'에 포함시켜서 규율하고 있다. 국내원천 부동산소득은 국내에 있는 부동산 또는 부동산상의 권리와 국내에서 취득한 광업권, 조광권(租鑛權), 흙·모래·돌의 채취에 관한 권리 또는 지하수의 개발·이용권의 양도·임대 또는 그 밖의 운영으로 인하여 발생하는 소득으로 정의된다(소득세법 제119조 제3호; 법인세법 제93조 제3호). 다만, 소득세법 제119조 제9호, 법인세법 제93조 제7호에 따른 양도소득은 제외한다.

25) 소득세법과 법인세법 모두 국내원천 선박등 임대소득을 규정하고 있다. 그에 따르면 국내원천 선박등 임대소득은 거주자·내국법인 또는 「법인세법」 제94조에서 규정하는 외국법인의 국내사업장이나 제120조에서 규정하는 비거주자의 국내사업장에 선박, 항공기, 등록된 자동차·건설기계 또는 산업상·상업상·과학상의 기계·설비·장치, 그 밖에 대통령령으로 정하는 용구(운반구, 공구, 기구 및 비품, 소득세법 시행령 제179조 제1항, 법인세법 시행령 제132조 제1항)를 임대함으로써 발생하는 소득을 말한다(소득세법 제119조 제4호; 법인세법 제93조 제3호). 소득의 원천지는 지급자를 기준으로 한다.

는 명백히 그 지급하는 자의 거주지국이다. 동산으로부터 얻은 임대소득은 OECD 모델조약 제7조에 따라 사업소득으로 과세할 수도 있고, UN 모델조약 제12조에 따라 사용료로 과세할 수도 있다(산업적, 과학적, 상업적 설비인 동산의 경우).

- 재산의 처분에 따른 소득의 원천지는 매우 다양하고, 그 자산의 성격에 따라 달라진다. 부동산의 처분에 따른 소득은 거의 대부분 그 자산이 소재한 국가에서 과세할 수 있다.[26)] OECD 및 UN 모델조약 제13조 제1항이 그렇게 규정하고 있다. 특정 국가에서 사업을 이행하는 과정에서 사용된 자산을

26) 소득세법 및 법인세법상 부동산 등 양도소득 중 다음의 항목이 국내원천소득에 해당한다(소득세법 제119조 제9호; 법인세법 제93조 제7호; 국제조세집행기준 93-0-14).

① 토지 또는 건물(「소득세법」 제94조 제1항 제1호)	토지(「지적법」에 따라 지적공부에 등록하여야 할 지목에 해당하는 것)
	건물(건물에 부속된 시설물과 구축물 포함)의 양도로 발생하는 소득
② 부동산에 관한 권리(「소득세법」 제94조 제1항 제2호)	부동산을 취득할 수 있는 권리(건물이 완성되는 때에 그 건물과 이에 딸린 토지를 취득할 수 있는 권리 포함)
	지상권·전세권과 등기된 부동산임차권
③ 기타자산(「소득세법」 제94조 제1항 제4호 가목·나목)	사업에 사용하는 ①, ②의 자산과 함께 양도하는 영업권
	이용권·회원권 등
④ 비상장 부동산 주식	내국법인의 주식 중 양도일이 속하는 사업연도 개시일 현재 그 법인의 자산총액 중 ① 및 ②의 자산가액 및 내국법인이 보유한 다른 부동산 과다 보유 법인의 주식가액에 그 다른 법인의 부동산 보유 비율을 곱하여 산출한 가액의 합계액이 100분의 50 이상인 법인의 주식 또는 출자지분으로서 「자본시장과 금융투자업에 관한 법률」에 따른 증권시장에 상장되지 아니한 주식 또는 출자지분

처분할 때 발생하는 이익은 대체로 그 사업이 이행된 국가에서 과세할 수 있다. OECD 및 UN 모델조약 제13조 제2항은 특정 국가에 위치한 고정사업장을 통하여 사업을 영위하는 데 사용된 자산을 처분할 때 발생하는 이익은 고정사업장 소재지국에서 과세할 수 있다. OECD 및 UN 모델조약은 고정사업장을 구성하는 부동산과 자산의 처분에서 발생하는 사업소득과 양도소득 모두를 같은 국가가 과세할 수 있는 구조로 되어 있다. 즉, 차익(gains)[27]을 사업소득이나 양도소득 중 어느 것으로 분류할 것인지는 내국세법에 따라 정해지고, 조세조약의 목적과는 관련이 없다.

- 회사의 주식이나 파트너십 또는 신탁의 지분을 처분하여 얻은 소득은 일반적으로 그 납세의무자의 거주지국이 배타적으로 과세한다. 그러나 비거주자인 납세의무자가 거주자인 법인에 관하여 상당한 지분을 소유하고 있는 경우, 그 지분을 처분하여 얻은 소득에 과세하는 국가도 있다.[28] UN 모델

---

27) 'gain'은 차익으로 번역되는데, 기업의 정상영업활동 이외의 활동에서 발생하는 경제적 효익의 증가를 말한다. 송인만·윤순석·최관, 「중급재무회계」, 제4판, 신영사, 2012, 58면.

28) 국내원천 유가증권양도소득은 다음 중 어느 하나에 해당하는 주식등(「자본시장과 금융투자업에 관한 법률」에 따른 증권시장에 상장된 부동산주식등을 포함한다) 또는 그 밖의 유가증권(「자본시장과 금융투자업에 관한 법률」 제4조에 따른 증권을 포함한다. 이하 같다)을 양도함으로써 발생하는 소득으로서 대통령령으로 정하는 소득을 말한다(소득세법 제119조 제11호; 법인세법 제93조 제9호).
① 내국법인이 발행한 주식등과 그 밖의 유가증권
② 외국법인이 발행한 주식등(「자본시장과 금융투자업에 관한 법률」에 따른 증권시장에 상장된 것으로 한정한다)
③ 외국법인의 국내사업장이 발행한 그 밖의 유가증권
한편, 대통령령으로 정하는 소득이란 다음 각 소득을 말한다(소득세법 시행령 제179조 제11항; 법인세법 시행령 제132조 제8항).
① 비거주자가 주식 또는 출자지분을 양도함으로써 발생하는 소득. 다만, 증권시장을 통하여 주식 또는 출자지분을 양도(「자본시장과 금융투자업에

조약 제13조 제4항은 일방체약국이 그와 같은 소득을 과세할 수 있도록 규정하고 있지만, OECD 모델조약은 그렇지 않다. 마찬가지로, 일부 국가는 회사의 주식이나 파트너십 또는 신탁의 지분의 가치가 그 국가에 있는 소유 부동산에서 비롯된 것이라면, 주식 또는 지분의 처분으로 발생한 소득에 관하여 과세한다. OECD 및 UN 모델조약 모두 소유부동산이 소재한 체약국이 그와 같은 소득에 관하여 과세할 수 있도록 규정하고 있다. 실질적으로 이 조항은 납세의무자가 특정 국가에

관한 법률」 제78조에 따른 중개에 따라 주식을 양도하는 경우를 포함한다)함으로써 발생하는 소득으로서 해당 양도자 및 그와 소득세법 시행령 제98조 제1항에 따른 특수관계인이 해당 주식 또는 출자지분의 양도일이 속하는 연도와 그 직전 5년의 기간 중 계속하여 해당 주식 또는 출자지분을 발행한 법인의 발행주식총액 또는 출자총액(외국법인이 발행한 주식 또는 출자지분의 경우에는 증권시장에 상장된 주식 또는 출자지분의 총액)의 100분의 25 미만을 소유한 경우를 제외한다.

② 국내사업장을 가지고 있는 외국법인이 주식 또는 출자증권을 양도함으로써 발생하는 소득

③ 국내사업장을 가지고 있지 아니한 외국법인이 해당 주식 또는 출자증권을 양도함으로써 발생하는 소득. 다만, 증권시장을 통하여 주식 또는 출자증권을 양도(「자본시장과 금융투자업에 관한 법률」 제78조에 따른 중개에 따라 주식을 양도하는 경우를 포함한다)함으로써 발생하는 소득으로서 해당 양도법인 및 그 특수관계인이 해당 주식 또는 출자증권의 양도일이 속하는 연도와 그 직전 5년의 기간 중 계속하여 그 주식 또는 출자증권을 발행한 법인의 발행주식총수 또는 출자총액(외국법인이 발행한 주식 또는 출자증권의 경우에는 증권시장에 상장된 주식총수 또는 출자총액)의 100분의 25 미만을 소유한 경우를 제외한다.

④ 국내사업장을 가지고 있는 비거주자·외국법인이 주식 또는 출자증권외의 유가증권을 양도함으로써 발생하는 소득. 다만, 당해 유가증권의 양도시에 소득세법 제119조 제1호 또는 법인세법 제93조 제1호의 규정에 의하여 과세되는 소득을 제외한다.

⑤ 국내사업장을 가지고 있지 아니한 비거주자·외국법인이 내국법인 또는 거주자나 비거주자·외국법인의 국내사업장에 주식 또는 출자증권 외의 유가증권을 양도함으로써 발생하는 소득. 다만, 당해 유가증권의 양도시에 소득세법 제119조 제1호 또는 법인세법 제93조 제1호의 규정에 의하여 과세되는 소득을 제외한다.

> 있는 부동산을 해당 국가에 설립된 회사나 그 밖의 법인에게 양도한 후에 그 주식이나 지분을 처분하는 방법으로 그 부동산과 관련된 소득에 대한 해당 국가의 조세를 회피하는 것을 방지하기 위한 조세회피방지규정이다.[29)]

위에서 언급한 바와 같이, 조세조약을 체결한 대부분의 국가는 해당 국가의 내국세법에 따른 이자, 배당, 사용료의 원천징수세율에 대하여 일부 제한을 두는 데에 동의한다. 이렇게 제한을 두는 목적은 원천지국이 투자소득에 관하여 과도한 조세를 부과하지 않고, 조세수입이 원천지국과 거주지국 간에 배분되도록 보장하기 위한 것이다. 원천징수세에 대해서는 제5장 5.9.3와 제8장 8.7.3.5에서 살펴본다.

일부 조세조약들은 몇몇 유형의 투자소득에 관하여는 0%의 원천징수세율을 규정함으로써 원천지국 과세를 완전히 제거하는데, 이와 같은 조약의 거의 대부분은 선진국들간에 이루어진다. 0%의 세율은 두 가지 가정을 전제로 하는데, 0%의 세율이 적용되는 항목에 대한 두 체약국간의 투자 자금의 흐름이 거의 동일하고, 원천지국이 포기하는 과세관할권을 거주지국이 행사한다는 것이다. 제8장 8.2.1에서 살펴보는 바와 같이, 이와 같은 가정은 많은 경우에 현실을 반영하지 못한다.

일부 견해는 소득원천에 대한 원천징수세는 그 소득금액을 지급하는 자에 대해 소비세(excise tax)로 작용할 수 있는 경우가 있는 반면, 거주지국 과세는 일반적으로 소득의 수취자에 대해 소득세로 작용한다는 점에서, 투자소득을 원천지국에서 과세하는 것보다 거주지국에서 과세하는 것을 선호한다. 원천징수세가 소비세로의 효과를 내는 예로서, 외국은행이 원천지국에서 부과하는 원천징수세

---

29) 한국법에서는 소득세법 제119조 제9호 나목, 법인세법 제93조 제7호 나목이 이에 해당하는 규정이다.

를 공제한 세후금액을 기준으로 계산한 이자의 지급을 차입자에게 요구하는 경우를 생각해 볼 수 있다. 그와 같은 경우 차입자의 입장에서는 차입비용에 원천징수세가 추가되는 것과 다르지 않다.

이론적으로는, 원천징수세율을 0%로 하면 기업 간의 거래가 조세부담 없이 일어날 수 있기 때문에 행정업무를 단순화하고 사업효율성을 증진시킨다. 다만, 실제로 0%의 세율은 조세 회피구조를 조장할 수 있고, 복잡한 조세회피방지규정이 없다면 조세조약을 이용한 조약편승(treaty shopping)을 통해 의도하지 않은 이익을 줄 수 있다. 조세조약을 이용한 조세회피행위는, 예컨대, 일방체약국에서는 명목상 거주자인 법인에 해당하지만 그 법인을 수익적으로 소유하는 자가[30] 비거주자인 경우에 발생한다. 조약편승을 이용한 조세회피행위에 대해서는 제8장 8.8.2.2에서 살펴본다.

30) 수익적 소유자(beneficial owner)의 개념에 관하여 대법원은 실질과세원칙에 따른 실질귀속자의 의미로 해석하여 오다가(대법원 2015. 5. 28. 선고 2013두7704 판결; 대법원 2012. 10. 25. 선고 2010두25466 판결), 대법원 2018. 11. 15. 선고 2017두33008 판결부터는 수익적 소유자를 실질귀속자와 준별하는 입장을 취하고 있다.

제3장

거주자 및 내국법인에 대한 과세

3.1 개 관

제2장에서 살펴본 바와 같이, 많은 국가들은 거주자 및 내국법인(이하 이 장에서 '거주자')에 대하여는 전세계소득에 관하여 과세하고, 비거주자 및 외국법인(이하 이 장에서 '비거주자')에 대하여는 국내원천소득에 관하여만 과세한다. 즉, 거주자와 비거주자에 대한 과세 간의 근본적인 차이는 거주자에 대해서는 국내원천소득 뿐 아니라 국외에서 얻은 소득(국외원천소득)에 관하여도 과세하는 반면, 비거주자는 오직 그 국가로부터 얻은 소득(국내원천소득)에 관하여만 과세한다는 것이다. 일부 국가는 국내원천소득에 관하여만 과세(이른바, 원천지국 과세, territorial taxation)하지만, 대부분의 국가는 거주자의 국외원천소득 중 적어도 일부에 관하여는 과세한다. 따라서 전세계적인 과세의 전형적인 패턴은 거주자에 대하여는 국내원천소득 및 국외원천소득(최소한 일부 항목) 모두에 관하여 과세하는 것으로 설명할 수 있다. 비거주자에 대한 과세는 제5장에서 다룬다.

거주자와 비거주자 간의 구별은 기본적인 구별로서 중요한 결과를 가져온다. 제2장에서 살펴본 바와 같이, 어떤 개인 또는 법인의 거주지국은—세부적인 규정은 국가별로 상당히 차이가 있지만—일반적으로 그 개인 또는 법인이 특정 국가와의 사이에서 맺는 관련성에 따라 결정된다. 한 개인 또는 법인이 특정 국가와 보다 밀접하고 광범위한 관련을 맺을수록 그 개인 또는 법인은 조세체계의 목적상 그 국가의 거주자로 취급될 가능성이 높아진다.

이 장에서는 제2장에서 다룬 거주지 그 자체의 결정보다는, 거주자에 대한 전세계소득 과세와 관련되는 주요 쟁점에 관하여 살펴본다. 개관에 이어, 3.2는 거주자에 대하여 전세계소득을 과세의 대상으로 하는 조세정책적 이유, 거주자 지위의 조세상 효과, 이중과세에 관하여 살펴본다. 그리고 외환거래 손익, 국외원천손실의 취급 등 국외원천소득의 계산에 관한 몇 가지 실무적 문제점에 관하여 검토한다. 3.3은 거주자에 대한 전세계소득과세 원칙의 두 가지 중요한 예외(외국회사 및 그 밖의 법인을 통해 얻은 국외원천소득, 일시 거주자인 자의 취급)를 논한다. 3.4는 특별한 주제, 즉 국외전출세, **추적과세**(trailing taxes), 단기거주자(part-time resident)에 관하여 다룬다.

3.2 거주자에 대한 전세계소득과세

3.2.1 조세정책적 고려사항

근본적으로 거주자의 전세계소득에 관하여 과세하는 국가는 그 영토 바깥에서 발생하는 소득에 관하여 과세하기 때문에 과세주권(soverign authority to tax)을 넘어서는 것처럼 보인다(**역외적용, extraterritoriality**). 그러나 국제법은 자국과 밀접한 관련을 맺고 있는 자에게 과세하는 권한을 제약하지 않는다. 국가가 실효성 있게 징수할 수 없는 조세를 부과하는 것은 이치에 맞지 않으므로, 국가의 과세 능력에 관하여는 실질적 제약이 있다. 하지만 어떤 국가의 거주자는 그 정의 자체에서 그 국가와 중요한 관계를 맺고 있음을 전제로 하므로, 거주지국은 거주자의 전세계소득에 관한 조세를 실효성 있게 징수할 수 있다.

개인 거주자에 대하여 전세계소득을 과세하는 조세정책적 이유는 공평성(equity)과 중립성(neutrality)이다. 만약 두 거주자가 동일한 금액의 소득을 얻는다고 가정하면, 그중 한 명의 소득이 전부 국내원천으로부터 발생하고 다른 한 명의 소득이 오로지 국외원천으로부터 발생하더라도 그 둘은 동일한 조세를 부담하여야 한다.

이처럼 공평성이 근거로 될 수 있는 것은 어떤 국가의 거주자들은 모두 그 국가로부터 공공재와 공공서비스라는 형태로 주요한 개인적 혜택을 얻고 있다는 가정에 바탕을 두고 있는데, 이 공공재와 공공서비스는 거주자에 대하여 소득원천을 가리지 않고 과세하는 것을 정당화한다. 즉, 어떤 국가에 거주하는 개인은 그 국가의 사회기반시설(도로와 공공 안전), 법체계, 사회복지체계, 교육체계로부터 혜택을 얻기 때문이다(개인의 소득이 전적으로 국외에서 발생하는 경우에도 그렇다). 중립성이 근거가 될 수 있는 것은 거주자가 국외에서 일을 하거나 투자하는 행위에 관하여 조세유인책을 만들어서는 안 되기 때문이다. 만약 거주자의 국외원천소득에 대하여 거주지국이 과세할 수 없다면, 거주자는 국내원천소득보다 과세가 덜 되는 국외원천소득을 얻고자 하는 유인을 갖게 되며, 이러한 유인은 국가경제에 해롭다.

회사 및 그 밖의 법인의 경우 공평성은 크게 고려할 필요가 없다. 왜냐하면 법인체는 자신이 얻은 소득의 최종적인 수익적 소유자가 아니기 때문이다. 따라서 거주자인 법인에 대하여 전세계소득을 과세의 대상으로 삼는 데 대한 정당화는 주로 중립성의 요청으로부터 도출되어야 한다. 이러한 중립성을 자본수출중립성(capital-export neutrality)이라고 한다. 납세의무자는 세전수익이 극대화되는 곳에 투자해야 한다는 것이다. 자본수출중립성을 달성하기 위해, 국가는 내국법인이 국외 투자 및 국내 투자에서 얻은 모든 소득에 관하여 과세해야 한다. 만약 외국에서 얻은 국외소득을 과세하지 않으면, 내국법인은 낮은 세율이 적용되는 외국, 특히 조세가 없거나 적은 조세피난처에 투자하고자 할 것이다.

그러나 사업소득에 관해서는 중립성의 측면에서 다른 쟁점이 있는데 — 자본수입중립성(capital-import neutrality) 또는 국제적 경쟁력 — 이는 어떤 국가의 내국법인이 다른 국가에서 해당 국가의 내국법인 및 제3국 법인과 경쟁하여야 한다는 점이다. 만약 A국에 거주하고 있는 법인이 A국에서 전세계소득에 관하여 과세되면, B국에서의 소득에 관하여만 과세되는 B국 법인 또는 제3국 법인과는 B국에서 제대로 경쟁할 수 없을 것이다. 국제적 경쟁력과 관련되는 이 논의는 학자들에게는 복잡하고 논란의 대상이 되지만, 정부로서는 외면할 수 없다는 점이 입증되었다. 결론적으로, 법인이 거둔 능동적 사업소득(active business income)은 일반적으로 원천지국 기준으로 과세하는 것이 국제적인 규범이라고 말할 수 있다. 다시 말하면, 특정 국가의 내국법인이 거둔 국외원천소득은 일반적으로 거주지국 과세의 대상이 되지 않는다. 이 점은 아래에서 보다 자세하게 설명한다.

어떤 국가가 그 거주자의 국외원천소득에 관하여 과세하는 이유 중의 하나는 추가적인 세수를 기대하기 때문이라고 생각할 수 있다. 그러나 제2장에서 설명한 바와 같이, 국외원천소득은 그 국외원천소득이 발생한 국가(원천지국)가 과세한다는 점에서, 원천지국이 그 소득에 관하여 1차적 과세권을 가진다. 거주지국은 일반적으로 거주지국의 조세에서 국외원천소득을 면제하거나 국외원천소득에 부과된 원천지국 조세를 거주지국 조세에서 공제해 주는 방법을 통해 이중과세를 배제할 의무가 있는 것으로 생각된다(두 국가 간에 발효된 조세조약이 없다면 법적인 의무는 아닐 수 있다). 따라서 국외원천소득을 과세함으로써 얻을 수 있는 추가적인 세수는 그 거주지국이 외국납부세액공제(foreign tax credit)를 통해 이중과세를 배제하여 주고도 원천지국의 조세가 거주지국 조세보다 적은 경우에만 발생할 것이다. 이중과세의 배제에 관하여는 제4장에서 살펴본다.

3.2.2 거주지의 조세효과

전세계조세체계에서, 개인 납세의무자의 소득은 그 납세의무자의 거주지 국내소득과 국외소득 모두를 포함한다. 개인은 보통 누진세율로 전세계소득에 관하여 과세된다. 누진의 정도는 제한적일 수도 있다. 납세의무자의 소득이 최소금액을 초과하는 경우에만 과세하는 경우를 예로 들 수 있다. 국가에 따라서는, 국외원천소득을 과세하지 않지만, 국외원천소득은 납세의무자의 다른 소득(국외원천소득 이외의 소득)에 적용되는 세율을 결정하는 데 고려하기도 한다(**누진면제방식, exemption with progression**).[1] 일부 국가에서는, 특정한 유형의 국외원천소득(일반적으로 사업소득)에 한하여 과세를 면제하기도 한다. 결과적으로, 위에서 언급한 바와 같이, 어떤 국가가 전세계소득기준으로 과세한다고 표현하더라도 그것이 곧 거주자가 거둔 모든 국외원천소득을 과세한다는 의미는 아니다.

사 례

X는 X국의 여성 거주자이다. X는 X국에서 100,000의 근로소득이 있다. 그녀는 Y국 거주자인 회사로부터 10,000의 배당을 받고, Z국에 있는 은행계좌에서 3,000의 이자를 받는다. 위 배당은 Y국에서 15%의 세율에 따른 원천징수세(=1,500)가 부과되고, 위 이자는 Z국에서 10%의 세율에 따른 원천징수세(=300)가 부과된다. X의 소득과 X국에 납부의무를 지는 세액은 다음과 같다.

X국으로부터의 소득	100,000
국외원천소득	
Y국으로부터의 배당	10,000
Z국로부터의 이자	3,000

1) 외국납부세액을 공제하여 주더라도 일단 국외원천소득을 소득에 합산하여 적용될 누진세율을 결정하는 방식을 가리킨다.

전세계소득	113,000
차감: 인적공제	10,000
과세표준	103,000
산출세액(40%)	41,200
차감: 한부모 공제(single parent credit)	1,200
외국납부세액공제(foreign tax credit)	1,800
결정세액	38,200

3.2.3 이중과세

거주지국이 거주자의 전세계소득을 과세하였는데, 원천지국이 그중 국내원천소득에 관하여 과세한다면 그 소득은 이중과세된다. 대부분의 원천지국은 자국이 원천지인 소득에 대하여 과세하고자 하기 때문에 거주자의 전세계소득에 관한 과세는 이중과세를 초래한다. 확립된 국제적 규범에 따르면, 원천지국—그 소득의 원천지가 있는 국가가 그 소득에 관하여 1차적 과세권을 가지고 거주지국은 같은 소득에 관하여 2차적 과세권을 갖는다. 하지만, 거주지국이 2차적 과세권을 행사할 경우에는 이중과세를 배제하기 위하여 원천지국에 대한 조세를 공제해 주어야 한다. 거주지국이 그 거주자의 국외원천소득에 대한 이중과세를 제거하기 위해 사용하는 방법은 제4장에서 다룬다.

3.2.4 거주자의 국외원천소득 계산

3.2.4.1 일반론

거주자는 전세계소득에 대해 과세되므로, 국내원천소득과 국외원천소득 모두를 계산할 규정이 필요하다. 전형적인 예는 하나의 규정으로 두 유형의 소득을 계산하는 것이다. 동일한 금액이 소득에 포함되고, 동일한 공제가 허용되며, 동일한 귀속시기 규정

(timing rule)이 적용된다. 그러나 조세유인책은 국내원천소득에만 적용될 수 있다. 예를 들어, 거주지국은 특정한 국내산업 혹은 특정 국내지역에서 사용된 기계 및 설비에 대한 투자에 대해 가속상각을 인정하거나 국내에서의 연구개발비에 관하여만 추가상각(enhanced write-off)을 인정해 줄 수 있다.

거주자의 전세계소득을 결정할 때에는 원천지규칙이 필요없다. 국내와 국외의 모든 소득이 과세대상이기 때문이다. 그러나 특정한 국외원천소득 항목(예컨대, 국외의 지사 또는 국외 고정사업장에 귀속되는 소득)이 과세면제되는 경우에는 원천지규칙이 필요하다. 또한, 원천지규칙은 외국납부세액공제에 대한 한도액을 결정하기 위한 목적으로 필요하다. 제4장에서 자세하게 살펴보는 바와 같이, 자신의 거주자가 거둔 국외원천소득에 대해 과세하는 국가는 조세조약(그리고 국제적 관행 및 공평에 의해)에 의해 국외원천소득에 대한 외국납부세액을 국내 조세에서 공제해 주어야 할 의무가 있다. 그러나 이러한 외국납부세액공제는 국외원천소득에 대한 국내 조세의 세액을 초과할 수 없다.

국외원천소득에 대응하는 비용은 그 국외원천소득에 대해 과세할 경우에는 반드시 공제된다. 때로는 소득의 인식시기와 비용의 공제시기 간에 상당한 불일치가 생길 수 있다. 예를 들어, 납세의무자가 국외원천소득을 얻기 위하여 자금을 차입한다고 가정해 보자. 그 이자는 당기에 공제될 수 있지만, 배당과 같은 일부 유형의 소득은 그 다음 연도에 인식될 수 있다.연구개발비의 경우에도 시간적 불일치가 자주 발생한다.

만일 국외원천소득이 거주지국에서 과세면제되면, 원칙적으로 그 소득에 대응하는 비용은 공제될 수 없다. 그러나 많은 국가들은 외국법인의 주식을 취득하기 위한 차입금에 관하여는, 그 외국법인으로부터의 수취배당이 거주지국에서 과세면제되더라도 그 이자비용을 공제해 준다. 이 문제는 점점 더 많은 국가들이 지분참여면제(participation exemption)를 허용함에 따라 더욱더 중요해지고 있다. OECD의 「BEPS Action 4 이자비용 공제 및 기타금융비용(2014. 12. 18.)」은 이 문제를 다루고 있으며, 이 책 제7장 7.2.에서 더 자세히 살펴본다. 과세 대상이 되는 국외원천소득을 얻기 위해 발생한 비용은 납세의무자의 전세계소득을 계산할 때 공제할 수 있지만, 나아가 외국납부세액공제의 한도를 계산하기 위하여 국외원천소득을 계산할 때에도 공제되어야 한다. 이 문제도 제4장 4.4에서 좀 더 살펴볼 것이다.

3.2.4.2 외환차익과 외환차손(foreign exchange gains and losses)

국외원천소득은 그 소득이 발생한 국가의 통화로 얻는 경우가 많다. 마찬가지로 국외원천소득을 얻기 위해 발생하는 비용도 외국통화로 발생할 때가 많다. 거주지국 과세원칙하에서 거주자의 소득은 일반적으로 거주지국 통화로 보고된다. 결국 외국통화로 표현된 수익과 비용은 국내통화로 환산되어야 한다. 이론적으로, 각각의 금액은 그 금액을 수취하였거나 권리가 발생한 그 시점에 적용가능한 환율로 환산되어야 한다. 실무적인 이유로 일부 국가는 외국통화로 표시된 금액에 대해 평균 환율(월간, 분기별, 연간)을 적용하여 국내통화로 환산하도록 허용하기도 한다.

국외재산을 처분할 때 발생하는 자본이익과 자본손실을 계산할 때 단순히 자본이익 또는 자본손실을 국내통화로 환산하는 것은 적절하지 않다. 그 대신 외국통화로 표시된 재산의 취득가액은 재산을 취득할 당시의 환율을 적용하여 국내통화로 환산되어야 하고, 재산의 처분에 따른 수익은 그 재산이 처분될 당시의 환율을 적용하여 국내통화로 환산하여야 한다. 이처럼 외국통화를 국내통화로 환산하면 다음의 예와 같이 자본손익의 일부로서 외환손익이 인식된다.

예 시

R국의 거주자인 X는 2000년 10월 20일 X국에서 S국의 통화 100,000유로의 비용으로 자산을 취득한다. 2000년 10월 20일, R국 통화에 대한 유로의 환율은 1유로=1.5R 달러이다. X는 2018년 12월 7일 그 자산을 100,000유로에 매도한다. R국 달러에 대한 그 날의 환율은 €1=1 R국 달러이다. R국에서의 세무상 손실은 다음과 같이 계산할 수 있을 것이다.

수익 100,000유로 = 100,000R 달러
비용 100,000유로 = 150,000R 달러
손실 50,000R 달러

달러의 가치가 유로에 비해 상승하였기 때문에, 유로화를 기준으로 하면 어떠한 이익이나 손실도 없지만 달러를 기준으로 하면 그 재산을 매각할 때 손실이 발생한다. 만약 달러가 유로보다 가치절하되었더라면(예컨대, 환율이 2000년 10월 20일에 1유로=1달러이고, 2018년 12월 7일에는 1유로=1.5달러), 납세의무자는 50,000R 달러의 이익을 인식할 것이다(유로화를 기준으로 하면 손익이 없었을 것이다).

이익이나 손실(즉, 비용과 수익)을 외국통화로 결정하고, 그 금액을 재산의 처분일에 적용 가능한 환율이나 처분일이 속하는 해에 적용 가능한 평균 환율을 적용하여 환산하면, 외환손익은 전혀 인식되지 않을 수도 있다. 앞의 예에서 살펴본 것처럼, 환율은 현저하게 변동하였지만 그로 인한 손익은 없게 된다.

외환손익은 채무의 경우에도 발생할 수 있다. 예를 들어, R국에 거주하는 납세의무자(R국의 통화는 R 달러이다)가 1,000유로를 차입한다. 차입시점의 환율은 1유로=5R 달러이다. 대출에 대한 이자는 매년 10%이다. 100유로의 이자채무가 이행기가 되면(또는 이자가 이미 발생하였거나 이자가 이미 지급되었다면), 그 납세의무자는 그 이자채무의 이행기 또는 실제 지급시점에서의 적용 가능한 환율을 적용하여 100유로를 R 달러로 변환해야 한다. 납세의무자는 차입금을 상환할 때 R 달러가 유로에 비해 평가절상 되었는지 혹은 평가절하되었는지 여부에 따라 손익을 인식한다. 예를 들어, 변제시점의 환율이 1유로=4R 달러이면, 납세의무자는 1,000R 달러의 이익을 인식할 것이다. 즉, 그 납세의무자는 5,000R 달러를 빌렸으나, 변제를 위해서는 4,000R 달러만 필요하다. 내국세법에 따르면, 채무의 변제(repayment or settlement)에 대한 외환차익 혹은 외환차손은 자본손익(capital gain or loss)으로 취급될 수도 있고, 경상손익(ordinary income or loss)으로 취급될 수도 있다.

납세자의 외환위험은 실제 외환거래에서뿐만 아니라 사업과 관련된 다른 측면에서도 발생한다. 예를 들어, 자신의 제품을 다른 국가의 거주자에게 판매하는 납세의무자는 그 제품 판매 국가의 통화가치가 납세의무자 국가의 통화가치보다 절하될 수 있는 위험에 노출되는데, 실제로 그렇게 되면 판매 국가의 거주자는 납세의무자의 제품을 더 비싸게 사는 결과가 된다.

기업은 주로 사업을 수행하는 국가나 자산을 소유하고 있는 국가의 통화로 금전을 차입하는 등의 자연 헤지(natural hedge), 혹은 기초자산이나 부채와 관련된 손익을 상쇄시킬 수 있는 손익을 만들어내도록 설계된 재무상품인 파생상품(derivatives)을 통해 외환위험을 관리 혹은 완화하고자 노력한다. 세무목적상 이와 같은 헤지에 대한 취급은 회계기준과 내국세법에 따라 결정된다. 조세조약은 일반적으로 헤지행위를 다루지 않는다.

3.2.4.3 손실에 관한 취급

거주지국 과세원칙하에서는 거주자의 국외원천소득도 과세의

대상이 된다. 따라서 원칙적으로 국외원천에서 발생하는 손실도 공제할 수 있어야 한다. 이론적 관점에서 그 손실을 공제할 수 있어야 국외원천소득에 관한 취급과 일관되지만, 납세의무자가 사업상 손실의 공제를 악용할 수 있어서 문제가 된다. 예를 들어, 납세의무자는 개업 손실(start-up losses)을 전세계소득에서 공제할 수 있으므로, 외국에서 경영활동을 시작하면서 외국자회사보다는 지점의 형태를 취하고자 할 것이다. 외국에서의 사업활동에 수익성이 생기면, 납세의무자는 외국 지점의 자산을 외국자회사로 이전(비과세일 경우가 많다)함으로써 거주지국에서의 과세를 피할 수 있다. 아래 3.3.1에서 살펴본다.

만약 거주지국에서 특정한 국외원천사업소득(예컨대, 국외 고정사업장에 귀속되는 사업이익)을 과세면제하면, 국외 고정사업장에 귀속되는 국외원천손실도 납세의무자의 전세계소득 계산시에 공제되어서는 안 된다.

일부 국가는 국외손실의 부적절한 공제로부터 자신의 과세기반(tax base)을 보호하고자 노력한다. 다양한 규정이 이러한 목적으로 사용된다. 다음의 예를 들 수 있다.

- 국외원천손실은 납세의무자의 국외원천이익에서만 공제할 수 있다.
- 그리고 외국에서의 사업을 매각하거나 자회사로 이전하면, 국외원천손실의 공제를 소급적으로 취소할 수 있다.

3.2.5 조세행정상의 쟁점

거주자의 국외원천소득에 대한 과세는 거주지국 과세당국의 행정과 집행 측면에서 특별한 문제를 야기한다. 과세당국은 모든 소득이 보고되었는지 확실하게 하고 소득이 적절하게 계산되었는지를 확인하기 위해 납세의무자의 국외원천소득에 관한 정보를 필요로 한다. 과세당국은 대개는, 우선 납세의무자로부터 그러한 정보를 얻고자 할 것이다. 납세의무자도 정기적으로 소득을 신고할 때 또는 과세당국의 특별한 요구가 있을 때, 국외소득 획득활동에 관한 정보를 제공하도록 요구받는다. 또 거주지국의 과세당국은 조세조약상의 정보교환조항에 규정된 방법에 따라 국외소득이 발생한 국가의 과세당국으로부터 정보를 얻을 수도 있다. 조세조약에 따른 정보교환에 관하여는 제8장 8.8.4절에서 살펴본다.

납세의무자는 과세당국이 국외 정보를 얻는 것이 국내 정보를 얻는 것보다 훨씬 어렵다는 점을 알기 때문에 과세당국에 대하여 국외원천소득에 관한 정보를 완전하게 제공하지 않으려 할 때가 많다. 납세의무자는 유리한 정보만을 제공하려고 할 수도 있다. 이에 따라 일부 국가는 그러한 시도를 막기 위한 규정을 두고 있다. 이러한 규정에 따르면, 정보를 완전하게 공개하지 않은 납세의무자는 국외원천소득과 관련된 이후의 법적 절차에서는 새로운 정보를 제출할 수 없다.

특정한 국가의 과세당국은 납세의무자와 다른 국가 모두의 요청이 있지 않은 한, 일반적으로 납세의무자가 신고한 국외원천소득을 조사하기 위하여 다른 국가를 방문할 수 없다. 그래서 과세당국이 국외 활동과 관련하여 납세의무자로부터 제공받은 정보를 확인하는 것은 더욱 어렵기 마련이다. 일부 국가들은 일정한 상황 하에서는 공동 조사를 허용하는 내용[2)]의 합의를 하기도 하였다.

---

2) 국내법에서는 「국제조세조정에 관한 법률」 제39조(세무조사 협력)가 공동조사의 근거가 되며, 실제 허용 여부는 각 국가와 맺은 조세조약에 따라 달라진다.

3.3 전세계과세에 관한 예외

3.3.1 외국회사 및 그 밖의 법인

거주지국 과세원칙을 채택한 국가는 전 세계를 기반으로 과세한다고 하지만, 현실은 이와 상당히 다르다. 이론적으로는 전 세계를 기반으로 과세하는 국가의 거주자가 다른 국가에서 소득을 얻으면, 그 국외원천소득은 거주지국의 과세대상이 될 것이다. 그러나 만약 그 거주자가 국외원천소득을 얻기 위해 외국회사나 그 밖의 법인체를 설립할 경우 그 소득은 **피지배외국법인세제**(controlled foreign corporation rules, CFC rules)나 **역외투자펀드에 관한 규정**(foreign investment fund rules, FIF rules) 등의 특별 규정이 없다면 거주지국의 과세대상이 되지 않는다. 외국법인체는 일반적으로 이를 소유하고 있는 거주자와는 분리된 과세주체로 취급되고, 대부분의 경우 그 외국법인체는 주주나 소유자의 거주지국에서는 비거주자로 본다. 결과적으로 특정 국가의 거주자인 내국법인은 외국회사 또는 그 밖의 외국법인체를 활용함으로써 국외원천소득에 관하여 거주지국의 조세를 회피하기가 상대적으로 더 쉽다.

사 례

A국에 거주하는 A사는 B국에서의 사업활동으로 100만의 소득을 얻는다. B국의 세율(20%)은 A국의 세율(30%)보다 낮다. 결국 A회사는 B국에서 얻은 100만의 소득에 대해 B국에 200,000의 조세를 납부하여야 한다. A국이 전 세계를 기반으로 조세를 부과한다고 가정하면, A사는 B국에서 얻은 100만의 소득에 관하여 A국에도 10만의 조세(30만에서 B국의 조세 20만을 공제)를 납부하여야 한다. 만약 A사가 B국에 완전자회사를 설립하고 B국에서 A사가 직접 벌어들였을 100만의 소득을 그 자회사가 벌도록 하면, 그 자회사는 B국에 20만

의 조세를 납부하게 될 것이다. A사는 그 자회사로부터 배당을 받거나 그 자회사 지분을 매각하기 전까지는 B국이나 A국에 조세를 납부하지 않을 수 있다.

A사는 쉬운 방법으로, 비용도 많이 쓰지 않으면서 10만의 조세를 즉시 절약할 수 있다. A사는 단순히 외국회사를 설립하고 소득 창출 자산을 그 외국회사로 옮기기만 하면 되기 때문이다. 따라서 피지배외국법인 및 신탁 등의 외국법인체를 조세전략(tax planning)으로 이용하는 것이 전 세계에 퍼져 있는데, 이는 놀라운 일이 아니다. 여러 국가에서 그러한 외국법인체를 활용하여 국내 조세를 회피하거나 이연하는 것을 막기 위한 규정을 두고 대응하는 것도 역시 놀랍지 않다. 이와 같은 규정은 제7장 7.3과 7.4에서 논한다.

3.3.2 일시적 거주자(Temporary Residents)

몇몇 국가는 일시적 거주자에 대해서는 거주자 과세의 다소 부담스러운 측면을 완화해주는 특별 규정을 두고 있다. 일시적 거주자의 예로 회사의 임원을 들 수 있는데, 이들은 집, 가족, 고용관계가 해당 국가에 있기 때문에 명백하게 그 국가의 거주자이지만 오직 제한된 기간(보통 5년 미만) 동안만 거주하거나 거주하려는 자들이다.[3] 이들은 해당 국가의 거주자로서, 국외원천소득에 관한 과세와 관련하여 해당 국가의 모든 규정에 따라야 한다. 그러나 이들은 자신의 모국에서는 일시적으로 부재하는 것에 불과하기 때문에 여전히 모국과 상당한 경제적 이해관계를 유지한다. 일시적 거주자에 대하여 거주지국의 모든 규정을 적용하면 유능한 자가 다른 국가로 단기간 파견을 가는 데 대해 의욕을 꺾는 등 심각한 문제를 야기할 수 있다.

다음 두 가지 구체적인 예에서 그 어려움이 잘 드러난다. A국에

3) 한국법상으로는 소득세법 제3조 제1항 단서가 그런 종류의 거주자에 관하여 규정한다.

거주하는 어느 임원이 자신이 근무하는 회사의 연금제도(pension plan)에 가입되어 있다고 가정한다. A국의 세법에 따르면, 그 임원은 그 연금에 대한 자신의 분담금(contributions)은 공제받을 수 있고 사용인의 분담금과 관련하여서는 과세되지 않는다. 또한, 연금제도로 적립되어 있는 소득은 과세대상이 되지 않는다. 그러나 연금으로부터의 분배금은 전액에 관하여 과세가 가능하다. 나아가, 그 임원이 B국에 일시적으로 파견을 나왔다고 가정하고, B국은 연금에 대한 사용인의 분담금에 대해 전혀 공제를 허용하지 않으며 연금에 대한 고용주의 분담금은 추가수당(fringe benefit)으로 그 임원에게 과세한다고 하자. B국은 그 연금제도로부터의 분배금에 관하여는 그 분배금이 사용인과 사용자의 연금분담금을 초과하는 부분에 관하여만 과세한다. 그 임원은 A국에서 퇴직할 계획이다. 그 임원이 B국의 거주자인 동안의 연금에 대한 분담금에 대해서는, 이중으로 과세될 것이다. 즉, 우선 B국에서 한번 과세된다. 그 임원은 연금에 대한 사용자의 분담금에 대해서 과세되었고, 자신의 분담금에 대해서는 전혀 공제를 받지 못했기 때문이다. 또한 연금으로부터 분배금을 받을 때 A국에서 한번 더 과세된다. 이러한 이중과세는 분명히 불공평하고 제거되어야 한다.

두 번째 예로는, A국의 거주자인 A가 자녀를 위하여 A국의 법에 따른 신탁을 설정한다고 가정한다. A국은 신탁에 축적되는 수익에 대해 과세하지만, 자녀에게 적용될 세율로 과세한다. A는 몇 년간 일시적인 직업을 얻기 위해 B국으로 이사하였는데, B국은 외국신탁을 설정한 거주자에 대하여 특별한 규정을 두고 있다. 분명히 A는 B국에서의 조세를 회피하기 위해 신탁을 설정하지는 않았다. 왜냐하면 그 신탁이 설립되었던 당시에는 그는 B국으로 이사하리라는 것을 몰랐을 수도 있기 때문이다. B국은 그 신탁에서의 소득이 A국에서 과세되더라도 그와 무관하게 같은 소득을 외국신탁으로부터 얻은 소득으로서 과세한다. 이와 같은 이중과세를 배제하기 위하여 일부 국가는 일시적 거주자에 대해서는 제한된 기간 동안 외국 신탁과 역외투자펀드(FIF) 규정을 적용하지 않는다.

3.4 특수한 쟁점

3.4.1 국외전출세(Exit or Departure Taxes)[4]

거주자가 거주지국 과세원칙을 취하는 국가의 거주자 지위를 잃게 되면 더 이상 해당 국가로부터 전세계소득에 관하여 과세되지 않는다. 그러나 거주자 지위의 상실에 따른 결과는 그렇게 단순하지 않다. 예를 들어, 취득시보다 가치가 크게 증가한 내국법인 주식을 보유하고 있다면 어떻게 될 것인가? 대부분의 조세조약에서는, 한 국가의 거주자인 납세의무자가 다른 국가의 거주자인 회사의 주식을 처분하여 얻은 자본이득(양도소득)에 관하여는 납세의무자의 거주지국에서만 과세할 수 있도록 규정하고 있다(다만, 그 주식의 가치가 주로 그 국가에 위치한 부동산에 따른 것이라면 그렇지 않다). 따라서 거주지 지위를 잃은 자가 이전 거주지국과 조세조약을 체결한 다른 국가로 거주지를 옮기면, 그 이전 거주지국으로부터 과세되지 않으면서 주식을 매각할 수 있다. 만약 새로 거주지국을 선택할 때 신경을 쓴다면, 주식의 매각으로 인한 자본이득(양도소득)에 대하여 면세하거나 거의 과세하지 않는 국가를 고를 수도 있다. 당연히 이전의 거주지국은 그 결과를 그대로 두고 볼 수 없을 것이다.

많은 국가들은 거주지를 떠남으로써 거주지국의 조세를 회피하는 것을 막기 위해 소위 **'국외전출세(exit or departure taxes)'**라고

---

4) 이를 '출국세'로 옮기기도 한다.

하는 특별한 규정을 채택해 왔다. 모든 자산에 적용되는 국외전출세를 채택한 국가들로는 호주, 캐나다, 노르웨이가 있다. 프랑스, 독일, 네덜란드와 같은 국가들은 내국법인의 특정한 주식에 관하여만 적용되는 제한적인 국외전출세를 두고 있다. 미국은 미국 국적을 포기하는 미국 국민과 영주권을 포기하는 미국 영주권취득자(green card holders)가 유형자산을 미국 국외로 양도하는 경우에만 적용되는 보다 더 제한적인 국외전출세제도를 두고 있다.[5)]

이와 같은 조세는 전형적으로 거주자가 그 지위를 잃는 날까지 실현된 소득과 이익뿐만 아니라, 발생하였으나 실현되지 않은 소득이나 이익에 관하여도 과세하도록 운영된다. 예를 들어, X국 거주자 X가 2018년 9월 30일에 거주자의 지위를 잃는다고 가정한다. 그 당시 2018년 1월 1일부터 2018년 9월 30일까지 X의 전 세계 소득은 7만이다. X는 또한 몇 년 전부터 소유하였으나 최근에 가격이 많이 오른 주식을 소유하고 있다. 그 주식은 현재 3,000만의 가치를 가지고 있다. X의 취득가격은 얼마 되지 않는다. X는 또한 X국 거주자인 회사가 발행한 이자부사채를 소유하고 있다. 그 사채에 관한 이자는 매년 12월 31일에 지급된다. 만약 X국이 거주자 지위를 잃는 시점에서 조세를 전혀 부과하지 않는다면, X는 위 주식으로 인해 얻은 이익과 9월 30일까지 발생한 사채의 이자수익에 대한 조세를 납부하지 않을 것이다. X가 2018년 9월 30일 이후에 그 주식을 매각하거나 사채이자를 수취하더라도 그는 더 이상 X국의

5) 한국은 2016년도말 개정된 소득세법 제118조의9를 통해서 '거주자의 출국시 납세의무'를 규정하였다. 이에 따르면 ① 출국일 10년 전부터 출국일까지의 기간 중 국내에 주소나 거소를 둔 기간의 합계가 5년 이상이고, ② 출국일이 속하는 연도의 직전 연도 종료일 현재 소유하고 있는 주식 등의 비율·시가총액 등을 고려하여 대통령령(소득세법 시행령 제167조의8 제1항)으로 정하는 대주주에 해당하는 거주자가 출국할 경우 출국 당시 소유한 소득세법 제94조 제1항 제3호에 해당하는 주식 등의 평가이익에 대하여 소득세를 납부하여야 한다.

거주자가 아니다. X국이 비거주자에 대하여도 X국에서 얻은 이자수익과 X국 법인인 회사의 주식과 관련하여 실현된 자본이득에 관한 조세를 부과하더라도 X국과 새로운 거주지국 간에 조세조약이 있을 수도 있다.

대체로 OECD 및 UN 모델조약을 바탕으로 하는 조세조약들은 다른 국가의 거주자가 내국법인 발행 주식을 매각하여 얻은 자본이득(양도소득)은 그 내국법인의 자산이 주로 국내에 위치한 부동산으로 구성되지 않았다면, 원천지국이 과세권을 행사할 수 없도록 규정한다. 조세조약은 다른 국가의 거주자에게 지급하는 이자에 관하여는 원천지국이 10% 또는 15%의 제한세율(원천지국의 거주자가 얻는 이자소득에 관하여 적용되는 세율보다는 상당히 낮다)로 과세하도록 규정하는 것이 일반적이다.

이와 같은 결과를 피하기 위해, X국은 거주자 지위를 포기하는 자에 대하여 국외전출세를 부과하도록 규정할 수 있다. 이러한 규정에 따르면, X는 거주자 지위를 잃기 바로 직전 시점에 주식을 시장가치로 매각하고 사채의 이자를 수취한 것으로 간주된다. 그 금액은 2018년 9월 30일로 종료하는 기간에 X가 얻은 전세계소득에 포함되고, X는 그 금액에 관하여 X국에 대하여 납세의무를 지게 될 것이다. X국이 X가 X국의 거주자였던 시기에 얻었거나 발생한 것으로 간주하는 소득에 관하여 과세하는 한, X국과 X의 새로운 거주지국 간에 체결된 조세조약이 적용되어 X국의 과세권을 배제할 수는 없다.

국외전출세와 관련하여 특별한 문제가 생길 수 있다. 납세의무자는 소득을 실제로 수취한 것도 아니고, 자산이 실제로 매각된 바 없기 때문에 조세를 납부할 자금이 없는 경우가 많다. 이 점이 가장 문제이다. 따라서 일부 국가는 납세의무자가 조세의 최종적 납부를 위하여 적당한 담보를 제공한다면, 조세의 납부를 이연하여

준다.[6] 또한 국외전출세는 심각한 이중과세의 문제를 야기할 수도 있다. 국외전출세가 없는 국가 대부분은 자산의 매각으로 인한 이익을 자산의 매각에 따르는 수익과 취득가액의 차액으로 계산한다. 만약 납세의무자가 국외전출세를 부과하는 국가의 거주자 지위를 포기하면, 그 납세의무자는 그 포기 시점에 소유한 자본자산으로부터 발생한 이익에 관하여 납세의무를 지게 될 것이다. 그 이익의 크기는 거주자 지위를 잃기 바로 직전 시점의 자산가치(예: 1,000)가 그 자산의 취득가액(예: 200)을 초과하는 부분이므로, 발생한 이익은 800이다. 이후에 그 납세의무자가 자산을 매각하게 될 때, 새로운 거주지국은 일반적으로 그 과거 거주지국에 의해 과세되지 않고 남은 이익(1,000)이 아니라, 그 전체 이익(예: 수익이 2,000이라면 취득가액 200을 뺀 1,800)을 과세할 것이다. 결국, 이익의 일부는 이중과세될 수 있다. 이와 같은 상황은, 두 국가가 모두 납세의무자의 거주지를 기초로 조세를 부과한 결과이므로, 일반적인 조세조약의 내용에 따르면 어떤 국가도 다른 국가의 조세에 대하여 배제조치를 취할 의무가 없다(소득이 각각 다른 연도에 귀속하는 사안이므로, 이중거주자판정기준이 적용되지 않는다).

국외전출세를 부과하는 국가는 거주자로 된 납세의무자가 그 이전부터 보유하였던 재산을 거주자로 된 시점의 공정가치로 취득하였다고 간주할 때가 많다. 요컨대, 납세의무자의 재산은 세무상으로는 취득가액으로부터 (거주자로 된 시점의) 공정가치로 평가증(step-up)이 되는 결과가 된다. 평가증과 국외전출세 과세가 적용되면, 결과적으로 거주지국은 납세의무자가 그 국가의 거주자 지위를 갖고 있었던 동안에 얻은 이익과 손실에 관하여만 과세하는 셈이 된다. 납세의무자가 그 국가의 거주자가 되기 이전에 발생한 이익과 손실 또는 납세의무자가 거주자 지위를 잃은 이후의 이익과

---

6) 한국의 소득세법 제118조의16 제1항도 납부유예제도를 규정하고 있다.

손실은 과세되지 않는다.

3.4.2 추적과세(Trailing Taxes)

일부 국가들은 국외전출세에 대한 대안 혹은 보완책으로 이른바 '추적과세(trailing tax)'를 도입하였다. 추적과세제도하에서는 어떤 거주자가 그 국가의 거주지 결정 규정상 더 이상 거주자가 아니라고 하더라도, 그 거주자의 소득 항목 중 전부 또는 일부에 관하여 과세할 수 있다. 추적과세는 매우 다양한 형태를 취하고, 적용범위가 넓을 수도 있으며, 좁을 수도 있다. 예를 들어, 독일과 같은 일부 국가들은 지정된 조세피난처로 이주한 종전의 거주자는 간주거주자로 보아, 그들의 소득 전부에 관하여 전과 다름없이 과세하는 규정을 두고 있다. 미국은 미국의 조세를 회피하기 위한 목적으로 미국 국적을 포기한 미국 국민에 대하여 유사한 규정을 두고 있다. 여기에 해당하는 미국의 종전 국적자는 미국 국적을 포기한 이후에도 10년 동안 미국에 납세의무를 진다.

추적과세의 흔한 유형 중 하나는 자본이득(양도소득)에 관한 것이다. 국외전출세와 관련하여 위에서 살펴본 것과 같이, 조세부담이 높은 국가의 거주자는 양도소득에 관하여 과세하지 않거나 낮은 세율로 과세하는 국가로 거주지국을 변경한 후에 자산을 매각하는 방식으로 자본이득(양도소득)에 대한 조세를 회피하려 할 수 있다. 거주지국을 이탈하는 거주자에 대한 국외전출세는 그 납세의무자가 거주자 지위를 잃은 날까지 발생한 이익까지만 포착할 수 있다. 추적과세제도 하에서는 문제가 된 납세의무자가 거주자 지위를 잃을 때까지 소유한 자산이 그로부터 일정한 기간(보통 5년에서 10년) 내에 처분되면 전체 이익에 대해 과세가 행해진다. 다음 예시를 통해서 추적과세의 기본적인 운영방식 및 국외전출세와의 관계를 살펴본다.

예 시

A국은 15%의 세율로 자본이득(양도소득)에 대해 과세한다. 그러나 A국은 비거주자가 A국 내국법인 주식을 처분하여 얻은 자본이득(양도소득)에 관하여는 (A국 내국법인 주식의 가치가 대부분 A국에 소재하는 부동산에서 유래하는 경우가 아니라면) 과세하지 않는다. A국의 거주자 A는 A국 내국법인의 주식을 보유하고 있었는데, 그 주식의 취득가액은 100만이고 현재는 1,000만의 가치를 가진다. 만약 A가 자본이득(양도소득)을 과세하지 않는 B국으로 이주하면, A는 900만의 소득에 관하여 A국의 자본이득(양도소득)과세를 피할 수 있다. 이와 같은 유형의 조세회피를 방지하기 위해, A국은 추적과세제도를 채택할 수 있다. 추적과세제도에 따르면, 종전 거주자가 거주자 지위를 잃을 당시 소유하던 자산이 그로부터 5년 이내에 처분되는 경우 그 자본이득(양도소득) 전부에 관하여 종전 거주지국이 과세한다. 따라서 추적과세제도하에서는, A가 A국 거주자로서의 지위를 잃은 후 5년 이내에 1,300만의 대가를 받고 주식을 매각할 경우 발생하는 1,200만의 이익에 관하여 A국이 과세할 수 있다.

만일 A국이 국외전출세제도를 두고 있다면, A가 A국 거주자 지위를 잃는 시점까지 발생한 900만의 양도소득에 관하여 A국이 과세할 것이다. 예를 들어 A가 그로부터 4년 후에 1,300만을 받고 주식을 매각하면, (1,300만의 수익에서 1,000만의 간주취득가액을 차감한) 300만의 양도소득은 A국의 추적과세에 의해 과세될 것이다. 하지만 A가 A국 거주자 지위를 포기한 후 5년 이상을 기다린 후에 주식을 매각하면, 추적과세가 적용되지 않는다.

조세조약에 추적과세제도를 허용하는 특별 규정을 두지 않는 한, 조세조약을 체결한 국가는 추적과세제도를 둘 수 없다. OECD 및 UN 모델조약 제13조는 종전 거주자가 실현한 양도소득에 관하여 추적과세를 허용하지 않는다. 따라서 위에서 본 예시의 사실관계에서, A국과 B국 간에 체결된 조세조약이 OECD 및 UN 모델조약 제13조와 유사한 조항을 두고 있다면 이 주식을 매각하는 시점에, A는 자본이득(양도소득)과 관련하여서는 전적으로 B국의 거주자로서 조세조약상의 혜택을 받을 수 있다. A국은 원칙적으로 A가 주식을 매각하여 얻은 자본이득(양도소득)에 관하여는 과세할 수 없다[다만 예외적으로, 그 주식의 가치가 주로 A국에 소재한 부동산에서 비롯된 것이거나 그 주식이 회사 지분 중 상당한 부분을 차지하는 경우(후자는 UN 모델조약에서만[7]))에는 그렇지 않을

---

7) UN 모델조약 제13조 제5항.

수 있다]. 일부 국가는 조세조약을 체결하면서 특정한 자본이득(양도소득)에 한하여 추적과세를 허용하는 특별 규정을 두기도 한다.

영국을 포함한 일부 국가들은 상대적으로 짧은 기간(영국의 경우 5년) 내에 거주지 신분을 회복한 종전 거주자에 대해 과세한다. 이때 납세의무자가 비거주자였던 기간에 실현된 자본이득(양도소득)에 관하여도 과세하지만, 영국의 거주자 지위를 회복한 경우에만 그렇게 한다.

3.4.3 단기거주자(Resident for Part of a Year)

납세의무자가 1년 중 일부 기간 동안만 그 국가의 거주자였던 경우 특별한 규정이 필요할 수 있다. 납세의무자가 1년 중 잠시라도 거주자의 지위를 가졌다면 그 해 전기간 동안에 거둔 전세계소득에 관하여 과세될 수도 있다. 이러한 결과는 그 납세의무자의 새로운 거주국이 동일한 관행을 따른다면 특히 가혹하다. 다만 조세조약상 이중거주자판정기준에 의해서 구제받을 수 있다. 따라서 일부 국가는 단기거주자(part-time residents)에 대하여 전세계소득을 과세할 때에는 1년 중에 그 거주자가 실제 거주한 기간에 관하여만 과세하는 규정들을 두고 있다. 이러한 규정들 사업소득과 같이 대체로 연간 기준으로 계산되는 유형의 소득에 관하여는 적용하기 어려울 수도 있다. 납세의무자의 인적공제(personal deductions), 공제(allowances), 세액공제(credits)는 대체로 그 납세의무자가 1년 중 실제로 거주한 기간을 반영하여 안분한다. 이론상 그 납세의무자의 새로운 거주지국은 해당 연도의 나머지 기간에 대해 인적공제(personal allowances)를 인정해 주어야 한다.

단기거주자의 문제는 간주거주자의 문제와는 다르다. 예를 들어, 제2장 2.2.1에서 논한 바와 같이, 여러 국가들은 어느 연도에 183일 이상 그 국가에 체류한 사람들을 거주자로 간주하는 183일 규정(183-day rules)을 두고 있다. 이와 같은 간주거주자는 대체로 그 연도 전체기간에 관하여 거주자로 간주되며, 해당 연도 중 그 국가에 체류한 기간에 관하여만 거주자로 간주되는 것은 아니다. 그러나 단기거주자는 1년 중 일부 기간에 관하여만 거주자이며, 나머지 기간에 관하여는 비거주자이다.

제4장

이중과세방지

4.1 개 관

제2장에서 논의하였듯이 대부분의 국가는 거주자 및 내국법인에게는 전세계소득에 대해서, 비거주자 및 외국법인에게는 국내원천소득에 대해서 과세한다. 그래서 한 국가의 거주자가 벌어들인 국외원천소득은 그 소득을 번 국가(원천지국)와 납세의무자가 거주자인 국가(거주지국) 둘 다에서 과세될 수 있다. 만약 소득세율이 낮다면 이중과세가 야기하는 비효율성과 불공정성도 견딜 수 있을지 모른다. 소득세가 걸음마 단계였던 지난 세기 초에는 실제로 그랬다. 그러나 세율이 높은 수준에 이른 현대에는 이중과세가 부담스러울뿐더러 국제적 상거래를 크게 저해할 수 있다. 국제적 이중과세 방지는 형평성(equity)과 경제정책 때문에 반드시 필요하다. 그러나 어떤 방법이 적절한 것인지에 관하여는 논란이 많다.

국제적 이중과세는 다양한 방법으로 발생할 수 있다. 다음 세 가지 유형의 이중과세는 같은 소득에 대하여 과세권이 있는 둘 이상의 국가가 중복하여 과세하겠다고 주장함으로써 발생한다.

(1) 원천지국 대 원천지국

두 국가는 모두 소득이 자국 내에서 발생하였다고 주장하기 때문에 동일한 납세의무자의 소득에 대하여 과세할 권리를 주장한다.

(2) 거주지국 대 거주지국

두 국가는 모두 동일한 납세의무자를 자국의 거주자라고 주장하기 때문에 동일한 납세의무자의 소득에 대해서 과세권을 주장한다. 두 국가 모두에서 거주자인 납세의무자는 보통 “이중 거주 납세의무자(dual-resident taxpayer)”라고 부른다.

(3) 거주지국 대 원천지국

일방 국가는 납세의무자가 자국의 거주자이기 때문에 그 거주자의 국외원천소득에 대해 과세할 권리를 주장하고, 또 다른 국가는 소득이 그 자국 내에서 발생하거나 자국에 원천이 있기 때문에 같은 소득에 대해서 과세할 권리를 주장한다.

위의 세 가지 유형의 국제적 이중과세 중에서 거주지국 대 원천지국에서 중복과세가 가장 빈번하게 발생한다. 납세의무자는 세심한 조세전략(tax planning)을 통하여 다른 유형의 이중과세에 노출되는 것은 어느 정도까지 최소화할 수 있지만, 거주지국 대 원천지국 이중과세는 납세의무자들이 조세전략을 통해 피하기 어렵다. 그러므로 국제적 이중과세를 다루는 국제적인 조세 커뮤니티(tax community)의 노력은 거주지국 대 원천지국의 갈등을 방지하는 것에 주로 초점을 맞추고 있다.

국제적 이중과세는 또 국가 간에 소득을 정의하는 방식의 차이와 소득 계산을 위해 각 국가들이 채택하고 있는 인식시기와 세무회계상의 차이 때문에 발생한다. 제6장에서 설명하겠지만 국제적 이중과세는 또 특수관계인 간의 재화와 용역의 국제적 이전과 관련한 정상가격(arm's－length prices)이 적절한지 여부에 관한 국가 간의 다툼 때문에 발생할 수 있다. 조세회피를 막기 위해 채택한 규칙 때문에도 이중과세가 발생할 수 있다. 예를 들어 한 국가가 과소자본세제를 적용하여 내국법인이 다른 국가의 주주에게 지급한 이자에 대한 공제를 부인하고, 그 이자를 배당으로 취급한다면 그 금액은 일방 국가에서는 원천징수대상인 배당으로 취급되고, 타방 국가에서는 거주자의 소득에 포함되는 이자로 취급되어 두 국가 모두에서 과세될 수도 있다.

일반적으로 조세조약은 국제적 이중과세의 주요한 세 가지 유형과 그 밖의 일부 유형에 관하여 이중과세방지를 규정하고 있지만, 그러한 방지제도가 제한적일 경우도 있다. 소득의 원천에 근거하여 과세권의 주장이 중복되어 발생하는 이중과세 사례는 소득의 원천에 관한 명확한 규칙에 의해 처리된다. 예를 들어, OECD 및 UN 모델조약 제11조 제5항은 이자의 경우 지급자의 거주지국에서 이자가 발생하는 것(즉, 지급자의 거주지국이 원천지국이라는 것)으로 간주한다는 규칙을 규정하고 있다. 그러나 제2장 2.3.1에서 언급하였듯이 대부분의 조세조약은 포괄적인 원천지규칙(source rules)을 두지 않고 있다. 조세조약의 구체적 규정에 의해 해결되지 않는 원천지 대 원천지 이중과세와 관련된 사안들은 조세조약의 상호합의절차에 따라 양 체약당사국의 권한 있는 당국간의 협의로 해결될 수 있다. 상호합의절차에 관한 논의에 대해서는 제8장 8.8.3을 참조하라. 그러나 대부분 국가의 권한 있는 과세당국은 당연히 자국 내 원천소득에 대한 과세권을 포기하려 하지 않기 때문에 문제의 해결이 쉽지 않다.

개인 납세의무자들의 이중거주로 인하여 발생하는 국제적 이중과세의 경우 대부분 조세조약 상 "이중거주자 판정기준(tie-breaker rule)"을 통하여 구제받을 수 있다. 법인의 이중거주와 관련된 사안들도 조세조약에 의해서 해결된다. 2.2.3에서 논의한 바와 같이, OECD 및 UN 모델조약 제4조 제2항은 개인이 두 국가 모두의 거주자일 경우 사건을 해결하는 일련의 이중거주자 판정기준을 규정하고 있다. 법인의 이중거주는 OECD 및 UN 모델조약 제4조 제3항에 따라 법인의 실질적인 관리장소가 위치한 국가를 그 법인의 거주지국으로 간주함으로써 해결하고 있다. 조세조약을 통해서 명확히 해결되지 않는 이중거주 사건을 해결하기 위하여 상호합의절차가 이용되는 경우도 있다. 이중거주자인 법인은 조세회피에 자주 이용되고 있기 때문에, 양자 간 조세조약 중 일부는 그러한 법인에 대해서는 조세조약의 혜택을 부인하기도 한다.

거주지국은 대개 동일한 소득항목에 대하여 거주지국과 원천지국이 모두 조세를 부과함으로써 발생하는 이중과세에 관하여 구제방법을 둔다. 즉, 소득의 원천에 근거한 원천지국의 과세권이 거주지국의 과세권에 대해 우선권을 가진다.

국제적 이중과세 방지를 위하여는 세 가지 방법 — **외국납부세액 소득공제방식**(deduction method), **국외소득면제방식**(exemption method), **외국납부세액공제방식**(credit method) — 이 가장 일반적으로 사용된다. 이 방법들은 4.3에서 "국제적 이중과세"의 의미에 관하여 간단히 설명한 후에 논의될 것이다.

4.2 국제적 이중과세의 정의

"이중과세"라는 용어는 아무리 정확하게 정의하더라도 모든 맥락에 꼭 들어맞지 않을 정도로 다양한 맥락에서 사용된다. 이 용어는 OECD 또는 UN 모델조약이나 각 모델조약의 주석이 '소득과 자산에 대한 과세와 관련된 이중과세 방지'를 그 주된 목표 중 하나로 하고 있음에도 불구하고, 모델조약이나 그 주석에 정의되어 있지 않다.

"국제적 이중과세"는 동일한 기간 동안 동일한 납세의무자의 동일한 소득항목(자본이득을 포함)에 관하여 둘 이상의 주권국가가 소득과세를 부과하는 것으로 정의될 수 있다. 이러한 국제적 이중과세의 사법상(juridical) 또는 법적(legal) 정의는 비록 그 정의가 국제적 이중과세의 필수적인 요소를 확정(identify)하여 주고 있음에도 불구하고 제한적이며, 조세전문가들이 이중과세라고 지적하는 많은 상황에 적용되지 못한다. 그나마 이 정의에 따르더라도 특정한 사안에 이중과세가 존재하는지 여부를 결정하는 것이 언제나 쉽지만은 않다. 예를 들어 두 국가가 모두 부과하는 조세가 소득과세인지 아닌지, 과세대상 소득항목이 같은지 아닌지에 관하여 문제가 생길 수 있다.

법적인 측면에서의 국제적 이중과세 개념은 경제적인 측면에서의 이중과세 개념과 구별되어야 한다. 우선 후자의 개념이 더 광범위하다. 경제적 이중과세는 동일한 항목의 경제적 소득에 관하여 복수의 과세가 있을 때마다 일어난다. 법적인 개념 하에서는 한 국가가 자회사의 이익에 대해 과세하는 것과 또 다른 국가가 자회사로부터 배당을 받은 모회사에 대해 과세하는 것은 두 회사가 별개의 법인이기 때문에 국제적 이중과세가 아니다. 그러나 경제적 의미에서는 모회사와 자회사는 단일한 기업을 구성한다. 법적 이중과세가 아닌 경제적 이중과세는 소득이 파트너십과 파트너에게 과세될 때 또는 신탁과 신탁의 수익자에게 과세될 때에도 발생할 수 있다.

국제적 이중과세를 방지하는 방법은 경제적 이중과세보다는 법적 이중과세에 주로 초점을 맞추고 있다. 이중과세방지가 법적 이중과세로 제한되는 이유는 경제적 이중과세의 개념이 매우 광범위하고, 세법에서 요구되는 정밀한 수준으로 구체적으로 규율하기 어렵기 때문이다. 예를 들어 소득을 벌었을 때 과세하고, 소비가 일어날 때 또 과세하면 경제적 이중과세가 있다고 할 수 있지만, 어떤 국가도 판매세(sales taxes)나 소비세[1]에 대해서 이중과세 방지를 확대 적용하려 하지 않고 있다. 마찬가지로 많은 국가들이 소득과세와 상속세 또는 부유세의 부과로부터 발생하는 경제적 이중과세를 방지하는 조치를 취하지 않는다. 그러나 이중과세의 구제는 모회사가 조세를 납부하지 않은 경우에도 외국자회사와 다른 외국계열사간의 경제적 이중과세로까지 확대되기도 한다.

국제적 이중과세는 단일 국가가 한 소득항목에 대해 이중과세를 하는, "국내적 이중과세"라고 부를 수 있는 경우와는 구별되어야 한다. 예를 들어 법인이 소득을 벌어 국내 주주에게 분배하는 과정에서 **고전적 방식**(classical method)의 법인세제를 채택하고 있

---

1) 한국의 경우 부가가치세가 이에 해당한다.

다면 국내적 이중과세가 발생할 수도 있다. 또 한 국가의 중앙정부와 복수의 지방정부가 동시에 한 사람의 소득에 대해 과세할 때에도 국내적 이중과세가 일어날 수 있다. 국가와 지방정부에 의한 이중과세가 반드시 부적절한 것은 아니다. 실제로 과세 단계가 과도한 조세부담을 피하도록 적절하게 규제된다면, 그러한 이중과세는 재정연방주의(fiscal federalism)의 불가피한 특성일 수도 있다.

4.3 이중과세 방지 메커니즘(Relief Mechanisms)

4.3.1 개 요

국제적 이중과세를 구제하는 방법에 관하여 국제적 합의가 이루어진 바는 없지만, 다음의 세 가지 방법이 공통적으로 사용되고 있다. 대부분 국가들은 국제적 이중과세 유형별로 세 가지 방법 모두를 사용하고 있고, 어떤 국가는 이 방법들 중 하나만을 사용하며, 어떤 국가들은 이들 방법들의 조합을 사용하기도 한다.[2)]

(1) 외국납부세액 소득공제방식(Deduction method)

거주지국이 납세의무자의 소득 계산시 국외원천소득과 관련하여 외국정부에 납부한 조세(소득과세 포함)에 대해 소득에서 공제하는 것을 허용한다.

(2) 국외소득면제방식(Exemption method)

거주지국이 그 거주자가 얻은 국외원천소득을 거주지국의 과세로부터 면제한다.

---

2) 한국은 국제적 이중과세를 조정하기 위하여 2020년 세법개정 전에는 법인세법에서 원칙적으로 외국납부세액공제제도를 규정하고, 예외적으로 납세의무자의 선택에 따라 외국납부세액 소득공제방식도 적용할 수 있도록 하였으나, 2020년 세법개정으로 외국납부세액 필요공제방식을 폐지하였다. 소득세법 제57조, 법인세법 제57조 참조.

(3) 외국납부세액공제방식(Credit method)

거주지국이 그 거주자 납세의무자의 거주지국 산출세액에서 외국에 납부한 소득세액의 세액공제를 허용한다. 외국납부세액공제방식에 따르면 외국납부세액은 납세의무자의 소득을 계산할 때가 아니라 거주지국에 납부할 세액을 계산할 때 공제할 수 있다.

외국납부세액 소득공제방식을 사용하는 국가의 거주자가 벌어들인 국외원천소득은 외국납부세액공제방식이나 국외소득면제방식을 적용할 때보다 더 높은 유효세율로 과세된다. 국외소득면제방식과 외국납부세액공제방식은 일반적으로 외국의 유효세율이 국내의 유효세율과 같거나 더 높을 때 동등한 결과를 가져온다. 국외소득면제방식은 일반적으로 외국의 유효세율이 국내의 유효세율보다 더 낮을 때 납세의무자에게 가장 유리하다. 세 가지 방법에 따른 기본적인 결과를 다음의 예를 통해서 설명한다.

예 시

A국의 거주자인 R은 B국에서 100의 소득을 올리고, B국에 그에 대한 조세 40을 납부하였다. 외국납부세액 소득공제방식에 따르면 R은 60의 순소득(100-40)에 대하여 A국에 세금을 납부하게 된다. B국에 납부한 40의 외국납부세액은 A국에서 과세될 R의 소득을 계산할 때 공제된다. R이 A국에서 50%의 세율로 과세된다고 가정하면 R은 A국에 30의 세액을 납부할 것이고, R이 부담하는 총 세액은 소득 100 중에서 70이 된다(그 결과 외국·내국 세율의 합은 70%가 된다). 만약 A국이 외국납부세액공제방식을 사용한다면, R의 A국에 대한 산출세액은(외국세액공제 전) B국에 납부한 세액의 공제 없이 총 전세계 순소득(100)에 대하여 50%가 될 것이다. 그러나 R은 B국에 납부한 40의 세액에 대해 세액공제를 받으므로 40의 외국납부세액은 A국에 납부할 세액에 대해 공제가 된다. 결과적으로 R은 A국에 10의 세액(50~40)만 납부하게 되고, 총 세액은 50으로 외국과 내국의 유효세율의 합은 50%가 된다. 마지막으로 A국이 국외소득면제방식을 사용하면 R은 B국에서 벌어들인 국외원천소득과 관련하

여 A국에 조세를 납부하지 않고, 소득에 대해 지급할 총 세액은 40이 되어 외국·내국 세율의 합은 40%가 된다. 이 결과들은 〈표 4.1〉에 요약되어 있다.

〈표 4.1〉 이중과세 구제 방법 비교

	외국납부세액 소득공제방식	외국납부세액 공제방식	국외소득 면제방식
국외원천소득	100	100	100
외국세액(40%)	40	40	40
외국세액의 공제	40	없음	없음
순국내소득	60	100	없음
세액공제전 국내 세액 (50%)	30	50	없음
외국세액 차감	없음	40	없음
최종 국내 세액	30	10	없음
내국 및 외국 총세액	70	50	40

외국납부세액 소득공제방식, 국외소득면제방식, 외국납부세액 공제방식의 적용방식에 대한 추가정보는 아래 4.3.1, 4.3.2 및 4.3.3에 각각 설명되어 있고, 국외소득면제방식과 외국납부세액공제방식은 4.3.4에 비교되어 있다. 4.3.5은 이중과세의 방지에 관한 조세조약의 영향을 설명한다.

4.3.2 외국납부세액 소득공제방식(Deduction Method)

외국납부세액 소득공제방식을 사용하는 국가는 거주자의 전세계소득에 대해서 과세하고, 납세의무자들의 과세소득을 계산할 때 납부한 외국세액을 과세소득에서 공제하는 것을 허용한다. 이 경우, 외국납부세액 — 소득과세 및 그 밖의 유형의 조세 — 은 외국에서 사업을 하거나 소득을 거두는 것에 대한 당기의 필요경비 또는 손금으로 취급된다. 위에서 설명한 바와 같이 외국납부세액 소득공제방식은 국제적 이중과세방지 방법 중 가장 불리한 방법이다.

외국납부세액 소득공제방식은 전세계적으로 세율이 낮았을 때 많은 국가들이 조세시스템 형성기에 사용하였고, 그 당시에는 그런대로 나쁘지 않은 방법이었다. 그러나 제2차 세계대전 전후 기간에 세율이 오르면서 대부분 국가들이 국제적 이중과세를 방지하는 기본적 방법으로 국외소득면제방식이나 외국납부세액공제방식을 도입하였다. OECD 및 UN 모델조약은 국외소득면제방식과 외국납부세액공제방식만을 이중과세 구제방법으로 인정한다.

외국납부세액 소득공제방식이 사라진 것은 아니다. 외국납부세액공제방식을 도입한 몇몇 국가들은 외국납부세액공제요건을 충족하지 못하는 외국납부세액을 처리하는 선택적 구제방안으로서 외국납부세액 소득공제방식을 유지하고 있다. 또 일부 국가들은 외국에서의 포트폴리오 투자로부터 발생한 소득과 관련하여 납부한 조세에 관하여 외국납부세액 소득공제방식을 사용한다.

요컨대, 외국법인이 국외소득세를 납부하였음에도 그 세액과 관련하여 외국납부세액공제가 허용되지 않는다면, 거주자가 외국법인으로부터 받은 배당에 관하여 그 거주자를 과세할 때마다 외국납부세액 소득공제방식을 적용한다. 예를 들어, 외국법인 F사가 100의 국외소득이 있고, 20의 국외소득세를 납부하였다고 가정하자. F사는 세후 소득 80을 F사의 주식 25%를 소유한 A국의 거주자 R에 대한 배당 20을 포함하여, 주주들에게 전액 배당으로 지급한다. 이 사실관계에서 R은 F사를 통해 납부한 국외소득세 5(25%×20)를 포함하여 25의 국외원천소득을 얻게 된다. 만약 A국이 20의 소득에 대해 R을 과세하면, 그것은 사실상 F사가 납부한 소득세 5에 대한 공제를 허용하는 것이다. 순 배당액에 그와 관련된 세액을 더해야 하는 A국은 수취 배당으로부터 세전 소득세의 근사치를 계산하기 위하여 그 배당액을 "**그로스업**(gross up)[3)]"하게 된다. 그로스업의 목적은 납세의무자가 직접 거둔 국외소득과 외국법인을 통하여 간접적으로 거둔 소득에 대해 동등한 취급을 하기 위한 것이다. 아래의 4.3.3.3에서 **간접외국납부세액공제**에 대한 논의를 참조하라.

외국납부세액 소득공제방식의 효과는 국외원천소득을 얻고 그 소득에 대하여 국외소득세를 납부하는 거주자가 국내원천소득에 적용되는 세율보다 더 높은 세율의 합(외국·내국 세율의 합)으로 과세된다는 것이다. 결과적으로 소득공제방식은 외국투자가 국외소득세의 대상이 될 때 국내투자가 외국투자에 비하여 유리하다는 편견을 만들어 낸다. 그래서 소득공제방식은 국가간 자원배분과 관련해서는 중립적이지 못하다. 이는 국가의 자기이익의 관점에서 보면 정당화될 수 있다. 이 방법은 국내투자를 장려할 뿐만 아니라 동일한 전세계 순소득을 가진 거주자는 동일한 국내세액을 납부할 것이라는 점에서 대등하게 취급하는 것이다. 물론 전세계소득에 대한 총 조세부담(외국·내국 조세부담의 합)의 관점에서는 거주자에 대해 동등한 취급이 이루어질 수 없다. 비록 동일한 전세계 순소득을 가진 거주자들이 동일한 국내 조세를 납부한다 하더라도 그 거주자들이 납부하는 외국세액은 크게 달라질 수 있다.

---

3) 그로스업(gross up)이란 법인의 소득에 대한 이중과세 조정방법 중에서 주주단계 조정방법인 법인세주주귀속법(imputation method)에 사용되는 계산법으로, 법인이 법인세 과세 후 소득에서 배당을 할 경우, 주주는 실제로 받은 배당금에다가 그 배당금에 귀속되는 법인세를 합계하여 주주의 배당소득으로 하여 소득세를 과세하는데, 배당금에 귀속되는 법인세를 합계하는 과정을 그로스업(gross up)이라고 한다. 이렇게 그로스업한 배당소득을 주주의 배당소득으로 하여 소득세를 산정하고 해당 소득세에서 귀속법인세(배당금에 귀속되는 법인세)를 세액공제한다(김완석·황남석, 「법인세법론」, 삼일인포마인, 2020, 40면).

4.3.3 국외소득면제방식(Exemption Method)

국외소득면제방식에 의하면, 거주지국에서는 국내원천소득에 대해서 거주자를 과세하고 국외원천소득의 일부 또는 전부에 대해서는 국내 과세를 면제한다. 사실상 거주지국이 국외원천소득에 대한 과세권을 포기하고, 결과적으로 원천지국만 배타적으로 과세하는 것이다. 국외소득면제방식은 하나의 과세관할국, 즉 원천지국만이 소득에 대해서 과세를 하기 때문에 거주지 대 원천지의 국제적 이중과세를 완전히 제거한다.

일부 국가 — 홍콩이 유명한 예이다 — 는 거주자들이 취득한 대부분 또는 모든 국외원천소득에 대하여 국외소득면제방식을 택하고 있다. 실제로 이들 국가들은 국내원천소득만을 과세한다. 이런 이유로 이 국가들은 전 세계 기준보다는 속지적(territorial) 기준으로 과세한다고들 말한다. 그러나 국외소득면제방식을 사용하는 대부분의 국가의 경우 국외원천소득면제는 일정 유형의 소득에 한정되는데, 가장 일반적인 것은 외국에서 거둔 사업소득과 외국 계열회사(affiliates)로부터 거둔 배당소득에 한정하는 것이다. 또 면제방식은 외국정부가 과세하였거나 또는 최소세율(minimum rate of tax)의 대상이 된 소득에 한정된다.

비록 국외소득면제방식을 사용하는 국가가 국외원천소득에 대한 거주지국 과세를 면제할 수 있다고 하더라도 그 소득은 납세의무자의 다른 과세대상소득에 적용될 세율을 결정하는데 고려될 수 있다. 이러한 방식을 '누진적 면제(exemption with progression)'라고 부른다. 이 방식에 따르면 국외원천소득은 납세의무자의 평균세율을 결정하기 위한 제한적인 목적으로만 소득에 포함되고, 일단 평균세율이 결정되면 이 평균세율은 납세의무자의 다른 (면제되지 않는) 소득에 적용되어 실제 납부세액을 계산하는데 사용된다. 벨기에, 핀란드, 네덜란드 등 일부 국가들이 이 누진적 국외소득면제방식을 사용한다.

예 시

A국이 소득의 처음 10,000은 20% 세율로 과세를 하고, 10,000을 초과하는 소득에 대해서는 40%로 과세한다고 가정하자. A국 납세거주자 T는 A국으로부터의 국내원천소득 10,000과 면제를 받는 국외원천소득 10,000을 가진다. T는 표준적인 면제방식에 따르면, 2,000(10,000의 20%)의 조세를 납부할 것이다. 누진적 면제방식에 의하면, T는 T의 전체 소득 20,000이 국내원천소득이라면 적용되었을 평균세율을 확정해야 한다. 이 예에서 평균세율은 30%가 될 것이다((10,000×0.20+10,000×0.40)÷20,000)). 그리고 나서 A국에 납부할 조세는 10,000의 국내원천소득에 평균세율 30%를 적용하여 결정되어 3,000이 된다.

국외소득면제방식은 과세당국의 관리가 상대적으로 간단하고, 국제적 이중과세를 제거하는데 효과적이다. 누진적 면제방식은 과세당국이 거주자인 납세의무자가 벌어들인 국외원천소득 액수에 대한 정보를 획득해야 하기 때문에 조금 더 복잡하다.

국외소득면제방식이 널리 사용되고 있고 OECD와 UN 모델조약(두 모델 조약의 제23A조를 참조)에서 허용되기는 하지만, 공정성과 경제적 효율성이라는 조세정책목적에는 부합하지 않는다. 외국조세가 국내조세보다 적은 한에서는, 면제되는 국외원천소득이 있는 거주자 납세의무자는 다른 거주자보다 더 유리하게 취급된다. 더욱이 면제방식은 거주자 납세의무자가 저세율 외국 국가, 특히 조세피난처(tax havens)에 투자하는 것이나 국내원천소득을 그러한 국가들로 우회시키는 것을 조장한다. 예를 들어 국외소득면제방식이 적용되는 국가에 거주하면서 그 국가에서 투자되는 펀드에서 이자수익을 얻는 납세의무자는 이자소득에 대해서 세금을 부과하지 않거나 낮은 세금을 부과하는 외국으로 펀드를 옮길 강한 유인을 가지게 된다.

이런 결점들 때문에, 위에서 언급했듯이, 모든 국외원천소득에 대하여 이중과세를 제거하는 면제방식, 즉 속지주의 기준 과세에 상응하는 방식은 정당화되기 어렵고, 일부 몇몇 국가에서만 사용된다. 국외소득면제방식은 만약 그것이 외국납부세액공제방식을 편리하고 간단하게 대체해야 하거나 일정한 유형의 소득에 한정된다면 정당화될 수 있다. 예를 들어 어떤 국가는 그 국가의 세율 및 조건과 대략적으로 비슷한 세율과 조건으로 과세하는 외국으로부터 발생한 소득에 대해서는 거주자 납세의무자를 과세하지 않을 수 있다. 만약 그러한 면제방식이 적절하게 시행된다면, 그 결과는 외국납부세액공제방식을 적용하는 것과 유사하다. 왜냐하면 그런 상황에서 외국납부세액공제방식을 사용하는 국가는 거주지국 세금에 맞먹는 외국 과세대상이 되는 국외원천소득과 관련하여 거의 과세하지 못할 것이기 때문이다. 이러한 점은 다음의 예시에서 설명된다.

예 시

A사는 A국의 거주자이고, A국은 소득세율이 40%이다. A사는 40%의 세율을 부과하는 B국과 50%의 세율을 부과하는 C국으로부터 각각 1,000의 소득을 벌어들인다. A국은 이중과세조정을 위하여 외국납부세액공제제도를 두고 있다. 그래서 B국과 C국에 각각 납부한 세액 400과 500은 A사의 총 국외원천소득 2,000에 대한 A국의 세금 800에 통산될 것이다. A국은 외국납부세액공제를 허용한 이후에는 A사의 유효외국세율이 A국의 유효세율보다 낮을 때에만 A사로부터 세금을 징수할 것이다.

물론, 위의 예에서, 유효외국세율은 B국과 C국이 일반적으로 외국법인에 대하여 상당한 세금을 부과하더라도 A국의 세율보다도 더 낮을 수도 있다. 예를 들어, 한 국가 또는 양 국가 모두 특별한 조세혜택(tax incentives)을 제공하거나 그 국가의 세법체계에 외국법인이 이용할 수 있는 법률상 흠결(loopholes)이 있을 수 있다. 그러한 환경에서는 A국은 그 국외원천소득과 관련하여 A사로부터 세금을 징수할 수 있을 것이다.

일부 국가들은 외국 지점 또는 고정사업장을 통하여 내국법인이 벌어들인 능동적 사업소득에 대해서 국외소득면제방식을 사용한다. 또 일부 국가들은 또한 내국법인이 5% 또는 10% 정도 되는 최소한의 지분을 보유하고 있는 외국법인으로부터 받은 일정한 배당을 면제한다. 배당에 대한 이러한 면제는 흔히 지분참여면제(participation exemption)라고 하는데 아래의 4.3.3.1에 더 자세하게 논의한다.

국제적 이중과세 구제수단으로서 국외소득면제방식이 갖는 장점은 단순성(simplicity)이다. 이 방식은 납세의무자의 순응비용과 과세관청의 행정비용을 최소화한다. 그러나 면제시스템이 효과적으로 운영되기 위해서 해당 국가는 국내조세와 비슷한 외국조세의 부과대상이 되는 국외원천소득에 면제가 한정된다는 것을 담보할 수 있어야만 한다. 따라서 효과적인 면제방식은 적극적인 소득

원천 및 비용규칙이 있어야 한다. 또 면제방식은 낮은 세율로 과세되는 국외원천소득은 면제요건을 충족할 수 없도록 하는 조세회피방지규정이 필요하다. 마지막으로 면제방식은 납세의무자가 면제되는 국외원천소득을 얻기 위하여 발생한 비용을 국내소득에서 공제하지 못하도록 하는 비용배분규정(expense allocation rules)과 조세회피방지규정이 필요하다.

종종 간과되는 면제방식의 약점은 일정한 상황에서 조세의 부담이 소득취득자로부터 지급자로 이전될 수 있다는 점이다. 예를 들어 A국의 법인세율은 30%이고 국외소득면제제도를 두고 있다고 가정한다. B국은 비거주자에게 지급하는 이자에 대하여 20%의 원천징수세를 부과한다. A국의 거주자인 A사가 B국의 거주자인 B사에게 100,000을 대여한다. 만약 A사가 B사 대신에 C국의 거주자에게 돈을 대여함으로써 비과세되는 이자 10,000을 얻을 수 있다고 한다면, A사는 B사로부터 B국의 원전징수세를 차감한 10,000을 매년 지급하도록 요구할 수 있다. 따라서 B사는 A사가 B국의 원천징수세(20%) 공제 이후에도 10,000을 지급받을 수 있도록 A사에 대한 지급금을 그로스업(공제전의 액수를 늘리는 것)해야 할 것이다. 이러한 조정의 효과는 B국이 부과하는 2,000의 원천징수세를 A사가 아닌 B사가 부담하게 된다는 것이다. 만약 A국이 외국납부세액공제방식을 사용했다면 이런 경제적 효과를 피할 수 있었을 것이다. 외국납부세액공제방식을 적용하였다면 A사는 어디에서 10,000의 이자소득을 벌었든지간에 3,000의 조세를 납부할 것이다. A사는 A사가 직접 조세를 부담하지 않으면 10,000을 벌 수가 없고, B국이 부과하는 원천징수세는 A국에 납부할 A사의 조세에서 공제되기 때문에 B국에서의 원천징수세를 B사에게 전가할 유인이 없을 것이다.

4.3.3.1 지분참여면제(Participation Exemption)

대부분의 외국 직접투자는 외국법인에 대한 지분투자의 형태를 취한다. 외국법인으로부터 받은 배당과 외국법인 지분의 처분에서 발생하는 양도소득과 관련하여 국제적 이중과세를 배제하기 위한 특별한 배려가 있다. 이 절은 외국법인에 대한 중요한 지분참여와 관련한 배당과 지분양도소득에 관한 과세면제를 설명한다. 외국회사로부터의 배당에 대한 간접적 또는 기본적인 외국납부세액공제는 아래의 4.3.3.3에서 논의한다. 지분참여면제와 간접외국납부세액공제는 4.3.4에서 비교한다.

일부 국가들은 외국법인으로부터의 배당에 대한 이중과세를 조정하기 위하여 국외소득면제방식을 사용한다. 국외소득면제방식은 유럽 국가들이 사용하는 전통적인 방법이었지만, 최근 몇 년 사이에 호주, 일본 그리고 영국이 지분참여면제도를 도입하였다. 미국도 2017년에 지분참여면제제도를 도입하였다.[4)]

지분참여면제제도를 설계할 때에는 3가지 주요 요소가 고려된다.

(1) 면제요건을 충족하기 위하여 필요한 주식소유 수준
(2) 배당을 지급하는 외국회사가 거두는 소득의 성격
(3) 외국회사의 소득에 대하여 외국이 과세하는 조세의 금액

이 3가지 요소는 4.3.4.4에서 논의될 간접외국납부세액공제의 설계에서도 중요하다.

지분참여면제는 거주자 회사가 실질적인 소유지분을 가지거나 경영에 참여한 외국회사로부터 내국법인이 받는 배당에 한정된다. 요구되는 소유지분의 수준은 5%(예를 들어 네덜란드의 경우)부터 25%[예를 들어 일본과 EU의 모자회사 지침(Parent-Subsidiary Directive)]까지 다양하다. 소유지분기준은 의결권있는 주식의 수, 주식의 가액(또는 둘 다) 또는 외국법인의 모든 주식을 기초로 정한다.

이론적으로 배당에 대한 면제는 외국법인이 벌어들인 능동적 사업소득으로부터 이루어진 배당에 한정된다. 수동적 투자소득으로부터의 배당은 면제되어서는 안 된다. 그렇지 않으면, 내국법인은 거주지국 조세를 줄이기 위하여 수동적 소득을 외국자회사로 우회시킬 유인을 가질 수 있기 때문이다. 예를 들어 A국 법인인

4) 지분참여면제제도의 입법례에 관한 상세는 황남석, "원천지국 과세원칙으로의 전환 필요성에 관한 고찰", 「외법논집」 제43권 제3호, 2019, 203면 이하.

A사가 1백만의 수동적 소득을 벌 수 있었던 투자에 이용할 수 있는 펀드를 가지고 있다고 가정하자. 만약 A사가 A국에 투자함으로써 소득을 얻는다면, A사는 A국에 40%의 세금을 납부할 것이다. 그러나 만약 A사가 세율이 10%로만 과세되는 B국 법인인 완전자회사 B사의 주식을 취득하기 위하여 그 펀드를 사용한다면, B사는 B국에 100,000의 세금을 납부하게 될 것이다. 그러면 B사는 A사에게 세후이익 900,000을 분배할 수 있다. A국이 배당에 대해 과세를 면제한다고 가정하면 이 간단한 조세전략을 통하여 A사는 상당한 조세절감(tax savings)을 할 수 있다.

그러므로 일부 국가들은 외국의 계열회사가 벌어들인 능동적 사업소득으로부터 발생하는 배당에 한정하여 과세면제를 허용한다. 이러한 접근방식은 납세의무자에게 외국자회사(affiliates)가 번 소득의 종류를 계속 추적하도록 하는 중요한 순응 의무를 부과하고, 배당이 지급되었다고 간주되는 소득의 종류를 법 규정에 의해 결정하도록 요구한다. 이러한 문제 때문에 일부 국가들은 지분참여면제를 내국법인의 외국자회사에서 발생한 능동적 사업소득으로부터 지급되는 배당에 한정시키려는 시도를 포기하였고, 그 대신 지분참여면제의 남용을 방지하기 위하여 피지배외국법인세제나 조세회피방지규정에 의존한다. 예를 들어 피지배외국법인세제에 따르면, 내국법인의 피지배외국법인(자회사)이 벌어들이는 수동적 소득은 소득이 배당의 형태로 분배될 때까지 기다리지 않고 피지배외국법인이 소득을 벌어들일 때 내국법인에 대해 과세를 할 수 있다. 만약 외국자회사가 수동적 소득을 벌어들일 때 내국법인인 모회사에게 과세하였다면, 그 수동적 소득을 재원으로 하는, 내국법인 모회사에 대한 그 이후의 배당은 과세가 면제될 수 있다. 피지배외국법인세제는 제7장 7.3에서 논의된다.

위에서 설명한 바와 같이, 만약 상당한 비율로 지분참여를 하는 내국법인의 외국자회사 소득이, 거주지국에서 과세되는 세율과 근접하는 세율로 외국과세(배당에 대한 원천징수세를 고려했을 때)의 대상이 되면 거주지국은 외국납부세액 공제방식을 사용한다 하더라도 외국자회사로부터의 배당에 대한 조세를 징수하지 못하게 될 것이다. 그러므로 조세정책의 관점에서, 지분참여면제의 대상이 거주지국의 법인세율과 비슷한 세율의 외국조세(법인세와 배당에 대한 원천징수세)가 과세되는 소득을 재원으로 하는 배당에 한정된다면 이 제도가 외국납부세액 공제방식을 쉽게 대신할 수 있다.

일부 국가들은 지분참여면제를 유사한 조세제도를 가진 국가, 또는 배당에 대한 면제를 규정하는 양자 간 조세조약을 맺은 국가에 설립된 외국자회사로부터 받은 배당에 한정하여 적용하기도 한다. 제도가 복잡해지는 것을 피하기 위하여, 지분참여면제를 거주지국 조세와 유사한 외국의 조세가 부과된 소득을 재원으로 하는 배당에 한정하려는 시도를 포기한 국가도 있다. 이런 국가의 경우 저세율 국가에 설립된 외국자회사로부터 받은 배당에 대해서도 지분면제제도를 적용한다. 이런 국가들은 지분참여면제의 남용을 방지하기 위하여 피지배외국법인세제와 같은 다른 제도에 의존한다. 위에서 본 바와 같이 피지배외국법인이 소득을 얻었을 때 내국법인인 모회사에 대하여 과세하면, 그 소득을 재원으로 하는 그 이후 시점에서의 실제 배당에 대하여는 거주지국 과세로부터 면제될 수 있다.

외국 계열회사로부터 받은 배당에 대해 지분참여면제제도를 규정한 일부 국가들은 면제를 계열회사의 주식 처분에서 발생하는 자본이득(양도소득)으로까지 확대한다. 주식양도소득에 대하여 지분참여면제를 확대적용하는 것에 대한 이론적 근거는 경제적·상업적 관점에서, 배당은 상당한 비중의 지분참여와 관련한 주식양도소득의 대체물이라는 것이다. 만약 법인인 주주가 외국 계열회사로부터 받은 배당이 거주지국에서 지분참여면제의 적용을 받지만 그 계열회사 주식의 매매로부터 발생하는 양도소득에 대한 과세는 그 거주지국에서 과세 면제되지 않는다면 그 법인 주주는 해당 주식의 매매 직전에 면제되는 배당을 지급하여 줄 것으로 요구함으로써 외국 계열회사의 주식으로부터 예상되는 양도소득을 감소시킬 수 있다.

예를 들어 A국의 거주자인 A사가 B국의 거주자인 B사의 모든 주식을 소유하고 있다고 가정하자. A국은 거주자 법인이 10% 이상의 주식(의결권 및 가액 기준)을 소유한 외국 법인으로부터 받은 배당에 대하여 지분참여면제를 적용한다. 그러나 A국은 외국 법인 주식의 처분에서 발생하는 양도소득을 포함하여 양도소득에 대하여 20%의 세금을 부과하고 있다. A사는 특수관계가 없는 자에게 B사의 주식을 매도하려고 하고, 1,000만의 자본이득이 발생할 것으로 예상하고 있다[1,400만 매매이익에서 주식의 비용(400만)을 공제]. 여기서 1,000만의 이득 20%인 200만이 A국의 과세대상이 된다. 만약 B사가 매도 전에 A사에게 1,000만의 배당을 지급한다면, 그 배당은 주식의 가치, 매매이익 그리고 주식양도소득을 감소시킬 것이다. 그러나 배당은 B국의 원천징수세의 대상이 될 수 있다. 그렇다면, 주식양도소득을 감소시키기 위한 배당 지급은 원천지국의 원천징수세가 그 양도소득에 대한 거주지국의 조세보다 적은 범위 내에서만 유리한 결과가 될 것이다.

4.3.4 외국납부세액공제방식(Credit Method)

외국납부세액공제방식에 따르면, 국외원천소득에 대한 거주자 납세의무자가 납부한 외국세금은 일반적으로 외국세액만큼 소득에 대해 납부해야 하는 국내조세를 감소시킨다. 예를 들어 P가 국외원천소득에 대해서 10의 외국세금을 납부하고 그 소득에 대해서 40

의 국내 세금부과를 받는다면, 외국세액은 국내에서 납부하여야 하는 40의 세금을 30으로 감소시킨다. 결과적으로 외국납부세액공제방식은 거주지 대 원천지 유형의 국제적 이중과세를 완전히 없앤다. 외국납부세액공제방식에 따르면, 국외원천소득은 외국에서 납부한 외국납부세액이 국내에서 납부하여야 할 조세보다 적을 때에만 국내에서 과세대상이 된다. 그러한 상황에서는 내국조세의 순액은 국외원천소득에 두 세율의 차이를 곱한 금액과 같다. 내국세율이 외국의 세율보다 낮다면, 내국의 조세가 외국의 조세를 보충해주는 결과가 되고, 국외원천소득에 대한 내국세율과 외국세율의 합은 내국세율과 같게 된다.

이 제도를 채택한 국가들은 대체로 소득에 대한 국내의 조세를 초과하는 외국납부세액을 환급해 주지 않는다. 마찬가지로 조세조약도 그렇게 하도록 요구하지 않는다(예를 들어 OECD 및 UN 모델조약 제23B조). 또 외국납부세액의 초과액으로 국내 조세를 통산하는 것도 허용하지 않는다. 외국납부세액공제는 국외원천소득에 대한 국내의 조세에 한정된다. 아래에서 살펴보는 바와 같이, 외국납부세액공제방식이 부적절하게 적용되는 것을 방지하기 위해서 다양한 제한규정이 사용되는데 이 제한규정은 적용하기가 매우 복잡할 때가 많다. 그와 같은 제한의 결과 국외소득은 일반적으로 국외세율이 국내세율보다 높을 때에는 국외세율로 과세된다. 요약하면, 외국납부세액공제방식에 따르면, 거주자가 벌어들인 국외원천소득은 일반적으로 국내세율과 외국세율 중 더 높은 쪽으로 과세된다.

4.3.4.1 일반 규칙

외국납부세액공제방식은 4.3.1에서 설명한 외국납부세액 소득공제방식의 단점을 제거한다. 거주자 납세의무자는 외국납부세액이 국내 조세를 초과할 때를 제외하고는 국외원천소득에 대한 전체 국내·국외 조세부담의 관점에서는 동일하게 취급된다. 외국납부세액이 국내의 조세를 초과할 때를 제외하고, 외국납부세액공제 방식은 거주자인 납세의무자의 국내, 국외 투자 여부에 관하여 중립적이다. 다음의 예를 통해서 설명한다.

X와 Y는 둘 다 A국의 거주자이고, 각각 국외원천소득 100을 번다. 그러한 소득에 대한 외국세금은 X에 대해서는 없고, Y에 대해서는 40이다. 만약 X와 Y 둘다 세율이 50%인 A국에 의해서 과세된다면, X는 A국에 50을 납부할 것이고, Y는 10을 납부할 것이다. 두 경우 모두 납부한 국내·외 조세의 합은 50이 될 것이다. 그러나 만약 Y가 60의 외국세액을 납부한다면 A국은 국외원천소득에 관한 국내세액(50)을 초과하는 외국납부세액 10에 대해 공제를 허용해주지 않을 것이기 때문에 Y에 대한 국내·국외 조세의 합은 60%가 될 것이다. 결과적으로 Y는 60의 조세를 지불하고, X는 50의 조세를 납부하게 된다.

많은 국가들이 당해연도에 공제될 수 없는(초과 외국납부세액공제) 국외소득세를 이월하여 차후연도의 국내 조세에서 공제하도록 허용한다. 이월기간은 나라마다 다르다.[5] 세액공제에 대한 제한은 차후연도에 이들 초과 외국세액의 공제에 적용된다. 예를 들어서 30%의 세율로 과세하는 A국의 거주자 R을 가정해보자. 제1 과세연도에 R은 100의 국외소득을 벌었고, 50의 외국조세를 납부하였다. 외국조세는 30을 한도로 하여 A국의 조세로부터 공제할 수 있고, 그 결과 A국에 납부할 조세를 완전히 소멸시킨다. 외국납부세액이 A국의 조세를 초과하는(20) 한도에서 외국납부세액은 공제될 수 없고, R에게 20의 초과공제액이 발생한다. 제2 과세연도에 R은 국외소득 100을 벌고, 25의 외국조세를 납부한다고 가정하자. R은 현재

5) 한국의 경우 10년이다. 2020년 세법개정시 5년에서 10년으로 개정되었다(소득세법 제57조 제2항 및 법인세법 제57조 제2항).

외국세액 25와 차후연도에 사용하기 위하여 제1 과세연도에서 이월된 초과공제액 5를 더한 30의 세액공제가 가능하다. 제3 과세연도와 차후연도에는 이월 가능한 제1 과세연도로부터의 초과공제액이 20에서 15로 줄게 된다.

많은 조세전문가들은 조세정책상 외국납부세액공제방법이 국제적 이중과세를 없애기 위한 가장 이론적으로 우수한 방법이라고 인정한다. 그러나 외국납부세액공제방법 또한 문제점이 있다. 가장 큰 문제점은 외국납부세액 공제시스템의 운영이 정부와 납세의무자 양측의 견지에서 매우 복잡할 수 있다는 것이다. 해결되어야 하는 난제들 중에는 다음과 같은 것이 있다:

- 어떠한 외국납부 조세를 공제할 수 있는가?
- 공제 한도를 어떻게 계산할 것인가? 소득원천별로? 소득항목별로? 국가별로? 또는 일정한 소득유형에 적용가능한 다양한 특별규정을 가진 전체적인 기준으로? 또는 이들 방법의 일정한 조합으로?
- 소득의 원천과 공제를 결정하기 위하여 어떤 규칙이 도입되어야 하는가?

외국납부세액공제방식이 효과적으로 운영되려면, 위와 같은 문제들과 다른 문제들을 해결하기 위하여 상세하고 기술적이며 매우 복잡한 규정의 입법이 필요하다. 이런 복잡한 규정의 입법 결과로 세금이 없는 국가 또는 저세율국에서 번 소득과 관련하여서는 납세의무자와 과세관청에 순응부담과 행정적 부담이 부과될 필요가 있으며, 동시에 이런 부담이 정당화될 수 있다. 만약 그렇지 않다면, 국내원천소득이 이러한 국가로 우회되어 국내에서 조세회피가 발생할 수도 있다.

납세의무자인 거주자가 국내세율과 비슷한 세율로 국외원천소득에 대해서 외국세금의 대상이 될 때, 외국납부세액공제방식의 복잡함이 과연 그만한 가치가 있는지 의심스러울 수 있다. 그러한 상황에서 국가는 납세의무자의 국외원천소득과 관련하여 외국납부세액에 대한 공제를 허용한 후 납세의무자로부터 상당한 국내세액을 징수하고자 하지 않을 것이다. 한 국가가 외국납부세액공제방식을 적용하면 다른 국가로 하여금 그 국가의 거주자가 번 소득에 대한 조세를 외국납부세액공제방식을 적용하는 국가의 조세 수준까지 인상시키도록 촉진할 수 있다[소위 **흡수세**(soak-up taxes)]. 그러한 조세 수준의 인상은 비거주자인 투자자들에 대한 세후수익에 영향을 주지 않기 때문에 해외로부터의 투자를 저해하지는 않을 것이다. 그러나 외국납부세액공제방식을 채택한 국가로부터 소득을 벌어들인 국가로의 세수 이전을 초래한다. 예를 들어 A국이 40%의 세율로 과세하고 외국납부세액공제방식을 적용하고 있으며, A국의 거주자는 B국에 상당한 투자를 하고 있다고 가정하자. 만약 B국이 A국 거주자가 번 소득에 대하여 25%의 세율로 과세한다면, A국의 거주자는 B국에서 번 소득에 대해서 15(40-외국세액공제 25)만큼 A국에 납부의무를 지고, 소득에 대한 총 세액은 40(B국에 대한 조세 25와 A국에 대한 조세 15)이 된다. 그러나 만약 B국이 A국의 거주자가 번 소득에 대하여 40%의 세율로 과세하면, 거주자는 소득에 대한 조세로 여전히 합계 40의 납세의무를 지지만 모든 조세는 B국에만 납부하게 될 것이다.

일부 원천지국은 압도적인 규모로 이루어지는 외국인 투자가 소수의 외국 거주자에 의한 것이고 그 외국이 거의 유사한 세율을 적용하고 있다면 외국납부세액공제를 인정하는 국가의 거주자에 대하여는 차별적으로 과세할 가능성이 높다. 일부 국가들은 외국납부세액공제 규정에 흡수세(soak-up taxes)가 공제대상이 되는 외국조세가 될 수 없도록 규정하기도 한다.

많은 국가들은 적어도 일정한 납세의무자와 일정한 국외원천소득유형과 관련하여 국제적인 이중과세를 조정하는 외국납부세액공제방식을 적용하고 있다. 일방적으로(unilaterally) 외국조세에 관한 공제를 허용하는 국가도 있고 양자 간 조세조약에 따라서만 공제를 허용하는 국가도 있다. 외국납부세액공제방식을 채택한 많은 국가들은 일방적으로 혹은 조세조약에 의해서 외국납부세액의 공제를 허용하고 있다. 반면 외국납부세액공제의 방식과 관련하여 "**간주외국납부세액공제**(tax sparing)"를 망라하도록 확장하는 국가도 있다. 간주외국납부세액공제(tax sparing)는 아래 4.5에서 논의된다.

4.3.4.2 공제대상 외국세액(Creditable Foreign Taxes)

사실상 외국납부세액공제방식을 채택한 모든 국가들은 외국세액에 대한 공제를 국외소득과세로만 한정한다.[6)] 부가가치세와 상속세와 같은 다른 세목은 소득과세가 아니라서 외국납부세액공제 요건을 충족할 수 없다. 다만 원천징수세는 배당, 이자, 사용료 같이 지급액의 총액에 대하여 부과되지만 소득과세로 취급한다.[7)]

OECD 및 UN 모델 조세조약 제23B조에 따르면, 일방체약국은 "이 조약의 규정에 따라" 타방체약국에서 과세되어 납부한 조세에 대한 세액공제를 허용해 주어야 한다. 그러므로 타방체약국이 특정한 항목의 소득을 과세할 수 있는지 여부를 결정하기 위하여 조세조약의 규정을 참고하여야 한다. 그러나 제23B조는 어떤 종류의 조세를 공제할 수 있는지에 관하여 규정하고 있지 않다. OECD 및

6) 법인세법 시행령 제94조 제1항은 외국납부세액공제 대상이 되는 세액으로 1. 초과이윤세 및 기타 법인의 소득 등을 과세표준으로 하여 과세된 세액, 2. 법인의 소득 등을 과세표준으로 하여 과세된 세의 부가세액, 3. 법인의 소득 등을 과세표준으로 하여 과세된 세와 동일한 세목에 해당하는 것으로서 소득외의 수익금액 기타 이에 준하는 것을 과세표준으로 하여 과세된 세액을 규정하고 있다.

7) 한국의 행정해석도 동일하다. 국조, 서면법규과-1363, 2012. 11. 20.; 국조, 국제세원관리담당관실-437, 2012. 9. 24. 참조.

UN 모델조약 제2조는 총소득, 소득의 구성요소, 자산의 이전으로부터 발생하는 이익, 총임금과 급여, 가치상승이익을 포함하도록 하며, "소득에 대한 과세"(그리고 자본에 대한 과세)라는 폭넓고 모호한 정의를 규정하고 있을 뿐이다. 제2조에 규정된 소득에 대한 과세의 정의에 해당되지 않으면, 그 조세는 제23B조에 따라 공제될 수 없다.

일반적으로 조세란 공익적 목적으로 법률에 의해 부과되는 강제적인 금전적 부담이다. 예를 들어 조세는 납부자가 요금을 납부함으로써 직접적인 혜택을 받을 경우의 사용자 요금을 포함하지 않는다. 다양한 조세가 소득세로 정의되기 때문에 해석에 관하여 여러 어려운 문제가 발생한다.[8] 예를 들어 최근 온라인 광고 및 다

---

8) 베트남은 외국법인 또는 외국인이 베트남 법인 또는 개인과 계약, 동의, 약속 등에 의해 용역을 공급하는 경우, 외국법인 또는 외국인에게 용역대가를 지급하는 자가 외국인계약자세(Foreign Contractor Withholding Tax; FCWT)를 원천징수·납부하도록 하고 있다. 이 외국인계약자세는 별도의 세목이 아닌 부가가치세, 기업소득세 또는 개인소득세의 형태로 납부한다. 이 중에서 기업소득세 및 개인소득세 납부 분은 소득에 대한 조세에 해당되며, 한－베트남 조세조약 제2조에서는 이중과세방지 대상조세로 베트남에서 과세되는 개인소득세, 이윤세, 이윤송금세를 규정하고 있다(베트남의 외국인계약자세에 대한 외국납부세액공제와 관련해서는 이극범·이한나, "베트남 외국인계약자세 납부기업의 이중과세방지에 관한 연구", 「조세학술논집」, 제36집 제1호, 한국국제조세협회, 2020 참조).

문제는 한국 과세당국이 외국인계약자세로 납부된 기업소득세 및 개인소득세에 대해 외국납부세액공제 또는 손금산입을 허용하지 않아 허용여부를 법원에서 다투게 되었는데, 대구고등법원은 한국·베트남 조세조약 등 이중과세방지를 위한 조약의 취지는, 원천지국에서 얻은 소득에 대하여 거주지국과 원천지국이 모두 과세권을 행사할 경우 이중과세의 문제가 발생하므로, 거주지국의 과세권과 원천지국의 과세권을 적정하게 배분·조정함으로써 이중과세를 방지하려는 데에 있는데, 베트남에 납부한 외국인계약자세액은 이에 대해 한국에 납부하여야 할 법인세액이 발생하지 않으므로, 즉, 구 법인세법 제57조 제1항에 정해진 '그 국외원천소득에 대하여 납부한 외국법인세액'에 해당하지 않으므로 이중과세 문제가 발생할 여지가 없고, 외국납부세액공제 대상이 아니라고 판단하였다(대구고등법원 2020. 11. 6. 선고 2019누3620 판결. 그 후 이 사건은 대법원 2021. 3. 25. 선고 2020두56223 판결로

른 디지털 재화와 용역의 공급에 대하여 비거주자에게 지급하는 대가에 부과하는 인도의 형평세(equalization tax)와 다른 국가들의 유사한 조세의 경우 그러한 조세를 부과하는 국가들은 소득세가 아니라고 주장하지만, 실질적으로는 소득세로 간주될 수 있다. 또 일부 국가들은 선박에 대한 톤세(tonnage taxes), 자산세(assets taxes), 농업활동에 대한 추정과세(presumptive taxes)와 같이 소득을 측정하기 위하여 대용물을 이용하는 특별한 유형의 조세를 부과하고 있다. 이러한 조세는 조세조약 목적상 소득세인가? 또 다른 문제는, 일정한 상황에서 일부 국가들이 의도적으로 소득세를 조세조약의 범위에 포섭되지 않는 간접세로 전환할 수 있다는 것이다.

4.3.4.3 한도의 종류(Types of Limitations)

위에서 설명한 바와 같이 외국납부세액공제방식을 적용하는 국가들은 국외원천소득에 대하한 외국납부세액공제를 제한한다. 이를 위하여 여러 국가들은 다양한 제한규정을 두고 있다.[9)]

일괄한도(Overall limitation) 하에서는 모든 외국 국가에 납부한 외국납부세액을 합산하고 결과적으로 외국납부세액공제는 납세의무자의 국외원천소득의 총액에 대하여 납부한 외국세액 총합과 국외원천소득의 총액에 대하여 납부할 의무가 있는 국내 조세 중에 더 작은 금액으로 제한한다. 이 방법에 의해 일부 국가에 납부한 높은 세율의 외국세액이 다른 국가에 납부한 낮은 세율의 외국세액과 평준화된다.

국별한도(Per country limitation) 하에서는 외국납부세액공제는 특정 외국에 납부한 세액과 그 특정국가에서 발생한 납세의무자의 국외원천소득에 대하여 납부할 의무가 있는 국내 조세 중 더 작은

심리불속행 기각되었음).

9) 한국의 경우 외국납부세액공제한도는 소득세법 제57조 제1항 및 법인세법 제57조 제1항에 규정되어 있다.

금액으로 제한한다.[10] 이 방법은 서로 다른 국가들에 납부한 높은 세율의 외국세액과 낮은 세율의 외국세액을 평준화하지 못하도록 하지만, 다른 유형의 소득에 관하여는 특정 국가에 납부한 높은 세율의 외국세액과 낮은 세율의 외국세액을 평준화하는 것이 가능하다.

건별 한도(Item by item limitation) 하에서는 외국납부세액공제는 특정한 소득항목에 관하여 납부한 외국세액과 그 소득항목에 대해 납부할 의무가 있는 국내 조세 중 적은 것으로 제한한다. 이 방법을 실제로 채택한 국가는 거의 없지만, 이 방법은 평준화를 배제하며 이론적 견지에서는 최상의 방법이라고 생각된다. 여기서 말하는 소득의 "항목(basket)"은 이자소득 또는 해상운송소득(shipping income)과 같이 어느 정도 정의된 소득 유형이다. 원칙적으로 어떤 국가는 소득의 항목을 외국에서 특정한 과세 체계에 따라 과세되는 소득의 유형으로 정의할 수 있다. 예를 들어, 외국납부세액공제 한도를 설정하기 위하여, 외국에서 발생하는 사업소득과 이자소득을 별개의 소득 항목으로 다룰 수 있다. 특히 외국이 비거주자의 이자소득을 특혜 세율, 즉 낮은 세율로 과세하는 경우에 그럴 필요가 있다.

외국납부세액공제에 대한 종합적, 국가별, 항목별 한도 설정의 결과를 비교하면 다음의 예와 같다. A국 법인인 A사는 국외원천소득이 있고, 다음의 표에서 나타나는 것처럼 국외원천소득에 대하여 외국세액을 납부한다고 가정한다.

---

10) 한국은 공제한도를 계산할 때 국외사업장이 둘 이상의 국가에 있는 경우에는 국가별로 구분하지 않고 한도를 계산하는 일괄한도제가 아니라 국가별로 구분하여 이를 계산하는 국별한도제를 채택하고 있다(법인세법 시행령 제94조 제7항, 법인세법 기본통칙 57-94…1).

〈표 4.2〉 전제사실

	국외 소득	외국납부세액
X국에서의 사업소득	100,000	45,000
X국에서의 배당소득	20,000	1,000
Y국에서의 사업소득	50,000	10,000
Z국에서의 이자소득	10,000	1,500

A국의 법인세율은 30%이다. A사는 A국에서 영위하는 사업으로부터 국내원천소득 200,000을 벌고 있다. 만약 외국납부세액공제에 관하여 한도가 없다면, A국에 납부할 세액은 아래와 같다:

한도가 없는 경우

총 소득	380,000
공제 전 세액(30%)	114,000
외국납부세액공제	57,500
총 세액	56,500

그러므로 납부할 총 세액은 114,000(외국납부세액 57,500과 A국의 세액 56,500)이 될 것이다. 만약 A국이 전 세계, 국가별, 항목별 한도를 각각 적용하고 있다면, 납부할 세액은 다음과 같을 것이다.

〈표 4.3.1〉 일괄한도를 설정한 경우

일괄한도	
공제 전 A국의 세액	114,000
공제:	
(1) 외국납부세액 57,500	
(2) 국외원천소득에 대한 A국의 세액	
(180,000×30%=54,000)	
중 적은 것	54,000

공제 후 A국의 세액	60,000
총 세액(57,500+60,000)	117,500

〈표 4.3.2〉 국별한도를 설정한 경우

국별한도	
공제 전 A국의 세액	114,000
공제:	
(a) X국	
(1) 외국납부세액 46,000	
(2) X국원천소득에 대한 A국의 세액 (120,000×30%=36,000)	
중 적은 것	36,000
(b) Y국	
(1) 외국납부세액 10,000	
(2) Y국원천소득에 대한 A국의 세액 (50,000×30%=15,000)	
중 적은 것	10,000
(c) Z국	
(1) 외국납부세액 1,500	
(2) Z국원천소득에 대한 A국의 세액 (10,000×30%=3,000)	
중 적은 것	1,500
총 공제가능 세액	47,500
공제 후 A국의 세액	66,500
총 세액(66,500+57,500)	124,000

〈표 4.3.3〉 항목별 한도를 설정한 경우

항목별 한도	
공제 전 A국의 세액	114,000
공제:	
(a) X국	
(i) 사업소득	
(1) 외국납부세액 45,000	
(2) 사업소득에 대한 A국 세액 (100,000×30%=30,000)	
중 적은 것	30,000
(ii) 배당소득	
(1) 외국납부세액 1,000	
(2) 배당소득에 대한 A국 세액 (20,000×30%=6,000)	
중 적은 것	1,000
(b) Y국	
(1) 외국납부세액 10,000	
(2) 사업소득에 대한 A국 세액 (50,000×30%=15,000)	
중 적은 것	10,000
(c) Z국	
(1) 외국납부세액 1,500	
(2) 이자소득에 대한 A국 세액 (10,000×30%=3,000)	
중 적은 것	1,500
총 공제가능 세액	42,500
공제 후 A국의 세액	71,500
총 세액(71,500+57,500)	129,000

외국납부세액의 공제한도를 설정하는 세 가지 방법은 상호배타적이지는 않다. 예를 들어 기본적 원칙으로 일괄한도를 적용하면서, 능동적 사업소득과 수동적 투자소득과 같은 일정 유형의 소득에 대하여는 항목별 한도를 설정할 수도 있다. 일부 국가들은 이와 같은 복합적 방법을 사용하는데, 이 방법을 개별 바스켓 접근법(separate－baskets approach)이라고 부르기도 한다.

4.3.4.4 간접외국납부세액공제

미국과 같은 일부 국가들은 간접외국납부세액공제제도(Indirect or Underlying Credit)를 채택하고 있다.[11] 간접외국납부세액공제는 내국법인이 외국 계열회사로부터 배당을 받을 때 외국 계열회사가 납부한 국외소득과세에 대하여 내국법인에게 공제를 허용하는 제도이다. 공제할 수 있는 액수는 수취한 배당소득에 대하여 외국 계열회사가 납부한 외국세액이다. 보통, 외국납부세액공제는 거주자인 납세의무자가 직접 납부한 국외소득세에 대해서만 허용가능하다. 간접외국납부세액공제 규정은 공제를 허용하기 위한 목적으로 제한적인 범위에서 내국법인과 그 외국 계열회사가 별개의 과세실체라는 사실을 무시한다. 내국법인이 외국 계열회사가 납부한 조세에 대한 세액공제를 받으려면, 대체로 외국법인에 대하여 5%에서 25%에 이르기까지 상당한 비중의 지분을 소유해야 한다.[12]

다음의 예를 통해서 간접외국납부세액공제의 기본적인 작동방식을 설명한다. A국 법인인 A사는 B국 법인 B사를 완전자회사로 지배하고 있다. B사의 해당 사업연도 소득은 800이고, B사는 그 소

11) 한국도 소득세법 제57조, 동법 시행령 제117조, 법인세법 제57조, 동법 시행령 제94조에서 채택하고 있다.

12) 한국의 경우 외국자회사의 요건으로 내국법인이 해당 외국자회사의 발행주식총수 또는 출자총액의 25% 이상을, 배당확정일 현재 6개월 이상 보유하고 있을 것을 요구한다(법인세법 제57조 제5항, 법인세법 시행령 제94조 제9항).

득에 대하여 30%의 세율로 240을 B국에 납부한다. B사는 A사에게 세후 이익 560(800 – 240)을 모두 배당으로 지급한다. A사는 A국에서 800[560의 배당금과 기납부 세액 240의 합(그로스업 금액)]에 대하여 과세된다. A국이 40%의 세율로 과세를 하고 외국납부세액공제에 한도가 없다고 가정하면, A국에 납부할 세액은 80이 될 것이다 [(320 – 수취 배당소득에 대한 240(B사가 납부한 외국세액)의 외국납부세액공제)].

〈표 4.4〉 간접납부외국세액공제

B사의 소득	800
B국에서의 외국납부세액	240
세후 이익	560
배당금	560
A사의 소득:	
B사로부터 수취한 배당금	560
그로스업 금액	240
합계	800
공제 전 A국의 조세(40%)	320
B사가 납부한 B국 조세에 대한 외국납부세액공제	240
A국의 순세액	80

만약 위의 예에서 A사가 받은 배당이 B국에서 원천징수세의 대상이라면, 그 원천징수세 또한 한도의 범위 내에서 A국에 납부할 A의 세액에 대하여 공제될 수 있을 것이다. 원천징수세에 대한 세액공제는 A사가 그 원천징수세를 납부하는 것으로 취급되기 때문에 간접외국납부세액공제가 아니라 직접외국납부세액공제이다.

외국납부세액공제방식은 외국 계열회사를 통하여 해외에서 이익을 얻는 내국법인이 그 이익을 배당을 통해 본국으로 송금하는 것을 주저하게 하는 효과를 나타낼 수도 있다. A국 법인인 A사가 F

국에 F국 법인인 완전자회사 F사를 두고 있다고 가정하자. A국의 세율은 35%이고 F국의 세율은 10%이다. F사는 F국에서 100의 이익을 얻고 F국에 10의 세금을 납부한다. 만약 F사의 세후 이익 90을 배당으로 A사로 송금한다면, A사는 F사가 납부한 외국세액에 관하여 10의 외국납부세액공제를 받을 수 있겠지만, 아래에서 보는 바와 같이 A국에 대하여 순세액 25를 납부하여야 한다.

〈표 4.5〉 간접외국납부세액공제의 효과

F사로부터 받은 배당	90
그로스업 금액	10
A사의 소득	100
공제 전 A국의 세액(35%)	35
F사가 납부한 세액에 대한 간접외국납부세액공제	10
A국의 순세액	25

A사는 F사에 그 이익을 유보시킴으로서, A국에 대한 잠재적인 세액 25를 무한정으로 이연시킬 수 있다. 미국이 2017년에 외국법인으로부터의 배당금에 관하여 지분참여면제제도를 채택하기 이전까지 미국의 다국적기업들 대다수가 이런 유형의 조세전략을 이용해 왔다.

이익의 본국송금과 관련하여 불균형이 생기는 것을 피하기 위하여, 세액을 공제해 주는 국가는 발생주의(accrual basis)(다시 말해서 외국자회사에 소득이 발생할 때)에 따라 내국법인에 대하여 외국자회사의 소득을 과세할 수 있을 것이다. 발생주의에 따른 과세는 내국법인이 외국자회사를 통하여 거둔 국외원천소득에 대한 **과세이연**을 방지할 것이다. 포괄적인 발생주의 체계를 도입하자는 대한 주장이 가끔씩 표면화되어 왔지만, 발생주의에 따른 과세가 일부 상황에서 사용되고 있음에도 불구하고, 아직까지 채택한 국가는 없다. 7.3과 7.5에서 설명하는 피지배외국법인세제와 외국투자펀드과세제도에 따라, 일부 국가들은 현재도 남용적 상황이라고 판단될 때에는 외국자회사와 외국펀드가 벌어들인 일정한 소득에 대하여 내국세를 과세하고 있다.

간접외국납부세액공제를 운용하기 위해 설계된 규칙이 외국납부세액공제방식 중에 가장 복잡한 부분일 경우가 많다. 간접외국납부세액공제는 내국법인이 외국 계열회사로부터 배당을 받았을 때에만 이용할 수 있다. 세액공제가 가능한 금액은 그 배당에 적합하게 귀속되는 국외소득세액이다. 금액을 확정하기 위해서는 귀속시기와 소득측정이라는 어려운 문제들이 해결되어야만 한다. 예를 들어서 내국법인은 배당의 재원이 된 외국자회사의 이익과 그 이익에 부과된 외국세액을 결정해야만 한다. 그러한 이익들은 과거 몇 년간에 걸쳐서 생겼을 수도 있고, 대부분 내국법인이 적용하는 세무회계규칙과는 상당히 다른 세무회계규칙에 따라 외국통화로 계산되었을 것이다. 이러한 규칙들이 위의 4.3.4.3에서 설명한 외국납부세액 공제한도를 설정하는 규칙과 결합하면 매우 복잡해지므로 심각한 납세의무자 순응의 문제와 행정적 문제를 야기한다. 이런 문제 때문에 일부 국가들은 외국자회사로부터의 배당에 대해서는 국외소득면제방식을 채택하게 된다.

4.3.5 국외소득면제방식과 외국납부세액공제방식의 비교

국제적 이중과세방지를 위하여 국외소득면제방식이 더 좋은지 아니면 외국납부세액공제방식이 더 좋은지에 관한 논쟁은 활발하게 이루어져 왔는데 감정적인 측면이 있다. 순수한 국외소득면제방식이나 순수한 외국납부세액공제방식을 채택한 국가는 거의 없다. 코스타리카(Costa Rica), 홍콩(Hong Kong), 파나마(Panama)는 속지주의에 근거하여 과세하는 국가의 예이다. 이들 국가는 자국 영토 내에서 원천을 가지거나 벌어들인 소득만을 과세하고, 모든 국외원천 소득에 관한 조세를 원칙적으로 면제한다. 그러나 국외소득면제방식을 사용하는 대부분의 국가는 대체로 국외원천소득에 관한 면제를 내국법인이 벌어들이는 일정한 능동적 사업소득과 외국자회사로부터의 배당소득으로 한정한다. 따라서 내국법인은 대체로 국외원천에서 발생하는 능동적 사업소득과 외국자회사의 능동적 사업소득을 재원으로 지급받은 배당소득에 관하여만 과세면제를 받는다. 투자소득을 면제하면 거주자인 납세의무자가 국내투자소득의 원천을 외국으로 이전함으로써 투자소득에 관하여 쉽게 조세를 회피할 수 있기 때문에 일반적으로 허용되지 않는다.

사업소득과 관련하여, 국외소득면제방식과 외국납부세액공제방식을 분석하여 보면 우선 두 방식이 본질적으로 같은 구조적 문제를 야기한다는 것을 알 수 있고, 그 다음으로 두 방식이 적절하게 설계된다면 상당히 비슷할 것이라는 것을 시사한다. 다음의 자료는 외국자회사의 능동적 사업소득을 재원으로 분배된 배당에 대한 면제와 능동적 사업소득에 대하여 외국자회사가 납부한 외국납부세액공제에 관한 간접세액공제를 비교한 것이다.

첫 번째 요점은 만약 외국자회사가 납부한 외국세액과 배당에 대한 원천징수세의 합이 적어도 그 배당에 대한 국내세액과 동일하다면, 이 두 방식의 결과는 같다는 것이다. 국외소득면제방식에 따르면 배당은 국내 과세로부터 면제되므로, 전체 세액은 배당의 원천이 되는 소득에 관하여 외국자회사가 납부한 외국세액과 그 배당에 대한 외국의 원천징수세의 합이다. 간접외국납부세액공제방식를 채택한다면 외국납부세액과 외국 원천징수세는 그 배당에 대한 국내의 세금에서 공제할 수 있다. 그러므로 만약 위 두 외국세금의 합이 그 배당에 대한 국내의 세금과 동일하거나 크다면 국내에서 납부할 세액은 없다. 이 결과를 다음의 예로 설명해 보자.

A국 법인 패런트(Parent) 사는 B국 법인으로서 사업을 수행하고 있는 완전자회사 포(For) 사를 두고 있다. A국은 법인의 이익에 대하여 35%의 세율로 과세를 하고 B국은 30%의 세율로 과세를 한다. 포 사는 100의 이익을 거두어 B국에 30의 조세를 납부하고, 나머지 세후 소득 70을 전부 패런트 사에게 배당으로 분배한다. 만약 A국이 배당에 관한 국제적 이중과세조정을 위하여 지분참여면제나 간접외국납부세액공제방식을 적용한다면, 그 세무상 효과는 아래의 표와 같다.

〈표 4.6〉 국외소득면제방식과 간접외국납부세액공제방식의 비교

	세액공제	면 제
포(For) 사		
소득	100	100
외국세액 (30%)	30	30
모회사에 대한 배당	70	70
원천징수세 (10%)	7	7
패런트(Parent) 사		
수취배당	70	70
그로스업 금액	30	
과세 표준	100	0
세액공제전 국내 세액	35	–
간접외국납부세액공제	37	–
순국내세액	0	0
총세액	37	37

외국법인세와 배당에 관한 원천징수세의 합이 국내의 조세보다 적다고 할지라도, 모회사가 납부할 국내의 조세는 배당을 수취할 때까지 이연된다는 점을 기억하라. 만일 외국자회사의 투자수익

이 모회사보다 높다고 가정하면, 배당의 지급이 이연되면 이연될수록 배당에 대한 국내 조세의 현재가치는 더욱 낮아진다.

지분참여면제제도를 정당화하기 위하여 통상적으로 드는 근거는 일반적인 면제제도의 정당화 근거인 국제적 경쟁력 확보와 단순함이다. 지분참여면제제도는 간접외국납부세액공제제도에 비하여 과세공무원이나 납세의무자에게 간편하다. 하지만 단순함이라는 혜택은 과장될 때가 많고 면제의 완전성을 희생해야지만 달성될 경우가 많다.

지분참여면제로 간접외국납부세액공제를 대체하려면, 국내 세율과 유사한 세율이 적용되는 국외원천소득만 면제되도록 제도를 설계하여야 한다. 배당에 관하여 국외소득면제방식을 적정하게 설계하려면 복잡한 규칙이 필요하다. 그 규칙 중 상당수가 간접외국납부세액공제의 규칙들과 매우 유사하다. 예를 들어, 두 방식은 모두 다음 사항들을 처리하는 규칙이 필요하다.

- 면제 또는 세액공제를 받을 수 있는 거주자인 납세의무자의 자격: 대개 면제 또는 세액공제를 받을 수 있는 자격은 내국법인이 상당한 지분을 가지는 외국자회사로 한정되어 있으며 그 지분 비율은 10센트 이상일 경우가 많다.
- 면제 또는 세액공제의 요건을 갖춘 소득의 유형: 대체로 능동적 사업소득과 다른 유형의 소득을 구별한다.
- 소득의 원천 판정
- 비용배분 규칙: 아래의 4.4를 보라.
- 거주자가 지배하는 외국법인의 수동적 소득에 관한 실현주의 과세 또는 발생주의 과세: 아래 제7장 7.3에서 논의될 특정외국법인 유보소득 합산과세제도
- 국외 손실의 취급
- 내국세법 규정에 따른 외국 계열회사 소득의 계산

국외소득면제방식과 간접외국납부세액공제방식의 가장 중요한 차이점은 간접외국납부세액공제방식은 공제대상인 외국의 조세를 정의하여야 하지만, 국외소득면제방식은 언제 국외원천소득이 내국 조세와 유사한 외국 조세의 부과 대상이 되는지 결정하는 규칙이 필요하다는 점이다(국외소득면제방식이 간접외국납부세액공제방식의 대체수단이라고 가정한다면).

위에서 설명하였듯이, 많은 국가들은 면제의 완전성을 희생함으로써 지분참여면제제도의 단순성을 달성한다. 적지 않은 국가들이 지분참여면제를 국내 세율과 비슷한 외국 세율이 적용되지 않는 외국자회사 수취배당에 관하여도 적용한다. 이는 고의적이라기보다는 우연한 것처럼 보이는 때가 많다. 예를 들어 외국자회사로부터의 배당에 관하여 과세면제를 규정한 국가가 그 특정한 외국자회사의 거주지국과 조세조약을 체결하였다고 가정하여 보자. 그 외국자회사의 거주지국이 저세율 또는 특혜적인 저세율을 적용한다고 하더라도 배당에 관하여는 과세면제가 적용될 것이다. 그런 경우에는 배당의 재원이 되는 소득에 대하여 국내의 세율과 유사한 외국의 세율이 적용되지 않더라도 과세면제가 적용된다.

일부 국가들은 의도적으로 외국자회사의 소득이 국내 세율과 유사한 외국 세율의 대상이 되는지 확실히 규정하려는 시도조차 하지 않는 채로 지분참여면제방식을 채택하였다. 이들 국가의 경우 국외소득면제방식이 간접외국납부세액공제방식의 대체가 아니다. 그러한 면제방식을 취하는 경우의 기본 정책은 단순히 국제적 이중과세를 조정하는 것뿐만 아니라 (비록 국제적 이중과세 조정의 결과를 달성하기는 하겠지만), 자국의 내국법인인 다국적기업들의 국제적 경쟁력을 촉진하기 위하는 것이다. 그러므로 일부 국가들은 내국법인이 상당한 지분을 가지고 있는 외국자회사로부터 수취한 모든 배당에 대해 과세를 면제하는 입장을 채택하여 왔다. 결과적으로 해당 국가에서 다국적기업인 내국법인은 사업을 수행하는 외국에서만 과세대상이 되기 때문에 해당 외국에서 그 국가 및 제3국의 법인들과 경쟁을 할 수 있다.

예를 들어 다국적기업 M사가 법인세율이 35%인 A국 법인이라고 가정하자. M사는 12.5%의 법인세율로 과세하는 B국에서 사업을 수행하는 B국 법인을 완전자회사로 지배하고 있다. A국이 B국의 자회사로부터 받은 M사의 배당에 대해 과세한다면, 그 조세는 B국에서 사업을 수행하는 다른 B국 법인과 다른 국가의 거주자는 부담하지 않을 비용(물론 그 다른 국가들은 외국자회사로부터의 배당을 과세면제한다고 가정한다)이 M사의 비용으로 나타나는 것이다(비록 그 비용이 배당 지급시까지 이연되더라도).

4.3.6 조세조약 측면

위에서 설명한 바와 같이 외국납부세액공제방식과 국외소득면제방식은 둘 다 OECD 및 UN 모델조약 제23조에 의해서 승인되었다. 반면 외국납부세액소득공제방식은 모델조약에서 승인되지는 않았다. OECD와 UN 모델조약 제23조는 외국납부세액공제방식과 국외소득면제방식에 관한 일반적인 원칙을 설정하고 있는데 각 국가들이 일반적인 원칙의 실행을 위하여 각 국내법으로 상세한 규정을 둘 여지를 남겨두었다.

조세조약에 규정한 이중과세의 조정 이외에도 외국납부세액(및 외국자회사가 납부한 세액)에 관하여 국외원천소득에 대한 과세면제 또는 세액공제를 내국세법에 추가로 규정한 국가도 있다. 그러나 조세조약상의 이중과세 조정은 조세조약이 내국세법에 규정된 일방적 조정보다는 더 관대할 수 있고, 조세조약에 규정된 이중과세 조정은 일방체약국이 일방적으로 철회할 수 없기 때문에 여전히 중요하다.

예를 들어 A국이 A국의 거주자가 버는 일정한 국외원천소득에 대하여 내국세법에 면제를 규정한다고 가정하자. A국은 B국과 동일한 면제를 규정하는 조세조약을 체결하였다. 만약 A국이 뒤이어 그 국내법에서 면제를 폐지하더라도, A국은 B국과의 조세조약이 수정되거나 폐지되지 않는 한, B국에서 소득을 번 그 거주자에 대해서는 계속 면제를 계속 허용해야만 한다.

4.4 비용의 배분(Allocation of Expenses)

한 국가가 국제적 이중과세 조정을 위하여 국외소득면제방식을 적용하던지, 외국납부세액공제방식을 적용하던지 간에, 납세의무자에게 발생하는 비용을 국외원천총소득과 국내원천소득 간에 적정하게 배분하기 위한 규칙이 있어야 한다. 대부분의 국가는 국내원천소득을 가진 비거주자를 과세할 목적으로 그러한 규칙이 필요하다고 인식한다. 그러므로 비거주자에게 발생한 비용은 그 비용이 과세대상 국내원천소득을 벌어들이는데 적절하게 관련되어 있지 않으면 부인될 것이다. 유사한 규칙이 외국납부세액공제의 목적으로 거주자의 비용을 국내원천소득과 국외원천소득 간에 적절하게 배분하기 위하여 필요하다.

국외원천소득을 면제하는 국가에서는 그 소득을 얻기 위해 거주자에게 의해서 발생한 비용을 공제해서는 안 된다. 이러한 결과는 면제소득을 얻기 위하여 발생된 비용은 공제되어서는 안 된다는 세법의 기본원칙으로부터 도출된다. 예를 들어 납세의무자가 면제된 국외원천소득을 버는데 사용하기 위해 차용한 자금에서 발생한 이자비용을 공제하여 주어서는 안 된다. 그 경우에 이자비용 공제를 허용하는 국가는 그 거주자에게 과세가 되는 국내원천소득보다 과세 면제되는 국외원천소득을 별도록 우대조치를 취하는 것이다. 결과적으로 그 국가는 국외원천소득뿐만 아니라 그 거주자의 국내원천소득의 일부에 대하여도 과세면제를 해 주는 셈이다.

대부분의 국가는 국외원천소득에 대한 비용을 귀속시키기 위한 구체적인 규정을 두고 있지 않다.[13] 그러한 목적으로 사용될 수 있는 두 가지 접근방식은 추적조사법(tracing)과 할당법(allocation) 또는 배분법(apportionment)이다. 추적조사법(tracing approach)은 사실조사를 기반으로 비용과 국외원천소득 간의 관계를 확인한다. 반대로 할당법 또는 배분법은 총자산에 대한 납세의무자의 외국자산의 비율, 또는 총소득에 대한 국외소득의 비율을 기초로 하는 공식에 따라 국외원천소득에 귀속시킬 비용을 계산한다. 추적조사법과 달리, 할당법 또는 배분법은 관련 비용이 납세의무자의 모든 자산 또는 소득창출 활동에 똑같이 기여한다고 가정한다.

외국납부세액공제방식을 적용하고 있는 국가들은 납세의무자의 전세계소득을 과세대상으로 하기 때문에 거주자가 국외원천소득을 버는 과정에서 발생한 비용을 공제해 주어야 한다. 그러나 위에서 설명한 대로, 외국납부세액공제는 언제나 국외원천소득에 대하여 과세될 국내 세금으로 제한되어 있다. 따라서, 납세의무자의 국외원천소득에 관한 세액이 적절하게 계산되어야 한다. 그렇지 않으면 공제한도가 부적절하게 과장될 것이다. 국외원천소득을 적절하게 계산하려면, 납세의무자는 국외원천소득의 총액으로부터 그 소득을 버는데 발생한 비용을 공제하여야 한다.

비용배분규칙이 필요한 이유는 간단한 예로 설명할 수 있다. 내국법인이 연간 8%의 이자로 1,000을 차용하고, 그 대여금을 외국지점의 사업활동 자금으로 사용한다고 가정하자. 그 외국지점은 280의 총소득을 발생시킨다. 이자비용 80을 공제한 후 그 지점의

13) 한국법의 경우 법인세법 제94조 제2항, 소득세법 제117조 제2항이 국외원천소득대응비용에 관하여 규정하고 있다. 상세는 김완석·황남석, 「법인세법론」, 제21판, 삼일인포마인, 2021, 723면 참조.

순소득은 200이 된다. 200의 순소득은 40% 세율에 의한 외국세의 대상이 되고, 80의 세액이 산출된다. 만약 그 법인의 국내원천소득이 2,000이라면, 회사의 전체 순소득은 2,200이다. 국내세율이 30%라고 가정한다면 공제가능한 외국세액을 차감하기전 납부할 세금은 660(2,200의 30%)이다. 한도규칙에 따라 그 법인은 납부한 외국세액의 공제를 받을 수 있다. 그러나 그 공제액은 80(납부한 외국세액)과 60(660×200/2,200)(국외원천소득에 대한 국내의 조세) 중 더 적은 금액이다.

〈표 4.7〉 비용의 배분

총국외소득	280
이자비용	80
순국외소득	200
외국세액(40%)	80
순국내소득	2,000
총소득(200+2,000)	2,200
국내세액(30%)	660
외국세액공제	60
납부하여야 할 국내 세액	600

위의 예에서, 80의 이자비용은 국외원천소득에 관하여 전액 배분되어 공제되었다. 만약 이자비용을 국내원천소득에 배분한다면, 외국세액(80)은 전액을 국내세액에서 공제할 수 있었을 것이다. 국내세액에서의 공제한도는 80과 84(=660×280/2,200) 중 적은 금액으로 제한되기 때문이다.[14] 이자가 국외원천소득에 적절하게 귀속

14) 실제로 외국세법에 따라 외국납부세액의 대상이 된 소득(위 사례에서 80)과 외국납부세액공제한도 계산의 목적상 외국법인세의 과대대상이 되는 소득(위 사례에서 280) 및 국외원천소득에 배분되는 비용(위 사례에서는 0)은 구분된다.

되는 것이라고 가정하면, 그 이자는 공제 한도를 계산할 때 국외원천소득에 배분되어야 한다. 그렇지 않으면, 국내의 과세방식이 국외원천소득에 대한 국내세액을 초과하는 외국세액공제를 허용하는 결과가 되기 때문이다. 그러므로 국내 과세기반을 보호하려면 이자와 그 밖의 비용이 국내원천소득과 국외원천소득간에 적절하게 배분되도록 하는 것이 중요하다.

또한 비용은 4.3.4.4에서 논의된 간접외국납부세액공제한도를 계산하기 위하여도 국외원천소득에 적정하게 귀속되어야 한다. 나아가 간접외국납부세액공제는 외국자회사를 통하여 국외원천소득을 버는 과정에서 내국법인인 모회사에 의해서 발생한 비용의 귀속시기 문제를 발생시킬 수 있다. 외국자회사를 통하여 번 국외원천소득에 대한 거주지국 과세는 일반적으로 내국법인인 모회사가 배당(또는 다른 과세가능한 배분)을 받을 때까지 연기되거나 이연된다. 그러한 이연된 소득을 벌기 위하여 내국법인인 모회사에 발생한 이자비용 및 그 밖의 비용은 적어도 이론적으로는 그 비용에 대응하는 소득이 거주지국 과세의 대상이 될 때까지는 공제되어서는 안 된다. 이러한 이자비용은 그 내국법인이 외국자회사로부터 그에 대응하는 소득으로부터 과세의 대상이 되는 배분을 받을 때 비로소 공제되어야 한다. 귀속시기의 문제는 너무 복잡하기 때문에 이를 다루려고 시도하는 국가는 거의 없다.

4.5 간주외국납부세액공제제도(Tax Sparing)

일부 국가들은 간주외국납부세액공제제도(tax sparing credit)를 두고 있다.[15] 간주외국납부세액공제제도는 이유를 불문하고 원천

15) 한국은 법인세법 제57조에서 간주외국납부세액공제제도를 규정하고 있다.

지국에 실제로 납부되지 않았지만, 원천지국의 정상적인 세법규정하에서 납부되었을 외국세액에 관하여 거주지국이 허용하는 세액공제를 말한다. 조세가 납부되지 않은 일반적인 이유는 그 원천지국이 외국투자자에게 투자나 사업활동을 행할 수 있도록 면세기간(tax holiday)이나 그 밖의 조세유인조치를 제공하였기 때문이다.16)

---

16) 중국에 설립된 자회사의 지분 100%를 직접 소유하고 있는 원고회사가 2011~2012 사업연도에 자회사로부터 2008년 이후 잉여금을 재원으로 한 배당금을 수령한 후, 한·중 조세조약 제10조 제2항 가목에서 정한 5%의 제한세율에 의하여 계산한 세액을 중국에 납부하고, 그 세액을 구 법인세법 제57조 제1항 제1호에 따라 직접 외국법인세액공제를 적용하여 법인세를 신고·납부하였다. 한편 2008. 1. 1. 개정된 중국 기업소득세법 제3조, 제4조는 원고회사와 같은 비거주자가 중국 역내에서 취득한 소득에 대하여 20%의 세율로 소득세를 부과하도록 규정하고 있는데, 중국 기업소득세법 제4장(조세혜택) 이하에 위치한 제27조는 이를 면제하거나 감세할 수 있다고 규정하고 있으며, 중국 기업소득세법 실시조례 제91조는 그 세율을 10%로 정하고 있었다. 원고회사는 중국 기업소득세법 제27조 및 실시조례 제91조는 「대한민국과 중화인민공화국 간의 소득에 대한 조세의 이중과세회피와 탈세방지를 위한 협정의 제2의정서」(이하 제2의정서) 제5조 제1항 전문이 정한 '조세경감, 면제 또는 경제발전 촉진을 위한 그 밖의 조세유인조치 관련 법률규정'에 해당하므로, 위 감면규정이 없었더라면 원고가 중국에 납부하였어야 할 조세, 즉 원래 세율인 20%와 감면 후 세율인 10%의 차액인 10%에 따른 세액은 이 사건 조항상 대한민국에서 공제되어야 할 세액에 포함된다고 주장하면서, 간주외국납부세액공제 대상인 10%의 세액 중 직접외국납부세액공제 대상으로서 원고회사가 중국에 납부한 조세조약 상 제한세율 5%에 따른 세액을 뺀 나머지 5%만큼의 세액을 간주외국납부세액으로 공제받아야 한다고 주장하였다. 이에 과세관청은 '중국 국내법률이 2008년 이후 한·중 조세조약 제10조 제2항 가목에서 정한 5%의 제한세율보다 더 낮은 조세감면조치를 시행하지 않아, 이 사건 배당금에 대하여 위 5%의 제한세율을 적용하여 과세된 경우, 위 조약에 따른 간주외국납부세액공제를 적용할 수 없다'며 원고회사의 경정청구를 거부하였다.

1994년 체결된 한 중 조세조약은 제23조 제3항에서 간주외국납부세액공제 규정을 두고 있었는데, 2006년 체결된 제2의정서 제5조 제1항이 이를 대체하였다. 이 조항에 따르면, '한·중 조세조약 제23조 제1항(제2의정서 제4조로 대체된 것) 가목에서 언급하고 있는 일방 체약당사국에서 납부하는 조세는 조세경감, 면제 또는 경제발전 촉진을 위한 그 밖의 조세유인조치 관련 법률규정이 없었더라면 납부하였어야 할 조세를 포함하는 것으로 간주한다. 이 항의 목적상 제10조 제2항 등의 경우에는 세액은 배당 등 총액의 간주외국납부세액공제제도가 없다면 원천지국이 외국투자를 유인하기 위하여 규정한 조세유인조치의 실질적인 수혜자는 외국투자자가 아니라 그 투자자의 거주지국이 된다. 원천지국의 세수 감소가 거주지국의 세수 증가로 대체되는 경우라면 언제나 이런 결과가 된다.

간주외국납부세액공제가 없을 경우 조세유인조치의 혜택이 외국투자자로부터 그 거주지국의 재무부(treasury)로 이전된다는 점은 다음의 예로 설명할 수 있다. 30%의 통상 법인세율을 적용하는 개발도상국 A국은 외국법인이 A국에 제조공장을 설립하면 10년의 면세기간을 부여한다. B국법인인 B사는 A국에 제조공장을 설립한다. B국은 40% 세율로 법인세를 부과하고, 국제적 이중과세 조정을 위하여 외국납부세액공제방식을 적용한다. B사는 제1차 연도에 A국에서 1,000의 소득을 번다. 면세기간이 없다면 A국은 B사에 대하여 300의 조세를 부과할 것이고, B국은 B사에게 400의 세액에서 외국

10%인 것으로 간주한다'고 규정하였다. 즉, 이 조항 후문은 한·중 조세조약 제10조 제2항 등의 경우에는, 세액공제의 대상인 외국납부세액을 배당 등 총액의 10%로 간주하는 방식을 채택하여, 조세조약 자체에서 체약당사국에서 납부한 것으로 간주되는 세액을 일률적으로 정하고 있다. 다시말해, 한·중 조세조약 제10조 제2항 가목은 '배당의 수익적 소유자가 배당을 지급하는 회사의 자본 25% 이상을 직접 소유하는 회사(조합은 제외)인 경우'에는, 이중과세를 최소화하고 국제투자를 촉진할 필요성이 일반적인 경우보다 크다고 보아, 일반적인 경우에 적용되는 제한세율인 총배당액의 10%보다 낮은 5%의 한도 내에서만 배당소득에 대한 원천지국 과세를 인정하고 있는데, 이 조항 후문은 그와 같은 경우에 실질적으로 투자유치의 효과를 거둘 수 있도록 일률적으로 10%의 세율이 적용되는 것으로 간주하여 외국납부세액을 산정하도록 하고 있었다.

대법원은 간주외국납부세액 공제제도와 관련 규정의 체계 및 내용 등에 비추어 보면, 한·중 조세조약 제10조 제2항 가목에 의하여 원천지국에서 5%의 제한세율로 배당소득에 대한 조세를 납부하였더라도, 이 사건 조항 후문에 따라 원천지국에 납부한 것으로 간주되는 세액은 총배당액의 10%로 보는 것이 타당하므로 원고가 중국에 납부한 것으로 간주되는 10%에 의한 세액과 직접외국납부세액의 차액은 간주외국납부세액 공제대상에 해당한다고 판단하였다(대법원 2018. 3. 15. 선고 2017두62808 판결).

납부세액공제 300을 차감하여 결정한 100의 세금을 부과할 것이다. 면세기간(tax holiday)의 적용으로 A국에 납부할 300의 조세는 없어지게 된다. 그러므로 B국에 대한 B사의 납부의무는 400에서 허용가능 세액공제 즉 0을 뺀 것, 즉 400이 된다. B사는 면세기간 중에 있기 때문에 A국에 대하여 일체의 조세를 납부하지 않기 때문이다. 그러므로 면세기간이 B사에 부여됨으로써 A국에서 포기한 300의 세수 혜택은 B사가 아닌 B국으로 돌아간다.

만약 B국이 A국이 임의로 포기한 조세에 관하여 B사에게 간주외국납부세액공제를 해준다면, B사는 면세기간의 혜택을 받을 수 있을 것이다. A국에 대한 소득은 1,000이 될 것이고 A국에는 조세를 납부하지 않게 된다. B국에서의 최초납세의무는 400이 되겠지만, B국은 A국에서 포기한 300의 세액을 공제하여 주기 때문에 납세의무는 100이 된다. 그 결과를 표로 나타내면 다음과 같다.

〈표 4.8〉 간주외국납부세액 공제제도(Tax Sparing)의 예

A국	
A국에서 얻은 소득	1,000
면세기간 이전 A국에서의 세액	300
면세기간 중의 세액공제	300
A국 세액	0
B국	
B국에서 얻은 소득	1,000
B국에서의 세액	400
간접외국납부세액공제	300
B국 세액	100

위의 예가 보여주듯이, 간주외국납부세액공제제도가 없으면, A국의 면세기간은 B국의 거주자로서 잠재적인 투자자에 대하여 아

무런 영향을 미치지 못할 것이다. 왜냐하면 거주지국의 세액이 증가하여 A국이 제공하는 조세혜택을 상쇄시키기 때문이다.

간주외국납부세액공제제도는 주로 선진국과 개발도상국간의 조세조약에서 특징적으로 나타난다. 과거에는 많은 선진국들이 조세조약을 통하여 개발도상국에 대하여 일정한 형태의 간주외국납부세액공제를 허용하였는데,[17] 일부 국가들은 자발적으로 개발도상국에 대한 투자를 장려하기 위하여 개발도상국과의 조약에서 간주외국납부세액공제를 허용하였지만, 다른 국가들은 마지못해 이를 허용하였다. 일부 개발도상국들은 간주외국납부세액공제제도가 포함되어 있지 않으면 선진국과 조세조약 체결을 거부하기도 하였다.

미국은 단호하게 간주외국납부세액공제제도를 거부하고 있고, 체결한 어떤 조약에서도 간주외국납부세액공제를 허용하지 않았다. 그 결과, 수년 동안 개발도상국과 체결한 조세조약이 매우 드물다. 미국의 입장은 실제로 납부되지 않은 가상의 조세(phantom taxes)에 관하여 세액공제를 허용하여 주는 것은 외국납부세액공제의 효율성 및 공정성이라는 목적에 부합하지 않으며, 개발도상국들이 조세유인조치프로그램을 통하여 근린궁핍화(beggar－thy－neighbor) 경쟁을 벌이도록 부추긴다는 것이다. 이 입장은 "오만"하고, "제국주의적"이며, "고압적"이라는 평가를 받아왔지만, 간주외국납부세액공제제도의 효과에 관하여는 수긍할 수 있는 평가이다. 최근 몇 년간, 많은 개발도상국의 강경한 태도가 유연해졌고, 개발도상국과 미국의 조세조약의 수가 급격히 증가하고 있다. 몇몇 선진국들은

17) 한국의 경우 과거에는 미국을 제외한 거의 모든 선진국과의 조세조약에 간주외국납부세액공제제도를 포함시켰다. 그 후 한국의 OECD 가입시점(1990년대 중반) 이후에 체결 또는 개정된 선진국과의 조세조약에서는 간주외국납부세액공제제도의 일몰조항을 삽입하였다. 현재 상당수의 조세조약에서 일몰기간이 도과하여 해당 국가에 대해서는 더 이상 간주외국납부세액공제제도가 적용되지 않는다(이경근, 「국제조세 이해와 실무」, 개정 6판, 조세통람, 2020, 1090면).

최근 엄격한 조건 하에서만 개발도상국과의 조세조약에 간주외국납부세액공제 규정을 두기로 합의하였다.[18)]

간주외국납부세액공제제도의 장점은 이 제도가 장려하는 조세유인조치의 장점과 분리될 수 없다. 조세유인조치는 정치적 무대에서는 열성적인 지지자들이 있지만, 조세정책원칙의 관점에서는 정당화되기 어렵다. 특정한 목표를 달성하기 위하여 일정한 선별적 지원들이 정당화될 수 있지만, 그러한 지원들은 남용을 방지하기 위하여 매우 제한적으로만 제공되므로 정치적인 지지를 거의 받지 못한다. 조세유인조치를 다루는 방대한 조세문헌으로부터 도출된 일반적인 결론은 조세유인조치의 비용은 일반적으로 크고, 그 혜택은 항상 불확실하며, 잠재적 혜택은 예상 비용을 정당화시키지 못할 뿐이다.

외국투자자를 유치하기 위해서 조세유인조치를 이용하기 원하는 개발도상국은 그 조세조약에 간주외국납부세액공제 조항을 넣지 못하였다고 하여 좌절할 필요가 없다. 잠재적 투자자들의 거주지국이 이중과세조정을 위하여 국외소득면제방식(선진국들이 이 방식을 채택하는 추세가 급증하고 있다)을 적용하고 있다면 간주외국납부세액공제제도는 필요하지 않다. 원천지국 과세만이 유일한 과세이기 때문이다. 따라서 원천지국 과세에서 세액의 감소가 일어나면 자동적으로 투자자들이 혜택을 보게 된다. 아래의 예에서 볼 수 있는 바와 같이 외국납부세액공제국가의 투자자도 간단한 조세전략

18) 2020년 기준 한국과 체결한 조세조약에서 간주외국납부세액공제를 허용한 대표적인 나라는 싱가포르, 말레이시아, 중국, 베트남, 체코, 슬로바키아, 불가리아, 이스라엘 등이다. 그러나 1990년대 중반 이후 체결 또는 개정한 조세조약에서는 간주외국납부세액공제제도에 관한 일몰조항을 두고 있으므로, 간주외국납부세액공제제도의 적용을 점차 줄어들 전망이다. 다만, 이와 같은 일몰조항이 갱신되기도 하는데 대표적인 사례가 중국 및 베트남과 체결한 조세조약이다(이경근, 「국제조세 이해와 실무」, 제6판, 조세통람, 2020, 1090~1091면).

(tax planning)을 통해서 원천지국의 조세유인조치로부터 혜택을 받을 수 있다.

앞의 예에서 B국 법인인 B사는 A국에서 제공하는 면세기간의 혜택을 얻고자 한다. 그 목적을 달성하기 위하여 B사는 A국에 완전자회사 A사를 설립한다. A사는 면세기간 요건을 충족하기 위하여 제조 활동을 수행한다. A사는 A국에서의 제조활동으로 1,000을 버는데, 그것은 A사가 B국의 거주자가 아니고 그 소득은 B국에서 번 것이 아니기 때문에 B국에서 과세되지 않는다. B사는 A사로부터 받은 배당에 대해서 B국에 과세될 수 있지만, A사는 배당을 지급할 의무는 없다. 실제로 A국은 B사에게 지급할 배당에 대한 잠재적으로 과세될 것이라는 우려 때문에 A사가 A국에 그 이익을 재투자할 강한 유인을 얻을 것이므로, 간주외국납부세액공제로부터 받을 수 있는 것보다 위 과세구조에 따른 면세기간으로부터 더 많은 혜택을 받을 수 있을 것이다. 그러나 B사는 B사가 투자에서 발생하는 이익을 과세 없이 본국으로 송금할 수 없다면, 당초에 A국에 투자하기를 꺼릴 수도 있다.

위의 예는 간주외국납부세액공제없이 외국납부세액공제방식을 적용하는 국가의 거주자들에게 조세유인조치가 혜택을 줄 수 있는 몇 개의 방식 중 하나를 설명한 것이다. 많은 미국의 다국적 기업들은 미국의 일괄한도 제도가 운영되는 방식 때문에 투자유치국에서 혜택을 본다.[19] 일괄한도제가 적용될 경우 한 국가에 거액의 외국세액을 납부하는 미국 법인은 외국납부세액공제 한도초과

---

19) 일괄한도의 경우 이익이 발생하면 한도상호교차 세액공제(cross-crediting)의 기회가 증가하여 납세의무자에게 유리하지만, 결손이 발생하면 특정국가에서 이익이 나더라도 국외원천 전체적으로 결손이면 세액공제가 인정되지 않아 납세의무자에게 불리한 측면이 있다. 안세준, “미국 외국납부세액공제의 변천과정 및 시사점”, 「조세법연구」 제26권 제3호, 한국세법학회, 2020, 529면. 미국의 외국납부세액공제 제도에 대해서는 앞의 논문 참조.

액(excess foreign tax credit)을, 다른 저세율 국가에서 발생한 소득에 대하여 과세되는 미국의 세금을 공제하는 데에 사용할 수 있다. 예를 들어, 미국 법인인 P사가 A국에서 영위한 사업과 관련하여 35의 외국납부세액공제 한도초과액이 발생하였다고 가정해보자. P사는 통상적으로는 B국에서 100을 벌고 그 100에 대하여 35의 조세를 납부하지만, B국에서 제공하는 면세기간 때문에 그 납세의무는 없다. P사는 A국에서의 외국납부세액공제 한도초과액 35로 B국에서의 소득에 부과될 미국의 세액 공제할 수 있기 때문에 그 면세기간의 혜택을 누릴 수 있다.

간주외국납부세액공제제도는 조세회피에 이용될 수 있다는 점에서도 문제가 있다. 예를 들어 특정한 조세조약에 관대한 간주외국납부세액공제가 규정되어 있는 경우에는 제3국의 거주자가 세액감면을 부여하는 체약국에 도관체를 설립할 유인을 갖게 된다. 또한 이 제도는 납세의무자가 조세유인조치를 제공하는 국가로 이익을 이전할 것을 유도하기 때문에 해당 국가에 대하여 이전가격 규정을 시행하도록 압력을 가하게 된다.

1998년 OECD는 간주외국납부세액공제제도를 옹호하는 사례가 설득력이 떨어진다는 사실을 시사하는 내용의 「간주외국납부세액공제: 재고(*Tax Sparing: A Reconsideration*)」라는 보고서를 발간하였다. 그 보고서는 간주외국납부세액공제를 OECD 회원국의 경제발전 수준보다 매우 낮은 단계의 경제발전 수준에 있는 국가로 제한할 것을 권고하고 있다. 또한 그 보고서는 세액감면규정이 순수한 사업투자에 한정되고 남용이 발생하지 않을 수 있는 간주외국납부세액공제제도의 설계를 위한 몇 가지 모범사례를 정리하고 있다. OECD 모델조약 제23조에 대한 주석의 문단 72－78.1을 참조하라.

제5장

비거주자 및 외국법인에 대한 과세

5.1 개 관

제2장에서 언급한 바와 같이, 대부분 국가들은 자국 거주자 및 내국법인(이하 이 장에서는 '거주자')에 대해서는 전세계소득에 대하여 과세하고, 비거주자 및 외국법인(이하 이 장에서는 '비거주자')에 대해서는 국내원천소득(즉, 한 나라의 국경 내에서 벌거나 생긴 소득)에 대하여 과세한다.[1)] 일부 국가들은 거주자가 번 소득이든 비거주자가 번 소득이든 상관없이 국내원천소득에 배타적으로 과세한다(속지주의). 이와 같이 "조세피난처가 아닌 모든 국가들은 비거주자가 자국 국경 내에서 벌거나 그 국경 내에서 생긴 소득에 대하여 과세한다"고 봄이 타당하다. 전 세계를 과세단위 삼아(worldwide basis) 조세를 부과하는 국가들이라면 거주자와 비거주자를 구분하는 원칙을 필요로 하는데, 이는 비거주자는 국내원천소득에 대해서만 납세의무를 부담할 뿐이고, 전세계소득에 대해서 납세의무를 지지는 않기 때문이다. 소득과세의 목적상 거주자를 구분하는 원칙은 제2장 2.2에 언급되어 있다.

제2장과 제3장에서 언급한 바와 같이, 국제적 합의는 "모든 국가들은 자국의 국경 내에서 생긴 소득이나 원천소득에 대하여 과세할 권한을 가진다"는 것이다. 소득의 원천을 구분하는 원칙은 제2장 2.3에서 다루었다. 국내원천소득에 관하여는 그 원천이 있는 국가가 '소득을 얻은 자의 거주를 기반으로 한 소득'에 대하여 다른 나라의 권리보다 우선권을 가진다. 왜냐하면, 거주지국은 국제적 이중과세를 방지하기 위해 원천지국의 우선적 과세권을 인정할 의

1) 소득세법 제4장은 비거주자의 납세의무를 규정하고 있고, 법인세법 제4장도 외국법인의 각 사업연도의 소득에 대한 법인세를 규정하고 있다. 구체적으로 소득세법 제2조 제1항 제2호와 법인세법 제3조 제1항 제2호는 국내원천소득이 있는 비거주자 개인 및 외국법인에 대하여 납세의무를 부과하고 있다.

무를 부담하기 때문이다.

이 장은 비거주자의 국내원천소득 과세와 관련된 주요 쟁점들을 검토하고자 한다. 이 장은 비거주자 과세정책의 정당성에 관한 논쟁을 간단히 살펴본 후 최소기준, 비거주자의 사업소득(business profits)과 투자소득에 대한 과세, 그리고 비거주자에 대한 조세의 징수문제 등과 같은 현실적 쟁점을 다룬다.

개념 정리를 위해 비거주자에 대한 과세를 다음과 같이 몇 개의 단계로 나누어 검토하는 것이 편리하다.

한 국가는 비거주자가 자국과 어떤 형태의 연결점(nexus)을 반드시 가져야 하는지(자국 내의 활동, 자국 내의 재산 소유, 자국 내에서의 물리적 실체, 자국으로부터의 소득의 수령 등)를 정하여야 하는데, 이는 해당 국가가 과세관할권을 행사할 수 있도록 하기 위한 것이다.

일단 한 나라가 과세관할권이 있는지를 결정하였다면, 비거주자가 고정된 장소나 고정사업장처럼 일정한 최소기준을 충족한 경우에 한해서만 해당 국가가 그와 같은 과세관할권을 행사할 수 있는지 여부를 결정해야 한다.

최소기준을 충족하였거나 해당 국가가 최소기준이 불필요하다고 결정하였다면, 그 나라는 비거주자가 얻은 소득 중 얼마만큼이 납세의무의 대상이 되는지를 정하는 원칙을 반드시 두고 있어야 한다.[2)]이러한 원칙을 대개 원천지규칙(source rules)[3)]이라고 부른다.

비거주자의 소득과 납부할 조세를 계산할 수 있는 규정도 있어야 한다.

마지막으로, 비거주자로부터 조세를 징수하는 것과 관련한 규정들도 필요하다.

---

2) 한국의 경우 법인세법 제91조 이하 및 소득세법 제119조 이하에서와 규정하고 있다.

3) 또는 원천지판정규칙으로 번역하기도 한다.

이 단계들은 서로 밀접하게 연계되고, 종종 겹치기도 한다. 예컨대, 어느 국가가 자국 거주자가 비거주자에게 지급한 이자 또는 배당에 대하여 과세하기로 결정한다면, 지급자의 거주에 의해 대변되는 그 소득의 원천이 바로 해당국에 과세관할권을 부여하는 연결고리가 된다. 이 같은 맥락에서 그 국가는 다른 최소기준을 인정할 필요도 없게 된다. 마찬가지로, 이전가격세제(transfer pricing)를 원천지규칙 또는 소득계산을 위한 규정으로 이해할 수도 있다. 이 단계들은 비거주자 과세를 논리적으로 분석하는 데 도움을 주기 위해 제시된 것이지, 국가가 비거주자에게 실제 어떻게 과세하는지를 보여주기 위한 것은 아니다.

사업소득과 투자소득의 구분은 비거주자 과세와 관련해서 특히 중요하다. 사업소득은 일반적으로 순소득 기준으로 과세되며, 거주자인 납세자에 적용되는 것과 동일한 세율이 적용된다. 왜냐하면 개인이 다른 나라에서 벌어들인 사업소득은 누진세율에 따른 납세의무를 지게 될 때가 많기 때문이다. 이에 반하여, 투자소득은 일반적으로 총수익에 대한 고정세율로 과세된다. 게다가 통상적으로 이런 세금은 원천징수의 방법으로 과세가 된다(즉, 거주자 입장에서는 비거주자에게 지급하는 금액에서 세액만큼을 원천징수한 다음 과세당국에게 그 세액을 납부해야 하는 의무가 있는 셈이다).

5.2 비거주자 과세에 있어 조세정책상 고려사항

제3장 3.2에서 살펴본 바와 같이 거주자의 전세계소득에 대한 과세정책의 정당성은 공평과 중립성에 있다. 원천지국은 비거주자의 세금 상황에 대하여 완전한 정보를 가지고 있지 않으므로, 공평의 관점에서 비거주자에 대한 과세를 정당화하기는 어렵다. 예컨대, 원천지국에서 번 소득은 비거주자의 총소득 중 단지 일부에 불

과하거나 다른 국가에서 발생한 손실에 의하여 상쇄될 수 있다. 비거주자가 하나의 국가로부터 전부 또는 대부분의 소득을 취득하는 경우를 제외하고, 일반적으로 국가는 비거주자가 거주자와 조세목적상 동일한 상황에 있는지를 판단할 수 없다.

그러나 일반적으로 비거주자는 가능한 한 동일한 상황에 있는 거주자보다 유리하거나 불리하게 취급되지 않는다고 말하는 것이 합리적이다. 비거주자에 대한 국내원천소득 과세는 비거주자가 원천지국으로부터 이익을 얻었다는 사실을 근거로 정당화될 수 있다. 예컨대, 어느 국가 내 비거주자의 사업행위는 거주자와 동일하게 그 나라의 사회기반시설과 사법질서를 이용한다. 비거주자는 단순히 어느 국가에서 물건을 판매하더라도, 그 국가에 의하여 제공된 시장으로부터 이익을 얻으므로, 그 이익은 과세를 정당화하기에 충분하다.

어느 국가로부터 소득을 얻는 비거주자는 그 국가의 거주자보다 유리 또는 불리하게 취급받지 않는다는 원칙 — **차별금지원칙**(nondiscrimination principle) — 은 대부분의 국가가, 적어도 부분적으로라도 따르는, 매우 중요한 원칙이다. 어떤 국가가 거주자보다 비거주자에게 더 과하게 과세할 마음이 생길 수도 있겠지만 — 결국 비거주자는 투표하지 않는다 — 그런 행동을 하면 다른 국가들도 동일한 방식으로 반응할 것이고, 이는 자국 거주자에게도 불이익이 될 것이다. 놀랍게도 실제 대부분 국가의 조세체계에는 비거주자에 대한 차별이 거의 없다. 오히려 많은 국가들은 외국 투자를 유치하기 위해 면세기간과 다른 조세혜택을 제공함으로써 어떤 조건에서는 비거주자에게 이익이 되도록 차별적으로 대우한다. 조세정책의 논자들이 거칠게 비난한다 하더라도, 비거주자의 이익이 되도록 차별을 두는 것은 공격적인 것으로 여겨지지 않는다. 제4장의 4.5에 언급된 세액공제에 관한 논의를 참고하라. 차별금지원칙은

OECD와 UN 모델조약의 제24조에서 공통적으로 규정되어 있다. **조세조약상의 차별금지규정**은 제8장 8.8.1.에서 다룬다.

세입의 관점에서, 많은 국가들이 비거주자에게 과세하려고 하는 것은 쉽게 이해가 간다. 그러나 세수의 수요는 반드시 외국 투자의 수요를 상쇄시킨다. 어느 국가가 비거주자에게 너무 지나치게 과세한다면, 그 결과 비거주자는 그 국가에 대한 투자를 꺼리게 될 것이다. 더욱이 다른 국가들이 그 국가의 거주자에게 똑같이 지나치게 과세하는 것으로 응수할 것으로 예상할 수 있다. 그래서 각국은 서로 자본을 수입하거나 수출하고, 전 세계 기반으로 과세하고 있으므로, 거주지국과 원천지국으로서의 양쪽의 이익에 균형을 맞출 필요가 있는 것이다. 거주지국들은 원천지국들이 자국 거주자들의 국외원천소득에 대한 최소한으로 과세하기를 원하고, 자국 거주자들이 원천지국 거주자들에 비해 차별되지 않게 되기를 희망한다. 원천지국으로서는 외국 투자를 유치하고자 할 뿐만 아니라, 가능한 한 비거주자를 무겁게 과세하고자 한다. 이처럼 경합하는 이익들은 상대국가의 필연적인 보복 때문에 모두 얻을 수는 없다.

비거주자에 대한 과세에서 다른 중요한 고려사항은 법의 집행이다. 한편으로는 "어떤 국가가 실질적으로 집행할 수 없는 비거주자에 대하여 과세한다"는 것은 이해하기 어렵다. 다른 한편으로는 어떤 국가가 실질적으로 집행할 수 있는 비거주자에 대하여 발생한 모든 소득에 과세한다는 것도 납득하기 어려울 것이다. 대부분 국가들은 아마 위에서 언급한 바와 같이 다른 나라들도 똑같이 대응하는 것을 원하지 않고, 외국 투자 유치를 원하기 때문에, 비거주자에 대하여 과세할 수 있는 모든 것에 과세하는 방식을 따르지는 않는다. 그럼에도 불구하고, 많은 국가들은 그렇게 하지 않을 합당한 이유를 찾을 수 없다면 비거주자에게 가능한 한 최대한도로 과세하려고 할 것이다.

5.3 최소기준

비거주자들의 모든 국내원천소득에 관하여 과세를 할 때 어떠한 제한도 없다 하더라도, 실제로 이와 같이 하는 국가는 거의 없고, 대부분 국가들은 적어도 최소기준(threshold requirements)을 충족해야만 비거주자에 대하여 특정 소득을 과세한다. 예컨대, 많은 국가들은 비거주자를 상대로 사업소득 중에서 자국의 고정사업장(PE)에 귀속되는 소득만을 과세한다. 사업소득 과세에 관한 최소기준은 OECD 모델조약 및 UN 모델조약 제7조에도 사용된다. 내국세법에서 고정사업장 개념을 사용하지 않더라도 사업활동들이 몇 가지 최소기준을 초과하는 경우에 한하여 비거주자의 사업소득에 관하여 과세한다. 예컨대, 미국은 비거주자가 미국 내에서 무역이나 사업에 종사하는 경우에 한하여 그 비거주자의 사업소득을 과세한다.

비거주자에 대한 과세에 최소기준을 요구하는 데에는 몇 가지 이유가 있다. 첫째, 비거주자에게 모든 국내원천소득에 대하여 과세할 수 있을 경우, 엄정한 법령준수와 집행의 문제가 생긴다. 과세당국이 모든 비거주자의 자국 내 소득과 소득에 관한 정보를 파악하기는 어렵다(예컨대, 며칠간 국내에서 이루어진 컨설팅에 대하여 과세할 경우 그 어려움을 상상해 보라). 더욱이 비거주자가 그 나라에서 중요한 일로 계속 거주하지 아니한다면, 그 나라는 조세의 징수 자체가 어렵게 된다. 둘째, 제2장 2.3에서 언급한 바와 같이 구체적인 원천지규칙을 가진 나라는 거의 없다. 그러므로 최소기준은 비거주자가 언제 납세의무를 부담할 것인지 관하여 확실한 근거를 제시할 수 있다. 셋째, 비거주자에게 상대적으로 적은 수입에 대하여 조세환급을 청구하거나 조세를 납부하도록 할 경우 국제 무역과 투자를 꺼리게 하거나 비거주자로 하여금 납세의무를 고의적으로 회피하도록 할 것이다.

비거주자에 대한 과세 최소기준은 국내법과 조세조약에 의하여 제시되고, 소득의 형태에 따라 다르다. 통상의 최소기준들은 다음과 같다.

- 사업소득(business profits): 조세조약에 의한 최소기준은 원천지국에 고정사업장이 존재하여야 한다는 것이다. 일반적으로, 고정사업장은 고정된 사업장소 또는 비거주자를 대리하여 계약체결권을 가진 종속대리인이다. 오락과 운동과 같은 사업소득에 관하여는 더 낮은 최소기준이 적용된다. UN 모델조약은 비거주자의 용역에서 발생한 소득의 과세에 관하여 183일 최소기준을 사용하고, 보험업에 특별한 조건을 부여한다.
- 부동산소득(Income from immovable property): 부동산은 반드시 과세하려는 국가의 국내에 위치해야 한다.
- 근로소득(Employment income): 일반원칙으로서의 최소기준은 국내에 피용자가 물리적으로 존재하고 국내에서 피용자로서의 의무를 이행하여야 한다는 것이다. 그러나 조세조약상으로는 피용자가 국내에 183일 이상 물리적으로 존재하지 않았다면, 원천지국은 원천지국 내 고정사업장을 두지 않은 비거주자 사용자가 고용한 비거주자인 피용자에 대하여 과세할 수 없다.
- 투자소득(Investment income): 일반적으로 국내법 또는 조세조약상 배당, 이자 및 사용료에 대한 원천지국의 과세권에는 최소기준이 없다. 아래에서 언급하는 바와 같이 원천지국 과세는 지급 총액에 대한 고정세율로 완납적 원천징수세에 의해 이루어진다.

일반적으로, 비거주자에 대한 최소기준은 해당 국가 내에서의 고정된 장소(고정된 사업장소 또는 부동산) 또는 비거주자 또는 비거주자의 이익을 대변할 대리인의 물리적 존재(경우에 따라서는 일정한 기간 동안)를 요구한다. 세수의 금액이나 비거주자의 소득을 기초로 최소기준을 규정하는 국내법이나 조세조약은 드물다.

한 국가에서 발생한 사업소득을 과세하기 위한 최소기준의 의미는 결국 그 국가에 물리적으로 존재할 필요가 없이 그 국가에서 사업소득을 거둔 비거주자에 대하여는 과세할 수 없다는 뜻이다. 예컨대, 우편 주문으로 원천지국의 고객들에게 물건을 홍보하거나 판매하는 비거주자 소매상은 소매상점이나 창고, 또는 판매대리점 같은 고정된 사업장소가 그 국가에 없는 경우, 그 판매 이익에 대해 원천지국에 납세의무를 지지 않을 것이다. 이러한 원천지국 과세에 대한 제한은 인터넷과 경제의 디지털화로 인해 거대 다국적 기업에 의한 디지털 상품과 용역의 원격판매가 경제에서 큰 비중을 차지하게 되기 전까지는 이해가능하거나 또는 적어도 견딜만한 수준이라고 여겨져 왔다. 그러나 이제 일부 국가들은 상당한 경제적 존재를 전제로 하는, 고정된 사업장소나 물리적 존재에 기초한 비거주자 과세의 최소기준을 포기하였다. 또 다른 국가들은 총매출액을 기준으로 조세를 부과하거나 비거주자에게 지급하는 디지털 상품과 용역의 대금에 대해 원천징수하는 방법을 선택하고 있다. 디지털 경제의 조세에 대한 심도 있는 논의는 9장의 9.6을 참고하라.

5.4 원천지규칙

일단 어떤 국가가 비거주자에 대해 조세관할권을 갖는지, 과세의 최소기준을 충족하는지 여부가 정해지고 나면, 과세대상이 되는 총액이 얼마인지와 어떻게 과세할 것인지를 결정하는 원칙이 필요하다. 일반적으로, 국가는 비거주자에게 국내원천소득에만 과세한다. 그 결과, 원천지규칙은 비거주자의 소득이 그 국가의 국내원천으로부터 유래하는 것인지 여부를 결정해 주어야 할 필요가 있다. 이 원천지규칙이 명시적인 때도 있다. 예컨대, 일부 국가의 세법은 “비거주자는 국내원천소득에 과세할 수 있다”고 규정하고, 국내원천으로 간주되는 항목이나 금액을 나열한다. 그러나 더 많은 국가들의 세법은 소득의 원천을 분명하게 언급하지 않으면서 과세대상이 되는 비거주자의 소득을 결정하는데 그친다. 예컨대, 일부 국가는 내국법인이 비거주자에게 지급하는 배당에 관하여 과세하기도 한다. 이 경우 원천지규칙은 암묵적이다. 그 결과로 배당은 배당을 지급하는 법인이 소재하는 국가에 원천이 있는 것으로 간주된다. 소득이 총액에 관하여 과세되는 경우를 제외하고, 과세대상인 국내소득을 결정할 때 어떤 비용이 공제될 수 있는지를 결정할 필요가 있다. 원천지규칙에 관하여 조금 더 자세한 내용은 제2장 2.3에서 살펴보았다.

5.5 이중과세

어느 국가의 거주자가 다른 국가에 원천이 있는 소득을 번 경우에, 국제적 합의에 의해 소득이 발생한 국가는 그 소득에 대한 우선적으로 과세할 권한이 있고, 거주지국은 이에 상응하여 조세를 면세하거나 원천지국에서 납부한 조세를 공제하여 줌으로써 국제적 이중과세를 경감하여 줄 의무를 진다. 그러므로 국가들은 비거주자에 대한 과세를 할 때, 이러한 종류의 이중과세를 걱정할 필요가 없다. 원천지국이 고려하여야 할 이중과세의 유일한 형태는 두 국가가 서로 관련 소득이 자신들의 원천이라고 주장하는 경우이다. 따라서 어떤 국가의 원천지규칙이 광범위할수록 원천에 관한 주장은 다른 국가의 원천에 관한 주장과 더 많이 겹치게 된다.

5.6 비거주자에 대한 과도한 과세

원천지국은 원천지규칙이 겹치는 경우를 제외하고, 이중과세를 걱정할 필요가 없지만 비거주자에 대하여 과도하게 과세하지 않도록 주의하여야 한다. 아래에서 살펴보는 바와 같이 어떤 종류의 소득은 지급총액에 대하여 고정세율로 원천징수하는 방식으로 과세된다. 이런 경우 원천지국 과세가 비거주자가 얻은 순소득에 비하여 과도할 수 있다. 예컨대, 비거주자가 어떤 국가에서 사용료소득을 얻는 과정에서 상당한 비용을 지출한 경우를 상정해 보자. 원천지국이 비용을 전혀 고려하지 않고 사용료소득에 대하여 고정세율 30%를 과세한다면, 비거주자는 "거래로부터 얻는 세후 이익이 거의 없다"는 것을 알게 된다. 거주지국이 국외원천 사용료소득을 과세면제한다면, 원천지국에서 과세된 세액을 공제하여 주지 않는다. 그리고 거주지국이 외국납부세액공제를 해 주는 경우에도, 세액공제 한도(외국납부세액공제에 관한 논의는 제4장 4.3.3을 참조)가 있기 때문에 납세의무자는 원천지국 과세에 관하여 부분적으로 감경받는 결과가 된다. 종합하면, "사용료는 거주지국 세율보다 상당히 높은 실효세율(effective rate)로 과세된다"는 것이다. 조세조약은 원천징수에 상한선을 정함으로써 과도한 원천지국 과세를 효과적으로 감면하여 주는 예가 많다(제8장의 8.7.3.5 참고). 때때로 비거주자는 거주지국의 지급자로 하여금 지급액을 높이도록 하여 조세를 실질적으로 전가시킴으로써 과도한 원천지국 과세를 피할 수 있다. 그렇게 하지 않으면 과도한 원천지국 과세는 외국에 대한 투자를 꺼리게 만들 가능성이 있다.

5.7 비거주자의 국내원천소득 계산

일반적으로 비거주자의 소득을 계산하는 원칙은 거주자에게 적용되는 원칙과 동일하다. 그래서 소득에 산입되는 금액, 소득에서 공제할 수 있는 금액을 정하는 원칙, 소득과 공제의 귀속시기는 거주자와 비거주자에 대하여 동일하게 적용할 수 있다. 예컨대, 어떤 국가가 납세자의 접대비 중 일정 부분에 대해서만 공제를 허용한다면, 그 원칙은 동일하게 비거주자에게도 적용될 것이다. 일반적으로 거주자와 비거주자의 소득을 계산하는 원칙은 동일하지만, 몇 가지 예외가 있다. 예컨대, 이전가격세제(transfer pricing rules)는 거주자와 비거주자 간의 거래에 적용되고, 거주자 간의 거래에 적용되지 않는다. 이전가격세제는 제6장에서 논의된다. 마찬가지로 과소자본세제(thin capitalization rules)는 (납세의무가 없는 거주자에게 이자를 지급할 경우에도 적용되지만), 전형적으로는 내국법인이 비거주자에게 지급한 이자에만 적용된다. 반대로, 피지배외국법인세제(controlled foreign corporation rules, CFC rules)는 특정한 국가의 거주자가 지배하는 외국법인에 대하여만 적용된다. 과소자본세제와 피지배외국법인세제는 제7장 7.2와 7.3에서 각각 자세하게 다룬다. 유럽사법재판소(the European Court of Justice)의 판례는 유럽연합 회원국이 특정 국가의 거주자와 다른 유럽연합 회원국의 거주자 간에 차별적으로 적용되는 과소자본세제나 피지배외국법인세제 등을 제정할 수 있는 권한을 (전적으로 인위적인 상황을 제외하고) 엄격하게 제한하고 있다는 점에 주목하여야 한다.[4)]

아래 5.8에서 언급하는 바와 같이, 조세조약은 차별금지규정의 적용을 통해 원천지국으로 하여금 동일한 활동을 한 거주자와 마

4) 대표적으로 Cadbury Schweppes plc and Cadbury Schweppes Overseas Ltd v. Commissioners of Inland Revenue (C−196/04)(2006.9.12.) 판결이 있다.

찬가지로 비거주자에게도 그 소득을 계산할 때 고정사업장과 관련된 비용을 공제할 수 있도록 한다. 그러나 총수입금액에 대해 원천징수방식으로 과세하는 경우 비용공제는 허용되지 않는다. 따라서 순소득으로 과세되는 사업소득(business profits)과 원천징수에 의해 과세되는 투자소득(investment income)을 구분하는 것이 매우 중요하다. 이 구분은 아래 5.8.1에서 논의한다.

원천지국은 관행상 비거주자 개인에 대하여, 인적 공제, 경감, 면세 및 세액공제를 허용하지 않는다. 예컨대, 개인 또는 가족의 소득이 최소금액을 넘지 않는다면 조세를 납부할 수 없으므로, 많은 국가들은 기본적인 인적 또는 가족공제를 허용하고 있다. 마찬가지로, 많은 국가들은 납세의무자에게 수입을 의존하는 가족들에 대하여는 조세의 공제나 면세를 허용한다. 이와 같은 인적 공제는 일반적으로 비거주자에게는 허용되지 않는다. 그리고 전형적인 차별금지규정 하에서는 그와 같은 공제를 비거주자에게도 확대하여야 할 의무도 없다.

위에서 언급한 바와 같이 원천지국이 비거주자를 거주자보다 유리하게 취급하는 것을 막을 수 있는 법적 제한은 없다. 특히, 많은 개발도상국들은 비거주자인 투자자에게 거주자에게 적용하지 않는 특별한 조세 혜택을 제공하고 있다.

어떤 국가가 (배당, 이자, 사용료 등과 같은 항목의) 지급총액에 완납적 원천징수를 적용한다면 그 지급총액 전부가 과세대상이 되는 것이므로 계산원칙이 필요하지 않다. 그러나 만일 원천징수세가 비거주자의 최종 납세액에 관하여 예납적 방식(interim basis)으로 부과된다면, 순소득을 계산할 원칙이 필요하다. 일부 남미 국가들은 비거주자에 대한 지급액에 관하여 널리 완납적 원천징수세를 부과한다. 많은 경우에 조세는 지급액의 총액이 아니라 지급액 중 고정비율에 관하여 고정세율로 과세된다. 이처럼 추정금액에 관하여 과세하는 것은 납세의무자나 과세기관이 특정한 비거주자의 실제 소득금액을 계산할 필요 없이 특정 유형의 소득에 대응하는 비용을 공제하여 주기 위한 것이다.

5.8 비거주자의 다양한 소득 유형에 관한 과세

5.8.1 사업소득

5.8.1.1 개 관

비거주자에 의한 사업소득은 보통 순소득기준(net basis)으로 과세되고, 투자소득은 총수입금액기준(gross basis)으로 과세 되므로, 두 유형의 소득을 구분하는 것은 중요하다. 일부 성문법(civil law) 국가의 경우 법인체가 취득한 소득은 모두 사업소득으로 분류되므로, 개인에 대하여만 사업소득과 기타소득을 구분할 필요가 있다. 그러나 그 이외의 국가에서는 법인과 개인 모두는 다양한 형태의 소득을 취득할 수 있다. 일부 국가들은 다른 유형의 소득을 각각 다른 원칙에 따라 과세하는 유형별 방식(schedular basis)으로 과세하고, 때때로 다른 세율로 과세하기도 한다. 포괄적 방식(global basis)으로 과세하는 몇몇 국가들은 사업소득과 기타소득에 대한 다른 원칙을 가지기도 한다. 전형적으로 사업소득과 그 밖의 소득을 구분하는 것은 자산의 처분, 이자, 차임, 사용료에 관하여 발생한다.

어떻게 사업소득과 그 밖의 소득을 구분할 것인가? 많은 영연방 국가들의 경우, 자본이득(capital gains)과 통상사업소득(ordinary business income)의 구분에 관하여 상당한 판례법이 축적되어 있다. 판례법은 통상 비거주자에게 공평하게 적용될 수 있다. 두 가지 형태의 소득을 구분하는 성문법을 제정한 국가도 있다. 예컨대, 일부 국가들은 최소기간 동안 보유 또는 소유한 자산에 한하여만 자본이득으로 취급하는 원칙을 갖고 있다(그 이외의 자산에서 발생한 이익은 통상사업소득으로 취급된다). 사업소득을 정의하는 원칙을 둔 국가들이 더 일반적이다.

또한 조세조약은 유형별 방식에 의해 다양한 형태의 소득을 다루므로, 사업소득과 그 밖의 유형의 소득을 구분하는 것이 조세조약을 위해서도 중요하다. 그 결과, 예컨대 사업소득, 이자소득, 자본이득(양도소득)은 각각 다른 원칙의 적용대상이 된다. 대부분의 양자 간 조세조약이 근거로 하고 있는 OECD 및 UN 모델조약은 "사업(business)"에 관한 포괄적 정의를 두지 않는다. OECD 모델조약은 2000년에 독립적인 용역 수행에 관한 제14조를 삭제한 이후로, 제3조 제1항 (f)에서 "사업(business)"의 개념에 독립적이고 전문적인 용역을 포함시켜 정의하고 있다. 조세조약에 사업을 완전하게 정의하는 규정이 없기 때문에 조세조약을 적용하는 국가의 국내법하에서 "사업"이 어떤 의미를 갖는지 살펴볼 필요가 있다.

또한 OECD 및 UN 모델조약에 근거한 조세조약에서, 다양한 유형의 사업소득을 구분할 필요가 있다. 일반적으로, 제7조에 의해서, 사업이 고정사업장을 통해 수행되거나 소득이 고정사업장에 귀속되는 경우에 한하여, 일방체약국의 거주자가 타방체약국에서 얻은 사업소득에 관하여 타방체약국이 과세할 수 있다. 그러나 제8조에 따르면, 국제해상운송에 의한 소득, 국제항공운송소득은 거주지국만 과세할 수 있다.[5] 반면에 제17조에서, '연예나 운동과 같이 일방체약국의 거주자가 타방체약국에서 수행한 개인적 용역'으로 인한 사업소득은 타방체약국에 고정사업장이 있는지 여부나 타방체약국에서의 최소 거주기간과 관계없이 타방체약국이 과세할 수 있다. 요컨대 조세조약에서는 고정사업장이 대부분의 사업소득에 관

5) 이 부분은 원저가 2017년 OECD 모델조약의 변경 내용을 반영하고 있지 않아서 저자의 허락을 얻어 역자들이 수정한 것이다.

한 최소기준이고 고정사업장에 귀속되는 이익만이 과세될 수 있다는 원리는 원천지규칙과 마찬가지의 기능을 한다. 정확성을 기하기 위하여, 제7조에 따르면 고정사업장과 관련된 이익은 고정사업장이 위치한 국가 외에서 발생한 이익을 포함할 수 있다는 것에 주목하여야 한다. 이와 관련된 조세조약상의 원칙은 뒤의 제8장 8.8.5.에서 살펴본다.

비거주자에게 발생한 사업소득은 통상 순소득기준으로 원천지국이 과세하고, 사업소득의 계산원칙은 일반적으로 거주자의 경우와 동일하다.[6] 조세조약상 차별금지규정(OECD 및 UN 모델조약 제24조 제3항)은 원천지국에 대하여 타방체약국 거주자의 고정사업장을 동일한 활동을 하는 원천지국 거주자에 대한 경우와 같게 과세할 것을 요구한다. 차별금지조항은 제8장 8.8.1에서 좀 더 자세하게 살펴본다. 비거주자가 원천지국에서 최소기준(일반적으로 원천지국 내에 고정사업장의 존재)을 충족하기만 한다면, 과세대상인 사업으로부터 소득금액(수익에서 공제항목을 뺀 금액)을 정하기 위해 내국세법을 적용한다. 비거주자가 원천지국 내에 고정사업장을 가지고 있다면, 원천지국에서 발생한 비거주자의 모든 소득이 과세될 수 있다. 그러나 대부분 국가들은 이러한 **총괄주의**(force-of-attraction principle)[7]를 따르지 않는다. 그 대신 원천지국에서 수행한 사업에서 발생한 소득에 관하여만 과세할 수 있다(투자소득 등과 같은 금액이 다른 근거

6) 국내원천 사업소득은 법인세법 제93조 제5항 및 소득세법 제119조 제5호가 규정하고 있다.

7) 고정사업장이 있는 이상 국내원천소득을 총괄적으로 고정사업장에 몰아 과세하는 제도를 말하며, 고정사업장과 무관한 별개의 활동에서 버는 소득이라도 국내에서 발생한 경우 과세하게 된다. 이와 비교해 고정사업장과 무관한 소득은 별개로 하고, 고정사업장의 활동에 귀속되는 소득에 국한해서 과세하는 귀속주의와는 구별된다. 한국이 체결한 대부분의 조약은 귀속주의를 취하고 있으며, 현행법에서도 국내사업장에 귀속하는 소득에 한하여 과세하고 있다(법인세법 제91조 제1항, 제98조 제1항, 소득세법 제119조 제1호. 이창희, 「국제조세법」, 제2판, 박영사, 2020, 439~447면.

로 과세될 수 있기는 하다). OECD 모델조약에서는 총괄주의가 존재하지 않는다. 즉 원천지국은 고정사업장에 귀속될 수 있는 소득만을 과세할 수 있다. UN 모델조약에는 제한적인 총괄주의 규정이 있다. 이에 따르면 원천지국은 고정사업장을 통하여 발생한 것과 동일·유사한 이익을 원천지국에서 발생한 사업이익으로 과세할 권한이 있다. 이익을 고정사업장에 귀속시키는 조세조약상의 원칙에 관하여는 제8장 8.8.5에서 다룬다.

5.8.1.2 지점세

이 책에 여러 차례 언급한 바와 같이, 납세의무자는 일반적으로 지점(branch) 또는 독립된 법인체(separate legal entity), 회사(company)의 형태로 사업을 할 수 있는 선택권이 있다. 기업 납세의무자의 이러한 선택권은 보통 지점과 자회사 간의 선택이라고 할 수 있다. 만일 어떤 국가의 내국법인이 다른 국가에서 자회사를 설립하면, 그 자회사는 독립 법인과세 단체로 취급될 것이고, 따라서 다른 국가의 내국법인으로 취급될 것이다(자회사의 관리장소가 다른 국가에 위치한다고 가정할 경우). 법인이 다른 국가에 지점을 설치한다면, 지점은 단순히 법인의 일부분이다. 외국법인의 자회사는 원천지국의 내국법인으로서 통상 그 자신의 전세계소득에 관하여 과세될 수 있다. 반면 지점의 경우 원천지국은 일반적으로 지점에 귀속될 수 있는 국내원천소득에 관하여만 과세할 수 있다. 그러나 자회사가 국내원천소득만을 취득한다면(즉, 거주지국에서 얻는 소득이 소득의 전부라면), 이 점에서는 자회사와 지점 간에 실질적인 차이가 없다.

본금으로 송금할 경우에는 지점이나 자회사 간에 과세결과상 중요한 차이가 있다. 자회사가 외국법인인 모회사에게 배당을 지급할 경우, 자회사의 거주지국은 배당액 총액에 원천징수세를 부과할 것이다. 이에 반하여, 돈이 지점에서 철수하거나 외국법인의 본점으로 송금될 경우 원천지국은 배당 또는 그 밖의 지급으로 과세할 수 없다. 따라서 외국법인은 배당이나 그 밖의 기업 간에 지급에 관한 원천징수세를 피하기 위해서 다른 국가에서 사업을 하고자 할 때 자회사 방식 대신 지점 방식을 선택하려고 할 것이다. 일부 국가들(즉 미국과 캐나다)은 지점과 자회사를 동일하게 취급하기 위해 특별지점세(special branch taxes)를 채택하고 있다.[8] 이 지점세는 배당의 대용물에 대하여 배당에 대한 원천징수에 상응하는 과세를 하므로, 매우 복잡할 수 있다. 일부 국가들은 지점 형태로 사업을 수행하는 비거주자가 지점에서 본국으로 송금할 때 원천징수세 부족을 보충하기 위해 약간 더 높은 세율을 적용한다. 설사 조세정책의 배경에 충분한 근거를 가지고 정당성을 주장하더라도, 이들 방식들은 전형적인 조세조약상의 차별금지규정에 반하는 것으로 보인다.

차용한 돈이 지점의 활동자금으로 사용될 경우, 그 돈에 관하여 발생한 이자비용은 일반적으로 국내법과 조세조약상 지점의 이익을 계산할 때 공제될 수 있다. 이런 이자비용은 지점이 위치한 국가의 조세를 잠식한다. 그러나 이런 이자를 지급하는 자는 비거주자이므로 일반적으로 원천징수의 대상이 아니다. 많은 국가들은 이런 이자를 지점에 대한 원천징수세의 대상으로 하려고 노력한다.

5.8.1.3 사업상 용역소득

일부 국가들은 다른 사업소득과 마찬가지로 사업상 용역소득(Income from Business Services)을 순소득기준으로 과세하기도 하지만, 대부분의 국가에서는 용역소득의 유형을 확인하는 일정한 규칙

8) 한국에서는 '외국법인의 국내사업장에 대한 과세특례'라는 제목으로 지점세를 규정하여 "이윤의 송금액"을 과세표준으로 삼고 있으며(법인세법 제96조), 세율은 20%이다(법인세법 제96조 제3항, 제98조 제1항 제2호).

을 두고 있다.[9] 예컨대, 일부 국가는 보험, 연예, 운동 분야의 소득이 있는 비거주자에 대하여 최소기준을 두지 않고 있다. 또 일부 국가들은 비거주자가 운송, 항공교통에서 얻은 소득에 대해 소득과세가 아닌 톤세(tonnage taxes)로 과세한다. 그리고 일부 국가들은 비거주자가 자국의 고객들에게 기술용역 또는 특정 디지털용역을 제공하고 얻는 수수료에 대하여 총수입금액기준의 원천징수세를 부과한다. OECD 및 UN 모델조약에 바탕을 둔 조세조약은 보험(UN 모델조약에서만), 국제운송과 항공교통, 개인에 의해 제공되는 전문적이고 독립적인 용역(UN 모델조약에서만), 건설, 연예, 그리고 운동 분야 등의 다양한 형태의 서비스에 적용할 수 있는 몇 가지 규정을 포함하고 있다(일반적인 사업상 용역에 적용되는 제7조에 덧붙여서). 그러므로 위에서 언급한 것처럼, 조세조약은 제공되는 용역의 본질과 용역 제공자의 법적 지위를 결정할 필요가 있다. 제8장의 8.7.3.2에서 국제운송과 항공교통에 관한 소득과 연예와 운동 분야 소득의 취급에 관한 논의를, 제8장의 8.7.8.3에서 독립적인 개인용역을, 제9장의 9.4에서는 조세조약상 자문, 기술과 관리용역의 수수료에 관하여, 제9장의 9.6에서는 디지털 상품과 용역에서 발생하는 소득에 관한 내용을 확인해보자.

5.8.2 부동산소득

특정 국가에 위치한 비거주자의 부동산(immovable property) 소

---

9) 법인세법 제93조 제6호와 같은 법 시행령 제132조 제6항 및 소득세법 제119조 제6호와 같은 법 시행령 제179조 제6호에서는 "국내원천 인적용역소득"을 규정하고 있는데, 두 법의 문언에는 다소 차이가 있으나, 그 유형은 ① 배우, 음악가 등 연예인이 제공하는 용역, ② 직업운동가가 제공하는 용역, ③ 변호사·공인회계사 등 자유직업자(소득세법에서는 '전문직업인'이라 지칭함)가 제공하는 용역, ④ 과학기술·경영관리 기타 분야에 관한 전문적 지식 또는 특별한 기능을 가진 자가 당해 지식 또는 기능을 활용하여 제공하는 용역으로 분류하고 있다.

유 또는 사용은 그 국가의 과세권을 정하는데 매우 중요하다. 뿐만 아니라, 부동산의 존재는 과세의 연결점(nexus)이라는 측면에서 최소기준과 원천지규칙으로 작용한다. 부동산 소재지국은 비거주자인 부동산의 소유자에 대하여 부동산에서 발생하는 소득[10]이나 부동산 처분에서 발생하는 자본이득에 대하여 과세할 권한을 가진다.[11] OECD 및 UN 모델조약의 제6조 및 제13조 제1항은 이 원리에 따라 원천지국이 부동산으로부터 얻은 소득과 이득을 과세할 수 있다는 점을 확인하고 있다.

부동산소득은 OECD 및 UN 모델조약상 사업소득과 다르게 취급된다. 원천지국에 부동산이 존재한다는 것이 연결점이라는 관점에서 고정사업장과 동일하게 보일 수는 있지만, 제6조에 따르면 부동산소득이 순소득기준으로 과세될 때에는 (제7조의 사업소득에서와 같은) 최소기준이 요구되지 않는다. 제6조와 제7조 사이에 충돌이 있는 경우에는 제6조를 우선 적용하는 것이 분명하다[OECD 모델조약의 제6조 제4항, 제7조 제4항, UN 모델조약 제6조 제4항과 제7조 제6항을 보라]. 그 결과, 전형적인 조세조약에서는 체약국이 부동산소득을 총수입금액기준으로 과세하지 못하도록 막을 방법이 없다. 그리고 실제로 일부 국가들은 부동산소득 중 일부를 추계방식으로 과세한다. 그러므로 특정 국가가 그 국내법상 부동산소득을 어떻게 정의하고 과세하는지를 이해하는 것이 중요하다.

---

10) 한국에서 부동산소득은 법인세법 제93조 제3호 및 소득세법 제119조 제3호에서 국내원천 부동산소득에 관하여 규정하고 있는데, 그 대상은 국내에 있는 부동산 또는 부동산상의 권리와 국내에서 취득한 광업권, 조광권, 지하수의 개발·이용권, 어업권, 토사석 채취에 관한 권리의 양도·임대, 그 밖에 운영으로 인하여 발생하는 소득이다.

11) 국내원천 부동산등양도소득은 법인세법 제93조 제7호 및 소득세법 제119조 제9호에서 규정하고 있다.

5.8.3 근로소득

고용활동이 특정 국가에서 이루어지고, 소득이 특정 국가에서 발생하였다면, 그 고용활동으로부터 얻은 소득이 그 특정 국가에서 사용되거나 소비되더라도 그 특정 국가가 비거주자인 피용자에 대하여 과세권을 가진다.[12] 대부분 국가는 비거주자인 피용자에 대한 과세에 최소기준을 두지 않고 있다(미국은 3,000달러 이하의 소득을 거두고 90일 이내 체류하는 비거주자인 피용자에 대하여 면세한다). 만일 거주자인 사용자가 비거주자를 고용할 경우 피용자에 대한 과세는 사용자에 대한 원천징수를 통하여 쉽게 징수할 수 있다. 사용자가 비거주자라고 하더라도 그 사용자가 원천지국 내에 고정사업장을 두고 있다면 역시 효율적으로 징수할 수 있다. 다른 경우, 예를 들어 며칠 동안만 원천지국에서 비거주자인 사용자를 위해 용역을 수행한 비거주자인 피용자에 대하여 부과한 조세는 징수하기 어려울 수 있다.

OECD 및 UN 모델조약상 비거주자인 피용자에게 발생한 근로소득은 취업자가 근로활동을 제공한 원천지국에 존재하는 한 원천지국이 과세할 수 있다. 다만 ① 원천지국에서 존재한 기간이 183일 미만인 경우, ② 거주자인 사용자가 근로소득을 지급하지 않은 경우, ③ 비거주자인 사용자가 원천지국에 두고 있는 고정사업장의 소득을 계산할 때 피용자에 대한 보수를 공제할 수 없는 경우에는 근로소득을 면세한다.

5.8.4 투자소득: 배당, 이자, 사용료

대부분 국가들은 비거주자가 거둔 일정한 투자소득을 과세한다.[13]

---

12) 국내원천 근로소득에 대해서는 소득세법 제119조 제7호에서 규정하고 있다.

13) 투자소득과 관련해서 한국은 법인세법 제93조 제1호(국내원천 이자소득), 제2호(국내원천 배당소득), 제8호(국내원천 사용료소득), 소득세법 제119조 제

이 목적을 위하여 과세할 수 있는 투자소득 유형을 규정할 필요가 있는데, 특히 5.8.1.1에서 언급한 바와 같이 사업소득과 투자소득을 구분할 필요가 있다. 이러한 구분은 오로지 소득의 성질만을 근거로 할 수는 없다. 왜냐하면 예컨대, 금융기관의 대여금으로 인한 이자는 명백히 사업소득이고, 반면 개인 투자자가 얻은 이자는 투자소득이기 때문이다.

이런 차이점은 중요한데, 왜냐하면 사업소득은 일정한 세액산정과정(assessment)을 거쳐 순소득기준 과세를 할 수 있는 반면, 통상 투자소득은 원천지국이 비거주자에게 지급한 총액에 대하여 고정세율을 적용하여 원천징수하는 방식으로 과세할 수 있기 때문이다. 총수입금액을 기초로 하는 원천징수세가 소득과세의 방법으로 적합한지는 의문이 있을 수 있다. 그러나 현실적으로 비거주자의 투자소득에 대한 조세의 징수가 어렵기 때문에 원천징수세의 세액이 순소득에 일반세율로 부과되는 조세와 비슷한 수준이 되도록 원천징수세의 세율을 제한한다면, 원천징수세를 대체로 받아들일 수 있다. 일반적으로 원천징수세는 비거주자가 상당한 비용을 지출하지 않으면 얻을 수 없는 금액 이하로 제한되는데 위와 같은 이유 때문이다.

5.6에서 언급한 바와 같이 이자, 차임, 사용료의 총액에 대한 과세는 특정한 상황에서는 과도할 수 있다.

비거주자가 거둔 투자소득은 대체로 국내법이나 조세조약상 최소기준 없이 과세되며, 일반적으로 지급자가 거주하는 국가에 원천이 있는 것으로 본다.[14] 동일한 원천지규칙이 OECD와 UN 모델

1호(국내원천 이자소득), 제2호(국내원천 배당소득), 제10호(국내원천 사용료소득)에서 규정하고 있다.

14) 내국법인인 보증인이 외국법인인 주채무자를 위해 비거주자나 외국법인인 채권자에게 지급하는 이자소득의 경우에는 구 법인세법 제93조 제1호 (가)목에서 정한 국내원천소득에 해당하여 내국법인인 보증인은 구 법인세법 제

조약의 제10조부터 제12조까지에 걸쳐 사용되고 있다. 그러나 일부 국가들은 투자소득 중 일정한 유형에 관하여는 특별 원천지규칙을 두고 있다. 예컨대, 이자와 사용료는 원본과 자산이 사용된 곳에 원천이 있는 것으로 보는 원천지규칙을 두는 국가도 있다.[15]

5.8.5 자본이득(양도소득)

비거주자가 거둔 자본이득을 사업소득과 다르게 과세하는 국가들의 경우 특별한 문제가 있다. 많은 국가들은 비거주자가 자국 내에 위치한 부동산, 사업의 수행(통상 고정사업장을 통한)에 제공된 자산, 내국법인, 내국 파트너십 및 그 밖의 법인체에 대한 상당한 지분의 처분으로 발생한 자본이득에 관하여 과세한다.[16] 대부분 국가들은 부동산 과다보유법인[(land rich companies), 자산이 주로 특정 국가 내에 위치한 부동산으로 구성된 내국법인 및 외국법인)]이 아닌 회사에 대한 지분과 내국법인에 대한 상당한 비중의 지분을 처분

98조 제1항에 따라 법인세를 원천징수할 의무가 있고, 주채무자가 보증인의 해외 자회사라고 하여 달리 볼 것은 아니다(대법원 2016. 1. 14. 선고 2013두10267 판결).

15) 한·미 조세조약 제6조 제3항, 제14조 제4항은 특허권의 속지주의 원칙상 특허권자가 특허물건을 독점적으로 생산, 사용, 양도, 대여, 수입 또는 전시하는 등의 특허실시에 관한 권리는 특허권이 등록된 국가의 영역 내에서만 효력이 미친다고 보아 미국법인이 국내에 특허권을 등록하여 국내에서 특허실시권을 가지는 경우에 그 특허실시권의 사용대가로 지급받는 소득만을 국내원천소득으로 정하였을 뿐이고, 한·미 조세조약의 해석상 특허권이 등록된 국가 외에서는 특허권의 침해가 발생할 수 없어 이를 사용하거나 사용의 대가를 지급한다는 것을 관념할 수도 없다. 따라서 미국법인이 특허권을 국외에서 등록하였을 뿐 국내에는 등록하지 아니한 경우에는 미국법인이 그와 관련하여 지급받는 소득은 그 사용의 대가가 될 수 없으므로 이를 국내원천소득으로 볼 수 없다(대법원 2014. 11. 27. 선고 2012두18356 판결).

16) 자본이득과 관련해서는 한국은 법인세법 제93조 제7호(국내원천 부동산등양도소득), 제9호(국내원천 유가증권양도소득), 소득세법 제119조 제9호(국내원천 부동산등양도소득), 제11호(국내원천 유가증권양도소득)에서 규정하고 있다.

할 때를 제외하고 회사의 지분을 처분할 때 발생하는 자본이득에 관하여는 비거주자에게 과세하지 않는다. 이러한 입장은 (OECD 모델조약상 원천지국은 상당한 비중의 지분을 처분할 때 발생한 자본이득도 과세할 수 없다는 점을 제외하고는) OECD 및 UN 모델조약의 제13조에 반영되어 있다.

비거주자의 자본이득에 대한 조세를 징수할 때에는 특히 어려운 면이 있다. 만일 비거주자가 특정 국가에 위치하는 부동산을 처분한다면, 원천지국은 비거주자가 은행 보증과 같은 납세 보증을 제공하거나 조세를 미리 납부하지 않는다면, 매수인으로 하여금 매수가격에서 매도인의 조세를 유보하는 방식으로 비거주자에게 발생하는 자본이득에 대한 조세를 징수할 수 있다. 만약 예납금이 과도하다면, 비거주자는 일반적으로 초과금을 반환받을 수 있다. 만일 비거주자가 다른 비거주자에게 자산을 처분하더라도, 조세를 납부하지 않으면 매수자의 자산등록을 거부하는 방법으로 그 조세를 징수할 수 있다.

비거주자가 원천지국에 일정한 자산을 소유한 회사나 법인체의 지분에 관한 이익을 실현할 때에는 특별한 문제가 생길 수 있다. 자산을 소유한 회사나 법인체가 자산이 위치한 국가의 내국법인일 수도 있고, 비거주자인 지분권자의 거주지국의 내국법인일 수도 있으며, 제3국의 내국법인일 수도 있다. 더욱이, 이 자산은 여러 회사나 법인체의 다층구조를 통해 간접적으로 소유될 수도 있다. 예를 들어, A국 내국법인인 A사가 B국 내국법인인 B사의 모든 주식을 소유하고 있다고 가정하자. 그리고 B사는 C국 법인인 C사의 모든 주식을 가지고 있는데, C사는 C국에 소재한 부동산을 소유하고 있다고 가정할 때 만약 C사가 부동산을 매각한다면 C국은 C사에 대하여 부동산과 관련된 이득에 세금을 부과할 수 있다. 그러나 B사가 C사 주식을 팔거나 A사가 B사 주식을 팔 때 생기는 이득에 관하여 C국이 과세할 수 없다면, 이와 같은 이른바 **간접이전**(indirect transfers)이나 매출은, 비거주자가 원천지국 조세를 피할 수 있는 손쉬운 방법이 될 수 있다.

따라서 부동산을 회사나 다른 단체의 소유로 해 두고 부동산 자체에 갈음하여 회사나 다른 단체의 지분을 처분함으로써 부동산 처분으로 인한 이득에 대한 과세를 손쉽게 회피하는 행위를 방지하기 위해서, 부동산을 소유한 회사의 주식이나 (신탁이나 파트너십과 같은) 그 밖의 단체의 지분에 관하여 자본이득 과세가 필요하다.

OECD 및 UN 모델조약의 제13조 제4항은 회사의 주식이나 다른 단체의 지분의 가치 중 50% 이상이 그 주식 또는 지분의 처분일 전 365일 중 어느 시점에서라도 직·간접적으로 특정 국가에 소재한 부동산에 기인한 것이라면 그 부동산 소재지국은 해당 주식 또는 치분의 처분으로 인한 이득에 관하여 과세할 수 있다고 규정하고 있다. 부동산 과다보유법인의 주식 또는 내국법인의 상당한 지분을 처분하여 얻은 자본이득에 관하여 조세를 효율적으로 징수할 수 있는 유일한 방법은 매수자에게 매수가격에서 조세를 유보하도록 의무를 지우는 것이다. 부동산의 경우 조세는 부동산에 관한 선취특권(lien)[17]으로 등록될 수 있기 때문에 위 징수방법은 부동산 자체를 처분하는 경우만큼 효과적이지는 않다.

외국법인의 주식 또는 그 밖의 비거주자 단체 지분을 처분할 때의 이득을 과세하는 경우의 문제는 부동산 과다보유법인의 지분을 넘어서 광업권, 통신면허 및 그 밖의 유사한 자산에까지 확대된다. 비거주자가 자산이 소재한 국가의 내국법인에 해당하지 않는 법인체 지분을 처분할 때 자산 소재지국은 기초자산의 소유자 통

---

17) 선취특권은 구법상 용어이므로 lien은 우선권 정도로 번역할 수도 있다. 다만 추급효가 있는 조세우선권이라는 점에 특징이 있으며 이 때문에 법정담보물권과 유사한 측면을 보인다.

제가 직·간접적으로 변화하였을 때 기초자산의 처분이 있었던 것으로 간주하여 기초자산에 관한 이득을 과세할 수 있다. 이런 경우 과세에는 두 가지 방법이 있다. 우선 기초자산의 소재지국은 (자산의) 통제의 변화가 일어났을 때, 기초자산의 처분이 있었던 것으로 간주하여 그 자산의 직접 소유자(위 예에서 C사)에게 과세할 수 있다. 두 번째로 자산 소재지국은 주식이나 지분의 처분으로 인한 이득의 원천이 자산 소재지국에 있다고 간주하여 주식이나 지분을 직접 처분한 피거주자를 과세할 수도 있다. 이러한 간접이전에 관하여 과세를 원하는 국가는 매수인이 매도인에게 지급해야 하는 매매대금 중 세액만큼을 원천징수하도록 요구하거나, 또는 그 자산의 직접 소유주가 비거주자인 실제 매도인의 대리인으로서 조세를 납부하도록 요구함으로써 조세를 징수할 수 있다.

비거주자가 특정 국가에서 사업에 제공된 자산을 처분한 경우, 비거주자가 사업용 자산을 모두 매각한 국가에서 조세를 징수하는 것은 어려울 수 있지만, 사업용 자산의 처분에서 발생한 자본이득에 대한 과세는 사업소득의 경우와 같은 방법으로 징수될 수 있다.

5.9 비거주자 과세의 행정적 측면

5.9.1 개 관

국제거래와 거주자와 비거주자가 함께 관련된 투자에 대한 과세는 과세당국의 어려움을 가중시킨다. 비거주자의 국내원천소득에 관하여 조세를 징수하는 것은 거주자로부터 조세를 징수하는 것과는 다르다. 왜냐하면 비거주자와 달리, 거주자는 통상 거주지국에 소재하고(또는 거주지국과 상당한 관련이 있다), 그 거주지국 법체계의 규율 대상이 되기 때문이다. 특정 국가가 조세를 징수할 수 없는 비거주자에 대하여 과세한다는 것은 생각하기 어렵다. 이 절에서는 두 가지 중요한 문제(필요한 정보를 수집하고, 조세를 징수하는 것)를 검토한다.

5.9.2 비거주자의 국내원천소득에 관한 정보 수집

근본적인 질문은 원천지국이 비거주자로부터 효율적으로 세금을 징수하기 위해 어떤 정보가 필요한가이다. 첫째, 비거주자가 국내원천소득을 취득하는지를 식별하기 위해 이름, 주소, 가능할 경우 납세자 식별번호와 같이 기본적 정보가 필요하다. 둘째, 비거주자가 원천지국에서 사업을 수행하는지, 아니면 그곳에 고정사업장을 가지고 있는지, 그곳에서 투자소득을 거두고 있는지 여부를 결정할 정보가 필요하다. 셋째, 비거주자의 국내원천소득(수익과 비용)을 결정하거나 확인하기 위해 정보가 필요하다. 넷째, 거래와 관련된 자, 특히 원천지국에 거주하는 관련자 정보가 필요하다. 다섯째, 만일 비거주자가 적용 가능한 조세조약상 원천지국에 대하여 조세의 감경 또는 면제를 주장한다면, 원천지국은 조세혜택이 주어질 수 있는지 확인할 수 있는 충분한 정보를 가져야 한다.

비거주자에게 직접 보고의무를 부과함으로써 필요한 정보를 취득할 수 있는 경우도 있다. 그러나 과세당국은 비거주자가 제공한 정보를 확인할 독립된 정보를 별도로 갖고 있는 것이 이상적이다.

정보를 비거주자와 관계가 있는 또는 거래를 가진 거주자로부터 얻을 수 있는 경우도 있을 수 있다. 예컨대, 비거주자에게 배당, 이자, 사용료 등의 금액을 지급하는 거주자에게 수취인인 비거주자와 금액, 내용에 관한 기본적 정보를 보고하도록 요구할 수 있다. 제3자에게 이러한 유형의 보고의무를 지우면 이들에게 상당한 준수 비용이 발생할 수도 있다. 따라서, 이러한 보고의무를 지우려면 원천지국은 반드시 제3자가 부담할 준수 비용과 정보의 필요성 간에 균형을 세심하게 맞추어야 한다. 국가는 효율적으로 사용할 수 없는 정보를 요구해서는 안 된다.

만일 과세당국이 전자적 방식으로 정보를 사용할 수 있는 기술을 가지고 있다면, 정보를 전자적 방식으로 제공받아야 한다. 과세당국이 전자적 방식으로 정보를 가지고 있고, 납세자 식별번호를 가지고 있다면, 여러 원천과 정보를 맞추어 볼 수 있다. 정보는 매년 일관된 방식으로 제공되어야 한다. 정보는 비거주자의 (소득세신고서를 요구한다고 가정하면) 소득세신고서에 기재되어 제출될 수 있고 분리하여 제출될 수 있으며, 추후 과세당국의 조사에 대비하여 납세의무자가 보관할 수도 있다.

많은 경우에, 필요한 정보는 원천지국 외부에 존재한다. 만약 정보를 납세의무자가 가지고 있다면, 적시에 정보를 제시할 수 없는 경우 납세의무자에게 벌금이나 과태료가 부과될 수 있다. 일부 국가들은 과세당국의 제공요구를 받았을 때 제출하지 않은 외국에 기반을 둔 정보는 후속 절차에서 제출할 수 없도록 하는 특별규정을 두고 있다. 만약 납세의무자가 자신에게 유리한 모든 정보를 공개한다면 위와 같은 규정은 비효율적이다. 만약 정보가 제3자의 소유에 있다면, 납세의무자가 정보를 제공하지 않았다고 하여 벌칙을 받아서는 안 된다. 그러나 정보를 특수관계인이 보유하고 있다면 벌칙을 과하는 것이 적절한 경우도 있을 수 있다.

만약 원천지국과 비거주자의 거주지국 사이에 조세조약이 있다면, 조세조약상의 정보교환규정에 따라 외국 기반 정보를 얻을 수 있다. OECD 및 UN 모델조약에 기반을 둔 양자 간 조세조약은 정보교환규정을 포함하고 있다(제26조). 그리고 그 규정은 다른 국가의 특별요청에 응하여 과세당국으로 하여금 많은 유형의 정보를 교환할 수 있도록, 그리고 자동적으로 그렇게 하도록 권한을 부여한다. 게다가 일부 국가들은 (조세피난처와 같이) 포괄적인 조세조약을 체결하지 않은 다른 국가들과 최근 조세정보교환협정(Tax Information Exchange Agreement: TIEAs)을 체결하고 있다. 이들 국가들과의 포괄적인 조세조약은 필요하지 않지만, 정보교환은 거주지국과 원천지국 양쪽에 유용할 수 있다. 또한 정보교환은 북유럽 국가들, 유럽연합 사이의 다자간 협약과 (1995년부터 발효된) 유럽의회와 OECD의 세무집행에서의 상호 행정협조(Mutual Administrative Assistance in Tax Matters of the Council of Europe and the OECD)[18)]에 의하여 규율될 수 있다. 출발은 늦었지만 108개국 이상이 위 조세정보정보교환협정에 서명하였다. 조세조약에 따른 정보교환에 관하여는 제8장의 8.8.4에서 자세히 다룬다.

5.9.3 비거주자에 대한 조세징수

비거주자가 납부할 조세를 결정하는 기본 방식은 세액산정방식(assessement)과 원천징수방식(withholding) 두 가지가 있다. 세액산정방식은 비거주자에게 순소득방식으로 과세되는 경우에 전형적으로 사용되는 반면, 원천징수방식은 수동적 투자소득에 전형적으로 사용된다. 세액산정방식은 보통 소득세신고서를 신고(filing)하는 방식으로 이루어지고 비거주자의 과세소득 및 납부할 세액에 관한 결정이 내려지게 된다. 비거주자가 납부할 세액을 납부하지 않으면 원천지국은 자국법에 따라 세액을 징수할 수 있다.

원천징수는 비거주자에게 특정한 금액을 지급하고자 하는 자(대개 거주자)에게 그 금액 중 특정한 비율로 세액을 원천징수한 후 비거주자를 대리하여[19)] 과세당국에 조세를 납부하도록 의무를 부

---

18) https://www.oecd.org/tax/exchange-of-tax-information

19) 원천납세의무자로부터 소득세를 원천징수하는 업무와 원천징수한 소득세를 관할 세무서에 납부할 업무 등을 수권 또는 위임받은 자를 말한다. 그리고 이러한 원천징수업무의 위임은 명시적으로뿐만 아니라 묵시적으로도 이루어질 수 있으나, 원천징수의 성격과 효과 등에 비추어 볼 때 묵시적 위임이

과함으로써 이루어진다. 여기에 두 가지 방식의 원천징수가 있다. 임시적이고 잠정적인 원천징수는 전적으로 징수장치이다. 원천징수된 금액은 비거주자 납세의무자의 계좌에서 과세당국으로 송금된다. 이 원천징수는 비거주자가 최종적인 세액을 예납한 것처럼 다루어진다. 비거주자는 소득세신고서를 제출할 의무를 부담하고, 원천징수된 금액을 초과하는 미납부세액을 납부하거나 납부할 세액을 초과하여 원천징수된 돈을 환급받는다. 만일 비거주자가 소득세신고서를 제출하지 않으면, 과세당국은 비거주자의 납세의무 이행을 위하여 원천징수한 금액을 종국적으로 조세에 충당할 수 있다.

사용자에 의한 잠정적인 원천징수는 피용자에게 지급된 월급이나 임금에서 조세가 납부되도록 하는데 자주 이용된다. 완납적 원천징수는 비거주자에게 지급되는 특정한 지급금액 총액(또는 그 금액의 일부)을 대상으로 한다. 비거주자는 실제의 순소득에 기초하여 소득세신고서를 제출할 수 없기 때문에 이것이 최종적인 징수절차이다. 완납적 원천징수가 형식적으로는 소득세가 아닐 수 있지만, 원천징수의 세율이 적당하다면, 비거주자를 상대로 조세를 징수하는 어려움을 고려하여, 국제적으로는 소득과세의 대용물로 인정되고 있다.

비거주자가 원천지국에 재산을 가지고 있거나 물리적으로 현존하면, 원천지국은 비거주자에 대해 직접 징수조치를 취한다. 비거주자가 특정 국가에서 사업을 수행하는 경우도 그에 포함되는데

있다고 하기 위하여는 명시적 위임이 있는 경우와 동일시할 수 있을 정도로 위임 의사를 추단할 만한 사정이 있어야 한다. 다만 소득금액을 지급하여야 할 자를 대리하거나 그로부터 위임을 받아 원천징수대상 소득의 발생 원인이 되는 법률행위 등을 하고 소득금액을 지급한 경우에는 특별한 사정이 없는 한 적어도 원천징수업무의 묵시적인 위임이 있었다고 봄이 당사자의 의사에 부합한다(대법원 2014. 7. 24. 선고 2010두21952 판결).

그런 경우 원천지국은 비거주자를 상대로 세액산정방식에 의해 조세를 부과한다. 신고납세방식을 채택한 국가의 경우, 비거주자는 수익과 비용을 신고하고, 자신이 납부할 세액을 확정하여 소득세신고서를 제출하여야 한다. 원천지국은 비거주자의 소득세신고서를 감사할 수 있고, 거주자와 거의 비슷한 방식으로 비거주자가 납부할 세액을 강제징수할 수 있다. 경우에 따라서 비거주자에게 과세연도 중 세액의 분할 납부를 요구하기도 한다. 또한, 비거주자는 자신에게 지급될 금액이나 자신이 지급할 금액에 관하여 임시적·잠정적 원천징수의 대상이 될 수도 있다.

그러나 비거주자가 원천지국에 현존하지 않고, 중요한 재산을 두고 있지 않으면, 원천지국은 조세를 징수하기 위해 특별한 수단을 취하여야 한다. 첫째, 원천지국은 자국의 법원으로부터 비거주자의 미지급 세액에 관하여 판결을 받는 것을 고려하여야 하고, 그런 다음 비거주자의 거주지국 법원을 상대로 그 판결문의 집행을 구하여야 한다. 집행절차에서의 문제는 많은 국가들이 다른 국가의 형사판결과 조세판결을 집행하려 하지 않을 것이라는 점이다[이를 흔히 세수원칙(revenue rule)이라고 한다]. 둘째, 원천지국은 만약 양국 사이에 체결된 조세조약에 OECD 및 UN 모델조약 제27조에 따른 징수협력을 규정한 조항이 있다면, 조세조약에 따라 거주지국에 미지급 세액의 징수협조를 구하는 것을 고려하여야 한다. 그러나 제27조는 2002년 OECD 모델조약에만 추가되었고, 2011년에 UN 모델조약에 추가되어, 현재까지 이 내용이 포함된 조약은 비교적 적다. 셋째, 만약 원천지국과 거주지국이 (정보교환과 관련하여 5.9.2에서 살펴본 바와 같이) 조세행정상호협력에 관한 다자간 조약(Multilateral Convention on Mutual Assistance in Tax matters)과 같은 조세 문제에 관한 행정협조를 규율하는 다자간 협정의 당사자라면 원천지국은 거주지국에 대하여 마치 거주지국 조세인 것과 같이 조세를 징수해 줄 것을 요구할 수 있다.

많은 국가들은 원천징수제도가 그 국가에 머물지 않는 비거주자로부터 조세를 징수하는 가장 효과적인 방법이라고 결론을 내렸다. 원천징수는 근로소득, 용역제공에 대한 그 밖의 소득, 차임, 사용료 등과 같은 금액에 관하여는 잠정적(예납적)이다. 왜냐하면, 순소득은 총수입액보다 현저하게 적기 때문이다. 비거주자는 소득세 신고서를 제출할 권리와 초과납부한 원천징수세를 환급받을 권리가 있다. 그러나 편의상 잠정적 원천징수가 완납적 원천징수세로 작용하는 경우가 적지 않다. 왜냐하면, 비거주자는 원천징수된 금액이 납부할 세액을 상당하게 초과하지 않는 한 소득세신고서를 제출하지 않는 편을 선택한다. 또한, 불행하게도 일부 국가에서는 의도적이든 아니면 비효율적인 세무행정 탓이건 간에 비거주자가 환급을 받기 어렵게 되어 있다.

특정한 지급금액의 총액에 대한 완납적 원천징수는 비거주자로부터 조세를 징수하는 편리하고도 효율적인 방법이고, 이는 행정적 기반이 비효율적인 개발도상국에 특히 두드러진다. 그러나 세율이 상당히 낮지 않으면, 완납적 원천징수세는 비거주자에게 상당한 비용을 유발한다는 관점에서 부적절하다. 완납적 원천징수의 대상은 배당, 이자, 사용료 또는 비거주자가 수행한 사업이익을 구성하는 용역에 대한 수수료 등이다.

초과 원천징수세액에 대한 구제수단은 비거주자가 순소득방식으로 조세를 납부할 수 있도록 하는 것이다. 비거주자에게 그런 선택권이 있다면, 비거주자는 소득세신고서를 작성하고 순소득으로 세금을 납부하게 된다. 일부 국가들은 부동산소득에 관하여 이러한 선택권을 부여한다. 비거주자가 특정 국가 내에 소재한 부동산에서 거둔 차임은 그 총액이 원천징수의 대상이 되는 경우가 많다. 부동산을 임대한 소득에 대한 원천징수세가 OECD와 UN 모델조약 제6

조에 따른 것이라 하더라도, 비거주자는 부동산에 관하여 적지 않은 비용[담보대출이자, 재산세, 유지비(관리비)와 같은]을 부담한다. 그 결과, 총액에 관한 원천징수세는 아무리 저세율이라고 하더라도 과다한 금액이 될 수 있으므로, 비거주자는 순소득방식을 선택함으로써 그에 대한 구제를 받을 수 있다.

완납적 원천징수세에 내재한 효율과 적정성 사이의 긴장을 보여주는 예는 개발도상국이 행하는 컨설팅, 기술지원, 관리수수료에 대한 과세문제이다. OECD 및 UN 모델조약상 이러한 수수료는 비거주자가 원천지국에서 183일 이상 체류하거나 고정사업장 또는 고정근거지(fixed base)를 두고 있으며 수수료가 고정사업장이나 고정근거지에 귀속될 수 있는 경우에만 원천지국이 사업소득으로서 과세할 수 있다. 납세의무자는 상당한 금액의 수수료를 벌기 위해 원천지국에서 고정사업장이나 고정근거지 없이[또는 UN 모델조약의 제14조 제1항 (b)에 따라 원천지국에서 183일 이상 지내지 않고] 업무를 수행할 수 있도록 처리하는 것이 일반적이다.

개발도상국은 그런 결과를 못 받아들일 때가 적지 않고, 일부 개발도상국은 기술지원 및 관리수수료를 원천징수 대상인 사용료로 보는 입장을 취하기도 한다. 인도, 자메이카, 케냐, 몽고, 탄자니아, 베트남과 같은 일부 국가는 컨설팅, 기술지원, 관리수수료에 관하여 총액을 기준으로 과세하는(다만 제한세율 적용) 조세조약상의 특별규정을 두고 있다. 2017년 기술지원 수수료를 규율하는 제12조A가 UN 모델조약에 추가되었다. 새 규정은 수수료를 지급하는 자가 원천지국의 거주자이거나 원천지국에 고정사업장 또는 고정근거지를 둔 경우 양 체약국이 조세조약에서 합의한 세율로 원천지국이 수수료의 총액에 관하여 원천징수세를 부과할 수 있는 내용으로 되어 있다. 기술용역에 대한 수수료는 컨설팅, 기술지원, 관리용역에 대한 지급액으로 정의되지만 피용자에 대한 지급, 개인용역에 대한 지급 및 수업의 대가로 교육기관이 지급받거나 지급하는 금액을 포함하지 않는다. 원천지국은 용역이 원천지국 밖에서 제공되더라도 기술용역에 대한 수수료를 과세할 수 있다. 제12조A는 제9장 9.4.3에서 조금 더 상세하게 살펴본다.

제6장

이전가격세제

6.1 개 관

이전가격(transfer price)은 특수관계인 사이의 거래에서 정해진 가격이다. 예컨대, A사가 A국에서 재화를 생산하여 B국 법인인 해외계열회사 B사에게 판매할 경우, 그러한 판매로 생긴 가격이 이른바 이전가격이다. 이전가격은 특수관계인이 아닌 자들 사이에 재화와 용역의 거래로 정해지는 시가와는 다르다. 특수관계인이 아닌 자들 사이에서 재화 또는 용역을 거래할 경우 거래 당사자 사이에 충돌하는 이해관계는 확실히 재화 또는 용역의 가격을 인위적으로 높거나 낮지 않게 한다. 그러나 특수관계인은 충돌하는 이해관계를 가지고 있지 않으므로, 특수관계인 사이의 거래로 정해지는 가격은 시가와 상당히 다르다.

다국적기업들은 그들 기업집단 내에서의 재화와 용역의 판매 등 양도거래(trasfers)에 있어서 이전가격을 활용한다. 이와 같은 회사 간의 가격은 이전가격에서 가장 중요한 범주이다. 또한 이전가격은 개인이 자신의 지배하에 있는 회사나 그 밖의 법인체와 거래하는 경우에 사용되거나, 가까운 가족들과 거래하는 개인에 대해서도 사용될 수 있다.

만일 이러한 행위를 방지하지 않으면, 국제 거래에 관여하는 특수관계인은 이전가격 조작을 통해 조세를 회피할 수 있다. 예컨대, 위에서 든 사례와 같이 A사는 B사에게 거의 수익(earning)이 없거나 아예 이득(profit)이 안 남는 가격을 정하여 생산품을 판매함으로써 A국에 대한 소득과세 납부를 피할 수 있다. 만일 B국의 실효세율이 A국의 실효세율보다 적다면 이전가격을 악용함으로써 A사와 B사에 부과될 세부담 총액(total tax burden)을 줄일 수 있다. 만일 B국이 저세율국이라면, A사와 B사는 그들의 결합이익(combined profits)에 대하여 조세를 거의 내지 않거나 아예 내지 않게 될 것이다.

규정체계가 잘 갖추어진 소득과세체계(well-designed income tax system)라면 이전가격이 시가와 다른 경우 과세당국이 이전가격을 조정할 권한을 갖게 된다. 여기에는 특수관계인 사이에 수익, 소득공제, 세액공제, 인적공제 등을 안분할 권한이 포함되는데, 이를 통해 국내 세원의 잠식을 막고, 자국의 정당한 세수를 징수할 수 있게 된다.

일반적으로, 특수관계인에는 직·간접적으로 동일한 이해관계에 의해 소유되거나 관리되는 자가 포함된다. 이러한 특수관계를 드러내는 적절한 지표로는, 이전가격을 시가와 다르게 결정할 수 있는 능력을 들 수 있다.

위에서 본 바와 같이, 과세당국은 납세의무자가 조세피난처나 일정한 조세특례를 제공하는 국가에 거주하는 자신의 특수관계인에게 소득을 이전하지 못하도록 이전가격을 조정할 권한을 부여받아야만 한다. 조세특례의 사례에는 상대적 저세율, 한시적 조세감면(tax holiday)이나 기타 조세유인(tax incentive), 그리고 공제가능한 결손금(tax-deductible loss) 등이 포함된다. 납세의무자가 대개는 높은 법정세율 국가로 소득을 이전시키려 하지는 않겠지만, 기업집단 내의 계열회사가 그 국가에서 손실을 보거나, 고세율 국가의 세제에 조세상 헛점이나 조세특례제도를 악용할 수 있을 때라면 그 국가로 소득을 이전할 수도 있다. 납세의무자는 공제할 수 있는 비용을 저세율 국가에 소재한 특수관계법인으로부터 고세율 국가에 소재한 특수관계법인으로 이전하는 방법으로도 조세를 줄일 수 있다. 고세율 국가에서 비용공제를 하면 조세를 더 많이 줄일 수 있기 때문이다.

국제 거래로 발생한 소득에 대하여, 한 국가의 과세당국은 다른 국가들이 자신들의 이전가격세제 규정을 지나치게 공격적으로 집행을 함으로써 국제 거래에서 생긴 소득에 대해 정당하지 않은 몫까지 세수를 확장시키려는 행위를 방지하기 위해서도 이전가격을 조정한 권한이 필요하다. 어떤 국가는 공격적으로 이전가격을 조정하고 다른 국가는 그렇지 않다면, 양 국가 사이에서 거래를 하는 납세의무자는 이중과세의 위험을 완화시키기 위해 공격적으로 이전가격을 조정하는 국가로 소득을 이전하려고 할 것이다.

복수의 국가들이 동일한 거래에 이전가격세제 규정을 적용할 경우 심각한 이중과세문제가 발생할 수 있다. 예컨대, A사는 A국에서 비용 60으로 재화를 생산하고, 특수관계회사 겸 B국 법인인 B사는 이를 매수한 후 B국에서 소비자들에게 소매로 150에 판매하였다고 가정하자. A사는 A국에서 제조분 이득에 대하여 과세될 수 있고, B사는 B국에서 판매분 이득에 대하여 과세될 수 있다. (A사와 B사로 구성된) 기업집단은 90(=150−60)의 순이익을 얻는다. 그리고 A국이 A사에서 B사로의 판매에 따른 적당한 이전가격을 90이라 판단하는 데 반하여, B국은 적당한 판매가격이 50이라는 입장을 취한다고 해보자. 이 경우 이중과세가 발생할 수 있다. 기업집단 전체는 90의 소득을 얻지만 다음과 같이 130의 소득에 대하여 과세될 수 있기 때문이다.

A국에서 A사의 소득에 대한 과세 :	
판매	90
비용	60
소득	30
B국에서 B사의 소득에 대한 과세 :	
판매	150
비용	50
소득	100
A사와 B사의 총 소득	130

위에서 든 사례에서 양 국가가 적절하지 않게 결정된 이전가격을 조정할 통일된 규정을 두고 있고, 그래서 모든 사례에서 동일한 방법으로 위 규정을 적용한다면 이중과세를 제거할 수 있다. 위 사례에서 확인되는 사실은, B국이 A국의 이전가격 90(왜냐하면, B국은 B사에 대하여 60에 대한 소득에 대하여만 과세하려기 때문이다)을 받아들이거나 아니면 A국이 B국의 이전가격 50(왜냐하면 A국은 A사에 손실 10이 발생한 것으로 취급하기 때문이다)을 받아들이면 이중과세는 제거될 수 있다는 점이다.

어느 정도의 통일성을 얻기 위해, OECD 및 UN 모델조약의 제9조는 이전가격은 독립적으로 행동하는 비특수관계인 간의 동일한 거래에서 사용된 가격을 반영하여 조정하여야 한다고 제시하고 있다. 이러한 이른바 **독립기업원칙**[arm's length method(standard, principle, approach라고 하기도 한다)]은 대부분의 국가들이 채택하여 왔다.[1] 그러나 독립기업원칙을 광범위하게 채택한 결과 실무상 적용되는 방법 간에는 상당한 불일치가 발생하게 한다. 독립기업원칙을 적용하기 위해 사용되는 주요 이전가격 방법은 아래 6.4에서 설명한다.

일부 국가들은 이전가격 분쟁이 실제 발생하기 이전에 이전가격을 결정하기 위해 사용될 방법에 관하여 납세의무자와 미리 협의하려고 한다. 이러한 방식의 주된 목적은 납세의무자와 과세당국이 이전가격을 둘러싼 쟁송을 할 경우에 발생하는 고비용을 줄이는 것이다. 일반적으로, 한 개 또는 그 이상의 거래에 대하여 가격산정방식의 사전승인을 원하는 납세의무자는 대개는 과세당국에 **사전승인**, 즉 APA(Advance Pricing Agreement)라고 알려진 절차를 요

1) 한국법에서 "정상가격"이란 거주자, 내국법인 또는 국내사업장이 국외특수관계인이 아닌 자와의 통상적인 거래에서 적용하거나 적용할 것으로 판단되는 가격을 말한다. 「국제조세조정에 관한 법률」 제2조 제1항 제5호.

청한다.[2] 납세의무자는 사전승인의 대상인 거래에 적용하려고 하는 이전가격 방법에 관한 상세한 자료를 제공하여야 하고, 그 방법이 왜 적당한지를 설명하여야 한다. 경우에 따라 둘 혹은 그 이상의 정부들이 문제되는 때라면 조세조약에 있는 분쟁해결절차를 이용하기도 하는데, 이는 납세의무자가 사용하는 이전가격 방법의 쟁점에 관하여 공동으로 대응하기 위해서이다. OECD는 공동의 사전승인(joint APAs) 체결을 촉진시키기 위해 국가들을 위한 가이드라인을 공간(公刊)해왔다.

6.2 OECD 이전가격 가이드라인

미국은 1960년대 초, 이전가격 남용을 제한하기 위한 기술을 발전시키는 데 앞장섰다. 독립기업원칙을 정의한 미국세법(the US Internal Revenue Code) 제482조는 초기에 논란이 많았으나, 지금은 광범위하게 받아들여지고 있다. 제482조의 규정은 정상가격을 정하는 세 가지 방법을 권고하고 있다. 즉 비교가능 제3자 가격법(comparative uncontrolled price, CUP), 재판매가격법(resale price), 그리고 원가가산법(cost plus)이 그것이다. 미국은 1995년 새로운 이전가격 규정을 채택하였는데, 이 규정은 무형자산(intangible property)이 체화된 재화이 판매되거나 면허를 얻어 생산될 때 주로 적용될 수 있는 몇 가지 추가 방법을 지지하였다. 초기의 상당한 논란에도 불구하고, 많은 정부들이 추가 방법을 받아들였고 일부 단서를 붙이기는 했지만 OECD도 이를 지지하고 있다.

OECD는 오랜 기간 동안 이전가격 규정에 관한 국제적 합의를 얻기 위해 착실하게 활동을 해 오고 있다. OECD는 1979년 「이전가

2) 「국제조세조정에 관한 법률」 제14조 참조.

격과 다국적기업(*Transfer Pricing and Multinational Enterprises*)에 관한 보고서」를 발생하였다. 이 보고서는 관계회사(associated enterprises)의 이전가격을 정하는 독립기업원칙 채택을 지지하는 입장을 취하였다. 1979년 보고서를 보완한 1984년 보고서[이전가격과 다국적기업들: 세 가지 과세 쟁점(*Transfer Pricing and Multinational Enterprises: Three Taxation Issues*)]에서는 상호합의절차(MAP), 금융(banking), 중앙관리와 용역비용의 배분에 관한 3가지 쟁점을 다룬다. OECD는 1992년 미국에서 이전가격 발전을 검토하기 위해 대책위원회를 설립하였고, 1993년에는 이전가격에 관한 1970년과 1984년 보고서를 수정하기 위해 별도의 대책위원회를 만들었다. 이들 대책위원회는 1995년에 이전가격 쟁점에 관한 합리적이고 기초적인 검토결과[다국적기업과 조세행정에 관한 OECD 가이드라인(*OECD's Transfer Pricing Guideline for Multinational Enterprises and Tax Administration*, OECD Guidelines]를 출간하는 성과를 거두었다.

OECD 가이드라인 개정판은 차후 수정을 수용하기 위해 가제식으로 출간되었다. 가이드라인에 대한 수정은 1995년 이래 수차례 이루어졌으며, 가장 최근의 수정은 2017년 BEPS 프로젝트에 따라 제시되었다. 예컨대, 무형자산(intangibles), 원가분담약정(cost-contribution arrangements), 기업집단 내 용역(intragroup services), 문서화요건(documentation requirement)을 다룬 장들이 그 당시에 광범위하게 수정되었다.

6.3 UN의 개발도상국을 위한 이전가격 실무지침

UN 전문가위원회(the United Nations Committee of Experts)는 2013년 「개발도상국을 위한 이전가격 실무지침(*Practical Manual on Transfer Pricing for Developing Countries*, New York: UN, 2013)」을 출간하였

고, 무형자산(intangibles), 그룹 내 서비스(intragroup services) 그리고 원가분담약정(cost-contribution arrangements) 등을 다룬 새로운 장들을 포함한 개정/확장판 2판을 2017년에 출간하였다. 이 실무지침은, 독립기업 원칙을 적용할 때 개발도상국들의 개별적 필요와 행정능력을 인정하면서도 이들 국가의 과세당국에 실무적 지원을 제공하기 위한 것이다. 이 실무지침은 OECD 이전가격 가이드라인과 대체로 일치한다. 이 실무지침은 OECD 이전가격 가이드라인에서 취급한 이전가격 방법에 관한 자료, 문서화요건(documentation requirement), 비교가능성 분석(comparability analysis), 그리고 유사자료에 더하여, 브라질, 중국, 인도, 남아프리카의 이전가격 실무를 설명할 뿐만 아니라, 개발도상국에서의 이전가격을 다룰 역량 배양에 관한 쟁점, 세무조사와 위험 평가 기술, 분쟁해결절차를 다룬다.

6.4 독립기업원칙

6.4.1 개 관

국제적인 실무관행에 따르면, 적절한 이전가격은 이른바 독립기업원칙(arm's length standard)을 충족하는 것을 뜻한다. 이 원칙은, 납세의무자가 특수관계인과의 이전가격을, 특수관계가 없는 자와의 비교 가능한 거래에서 적용한 가격과 동일하게 정할 경우 충족된다.

독립기업원칙에 관한 위 정의는 이전가격이 구체적인 상황에서 어떻게 정해져야 하는지에 관하여 지침을 거의 주지 못한다. 독립기업원칙에 내용을 담아내기 위해 각국이 채택한 기본규정들은 다음과 같이 요약할 수 있다. 6.4.2에서 관계회사 간의 거래에서 타당한 정상가격을 정하기 위해 사용되는, 비교 가능한 제3자간 거래나 특수관계 없는 기업의 식별을 다룬다. 6.5는 관계회사의 기업집단이 공통의 자원을 공유할 때 이전가격을 정하는 규칙을 기술한다. 6.6은 특수관계인이 공동개발한 무형자산의 이용으로 얻어진 수익을 배분할 때 적용되는 원가분담약정(cost-contribution arrangements)에 관한 원칙을 설명한다.

이전가격에 관한 OECD 가이드라인은 독립기업원칙을 강하게 지지한다. 동시에 이 가이드라인은 위 원칙을 적용하는 작업이 납세의무자와 과세당국에게 매우 어려운 일이라는 점을 솔직히 인정한다. 이 가이드라인은 비특수관계인들 사이의 거래가 기업집단을 구성하는 관계회사 간의 거래와 비교가능한지를 결정할 때 고려되어야 할 요소에 관하여 유익한 논의를 제공하기도 한다. 그러나 독립기업원칙에 관한 대부분의 문헌과 마찬가지로, OECD 가이드라인도 이전가격 문제들을 어떻게 대처할 것인지에 관해 과세당국에게 실무적 조언을 제공하기보다는 특수관계인 간(controlled) 거래와 제3자 간(uncontrolled) 거래의 비교가능성을 정하는 문제에 더욱 초점을 맞추고 있다고 생각된다.

유형자산(tangible personal property) 판매시의 정상가격을 정하기 위하여 여러 방법들이 조세 영역 도처에서 사용된다. 다섯 가지 방법이 아래에서 논의된다.[3] 처음의 세 가지 방법들(비교가능 제3자 가격법, 재판매가격법, 원가가산법)은 전통적 방법(traditional method)이라고 하며, 국제조세 분야에서 널리 받아들여지고 있다. 불행하게도 이 방법들은 매우 중요한 사례(특히, 제품이 고가의 무형자산과 결부되어 있는 사례)에서 (반드시 불가능하지는 않지만) 적용하기가 매우 어렵다는 한계가 있다. 이들 전통적 방법은 6.4.5와 6.4.6의 비교

---

3) 한국법상 정상가격 산출방법에는 비교가능 제3자 가격법, 재판매가격법, 원가가산법, 거래순이익률법, 이익분할법 등 다섯 가지 외에 대통령령으로 정하는 바에 따라 합리적이라고 인정되는 방법도 여기에 포함된다고 규정한다. 「국제조세조정에 관한 법률」 제8조 제1항.

를 통하여 6.4.3에서 살피게 된다.[4)]

OECD 가이드라인에서 '거래이익(transactional profit)'이라고 언급된, 두 가지 다른 독립기업 방법은 더 많은 상황에 적용될 수 있다. **이익분할법**(profit-split method)은 과세당국이 국내 소송절차에서 납세자와 분쟁을 해결할 때 비정형적인 방법으로서 자주 사용된다. 또한 **거래순이익률법**(transactional net margin method, TNMM)은 **비교가능이익법**(comparable profit method, CPM)으로도 알려져 있는데, 1994년 미국세법 제482조에 관한 연방재무부규칙 개정시에 공식적으로 승인되었다. 이익분할법과 거래순이익률법은 특수관계인 간의 거래에서 발생하는 이익과 유사한 상황에서 이루어지는 비특수관계인 간 거래에서 발생하는 이익의 비교에 초점을 맞춘다. OECD는 이전가격에 관한 1995년 보고서에서 이익분할법과 거래순이익률법은 최후의 수단으로서만 사용되어야 한다고 제안하였으나, 이 제한조항은 그 이후 삭제되었다. 최근 OECD 가이드라인은 특정 상황에서는 거래이익(transactional profit)을 따지는 방법이 전통적 방식보다 더 적당할 수 있다고 본다(문단 2.2부터 2.12까지). 어떤 경우이건 목표는 가장 적합한 이전가격 방법을 찾아내는 것이다. 이들 거래이익 방법에 관한 내용은 6.4.7과 6.4.8에서 살핀다.[5)]

OECD 가이드라인에 따르면, 납세의무자는 가이드라인이 승인한 전통적 방법이나 거래이익 방법이 아닌 다른 방법도 사용할 수

4) 이 책 본문은, 아래에서 보듯 이들 전통적 방법의 기본개념과 그에 따른 예시를 설명함에 그친다. 한편, 한국법 맥락에서 이들 방법의 구체적 적용과정과 그에 뒤따르는 문제점을 지적한 글로는, 이창희, 「국제조세법」, 제2판, 박영사, 2020, 347~364면. 실무적 견지에서 이들 전통적 방법들에 관한 각종 기술적 고려요인을 더 보려면, 강성태, 「국제거래 소득과 이전가격 과세제도」, 삼일인포마인, 2014, 123~185면 참조.

5) 거래이익 방법에 관해서도 이 책은 입문서에 부합하는 정도의 기본내용만 다루고 있다. 이에 대해 더 궁금한 독자는 이창희, 앞의 책, 364~374면과 강성태, 앞의 책, 210~261면 참조.

있다고 하고 있는데, 다만 이 경우는 그 방법 역시 독립기업원칙에 부합하고 공인된 방법이 그 방법보다 더 적합하지 않을 것이 전제되어야 한다.

6.4.2 비교가능 분석

이전가격의 핵심은 비교가능한 정상거래(arm's length transaction)를 기반으로 비정상거래(non-arm's-length transaction)에 대하여 적당한 가격을 정하는 것이다. 비교에 사용되는 정상거래는 납세의무자(특수관계인 간 거래의 당사자)와 특수관계인이 아닌 자(비교가능 내부거래자) 또는 특수관계가 없는 제3자(비교가능 외부거래자) 간의 거래일 것이다. 예컨대 기업은 특수관계인 또는 비특수관계인 모두에게 동일한 재화를 판매할 것이다. 그러므로 비특수관계인에 대한 판매가격은 특수관계인에 대한 독립기업가격을 정하는 데 적당한, 비교대상 거래(comparables)를 제공한다. 그러나 만일 기업이 비특수관계인들에게 동일한 재화를 판매하지 않는다면, 동일한 시장이나 산업에서 특수관계 없는 제3자들에게 동일한 재화를 판매하는 독립기업(independent enterprise)을 찾아볼 필요가 있다.

대부분 사례에서 완전히 비교가능한 거래를 찾기는 어렵다. 왜냐하면 정상가격은 수많은 고려사항(가령 매점매석, 재화의 품질, 판매기간, 시장 상황, 시장의 위치 등)을 반영하기 때문이다. 그러나 거래조정을 통해 비교가 가능하게 되는 한, 정확히 맞아떨어지는 비교가능 거래를 찾아낼 필요는 없다.

아래에서 논의되는 모든 이전가격은 몇 가지 유형의 비교가능성 분석을 요구한다. 전통적 방법의 경우(비교가능 제3자 가격법, 재판매가격법, 원가가산법), 중요한 요소는 독립기업 당사자들 사이의 비교가능한 거래를 찾아내는 것이다. 그러나 이익분할법이나 거래순이익률법의 경우, 비교가능 거래의 가격보다 비교가능 거래에서의 이익을 찾아내야 한다. 양 사례에서 비교가능성 분석은 가장 적당한 이전가격 방법을 선택하고, 정상가격이나 정상이익(arm's length profits)을 정하는 방법을 적용하는 데 사용된다.

이해관계자나 특수관계인 간의 거래와 특수관계없는 제3자간 거래의 비교가능성은 통상 다섯 가지 요소에 기반을 둔다.

(1) 이전된 재화 또는 용역의 특징
(2) 거래 당사자들에 대한 기능적 분석
(3) 계약 기간
(4) 경제적 상황
(5) 당사자들이 추구하는 경영 전략

이들 요소를 살펴보면, 비교가능성 분석은 관련된 거래뿐만 아니라 납세의무자와 그들의 사업에 관한 양질의 정보를 필요로 한다는 사실을 알 수 있다.

기능적 분석(functional analysis)은 유용한 비교가능 거래를 확정하는 데 있어서 핵심요소이다[이것은 또한 OECD 모델조약 제7조의 고정사업장 귀속에 있어서도 핵심요소가 된다(제8장 8.8.5 참조)]. 기능적 분석은 거래관계 당사자에 의하여 수행된 기능(functions performed), 사용된 자산(assets used), 그리고 부담한 위험(risks assumed)에 관한 조사와 관련되어 있다. 왜냐하면 이러한 요소들은 당사자가 거래에서 기대한 수익을 확정하기 때문이다. 이러한 기능들은 조사, 개발, 생산, 구매, 운송, 보관, 판매, 그리고 경영지도를 포함한다. 위의 자산은 유형자산과 무형자산을 포함하며, 위의 위험은 재정, 생산, 구입, 판매, 국가/지역, 그리고 일반 사업위험을 포함한다.

OECD 가이드라인이 1995년에 처음 출간된 이후, 다국적기업은 계약에 따른 위험의 인수(contractual assumption to risk)를 활용해서 기업집단에 속하는 계열회사 간에 소득을 이전시켜 왔다. 2017년의 가이드라인은 이러한 기업집단에 속하는 계열회사가 계약으로 위험을 인수하는 것은 그 계열회사가 위험에 대한 통제를 할 수 있고 그 위험을 부담할 재정적인 능력이 있을 때만 고려되어야 함을 분명히 하였다.

많은 상황에서 이런저런(예를 들어, 새로운 기술과 관련된 거래 또는 정보의 부족과 같은) 이유로 신뢰할 수 있는 비교가능 거래들과 기업들은 사용할 수 없을 수도 있다.

6.4.3 비교가능 제3자 가격법(Comparable Uncontrolled Price Method)

비교가능 제3자 가격법(CUP method)은 유사한 상황에서 비특수관계인 사이에 결정된 유사한 물건의 판매가격을 참조하여 정상가격을 정한다. 비교가능 제3자 가격법은 비교가능 거래가 존재할 경우에 선호되는 방법이다. 이 방법은 원유, 철광석, 밀, 그리고 공개 상품시장에서 판매되는 물건 등에 대한 가격을 정하는 데 널리 사용된다. OECD 가이드라인은 2017년 개정을 통해 특수관계인 간 거래와 독립된 당사자간 거래의 특징을 비교할 수 있다면 상품의 견적가격(quoted commodity prices)을 정상가격의 척도로서 이용할 수 있다는 것을 분명히 하였다. 가격을 매긴 날짜는 이러한 견적가격을 이용하는 데 중요한 요소이다. 또한 비교가능 제3자 가격법은 재화의 가치가 특수한 노하우나 상표에의 의존성이 낮은 생산품의 가격을 산정하는 데 유용하다. 그러나 특수관계가 없는 자에게 통상 판매되지 않는 주문 제작된 부품과 같은 수많은 중간재에 대한 가격을 산정하는 데에는 적합하지 않다. 재화의 가치가 생산자의 상표명에 매우 의존적인 상품에 관한 가격을 산정하는 데에도 적합하지 않다. 비교가능 제3자 가격법의 적용은 다음과 같은 사례로 설명할 수 있다.

X사는 X국 법인이라고 가정한다. X국에서 비용 40으로 목제 의자를 만들고, 특수관계가 없는 외국 소매상들에게 47에 판매한다. 또한 Y국에 외국자회사로 설립한 Y사에 거의 동일한 의자를 판매한다. Y사는 특수관계가 없는 소비자들에게 X사로부터 구입한 의자를 70에 재판매한다. 만일 Y사에 대한 판매조건과 비특수관계인인 외국 소매상들에 대한 판매조건이 실질적으로 동일하다면, Y사에 대한 의자판매에 대한 정상가격은 47이다. 따라서 X사는 기업 간 거래로 이익 7(=47−40)을 얻을 수 있고, Y사는 이익 23(=70−47)을 얻을 수 있다.

비교가능 제3자 가격법은 특수관계인 간 판매의 기간이나 조건들이 비특수관계인들에 대한 판매와 일치하지 않는다 하더라도, 이러한 차이들이 조정될 수 있다면 적용될 수 있다.[6] 예컨대, 앞에 든 사례에서 X사는 특수관계가 없는 소매상들에 대하여 운송비를 포함하지 않는 반면에 Y사에 대하여 운송비를 포함된다 하더라도, 운송비와 취급수수료에 대한 조정이 이루어진다면 이 판매는 여전히 비교가능한 것으로 보게 될 것이다.

6.4.4 재판매가격법(Resale Price Method)

재판매가격법은 비특수관계인에게 판매된 최종가격으로부터 적당한 이익가산분(markup)을 빼는 식으로 특수관계인 사이의 판매된 재화의 정상가격을 산정한다. 납세의무자는 소매상인 특수관계인에게 생산할 재화를 판매하고, 소매상은 더 이상의 유통과정 없이 특수관계가 없는 소비자에게 재판매하는 전형적인 사례에 이

---

6) 대법원 2011. 10. 13. 선고 2009두15357 판결과 동 2012. 11. 29. 선고 2010두7796 판결을 견주어, 합리적 차이조정이라는 개념을 법원이 점점 엄격하게 적용하는 추세라고 분석한 글로, 이창희, 「국제조세법」, 제2판, 박영사, 2020, 347~353면 참조.

방식이 적용된다. 위의 적당한 이익가산분은 총이익을 말하며 공급자가 비특수관계인과의 유사거래로부터 얻을 수 있는 재판매가격에 대한 백분율로 표시된다.

앞에서 든 사례에서, X사는 특수관계가 없는 자에 대하여 어떠한 가구 판매도 하지 않고, 비교가능한 제3자 가격법도 쓰기 어렵다고 가정하자. 또한 Y사가 유일하게 수행하는 활동은 외국 시장에서 의자를 재판매하는 것이라고 가정한다. 이러한 가정 아래, 재판매가격법은 의자에 대한 정상가격을 정하는 데에 적합할 것이다. 재판매가격법에 의하면, 첫째 단계는 Y사가 수행한 활동과 유사한 활동에 종사하는 소매상에 대한 정상의 이익가산분을 정하는 것이다. 만일 독립된 외국 소매상이 비교가능한 목재 의자를 구입, 판매하여 20%의 수수료를 얻는다면, 20%의 이익가산분은 X사가 Y사에 판매한 의자의 독립기업가격을 정하는 데 사용될 수 있다. 따라서 만일 Y사가 소비자에게 (재판매가격) 70에 의자를 판매할 경우, 재판매가격법에 의하면, X사와 Y사 사이의 특수관계인 간 판매의 정상가격은 56[=70-14(70의 20%)]이 될 것이다. 따라서 재판매가격법에 의하면, X사는 정상이익으로 16(=56-40)을, Y사는 14(=70-56)를 얻는 것으로 본다.

6.4.5 원가가산법(Cost-Plus Method)

원가가산법은 정상가격을 정할 때 그 출발점으로서 특수관계인 판매자의 제조원가 등을 활용한다. 판매자의 제조원가 등에 적정한 이익률을 곱한 금액을 다시 판매자의 제조원가 등에 더하면 정상가격이 결정된다. 이익률은 매출총이익률(gross profit margin)에 따라 정해지는데, 매출총이익률은 판매자가 특수관계 없는 자와 한 거래나 비교가능한 비특수관계인들끼리의 유사 거래에서 얻을 수 있는 이익률이다. 이 방법은 생산자가 특수관계인에게 상품을 판매하고, 특수관계인은 자신의 상표를 재화에 부착하여 특수관계가 없는 자에게 재판매하는 전형적인 사례에 적용된다.

앞에서 든 사례에서, X사는 Y사에게 어떠한 상표도 부착하지 않고 가구를 판매한다고 가정하자. Y사는 가구에 자신의 고가의 상표를 부착하여 외국시장에서 소비자들에게 재판매한다. 이러한 상황에서, 원가가산법을 적용하면 적정한 정상가격을 얻을 수 있다. 예컨대, 가구생산업의 표준적인 매출총이익률은 생산품 제조원가의 25%라고 가정한다. 일반적으로 인정되는 회계기준(Generally Accepted Accounting Principles, GAAP)에 의한 X사의 가구 제조원가 평균은 40이다. 이 가정을 전제로 원가가산법에 따라 X사의 Y사에 대한 가구의 정상가격을 계산하면 50(=40×125%)이 된다.

매출총이익률을 사업이나 활동에 따른 차이를 감안하여 조정한다면, 반드시 동일한 사업이나 활동에 종사하는 다른 납세의무자의 매출총이익률에 기반을 둘 필요는 없다.

6.4.6 전통적 방법들의 비교

위에서 든 사례에서, X사와 Y사는 전체적으로 이익이 나거나 결손이 날 수 있는 기업활동에 종사하고 있었다. 비교가능 제3자 가격법에 의하면, 기업의 이익과 결손은 특수관계가 없는 당사자 사이의 비교가능 거래를 참조해서 X사와 Y사 사이에 배분된다. 재판매가격법에 의하면, 소매상인 Y사는 약간의 이익을 보장받을 뿐이고 기업이익 전부 혹은 잔여 이익·손실은 생산자인 X사에 배분된다.[7] 원가가산법에 의하면, X사는 이익을 보장받고 기업 이익 이나 잔여 이익·손실은 Y사에 배분된다. <표 6.1>은 세 가지 전통

7) 같은 맥락에서, 한국법의 재판매가격법의 역할은 상품수입국에서는 다국적 기업의 초과이윤을 과세할 수 없음을 밝힌 것일 뿐이라는 지적이 있다. 이창희, 「국제조세법」, 제2판, 박영사, 2020, 362면.

적 방법들에 따라 X사와 Y사에 귀속될 수 있는 소득을 요약한 것이다.

〈표 6.1〉 3가지 전통적 방법들에 따라 모회사(X사)와 자회사(Y사)에 귀속될 수 있는 소득

	비교가능 제3자 가격법	재판매가격법	원가가산법
(1) X사의 제조원가	40	40	40
(2) Y사의 특수관계인에 대한 판매가격	70	70	70
(3) 특수관계가 없는 경우의 이전가격	47	56	50
(4) X사의 이익[(3)−(1)]	7	16	10
(5) Y사의 이익[(2)−(3)]	23	14	20
(6) 모회사(PCo)와 자회사(SCo)의 총이익	30	30	30
(7) 기업이익의 수취인	나누어 가짐	모회사(PCo)	자회사(SCo)

다국적기업이 고가의 무형자산을 체화한 물건의 생산과 판매에 관여하게 되는 상황이라면, 일반적으로 그 다국적기업은 상당한 기업이익을 얻는다. 물건이 고가의 무형자산을 체화하고 있을 때에는 일반적으로 비교가능 제3자 가격법을 적용할 수 없다. 이때 판매된 물건은 대개는 유일하므로 비교할 수 있는 거래가 존재하지 않기 때문이다. 그러나 어떤 경우에는 재판매가격법이나 원가가산법을 적용하기 위한 필요조건들을 충족할 수 있다. 만일 생산자(앞선 사례의 X사)가 저세율 국가에서 생산하고 소매상(앞선 사례의 Y사)이 고세율 국가에서 판매할 경우, 기업집단은 재판매가격법의 적용을 선호할 것이다. 왜냐하면 이 방법은 저세율국가의 생산자에게 기업이윤을 배분하기 때문이다. 반대로, 만일 생산국이 고세율

이고 판매국이 저세율일 경우, 기업집단은 원가가산법 사용을 선호할 것이다. 원가가산법은 판매국에 기업이익을 배분하기 때문이다.

6.4.7 이익분할법(Profit-Split Method)

이익분할법에 의하면, 공통의 사업부문(common line of business)에 종사하는 특수관계인들의 전 세계 과세소득은 소득 획득에 대한 기여도에 따라 특수관계인들 사이에 배분된다. 세 가지 전통적 방법들을 적용할 수 없을 때에, 이 방법이 전형적으로 적용된다. 만일 계열회사로 구성된 기업집단이 복수의 생산라인을 가지고 있다면, 이익분할법은 각 생산라인별로 분리되어 적용될 수 있다. 사실상 이익분할법이 적용될 수 있는 경우는 매우 다양하다. 이익분할법의 독특한 특징은 이 방법이 개별 거래가 아닌 일군의 거래로부터 이익들을 집계하는데 적용된다는 것이다. 이에 반하여 전통적 방법들은 모두 개별 거래에 기반을 두고 있다. 다음의 사례는 이익분할법이 어떻게 적용되는지를 설명해준다.

X사와 Y사는 제약품의 생산과 판매에 종사하는 특수관계 회사들이다. X사는 대규모 연구활동을 하고 있으며 특허받은 공정을 이용하여 제약품을 생산을 하는데, 이렇게 생산한 제약품을 Y사에 판매한다. Y사는 재판매를 위해 제약품을 재포장하고, 고가의 상표를 부착한 다음, 대규모 시장을 통해 이를 재판매한다. X사는 비특수관계인에 대하여 어떠한 판매도 하지 아니하고, 다른 제약회사는 이와 상응할 정도의 비교가능한 제약품을 판매하지 아니한다.

이러한 조건 하에서 어떤 국가들은 제약품에 대한 적당한 이전가격을 정하기 위해 이익분할법을 사용하기도 한다. X사가 약품 생산에 비용 300을 지출하고, Y사는 포장, 마케팅, 판매에 비용 100을 지출한다고 가정하자. 또한 Y사는 특수관계가 없는 소비자에게 600의 매출을 거두었다고 가정해보자. 이러한 사실에 의하면, 기업집단은 순이익 200[=600−(300+100)]을 얻는다. 만일 X사의 기업 기여도를 총 순수익 중 약 75%라고 하면, 이익을 75:25로 분할하는 것이 적절하다. 따라서 X사는 이익 150을, Y사는 이익 50을 각각 얻게 될 것이다.

이익분할법은 하나 이상의 전통적 방법을 조합하는 방식을 포함하여, 다양하게 변형시킬 수 있다. 예컨대, 전통적 방법은 통상적 활동으로부터 취득한 평균 이익을 배분할 때 적용될 수 있고, 이익분할법은 고가의 무형자산의 개발로 취득한 기업이익을 분배할 때 사용될 수 있을 것이다.

앞선 사례에서 X사는 통상적 생산활동에 종사하고, Y사는 통상적인 판매활동에 종사한다고 가정해보자. X사의 총제조원가는 300이다. 비교가능한 생산 활동에 종사하는, 특수관계가 없는 회사들의 매출총이익률은 제조원가의 20%이다. 이러한 사실을 전제로 하면, X사는 원가가산법에 따라 이익 60(=300×20%)을 배분받게 된다. Y사의 총매출액은 600이다. 유사 활동에 종사하는 비특수관계 회사의 매출총이익률은 10%이다. 그러므로 재판매가격법에 의하면, Y사는 이익 60(=600×10%)을 배분받게 된다. 나머지 이익 80[200−(60+60)]은 이익분할법에 따라 배분된다. 75:25 분할을 적용한다고 가정하면, X사는 이익분할법에 따라 이익 60(=80×75%)과 총이익 120(=60+60)을 거두게 되고, Y사는 이익분할법에 따라 이익 20(=80×25%)과 총이익 80(=20+60)을 거두게 될 것이다.[8)]

이익분할법이 공평하고도 효율적으로 작동하기 위해서는, 적

---

8) 앞선 본문에도 적혀있듯이, 위 사례는 이전가격을 찾는 과정에서 전통적 이전가격 방법과 거래이익에 기반한 이전가격 방법이 조합해서 쓸 수도 있음을 보여주는 사례일 뿐이다. 이를 두고서 마치 생산회사에는 원가가산법을, 판매회사에는 재판매가격법을 적용해야 하고 그 뒤에 남는 소득분배분에 관해서는 이익분할법을 써야 한다는 어떤 “기계적 도식”처럼 오해해서는 안 된다.

당한 이익 분할비율을 정하는 데에 공평하고도 효율적인 방법이 적용되어야 한다. OECD가 사용한 접근방법은 비교가능한 활동에 종사하는, 특수관계 없는 제3자들 사이의 이익분할을 조사하는 것이다. 불행하게도, 그런 정보는 대체로 입수하기 어렵다. 이익분할법은 고가의 무형자산이 관련되는 경우에 적용될 가능성이 높기 때문에 무형자산 개발에 대한 특수관계인의 상대적 기여도에 따른 이익분할이 적절할 것으로 생각된다.

6.4.8 거래순이익률법(Transactional Net Margin Method)

거래순이익률법(TNMM)에 의하면, 납세의무자는 자기 자신 또는 특수관계인(분석대상 당사자) 중에서 거래의 정상이익 범위를 정하여야 한다. 분석대상 당사자(tested party)의 보고된 거래이익이 그 범위를 벗어나지 않으면, 이 방법에 따른 이전가격은 관련 정부기관에서 승인될 것이다. 그러나 만일 분석대상 당사자의 보고된 거래이익이 그 범위를 벗어나면, 과세당국은 이익이 그 범위 내(전형적으로 중간영역)에 있도록 이전가격을 조정할 것이다. 거래순이익률법이라는 이름 안에 '거래(transactional)'라는 용어가 사용됨에도 불구하고, 거래순이익률법은 정상가격을 정할 때 거래에 바탕을 두는 방법을 사용하지 않는다. 그 대신 거래순이익률법은 일군의 거래로부터 법인이 얻는 이익을 기초로 하며, (흔히 전통적 이전가격방법이 초점을 맞추는) 개별 거래의 가격을 기초로 하지는 않는다.

일반용어로, 분석대상 당사자의 이익은 특수관계 없는 자의 어떤 경제적 지표에 대한 이익률(ratio of profits)을 정하고, 분석대상 당사자의 이익을 계산하는 비율을 적용함으로써 결정한다. 예컨대 비특수관계인이 과세가능 소득 80을 가지고, 자본 800을 투자하며, 그 투자된 자본은 거래순이익률법을 적용하는 데에 경제적 지표라고 가정하면, 비특수관계인의 투자자본에 대한 과세가능한 소득률은 80 : 800 또는 10%이다.[9] 만일 분석대상 당사자가 자본 500을 투자할 경우, 단순화된 거래순이익률법에 의하면 정상이익은 50(=500×80/800)이 될 것이다.

거래순이익률법을 더 정교하게 적용하려면, 납세의무자 또는 정부는 복수의 비특수관계인에 대한 거래순이익률법 계산을 하여야 한다. 그런 계산을 많이 하면 할수록 신빙성이 높은 결과를 얻을 수 있다. 분석대상 당사자의 정상이익은 수차례의 계산을 통해 확정된 이익의 범위 내에 있는 총액이다. 분석대상 당사자의 정상이익으로 간주되는 범위 내의 지점을 선택하기 위하여는 통계적 기술이 사용될 것이다. 만일 분석대상 당사자가 납세의무자가 아니라 특수관계회사일 경우, 거래순이익률법에 의하면 납세의무자의 이익은 두 회사들의 결합이익에서 분석대상 당사자의 이익을 뺀 금액으로 판정된다.

납세의무자 또는 특수관계인이 분석대상 당사자로 사용되는지 여부는 각각의 사실과 정황에 좌우된다. 그 목적은 분석대상 당사자로서의 특수관계 회사를 찾기 위함인데, 이는 비교대상으로 활용되는 비특수관계 회사의는 영업기능과 가장 유사한 영업기능을 갖춘 특수관계 회사를 찾는 것이다. 예컨대, A사는 A국에서 재화를 생산하고 B사에 재화를 판매하는데, B사는 A사의 완전자회사로서 B국에서 고가의 상표를 부착한 후 재화를 판매한다고 하자. 만일 A사에 대하여 전통적 이전가격 방법이나 거래순이익률법을 적용하는 데 필요한 정보를 구할 수 없지만, B사에 대하여 거래순이익률법을 적용하는데 필요한 정보는 입수할 수 있는 경우가 있다. 그런 경우라면 B사가 분석대상 당사자가 되는데, 이는 B사가 납세의무자인지 아닌지와는 무관하다.

---

9) 자본이 마찰없이 자유로이 이동할 수 있다면 실물자본의 수익률이 균등해진다는 점에 착안한 생각이다. 이창희, 「국제조세법」, 제2판, 박영사, 2020, 368면.

거래순이익률법을 적용하기 위해, 납세의무자는 특수관계 없는 자가 비교가능 거래에 종사함으로써 얻게 되는 이익의 범위를 정하여야만 한다. 납세의무자는 다양한 방법으로 이 범위를 정할 수 있다. 첫 번째 방법(위에서 사례로 설명한 방법)으로, 납세의무자의 활동과 대략 유사한 활동에 종사하는 두 개 이상의 비특수관계인에 의하여 사용된 자본이득률(the rate of return on capital)을 정하는 것이다. 그 다음에 각 비특수관계인에 대한 자본이득률에 납세의무자(사례에 따라서는 분석대상 당사자)의 총자본을 곱하면 된다. 두 번째 방법으로, 납세의무자가 두 개 이상의 비교가능한 특수관계인에 대한 총 판매수입액에 영업이익률(the ratio of operating profits)을 정하고, 납세의무자들(또는 분석대상 당사자)의 판매에 이 비율을 적용하는 것이다. 세 번째 방법으로, 둘 이상의 특수관계인에 대하여 영업비용(operation expenses)에 따른 총이익률을 정하고, 납세의무자 또는 분석대상 당사자의 영업비용에 이 비율을 적용하는 것이다. 그 밖에 다른 경제지표도 사용할 수 있다.

예컨대, A사(분석대상 당사자)는 복잡성이나 성격이라는 면에서(A사와의 관계에서 및 상호간 특수관계가 없는) X사와 Y사의 영업활동과 유사한 영업활동에 종사하고 있다. X사와 Y사의 총수입금액(gross receipt)에 대한 영업이익의 비율은 각각 0.2와 0.3이다. A사의 총수입금액은 200,000이다. 거래순이익률법에 의하면, A사의 정상이익의 범위는 40,000(=20,000×0.2)부터 60,000(=200,000×0.3)까지가 될 것이다. 거래순이익률법을 적용하기 위한 다양한 조건들을 충족한다고 가정하면, A사의 정상이익은 40,000부터 60,000까지의 범위 내에 있다고 간주할 수 있다.

일단 거래순이익률법의 범위가 정해지면, 그 범위 내에서 특정한 금액을 분석대상 당사자의 정상이익으로 선택해야 한다. 그 금액을 사용하여 계산한 이익이 거래순이익률법의 범위 내라면 과세당국은 대개는 납세의무자의 장부를 통해 확인되는 이전가격을 수용할 것이다. 납세의무자가 보고한 이익이 그 범위를 벗어난다면, 과세당국은 거래순이익률법 범위의 중간값을 정상이익으로 볼 가능성이 높다. 만일 둘 이상의 비특수관계인에 대한 자료가 거래순이익률법을 정하는 데에 사용되었다면 최종수익치(resulting profit numbers)의 가중평균이 그 범위의 중간값을 정하는 데 사용될 것이다.

납세의무자나 과세당국이 비교가능 회사들을 어떻게 선택하는지에 따라 거래순이익률법의 적용이 조작될 수 있다. 납세의무자나 과세당국의 편의를 위해 이루어질 수 있는 체계편향성을 방지하기 위해, 적절한 비교가능 회사들을 선정하는 기준을 개발할 필요가 있다. 이에 더하여, 불합리한 결과를 초래하는 비교가능 회사들을 제거하거나 거래순이익률법의 범위 내에서 정상이익을 선택할 수 있도록 하는 중립적인 규정들이 적용되어야만 한다.

6.5 법인 자원의 공유

6.5.1 개 관

특수관계 회사는 자주 자금, 대출한도, 본점, 노하우, 상표, 피용자 그리고 그 밖의 회사자원을 공유한다. 독립기업 원칙은 공유된 자원의 소유자가 특수관계인에게 그 자원을 사용한 것에 대한 정상사용료(arm's length fee) 지급을 청구할 것을 요구한다. 이론상 그 사용료는 동일한 자원의 소유자가 그 사용에 대해 특수관계가 없는 자에게 청구하는 총액과 동일하여야만 한다. 실무적으로는 적절한 정상가격이 얼마인지를 정하기는 어려운 일이다. 비특수관계 회사는 비교가능한 자원을 자주 공유하지 않는 것도 이유 중 하나이다.

6.5.2 대출 또는 선급금

상업대출 영업에 종사하는 기업집단 소속 회사는 특수관계인에 대한 대출 또는 선급금의 이자율이 현재의 차입관련 재무비용을 반영하도록 하여야만 한다. 일부 국가들은 대출 영업을 하지 아니하는 기업집단 소속 회사를 위하여 면책이자율(safe harbor interest rate)을 규정하고 특정 대출에 대한 이자율이 그 면책범위 내에 있다면 그 이자율은 조정하지 않도록 한다. 예컨대, 납세의무자로 하여금 정부대출에 대한 평균이자율에 고정된 금리를 적용하도록 하는 국가도 있다. 2017년 OECD 가이드라인은, 기업집단에 소속된 금융회사가 요청을 받을 때에만 계열회사에 자금제공을 하는 것을 제외하고는 별다른 활동이 없고 기업집단 내부의 금융거래로 인한 재무적 위험도 통제하지 않는다면 무위험수익률만을 적용할 수 있다는 점을 분명하게 하였다. 이런 설명은 이익을 저세율 국가로 보내기 위한 소위 금고(cash boxes)로 활용되는 것을 막기 위한 것이다.

6.5.3 용역의 수행

어떤 납세의무자가 특수관계인을 위하여 마케팅, 경영, 관리, 기술, 그 밖의 용역을 제공한다면, 그 용역을 제공한 사람은 특수관계가 없는 독립한 용역제공자가 동일한 용역에 대하여 청구할 금액과 같은 금액을 청구하여야만 한다. 만일 비교가능한 제3자간 용역을 찾을 수 없다면, 정상수수료는 제공된 용역의 비용에 적정한 이익을 더하여 산정하여야 한다. 그러나 이런 상황에서 적정한 정상가격을 결정하는 문제는 만만찮은 일이다.

2017년 OECD 가이드라인(7장 문단 7.43~7.65)은 기업집단 내부의 저가용역에 관하여 단순화된 특별선택지를 제공한다. 기업집단 내부의 저가용역이란 특정한 기업집단에 속하는 하나의 회사가 하나 또는 그 이상의 계열회사를 위한 제공하는 용역으로, 다국적기업집단의 핵심 산업 분야가 아니며, 고가의 무형자산 사용이나 창출, 또는 용역제공자의 위험부담을 포함하지 않는다. 저가용역의 예로는 회계와 감사, 계좌관리, 인사업무, 내부 정보기술 활동, 법률자문서비스 등이 있다. 단순화된 방법은 하나의 계열회사를 위한 제공되는 용역이 아니라 저가용역의 각 분야에서 모든 계열회사에 발생하는 비용의 계산과 관련이 있다. 이러한 비용은 용역의 각 영역에서 적당한 요소(예를 들어 IT 서비스의 총사용자수, 회계서비스의 총자산이나 이윤, 인사관리부의 직원 수 같은)에 따라서 이 용역으로 이익을 얻는 계열회사들 간에 배분된다. 저가용역의 정상가격은 그 분야와 상관없이 모든 저가용역의 비용에 5%의 이익가산분을 더해 정해진다. 과세당국은 이러한 단순화된 방법을 일정한 비율(매출액 중 총용역비용의 비율)에 기초한 최소기준을 초과하지 않은 경우에만 적용하도록 제한할 수 있다.

6.5.4 유형자산의 사용

자산소유자인 납세의무자가 특수관계인에게 사무실이나 장비와 같은 유형자산을 사용하게 할 때에는 그 사용자에게 정상대여비를 청구하여야만 한다. 유형자산의 전대(轉貸, sublease)에도 동일한 원칙이 적용되어야 한다.

6.5.5 무형자산의 사용 또는 이전

특허권 또는 상표권과 같은 무형자산이 특수관계인에게 사용하도록 하는 경우, 그 무형자산의 소유자는 비특수관계인이 동일한 상황에서 그 무형자산을 사용할 때 지급하는 모든 금액을 청구하여야 한다. 이 금액은 소유자가 비특수관계인에게 동일하거나 유사한 무형자산에 관하여 적용하는 사용료율(royalty rate)에 따라 정해질 것이다. 그러나 과세당국이나 납세의무자가 적정한 정상사용료률을 정하는 데 필요한 정보를 얻기가 어려울 때가 많다. 그리고 다국적기업은 부적절한 사용료율을 적용하여 조세회피를 한다는 혐의를 받을 때가 적지 않다. 과세기관은 납세의무자가 무형자산을 포함한 거래의 가격을 매기기 위해서 사용하는 정보를 평가하기 곤란할 때가 많다(흔히 정보비대칭이라 한다).

만일 무형자산을 특수관계인에게 매각하는 경우, 정상적인 매매가격은 무형자산의 내용연수 동안 기대되는 정상사용료의 합계금액을 현재가치로 할인한 금액을 고려하여 결정할 수 있다. 그러나 유일무이하고 고가인 무형자산을 보유한 다국적기업은 그 무형자산으로부터 기대되는 장래이익을 반영한 수익을 조정할 수 있는 장치 없이는 그 무형자산을 비특수관계인에게 처분하거나 장기간 대여하지는 않을 것이다. 6.7에서 살펴보겠지만, 과세당국은 특수관계 회사간에 행해진 거래에 상업적 합리성이 인정되지 않는다면 그 실제 거래를 부인할 수 있다.

무형자산과 관련된 내부거래가 이전가격 쟁점 중 가장 어려운 부분 중 하나라는 사실이 그다지 놀라운 일은 아니다. OECD 가이드라인의 제6장은 212개의 문단과 73면으로 구성되어 있는데, 그 부속서에 가이드라인 적용에 관한 29가지의 예시가 포함되어 있다. 2017년의 BEPS Action 8의 최종보고서인 무형자산의 이전가격 측면에 대한 권고안(*Guidance on Transfer Pricing Aspects of Intangibles*)에 따르면, 이전가격의 목적과 관련하여 무형자산에 관한 기본적 처리를 다루는 OECD 가이드라인의 제6장에 광범위한 수정이 있었다. 이러한 수정안은 무형자산을 정의하고, 무형자산을 포함한 경우의 정상조건(arm's length conditions)을 결정하고, 무형자산을 포함한 거래를 파악하기 위한 권고안을 제시한다. 이 수정된 권고안은 무형자산의 소유권이 무형자산에서 얻는 모든 소득에 대한 소유자의 권리를 정당화하기에는 충분하지 않다는 것을 강조한다.

아마도 위 가이드라인상의 무형자산에 대한 가장 중요한 수정사항은 무형자산의 개발(development), 가치상승(enhancement), 유지(maintenance), 보안(protection) 및 이용(exploitation)에 관한 기능(이를 통칭하여 'DEMPE'라 한다)을 수행하는 특수관계 기업은 이러한 기능에 수반하는 정상대가(arm's length compensation)를 받아야 한다는 것이다. 나아가 이러한 무형자산의 DEMPE에 관한 잠재적인 위험을 인수한 특수관계 기업은 이러한 위험을 통제하고, 위험을 인수할 수 있는 재무적 능력을 가진 경우에만 그에 대해 정상보수(arm's length remuneration)를 받을 권리를 가진다. 무형자산에 대한 자금을 제공하지만 DEMPE의 기능은 수행하지 않는 특수관계 기업은 위험이 없는 경우의 수익 또는 위험이 조정된 경우의 수익에 관하여만 권리를 가진다.

6.6 원가분담약정

기업집단이 고가의 무형자산을 개발하고, 둘 이상의 구성원 사이에 이익을 공유하려고 한다면, **원가분담약정(cost-contribution arrangement)**으로 장래의 잠재적인 무형자산 사용자로 하여금 공동개발에 참여하도록 함으로써 이전가격 쟁점을 회피할 수 있다. 이러한 상황에서, 무형자산의 개발에 기여하는 모든 기여자들은 기여분에 따라 무형자산에 의하여 발생되는 이익에 대한 권리를 가지고, 기업집단의 구성원 사이에 무형자산 또는 그 사용권의 이전은 필요하지 않다. 원가분담약정은 OECD의 이전가격 가이드라인 제8장에서 다룬다. 일반적으로 OECD 규정은 신의의(bona fide)[10] 원가

10) 국제조세에서 'bona fide'라는 표현은 '조세회피를 위한 남용적 거래가 아닌'

분담약정을 인정해 주고 반대로 조세회피목적을 위한 원가분담약정의 부당한 이용을 제한하기 위한 고안된 것이다.

독립기업원칙에 부합되는 원가분담약정은 다음과 같은 특징을 가져야한다.

- 약정은 법적으로 집행가능한 서면계약으로 작성되어야 한다. 약정이 체결될 당시에 약정의 성질, 기간, 이행 및 수정 등의 사항을 명확히 정하여야 한다.
- 약정에 따라 이익을 얻을 것으로 법적으로 예상되는 자만이 참여자가 될 수 있다.
- 계약은 참여자들로 하여금 무형자산 사용으로 얻게 될 것으로 예상되는 합리적 이윤의 비율에 따라 무형자산 개발에 소요되는 비용에 기여하도록 요구하여야 한다.
- 약정의 참여자들은 예상된 이익을 어떻게 계산하였는지를 설명하고, 비용을 정확히 기록하여야 한다.

예컨대, A사와 B사는 작은 전자기기를 생산하는 특수관계 회사들이라고 가정하자. A사는 A국에서 영업에 종사하고, B사는 B국에서 영업에 종사한다. A사와 B사는 저비용으로 전자기기를 생산할 새로운 기술을 개발하려고 한다. 그들은 A국에서 합의에 따라 개발된 무형자산의 사용권을 A사에게 부여하려는 서면계약을 체결한다. B사는 B국에 관하여 유사한 권리를 취득한다. A사는 현재 A국에서 400에 전자기기를 판매하고 있고, B사는 B국에서 600에 전자기기를 판매하고 있다. 이러한 일반적 형태는 장래에도 계속될 것으로 예상된다. 원가분담약정에 따라, A사는 비용 중 40%를 지급하는 데 동의하고, B사는 나머지 60%를 지급하는 데 동의한다. 양쪽 모두 비용과 판매에 관한 자세한 회계보고를 하는 데 동의한다.

정도의 의미를 갖는다.

A국은 OECD 가이드라인과 유사한 원가분담약정에 관한 규정을 채택하고 있고, A사와 B사가 체결한 약정은 신의에 부합하는 원가분담약정으로 판명되었다고 하자. A국은 A사에게 약정에 따라 발생한 비용(일반적으로 적용 가능한 규정에 따라 무형자산 개발에 소요된 비용)을 과세소득에서 공제할 수 있도록 허용하여야만 한다. 덧붙여, A사는 개발결과인 무형자산의 공동소유자로 취급되어야만 한다. 따라서 A사는 A국의 이전가격 규정에 따라 B사에 간주사용료(deemed royalty)를 지급한 것으로 취급되어서는 안 된다. 만일 A사가 B사에 실제 사용료를 지급하였다면, 그 지급액은 비용으로 공제될 수 없다.

2017년 BEPS Action 8의 최종보고서에 따른 권고안의 결과로, 원가분담약정을 다루는 OECD 가이드라인 제8장이 수정되었다. 개정된 가이드라인은 원가분담약정도 다른 계약상 합의에 적용되는 것과 마찬가지로 이전가격세제의 분석틀을 따르게 되는데, 여기에는 관련된 거래를 결정하고 무형자산의 가치를 매기고 상업적 합리성이 결여된 합의를 부인하는 행위를 포함한다. 독립기업원칙은 원가분담약정에 따르는 각 참여자들의 기여도가 그 합의로 얻어지는 기대편익(expected benefits)의 몫에 대응할 것을 요구한다. 이러한 목적으로 개정된 가이드라인은 특정한 상황에서 비용이 기여분의 가치를 보여주는 적절한 지표가 아니라면, 각 참여자들이 지출한 비용이 아니라 기여분 자체의 가치를 기준으로 할 것을 요구한다. 또한 개정된 가이드라인은 원가분담약정이 위험과 무형자산에 관한 2017년 개정권고안을 우회하는 용도로 사용되지 않아야 한다는 점을 강조하고 있다.

특수관계인 사이의 원가분담약정을 규율하는 규칙은 참여자들이 변화된 경제적 상황을 반영하여 약정을 수정할 수 있도록 허용하여야 한다. 그러나 독립기업원칙을 준수하기 위하여, 그 규칙은 참여자들이 양도할 권리에 관한 공정가치에 상응하는 대가를 받을 것과 참여자들이 취득한 새로운 권리에 관하여 공정가치 상당액을 지급하도록 요구하여야 한다. 만일 새로운 참여자가 원가분담약정에 참여한다면, 그 참여자는 다른 참여자에게 약정에 대한 지분이 희석된 데 대하여 공정가치로 보상하여야 한다. 원가분담약정으로서의 적격성에 관한 수정은 서면으로 이루어져야 하고, 그 이외의 점에서도 새로운 원가분담약정으로서의 요건을 충족하여야 한다.

각국 정부들은 조세회피를 방지하기 위하여, 마치 특수관계인들이 자신들의 경제적 행동과 상응한 원가분담약정을 이미 체결한 것처럼 이들을 다룰 수 있는 권한이 있다.[11] 예컨대, A사와 B사는 어떤 무형자산을 공동개발하고 있는 특수관계인들이라고 가정한다. 그러나 그들이 원가분담약정을 체결하지는 않았다고 하자. A사는 A국에서 사업상 무형자산을 사용하고 있고, B국 거주자인 B사에게 무형자산 사용에 대한 사용료를 지급하고 있다. A국과 B국 사이의 조세조약에 따라 사용료는 A국에 의하여 원천징수세의 대상이 되지 않는데, 그 이유는 조세조약이 OECD 모델조약 제12조과 유사한 규정을 포함하고 있으며, 이는 거주지국에 사용료에 관하여 배타적 과세권을 부여하고 있기 때문이다. A사는 A국에서 과세소득을 계산할 때, 사용료 지급액을 비용으로 공제하여 줄 것을 주장한다. A국은 A사와 B사가 마치 원가분담약정을 체결한 것처럼 간주하여 A사와 B사를 취급할 권한을 가지며, 그 결과 A사가 B사에 지급한 사용료를 비용으로 공제하는 것은 허용되지 않는다.

원가분담약정은 저세율 국가로 이익을 이전하는 데 널리 사용

11) 예를 들어 한국법은 "과세당국은 거주자와 국외특수관계인이 사전에 원가·비용·위험 … 의 분담에 대한 약정을 체결하고 이에 따라 무형자산을 공동으로 개발 또는 확보 … 하는 경우 거주자의 원가등의 분담액이 정상원가분담액보다 적거나 많을 때에는 정상원가분담액을 기준으로 거주자의 과세표준과 세액을 결정하거나 경정할 수 있다"고 규정하고 있다. 「국제조세조정에 관한 법률」 제9조 제1항.

되고 있다. 다국적기업은 과세당국이 이용할 수 없는 지식재산에 관한 정보, 연구, 개발활동에 접근할 수 있기 때문에 이러한 결과가 가능해진다. 따라서 예컨대, 저세율 국가에 소재한 계열회사는 고세율 국가에 소재한 다른 계열회사와 원가분담약정을 체결하게 될 것이다. 고세율 국가는 저세율 국가에 소재한 계열회사가 기업집단의 모든 연구 및 개발활동과 비교할 때 현저하게 유리하게 연구결과에 대한 권리를 취득하도록 허용하게 될 것이다.

6.7 거래 부인

OECD 가이드라인(제1장, 문단 1.112－1.228)은 과세당국이 특수관계 기업들 간에 체결된 실제 거래를 인정하고, 그 거래에 이전가격원칙을 적용하여야만 한다는 점을 강조하고 있다. 그러나 OECD 가이드라인은 실제 거래가 제3자 간 거래였다면 있었을 “상업적 합리성(commercial rationality)”이 부족한 경우라면, 과세당국이 특수관계 기업들이 관여한 실제 거래를 무시하고, 다른 기준에 따라 기업들 간에 이익을 배분할 수 있도록 한다.[12)]

예컨대, 고가의 무형자산을 가진 다국적기업은 장래의 이익을 배분받을 수 있는 가격조정장치 없이는 비특수관계 기업에게 무형자산을 매각하거나 장기간 대여하지 않을 것이다. 따라서 이러한 매각이 특수관계 기업간에 이루어지면, 과세당국은 그 거래를 부인할 수 있다. 과세당국이 유사한 거래가 독립기업 간에도 이루어지는 것이 가능한 상황에서 거래를 부인하는 것은 부적절하다. 그러나 단순히 특수관계없는 제3자들 간에 유사한 합의가 이루어지지

12) 한국법에서도 국외특수관계인과의 행한 거래의 실질적 내용을 파악할 때 상업적 합리성은 중요한 고려요인이 된다. 「국제조세조정에 관한 법률」 제8조 제2항, 같은 법 시행령 제16조.

않았다는 것만으로 실제 거래에 상업적 합리성이 부족하다고 볼 수는 없다. 거래가 부인되면, 과세당국은 다른 거래로 대체할 수도 있다. 그러나 대체된 거래는 실제 거래의 사실관계와 가능한 한 유사하고, 상업적으로 합리적인 결과를 달성하여야 한다.

과세당국은 예외적 상황에서 실제 거래를 부인할 수 있는데, 이들 상황은 조세회피방지 규정과 놀라울 만큼 유사하다. 국내법에서 명시적으로 법적 권한이 없어도 OECD 가이드라인에서 제안된 것처럼 과세당국이 거래를 재구성할 권한을 가지는지에 관하여 의문이 있을 수 있다.

6.8 이전가격 문서화요건

많은 국가들은 다국적기업들에게 이전가격을 정하는 데 사용된 방법을 입증할 광범위한 이전가격통합보고서(contemporaneous documentation)를 요구함으로써 사전에 인지된 이전가격의 남용을 다루고자 한다.[13] 그 취지는 다국적기업들에게 사전에 이전가격을 정하도록 함으로써 조세회피 목적으로 행하는 사후의 소득이전을 방지할 수 있다는 것이다. 필요한 문서를 제출하지 않은 납세의무자는 상당한 과태료를 부과당할 수 있다.

예컨대, A사는 A국에서 운영되고, B국에서 운영되는 특수관계인 B사에 물건을 판매하고 있다. 법인세율은 A국에서 40%이고, B국에서 20%이다. A사와 B사는 회사 상호간 판매에 관하여 이전가격을 정하여, A국에서 이익이 적게 나고 B국에서 이익이 많이 나도

13) 한국법에서도 납세의무자는 국제거래에 관한 자료제출의무를 지는데, 즉 납세의무자는 사업활동 및 거래내용 등에 관한 통합기업보고서, 개별기업보고서 및 국가별보고서 등의 이른바 '국제거래정보통합보고서'를 사업연도 종료일이 속하는 달의 말일부터 12개월 이내에 납세지 관할 세무서장에게 제출하여야 한다. 「국제조세조정에 관한 법률」 제16조 제1항.

록 한다. 이렇게 이전가격을 정하고 A국에 문서를 제출한 후에 A사는 비특수관계인과의 거래로 인하여 A국에서 거액의 세무상 손실을 입게 되리라는 것을 알게 되었다. 만일 이전가격 방법이 확정되지 않다면, A사는 A국에서의 손실을 충분하게 이용하기 위해 B국에서 발생한 소득이 A국으로 이전되도록 이전가격 방법을 수정하고자 하는 유혹을 느낄 수도 있다. 그러나 위의 이전가격통합보고서에 관한 규정 때문에 그런 수정을 하지 못하게 된다.

OECD 가이드라인은 이전가격통합보고서를 요구하는 것과 문서화요건(documentation requirement)을 준수하지 못한 납세의무자를 징벌하는 두 가지 전략을 지지한다. 그러나 선의로 행동하는 납세의무자들에게 불공정하거나 과도하게 부담스러운 의무의 부과를 하지 않도록 극도의 주의를 가지고 전략을 수행하도록 과세당국자들에게 권고하고 있다.

현행 이전가격 문서화 요건은 BEPS 13장의 최종보고서(*Transfer Pricing Documentation and Country-by-Country Reporting* 이전가격의 문서화와 국가별 보고)의 국가별 보고에 관한 권고사항의 결과물로 추가되어 있다. 현재 다국적기업들은 (그들이 영업을 하는) 모든 국가의 과세당국에게 통합기업보고서(master file)를 제공할 의무가 있는데, 이 보고서에는 경영행위, 이전가격 실무와 정책에 관한 일반정보가 포함되어 있다. 여기에 더하여, 각 국가는 개별기업보고서(local file)를 제출받는데, 개별기업보고서에는 그 국가에서 발생한 특수관계인 거래에 관한 정보가 포함되어 있다.[14] 가장 중요한 것은, 다국적기업은 각 국가에 대하여 수익, 이익, 미지급법인세 및 납부한 법인세를 기술한 연례 보고서를 제출하여야 한다. 국가별 보고서에 각종 정보들이 법인별로 제공될 것을 요구하지는 않지만,

14) 한국법상 통합기업보고서, 개별기업보고서의 제출대상자와 그 주요내용에 대해서는, 「국제조세조정에 관한 법률」 제16조, 같은 법 시행령 제33조, 제34조.

보고서는 과세당국이 이전가격세제를 좀 더 효율적으로 적용하기 위한 중요한 도구를 제공하여야 한다.

각 국가는 과세당국에 적당한 재량과 자원을 부여하거나 신의에 따라 이전가격을 정하지 않은 납세의무자들을 엄하게 징벌하는 방식으로 이전가격의 남용 중 가장 심각한 형태를 제한할 수 있다. 과세당국은 국제기준에 비추어 적정한 한계세율을 정함으로써 이전가격 남용에 대한 동기를 어느 정도는 제거할 수 있다. 또한 조세피난처를 대상으로 한 특별한 규정을 입법함으로써 이전가격 남용의 동기를 상당히 제거할 수 있는데, 이는 납세의무자들은 보통 조세피난처에 있는 계열 회사로 소득을 이전하기 위하여 불합리한 이전가격을 정하기 때문이다. 제7장은 이러한 조세회피방지 규정에 관하여 설명하고 있다. 또한 각 국가는 조세조약의 상대방(특히 인접국들)과의 협조를 통해 이전가격 남용을 통제하는 데 도움을 받을 수 있다. 그러나 과세당국에 의한 단호한 노력과 거래 당사자들과의 협조가 더 원활해졌음에도 불구하고, 이전가격세제는 계속 심각한 문제로 남아 있다.

6.9 이전가격의 조세조약적 측면

OECD 모델조약과 UN 모델조약은 구체적인 방법으로 이전가격 문제를 다루고 있지 않다. 두 모델조약의 제9조 제1항은 특수관계 기업간의 거래 조건이 "독립기업 간에 정해지거나 부과된 조건과 다르다면" 특수관계 기업의 이익을 조정할 수 있는 권한을 주고 있다. 따라서 문언상 제9조 제1항은 특정한 거래에서 청구되는 가격보다는 특수관계인 간 거래의 조건에 초점을 맞추고 있다.

제9조의 표제는 "특수관계기업(Associated Enterprises)"이다. 만일 일방체약국의 기업이 직·간접적으로 타방체약국 기업의 경영,

관리 또는 자본에 관여하거나 동일인이 직·간접적으로 양 체약국에서 2개 이상의 기업의 경영, 관리, 자본에 관여하는 경우에 제9조가 적용된다. 제9조는 그 이상으로 "특수관계기업"을 정의하지는 않는다. 그 결과 두 기업이 특수관계에 있는지 여부는 국내법에 따라 정해져야만 한다. 대부분 국가들은 한 기업이 다른 기업을 통제하거나 제3자가 두 기업을 통제하는 경우에 이전가격세제를 적용한다. 여기서의 통제는 법인에 대한 지분의 50%를 초과하여 보유하는 것을 의미한다.

OECD 모델조약과 UN 모델조약의 제9조 제1항은 기업에 발생하였을 이익인데 특수관계 기업과의 비정상거래(non-arm's length transaction)로 인하여 발생하지 않은 이익은 기업의 이익에 "포함될 수 있다"고 규정한다. 따라서 문리해석상 (그리고 다른 조세조약 규정과 다르게) 제9조 제1항은 강행규정이 아니다(강행규정이라면 "포함되어야 한다"). 일부 논자들은 제9조 제1항의 권한부여적 문언 때문에 양 체약국은 독립기업원칙에 따른 이익과의 차액에 관하여 내국법인을 과세할 권한이 있다고 주장한다. 예컨대, 만일 A사(A국 법인)가 자회사 B사(B국 법인)에게 재화 또는 용역에 대가로 100(정상가격은 단지 75이다)을 지급한다면, A국은 제9조 제1항 때문에 일방적으로 가격을 75로 감액할 의무를 지지 않는다. 반대로 만약 재화와 용역에 대한 정상가격이 125라도 A국은 제9조 제1항으로 인하여 가격을 125로 인상할 의무가 없다. 물론 대부분 상황에서는 그렇게 하려고 할 것이다.

이러한 관점에서, 제9조 제1항은 독립기업원칙에 따라 특수관계기업의 이익을 정하는 것과 관련된 선언적 원칙에 불과하다. 그러나 OECD 모델조약과 UN 모델조약의 제9조 제1항은, 일방체약국이 이러한 가격을 정상가격 기준에 부합하게 조정한다면 타방체약국도 이에 대응하여 납세의무자의 과세소득을 계산하는 데 사용될 이전가격을 조정하도록 요구한다.

앞에서 든 사례에서, A국은 A사의 B사에 대한 판매가격을 100(실제 판매가격)에서 125(A국이 비특수관계인 간에 합의되었을 것으로 판단하는 가격)로 조정한다고 가정한다. 따라서 A국은 A사의 과세소득을 25만큼 증액할 것이다. B국이 A국의 이전가격 조정에 동의한다면 B사는 재화의 취득가액을 25(100+25=125)만큼 증액할 수 있고, 이에 따라 과세소득을 25만큼 감액할 수 있다. 다른 국가가 특수관계가 있는 납세의무자에 대하여 조정한 이전가격을 고려하여 납세의무자가 이전가격을 조정하는 것을 "**대응조정**(corresponding adjustment)"이라고 한다.[15)]

이익분할법과 거래순이익률법과 같은 이익기반 이전가격방법이 제9조 제1항의 문언과 일치하는지 여부에 관하여도 다툼이 있을 수 있다. 제9조 제1항에 규정되어 있는 이익은 모든 이익을 가리킬 수도 있고 특정한 거래 또는 사업의 유형에서 발생한 이익만을 가리킬 수도 있다. 어떻든 OECD 가이드라인은 이익기반 방법을 승인함으로써 그러한 방법도 제9조 하에서의 특정한 상황에서는 적용될 수 있다는 점을 분명하게 하였다.

모든 국가들이 양자 간 조세조약에서 독립기업원칙 준수에 동의하고 있음에도 불구하고, 이전가격을 둘러싸고 국가 간의 충돌은 흔하게 일어난다. 대부분의 조세조약은 일치하지 않는 이전가격 때문에 이중과세의 대상이 된 기업은 상호합의절차(mutual agreement procedure, MAP)를 통해 바로잡을 수 있다고 규정한다. 과세당국은 이 절차에 따라, 납세의무자의 불만을 처리하여야 하지만, 일반적으로 이를 해결할 의무를 부담하지는 않는다. 새로 체결된 조세조약 중에는 구속력 있는 중재절차를 규정하고 있는 것도 있다. 조세

15) 다른 국가가 먼저 과세하는 경우 한국이 인정하는 부분에 관하여만 대응조정을 하도록 규정한 국내법규정으로는 법인세법 제53조가 있다.

조약에 관한 분쟁을 해결하기 위한 상호합의절차와 중재에 관한 논의에 대해서는, 각각 제8장의 8.8.3 및 제9장의 9.5를 보면 된다.

6.10 조세정책적 고려: 공식배분법과 독립기업원칙의 미래

솔직히 말하면, 수십 년간의 실무 경험과 개선에도 불구하고, 최근 독립기업원칙에 기초를 둔 이전가격 규정들이 효율적으로 작동하지는 않는다. 독립기업원칙이 실패한 데에는 많은 이유가 있지만 가장 근본적인 이유는 기본가정(다국적기업의 일부분이 독립적으로 행동한다고 간주할 수 있다)에 명백히 오류가 있기 때문이다. 다국적기업은 활동을 경제적으로 통합할 때 경제적, 재무적 이점이 있기 때문에 존재한다. 그러나 독립기업원칙에 따른 이전가격세제는 다국적기업 활동의 경제적 통합을 무시하면서도, 기업 간 거래의 법적 구조와 형식을 존중한다.

독립기업원칙은 경제학자들, 바로 이 원칙에 따라 직접 영향을 받는 납세의무자들, 과세당국들로부터 상당한 비판을 받고 있다. 납세의무자들은, 비합리적인 증명책임을 진다는 점, 조세조약상의 권한있는 당국이 해결하지 못하는 이중과세의 문제를 야기한다는 점, 과세당국이 세무조사시 빈번하게 부인한다는 점 등에 관하여 불만을 가진다. 반면 과세당국은, 독립기업원칙은 국제 거래에 종사하는 납세의무자를 상당히 과소하게 과세한다는 점, 납세의무자로 하여금 적발을 피하거나 세무조사에 관하여 유리한 협상을 함으로써 조세를 환급받을 수 있다는 희망을 가지고 공격적인 자세를 취하게 한다는 점, 집행에 상당히 시간이 소요될 뿐만 아니라 과다한 비용이 소요된다는 점에서 불만을 드러낸다. 일부 학자는 독립기업원칙은 필연적으로 부적절한 결과를 가져온다고 주장한다. 독립기업원칙은 사업을 통합하여 수행하는 과정에서 당연히 따르는 이익을 설명할 수 없기 때문이라는 것이다. 이러한 비판들은 모두 타당하다.

정상가격을 찾는 이전가격세제는 일반적으로 심각하고도 고칠 수 없는 결함이 있는 것으로 알려져 있지만, 매우 중요한 이점도 하나 있다. 즉 널리 받아들여졌다는 것이다. 아무리 좋다 하더라도 다른 체계로 이전하는 과도기적 비용은 상당할 것이다. 더욱이, 그것이 더 나은 체계라는 것이 명백하지도 않다. 일부 논자들은, 다국적기업집단의 이익은 이익분할법에 근거를 두고 기업집단의 구성원 사이에 분배되어야 한다고 주장한다. 사실 위에서 언급한 바와 같이, OECD 가이드라인은 최근 특정한 상황에서 이익분할법의 사용을 인정한다. 이익분할법의 사용은 실무상 이전가격 분쟁을 해결하기 위해 증가하고 있다. 이익분할법의 어려움은 다국적기업의 이익을 무엇을 기초로 하여 사업활동을 행하는 국가에 분배할 것인지가 불분명하다는 것이다.

독립기업원칙에 대안 중 가장 앞서 나가는 것은 전 세계적인 **공식배분법**(formulary apportionment system)이다. 공식배분법 하에서는 공동기업에 참여하는 특수관계 법인들이 마치 단일 법인처럼 과세된다. 기업의 전세계소득은 미리 결정된 공식에 따라 기업의 중요한 경제활동에 행해지는 모든 국가들에게 귀속된다. 모든 국가들이 이 대안의 사용에 동의하고 과세소득을 합리적이고 통일적으로 정의하는데 동의할 수 있다고 가정하면, 다국적기업들은 전세계소득에 관하여 단 한번, 오직 한 번만 과세될 수 있을 것이다.

예컨대, 다국적기업이 재화의 생산과 판매에 관여한 사례에서, 공식배분법은 소득의 일부 — 아마도 1/2 — 를 판매에 비례하여 국가들 간에 배분할 것이다. 나머지 소득은 생산이 이루어진 국가들 간에 배분될 것인데, 그 배분은 총생산자산이나 급여지급총액, 또는 이 두 요소의 조합에 따른다. 만일 판매 또는 생산 활동이 조세피난처에서 이루어지지 않는다면, 조세피난처에 소재한 계열회사에 배분될 소득은 거의 없을 것이다.

특수관계 회사들 사이에 이익을 배분하는 방법으로 공식배분법을 사용하는 데에 확실히 많은 문제들이 있다. 배분공식이 사전에 임의적으로 결정되어 있기 때문에 각 다국적기업들이 처한 특수한 상황을 고려할 수 없게 한다. 이 방법은 외국 기반 정보에 대한 접근에 과도하게 의존한다. 회계장부들이 선의로 보관되고 승인된 회계방법대로 작성되었다 하더라도, 다국적기업집단의 각 구성원에게 귀속되는 이익은 현저하게 회계장부상 소득과 다를 것이다. 이러한 문제들을 해결하려면 정부들 간의 실질적 협조가 필요하지만, 국가들이 공통의 배분공식에 동의할 것 같지는 않다.

그럼에도 불구하고 공식배분법에는 매력적인 특징이 있다. 잘 짜여진 체계는 복잡하고도 운영하기 어려운 피지배외국법인세제(controlled foreign corporation, CFC)의 도움을 얻지 않고도 저세율 국가의 조세혜택을 제거할 수 있다. 또한 공식배분법은 독립기업원칙에서 자주 일어나는 몇 가지 회계상 어려움을 피할 수 있다. 독립기업원칙과 달리, 원천지규칙이 암묵적으로 배분공식에 내재되어 있으므로, 이중과세를 피하기 위해 총소득의 원천과 공제에 관하여 별도의 합의를 하지 않아도 된다. 공식배분법은 정상가격에 기반한 이전가격세제에 비해 개발도상국에게 더 유리하다는 주장이 제기되기도 하지만, 이런 주장에는 의문의 여지가 남는다. 배분공식에 판매, 자산, 피용자 또는 급여지급총액과 같은 요소를 사용하기 때문에 개발도상국에게 상당한 소득이 배분될 것 같지는 않다.

공식배분법과 독립기업원칙을 비교할 때, 두 가지 방식이 무형자산으로 인한 소득을 어떻게 취급하는지를 대비해 보는 것이 유용하다. 공식배분법에 의하면, (무형자산으로부터 유래된 소득을 포함하여) 모든 소득은 재화를 생산하고 판매한 국가에 배분된다. 이에 반하여 독립기업원칙에 의하면, 그러한 소득은 무형자산에 대한 DEMPE 위험을 인수하고, DEMPE 기능을 수행하는 법인에 배분된다. DEMPE 기능과 위험을 배분하는 것은 어렵고 불확실한 작업이다.

공식배분법은 주로 정치적 이유로 부당하게 비판을 받는다. 그 방법과 대안에 관한 합리적 논의를 위해서는 꼬리표 붙이기와 선입관을 넘어서야만 한다. 더욱이, 독립기업원칙과 공식배분법은 양극의 극단으로 보아서는 안 되고, 오히려 비교가능 제3자 가격법(CUPs)으로부터 사전결정공식까지의 연속된 방법 중의 일부로 보아야 한다.

공식배분법은 어떤 상황에서는 독립기업원칙을 사용하고, 독립기업원칙은 때때로 공식(이익분할)을 사용한다. 독립기업원칙에 관한 최근의 개선방향은 점점 더 공식에 의존하는 것이고, 그 추세는 국제적 승인을 얻어 가는 것으로 보인다. 따라서 가끔씩은 독립기업원칙이 어디에서 중단되고 공식배분법이 어디에서 시작되는지 명확하지 않다. 양 방식에 대하여 경멸적이고 오해에 기인한 꼬리표를 붙이는 것은 비생산적이다.

여러 결함에도 불구하고, 특별한 상황을 제외하면 독립기업원칙은 이전가격의 쟁점들을 해결하기 위하여 국제적으로 승인된 방식으로 계속될 것 같다. 그러나 가격결정 방법론에 관한 초기 논의가 보여주는 바와 같이, 독립기업원칙은 애매하고, (독립기업원칙 방식보다 공식배분법에 가까운 것처럼 보이는) 이익분할법과 거래순이익률법과 같은 가격결정 방법론을 수용하기 위한 방향으로 해석되어 왔다.

공식배분법은 주정부 사이에 법인의 소득을 배분하기 위해 일부 연방국가들(예컨대, 미국과 캐나다)에서 사용되고 있다. 또한 북미자유무역협정(the North America Free Trade Agreement)과 유럽연합

내에서 내부 사용용으로 제안되고 있다. 수년 동안 유럽연합은 많은 국가들이 국경 내 기업 활동에서 발생한 총소득을 정할 때 마주치는 복잡한 문제들을 다루기 위해 어떤 형태의 공식배분법을 채택할 수 있을 것인지를 연구해 오고 있다. 그러나 공동연결납세기반(common consolidated tax)에 관하여 아직까지 합의에 이르지 못하고 있다.

OECD는 전 세계적인 무역, 금융, 그리고 보험에 종사하는 기업집단의 소득을 배분하기 위한 공식의 사용을 승인했다. 따라서 현재의 이전가격세제에는 독립기업원칙과 공식배분법이 혼합되어 있다. 기존의 체계를 변경하는데 따르는 어려움뿐만 아니라, 독립기업원칙과 공식배분법 모두의 결함을 고려하면, 이전가격세제는 계속된 개선에도 불구하고 내재된 문제들을 만족할 만한 방식으로 처리할 수 없는, 여러 원칙들의 복잡한 조합으로 계속 존재할 것이다.

제7장

조세회피방지 조치

(Anti-avoidance Measures)

7.1 개 관

국제거래에서는 조세회피를 할 수 있는 기회가 많다. 이런 맥락에서 조세회피는 불법적이고 국제적인 소득은닉이나 사기와 연관되는 **탈세**(tax evasion)와 구별되어야 한다. 조세회피는 정확한 정의를 내리기 어렵지만, 일반적으로 납세의무자가 합법적인 방법으로 납부세액을 최소화하기 위하여 구성하는 거래 또는 계획(arrangement)을 의미한다.

국제거래를 통한 조세회피방법은 너무 많아서 항목별로 일일이 늘어놓기 힘들다. 그러나 다음의 예들은 조세회피가 가능한 범위를 설명하고 있다.

- 납세의무자가 저세율국 또는 조세가 없는 국가로 거주지를 이전하는 것
- 납세의무자가 조세피난처(tax haven)에 설립된 신탁이나 회사 같은 피지배외국법인체로 국내원천소득을 우회시키는 것
- 납세의무자가 조세피난처에 자회사를 설립하여 국외원천소득을 벌거나 외국의 자회사들로부터 배당을 수취하는 것
- 납세의무자가 유리한 조약을 이용하여 배당, 이자, 사용료 그리고 다른 금액에 대한 원천징수세액을 줄이기 위하여 외국에 설립된 자회사를 통하여 배당, 이자, 사용료, 다른 금액을 경유시키는 것

당연히 대부분의 국가들은 일정한 유형의 국제적 조세회피에 대처하기 위하여 조세회피방지규정을 두고 있고, 일부 국가들은 거주자의 외국 투자와 거래를 규제하기 위하여 여전히 외환관리(exchange controls)를 하고 있다. 이런 규제가 국제적 조세회피를 방지하는데 효과적일 수는 있지만, 과거 몇십 년간에 걸쳐 국가들

은 자본의 자유로운 이동을 위하여 외환관리를 포기해왔다.

외환관리 방법을 사용하지 않는 국가들은 국제적 조세회피에 대처하기 위하여 매우 다양한 조세조치들을 두고 있다. 그러한 조치들의 일부 중요한 예들은 아래에서 간단히 설명될 것이고, 상세한 내용도 이 책에 포함되어 있다.

조세회피방지규정 및 원칙(Anti-avoidance rules and doctrines) 많은 국가들은 소득과세목적상 거래를 부인할 수 있는 사법상(judicial) 조세회피방지 원칙 또는 법령상(statutory) 조세회피방지규정을 가지고 있다. 이러한 원칙과 규정은 일반적으로 국제거래를 포함한 조세회피 거래 또는 계획에 적용된다. 판례를 통해 발전한 사법상 조세회피방지원칙은 가장행위(sham transactions)이론, 실질우위원칙, 사업목적원칙, 단계거래원칙 및 법의 남용이론(abuse of law doctrines)을 포함한다. 예를 들어 조세피난처에 설립된 지주회사는 만약 그 회사가 진정한 상업 활동에 종사하지 않는다면, 가장행위(sham transactions)이론에 의하여 가장회사(sham)로서 부인될 수도 있다. 법령상 조세회피방지규정은 개별적 조세회피방지규정과 일반적 조세회피방지규정을 포함한다. 개별적 조세회피방지규정은 이전가격세제, 과소자본세제, 소득 대비 과다이자비용손금불산입규정(earnings－stripping rules), 피지배외국법인세제(CFC rules), 그리고 외국투자펀드(FIF) 규정을 포함하고 있다. 일반적 조세회피방지규정("GAAR")은 국제적 조세회피거래를 포함하여 거의 모든 유형의 남용적인 조세회피를 다루기에 충분할 만큼 포괄적으로 규정된 것이다. 일반적으로 일반조세회피방지조항은 하나의 거래 또는 일련의 거래의 주된 목적 또는 주된 목적 중 하나가 조세를 회피하는 것이고, 그 거래가 관련 세법을 남용하거나, 세법의 입법목적을 좌절시키거나, 무산시키거나, 그에 부합하지 않을 때 적용된다.

특별 조세피난처 규정(Special tax haven provisions) 일부 국가들은

특정 조세피난처 남용에 대처하기 위하여 고안된 특별 규정들을 가지고 있다. 예를 들어 독일은 조세피난처로 거주지(domicile)를 옮긴 자에 대하여 특별세를 부과한다. 다른 국가들은 조세피난처에 있는 법인체에게 지급한 이자, 사용료, 용역대가에 대하여 납세의무자가 그 거래가 진정한 것이라고 증명하지 않는 한 손금산입을 허용하지 않는다. 다시 말해, 손금산입을 받기 위한 입증책임을 납세의무자에게 부여하는 것이다.

이전가격세제(Transfer pricing rules) 대부분 국가들은 특수관계가 있는 납세의무자들이 소득과 비용을 어떤 한 국가에서 다른 국가로 이전시키기 위하여 인위적으로 높은 가격이나 낮은 가격에 거래하는 것을 방지하기 위하여 회사간(intercompany) 거래에 관한 규정 또는 이전가격세제를 규정하고 있다. 이 규정들이 국제적 조세회피방지규정으로 분류될지 아니면 한 국가의 기본적인 조세체계의 한 부분을 구성하는지에 대해서는 논쟁의 여지가 있다. 이전가격세제는 제6장에서 자세히 설명한다.

피지배외국법인세제(CFC rules) 일부 국가들은 수동적 소득과 일정한 다른 소득이 조세피난처에 설립된 피지배외국법인으로 이전되는 것과 그곳에서 축적되는 것을 방지하기 위해서 피지배외국법인세제를 도입하고 있다. 이 규정들은 아래의 7.3에서 논의된다. 일부 국가들은 비거주자 신탁(nonresident trusts)과 관련하여 유사한 규정을 가지고 있는데, 이는 아래의 7.4에서 논의된다.

외국투자펀드규정(Foreign investment fund rules) 일부 국가들은 외국의 뮤추얼펀드(mutual funds), 단위형 투자신탁(unit trusts), 또는 유사한 단체에 투자하는 거주자에 의한 내국세의 과세이연을 방지하기 위하여 외국투자펀드규정을 도입하였다. 이들 규정은 아래의 7.5에서 논의된다.

조세조약 남용방지규정(Anti-treaty shopping rules) 일부 국가들은

조세조약의 남용을 방지하기 위하여 조세조약이나 국내법에 또는 조세조약과 국내법 모두에 방지 규정을 포함할 것을 주장한다. 조세조약 남용은 일반적으로 어떤 국가의 조세조약 상 혜택을 얻기 위하여 비거주자가 그 국가에 법인체(legal entity)를 설립하는 것과 관련이 있다. 조세조약남용은 제8장, 8.8.2.2에서 논의된다.

과소자본세제(Thin capitalization)와 소득 대비 과다이자비용손금불산입규정(earnings-stripping rules) 일부 국가들은 거주자 법인과 다른 법인체에 의한 이자의 손금산입을 제한하기 위하여 과소자본세제와 소득 대비 과다이자비용손금불산입규정을 두고 있다. 과소자본세제는 거주자 법인의 비거주자 주주는 손금에 산입되지 않는 배당 말고 손금산입이 가능한 이자를 사용해 회사의 이익을 빼내기 위하여 과도하게 부채로 자본을 조달하는 것을 방지하고자 하는 제도이다. 소득 대비 과다이자비용손금불산입규정은 지나치게 많은 이자의 손금산입을 요구하는 거주자법인과 다른 단체를 폭넓게 적용대상으로 하고 있다. 이들 규정들은 아래의 7.2에서 논의된다.

해외로의 자산양도 또는 국외전출시 이익과세(Taxation of gains on transfers of property abroad and on expatriation) 가치가 상승된 자산—미실현이익(accrued gain)이 내재된 자산—이 특수관계인인 비거주자에게 양도될 때, 일부 국가에서는 그 미실현이익을 과세하기 위하여 그 자산이 공정가치로 양도된 것으로 간주한다. 그렇게 하지 않으면, 그 이익에 대한 국내 과세는 전혀 이루어질 수 없다. 또 일부 국가들은 납세의무자가 거주자 지위를 포기한 때 또는 납세의무자가 거주자 지위를 포기한 후 일시적 기간 동안 미실현이익에 대하여 과세한다; 그러한 국외전출세(exit or departure taxes)와 추적과세(trailing taxes)는 제3장 3.4.1과 3.4.2에서 살펴보았다.

제3자 개입 차입 거래(Back-to-back arrangement) **제3자 개입 차입 거래**(Back to back arrangements) 또는 **도관거래**(conduit arrangements)

는 납세의무자가 직접적으로 얻을 수 없는 조세혜택을 얻기 위한 조세전략(tax planning)의 도구로 흔히 사용된다. 예를 들어, 어떤 국가에서 특수관계인 간 거래를 규제하는 규정이 있으면, 특수관계 당사자들 사이에 특수관계 없는 독립적인 중개인을 끼워넣음으로서 그 규정을 피할 수 있게 된다. 마찬가지로, 제3자 개입 차입 거래를 통하여 특정 국가의 조세조약상 혜택(예컨대, 원천징수세 절감)을 부적절하게 얻을 수 있다. 자금은 상대적으로 쉽게 독립적인 금융기관을 통하여 전달될 수 있기 때문에 금융거래와 관련해서는 그런 거래가 매우 흔하다. 예를 들어 A국은 A국 법인이 독립적인 비거주자에게 이자를 지급할 때 이자에 대한 원천징수세를 면제한다고 가정하자. 만약 A국 법인인 A사가 B국 법인으로서 특수관계가 있는 B사에게 이자를 지급하면, 그 이자는 A국의 원천징수세 과세대상이 된다. 그러나 만약 B사가 A사와 B사 모두와 독립적으로 거래를 하는 금융기관에 자금을 예치하고, 그 금융기관은 동일한 액수를 A사에게 대여한다면, A가 그 금융기관에게 지급하는 이자에 대해서는 A사와 그 금융기관은 독립적으로 거래를 하는 것이기 때문에 A국의 원천징수세는 적용되지 않을 것이다. 제3자 개입 차입 거래 규정 또는 도관거래 규정은 아래의 7.6에서 논의된다.

잉여금과세회피(Surplus stripping) "잉여금과세회피"라는 용어는 일반적으로 회사의 잉여금(surplus) 또는 세후 이익(after-tax profits)이 실질적으로 배당이나 다른 과세대상 분배 이외의 형태로 배분되는 거래를 일컬을 때 사용된다. 잉여금과세회피거래는 국내에서만 일어날 수도 있고, 국제적으로 이루어질 수도 있다(즉 비거주자인 주주들 둔 내국법인). 국제적 잉여금과세회피(Cross-border surplus strip)의 목적은 배당에 부과되는 원천징수세를 회피하는 것이다(많은 국가에서는 내국법인의 청산시 분배에도 적용한다). 이 거래는 배당을 자본이득(양도소득)으로 전환하기 위한 주식의 양도와 관련되기도 하는데 결과적으로는 조세조약에 의해 자본이득에 관한 과세가 면제된다(그 주식을 발행한 회사의 잉여금에 관한 조세가 회피된다). 국가들은 개별적 조세회피방지규정이나 일반적 조세회피방지규정으로 국가간 잉여금과세회피를 방지하려 한다.

혼성단체와 혼성금융상품(Hybrid entities and hybrid financial instruments) "혼성(Hybrid)" 거래는 두 국가가 단체, 거래 또는 약정(transactions or arrangement)을 서로 달리 취급하는 상황을 말하고, 그러한 다른 취급은 조세혜택을 만들어 내기 위하여 이용된다. 예를 들어, 한 국가는 그 법적 형태에 따라 내국회사가 발행하는 우선주를 (배당이 지급되는) 주식으로 취급하지만, 다른 국가는 그 우선주를 (이자가 지급되는) 부채로 취급할 경우, 이러한 취급상의 불일치는 절세(tax savings)에 이용될 수 있다. 만약 해당 회사의 거주지국이 주식에 대해서 지급되는 금액을 이자로 취급하면, 그 지급액은 손금산입이 되고, 거주지국의 과세표준이 줄어들 것이다. 만약 지급액의 수취인 거주지국이 그 지급액을 배당으로 취급하면, 그에 지분참여면제(participation exemption)가 적용되어 그 배당에 대한 과세가 면제될 수도 있다. 혼성거래는 제9장 9.3에서 더 자세하게 설명된다.

7.2 이자 공제 제한: 과소자본세제(Thin capitalization)와 소득 대비 과다이자비용손금불산입규정(Earnings-stripping Rules)

7.2.1 개 관

내국법인이 비거주자에게 이자를 지급할 때, 반대되는 특별한 규정이 없다면 이자를 지급하는 자는 일반적으로 소득을 계산할 때 그 금액을 손금 또는 비용에 산입할 수 있다. 이자를 지급할 때에는 원천징수세가 적용될 수 있지만, 그 원천징수세는 적용되는 조세조약에 따라 상당히 경감되거나 완전히 면제될 수 있다. 비거주자인 대여자(lender)는 그 거주지국에서 이자소득에 대해 과세가 될 수도 있고 안 될 수도 있다. 만약 비거주자인 대여자가 내국법인의 지배주주라면, 대여자이자 주주인 비거주자는 일반적으로 그 자회사에 대하여 부채로 자본조달할 것인지, 자기자본으로 자본조달할 것인지, 그리고 자회사의 이익을 배당으로 분배받을 것인지, 이자로 받을 것인지 선택을 하게 될 것이다.

이자와 달리 내국법인이 지급한 배당은 일반적으로 손금 또는 비용에 산입되지 않는다. 따라서 거주자 회사가 벌어들이고, 그 회사의 주주에게 분배할 소득은 두 단계(level)로 과세가 된다. 회사가 벌어들인 소득에 대하여 법인세가 과세되고, 그 소득이 주주에게 배당으로 분배될 때 그 배당에 대해서 과세된다. 만약 주주가 비거주자이면, 주주에 대한 과세는 대개 원천징수세로 부과된다.

반대로, 내국법인이 벌어들인 소득을 법인의 주주이기도 한 비거주자 대여자에게 이자의 형태로 지급하는 경우에는 오직 한 단계에서만 과세된다. 내국법인은 지급이자를 손금(비용)에 산입할 수 있기 때문에 일반적으로 비거주자에게 이자를 지급할 때 원천지국이 원천징수세를 부과하며, 많은 국가들은 일방적으로 또는 조세조약에 따라 이자에 대한 원천징수세를 경감하거나 면제해왔다. 비거주자인 주주에게는 배당으로 지급하는 것보다 이자로 지급하는 것이 더 유리하기 때문에, 비거주자인 투자자들은 내국법인에 대해 부채로 자본조달하는 편을 선호하도록 하는 내재적인 편향(inherent bias)을 가지게 되었다. 이러한 편향은 다음의 예에서 잘 나타난다.

외국법인 N사는 내국법인 R회사의 모든 주식을 소유하고 있다. R사는 사업활동을 하기 위하여 100만의 자본이 필요하다. 그 자본을 조달하기 위하여, N사는 R사의 신주를 100만에 인수할 수도 있고, R사에 100만을 대여할 수도 있다(또는 그 두 가지 방법을 조합할 수도 있다). R사는 이자나 배당을 지급하기 전에 10만의 소득을 얻고, 세후 소득 전부를 배당으로 분배한다. 금전 대여에 대한 정상이자율(arm's－length interest)은 10%이고, 적용되는 원천징수세율은 배당의 경우는 5%이며, 이자의 경우에는 10%이다. 부채 및 자기자본의 방식으로 자본조달을 한 과세결과에 대한 비교는 <표 7.1>에 정리되어 있다.

〈표 7.1〉 부채와 자기자본에 의한 자본조달의 상대적인 이점

	부채(Debt)	자기자본(Equity)
이자 또는 배당 지급 전 회사 소득	100,000	100,000
이자 공제	100,000	적용없음
과세가능 소득	0	100,000
법인세(40%)	0	40,000
배당	적용 없음	60,000
원천징수세(10%, 5%)	10,000	3,000
총 세액	10,000	43,000

이 예가 설명하는 것처럼, 원천지국 과세를 경감하는 데에는 내국법인에 대하여 부채로 자본조달하는 편이 자기자본으로 조달하는 것보다 훨씬 더 효과적이다. 주된 이유는 배당은 손금(비용)에 산입되지 않는 반면, 이자는 산입이 가능하다는 것이다. 또 내국법인이 지분투자를 상환[주식을 상환(redeem)하거나 자본금을 감소시키는 것]할 때에는 과세계기가 되는 배당을 통해서 해야 하는 반면, 부채(대여금)를 이용하면 과세계기 없이 언제든 상환을 할 수 있다.

거주자가 비거주자에게 지급하는 손금산입이 가능한 이자는 한 국가의 과세기반을 감소시키거나 잠식시킨다. 그러나 이자의 지급이 과세기반을 잠식한다고 해서 모두 비난받아야 하는 것은 아니다. 즉, 이자를 포함하여 거주자가 비거주자에게 지급하는 여러 손금(비용) 산입대상 지출은 합법적인 소득의 창출을 위한 비용에 해당하기 때문이다.

몇몇 국가들은, 자기자본보다 부채를 선호하는 편향에 대응하여 비거주자에게 지급하는 이자의 손금산입에 대한 제한 또는 보다 더 일반적인 지급이자의 손금산입 제한을 규정해 왔다. “과소자본세제(thin capitalization rule)” 하에서 내국법인이 비거주자 지배주주에게 지급하는 이자에 관한 손금산입은 그 내국법인이 주장하는 이자의 손금산입이 과도하다고 여겨지는 한도에서는 부인된다.[1] 이 규정에 따르면 지급이자는 회사의 자기자본에 대한 부채 비율이 일정한 부채 : 자기자본 비율(일반적으로 1.5 : 1 또는 2 : 1)을 초과하는 범위에서 과도한 것으로 본다. 회사의 자기자본이 부채와 비교하여 적을 때에만 위 규칙이 적용되기 때문에 “과소자본(thin capitalization)”이라는 용어는 적절하다고 할 수 있다.[2]

각 국가들이 법령에 규정하는 과소자본세제는 국가마다 매우 다르다. 일부 국가의 경우 과소자본세제를 특수관계가 있는 당사자 또는 비독립적(non-arm's-length) 당사자에게 지급하는 이자에 한정된 특수한 이전가격세제로 본다. 이 규정을 통해서 지급이자의 형식을 취하는 은폐된 배당을 규율하는 국가도 있다. 즉, 내국법인

1) 한국의 과소자본세제는 「국제조세조정에 관한 법률」 제22조에 “출자금액 대비 과다차입금 지급이자의 손금불산입”이라는 제목으로 규정되어 있다.

2) 「국제조세조정에 관한 법률」 제22조 제2항은 내국법인(외국법인의 국내사업장을 포함)의 차입금 중 1. 국외지배주주로부터 차입한 금액, 2. 국외지배주주의 특수관계인으로부터 차입한 금액, 3. 국외지배주주의 지급보증(담보의 제공 등 실질적으로 지급을 보증하는 경우를 포함)에 의하여 제3자로부터 차입한 금액을 합한 금액이 해당 국외지배주주가 출자한 출자금액의 2배를 초과하는 경우에는 그 초과분에 대한 지급이자 및 할인료는 그 내국법인의 손금(損金)에 산입하지 아니한다고 규정하고 있다.

에 상당한 비중의 지분을 가지고 있는 비거주자 주주가 대여금 채권을 보유하고 있는 경우를 규율하기 위한 것이라는 말이다. 이 규정을 일반적인 이자 지급을 규율 대상으로 하는 것으로 보는 국가도 있다. 과소자본세제는 아래의 7.2.2에서 논의된다.

「소득 대비 과다이자비용손금불산입(Earnings–stripping) 규정」에 따르면, 이자가 회사의 수익(earnings)에 근거한 계산공식(financial formula)[대개 이자, 세금, 유형·무형자산의 감가상각비(depreciation and amortization)의 손금산입 전 수익, 즉 "세전 영업현금흐름(EBITDA)"의 25–30%]을 초과하면 지급이자는 과다한 것으로서 그 손금(비용)산입이 부인된다.[3] BEPS Action 4 보고서는 「소득 대비 과다이자비용손금불산입규정」을 과소자본세제보다 우선하여 적용하도록 권고하였다. BEPS Action 4 보고서와 「소득 대비 과다이자비용손금불산입규정」은 아래의 7.2.3에서 살펴본다.

일부 국가들은 행정 지침 또는 관행에 의존하여 과다이자비용공제문제에 대처하고자 한다. 또 다른 국가들은 이전가격세제나 일반적 조세회피방지규정(GAAR)을 적용한다.

과도한 이자의 손금(비용)산입은 위에서 설명한 것처럼 이자가 비거주자에게 지급되는 경우뿐만 아니라 이자비용이 과세면제소득이나 과세특혜를 받는 소득을 창출하는 과정에서 발생하는 경우에도 문제가 된다. 이 상황은 국외 고정사업장에 귀속되는 소득에 대해서 과세면제하거나 내국법인이 상당한 비중의 지분을 보유하는 외국법인로부터의 수취하는 배당에 관하여 과세를 면제하는 국가에서 발생한다. 이론적으로 보면 과세되지 않는 소득을 얻기 위하여 사용된 차입금에 대한 이자의 손금(비용) 산입은 허용되어서는

---

3) 한국은 내국법인이 국외특수관계인으로부터 차입한 금액에 대한 순이자비용이 조정소득금액의 30%를 초과하는 경우에는 그 초과하는 금액은 손금에 산입하지 아니하며 「법인세법」 제67조에 따른 기타사외유출로 처분된 것으로 본다고 규정하고 있다(「국제조세조정에 관한 법률」 제24조).

안 된다. 그러나 많은 국가들은 이런 상황에서 이자의 손금(비용) 산입을 허용하고 있고, 이자의 손금(비용) 산입을 허용하지 않는 국가에서도 납세의무자가 소득의 원천에 이자비용을 배분하여 손금(비용) 산입하도록 규칙을 악용하는 경우가 적지 않다. 이러한 상황에서 이자의 손금(비용) 산입을 허용하면 거주지국 세율보다 더 낮은 세율로 과세하는 외국에 대한 외국투자에 대해 보조금을 지급하는 효과가 발생한다.

이 문제를 직접적으로 다루는 국가는 거의 없다. 호주와 뉴질랜드는 회사의 부채가 내국 순자산의 원가 또는 가액의 일정 비율(이를테면 75%)을 초과하는 범위에서는 내국법인의 지급이자에 관한 손금(비용) 산입을 부인하는 소위 아웃바운드(outbound) 과소자본세제를 채택하였다. 아래의 7.2.3에서 설명하겠지만 내국법인에 발생하는 모든 이자비용에 적용되는「소득 대비 과다이자비용손금불산입규정」을 적용하는 국가들은 과세면제되는 국외원천소득을 창출하는데 발생하는 이자비용을 제한할 수는 있겠지만, 완전히 없앨 수는 없을 것이다.

이자비용에 관한 또 다른 문제는 "부채이전(debt push－down)" 거래와 관련한 것인데, 이는 특정 국가의 내국법인 지분을 취득하기 위하여 사용된 부채를 해당 내국법인으로 이전하기 위한 국제적 인수합병에 자주 사용된다. 부채이전은 여러 방법으로 이루어지는데, 다음의 예를 보자. A국 법인 A사는 B국 법인 B사의 모든 주식을 취득한다. 만약 A사가 그 주식을 취득하기 위한 자본조달을 위해서 필요한 자금을 차입한다면 차입금 이자는 A사의 과세소득을 계산할 때 손금에 산입될 것이고, A사의 과세소득은 줄어들 것이다. 여러 이유로(예를 들어 A사가 그 지급이자의 손금산입으로 공제할 충분한 익금이 없다거나 B국의 세율이 더 높아 B국에서 이자를 손금산입하는 더 유리한 경우 등) A사는 그 지급이자를 B사의 손금에 산입하고자 할 수 있다. 그래서 A사는 B사의 주식을 취득하기 위하여 B국에 새로운 법인, 뉴코(Newco)를 설립한다. A사는 빌려온 자금을 다시 뉴코에게 빌려주고, 그런 다음 뉴코(Newco)는 그 차입금을 사용하여 B사의 주식을 취득한다. 뉴코가 A사에게 지급한 이자는 A사의 소득에 포함되지만, A사도 빌린 돈에 대한 이자비용을 손금산입함으로써 상쇄된다. 뉴코가 A사에게 지급한 이자는 일반적으로 뉴코도 손금산입할 수 있다. 뉴코가 지주회사라면 손금산입된 이자비용으로 상쇄할 소득이 없을 수도 있다. 그러나 뉴코와 B사는 하나의 법인으로 합병할 수 있고, 이 경우 이자비용은 합병회사의 과세소득을 계산할 때 손금에 산입될 것이다. 결과적으로 B사의 이익에서 뉴코의 이자비용을 손금(비용) 산입할 수 있다.

과소자본세제나 「소득 대비 과다이자비용손금불산입규정」은 부채이전거래를 통하여 내국법인이 의도하는 이자비용의 손금산입을 제한하지만, 그런 규칙들이 부채이전거래를 정확히 겨냥한 것은 아니고 그러한 부채에 관한 이자의 손금(비용) 산입을 모두 부인하는 것은 아니다. 대신에 개별 국가는 개별적 조세회피방지규정을 입법할 수도 있고 일반적 조세회피방지규정을 적용하여 부적절한 부채이전거래에서 발생하는 이자의 손금(비용) 산입을 부인할 수도 있다.

7.2.2 과소자본세제와 「소득 대비 과다이자비용손금불산입규정」의 구조적 특징

보통 과소자본세제(그리고 내국법인의 비거주자 주주에게 지급되는 이자에 적용되는 「소득 대비 과다이자비용손금불산입규정」)는 대부분 다음과 같은 구조적인 특징을 가지고 있다.

비거주자인 대여자(Nonresident lenders) 과소자본세제는 일반적으로 내국법인에 대하여 상당한 비중의 주식을 소유한 비거주자에게 지급되는 이자에 관하여만 적용된다.[4] 주식소유비율정도는 상당한 비중(10~25%)의 주식을 소유하는 것에서부터 내국법인을 지배(주식의 50% 이상)하는 수준에 이르기까지 다양하다.[5] 그러나 위에서 설명하였듯이 호주와 뉴질랜드와 같은 국가는 외국투자에 위한 자금을 조달하기 위하여 부채를 사용하는 내국법인에 대하여도 이 규칙을 적용한다(아웃바운드 과소자본세제). 반대로 아래의 7.2.3에서 논의하겠지만, 유럽국가들과 미국이 채택한 「소득 대비 과다이자비용손금불산입규정」은 거주자 및 비거주자인 대여자에게 지급한 이자에 적용된다.

내국 법인체(Domestic entities) 대부분 국가들이 채택한 과소자본세제는 내국법인에 대하여만 적용된다. 그러나 특수관계 비거주자에게 과도한 이자를 지급함으로써 이익을 감소시키는 것은 파트너십과 신탁, 외국법인의 지점(고정사업장)과 관련해서도 발생할 수도 있다. 그래서 이러한 단체에 대한 과소자본세제의 적용도 점차 확대되고 있다.

이자의 과다 여부 판정(Determination of excessive interest) 일반적으로 과소자본세제는 내국법인이 비거주자에게 지급하는 "과도한(excessive)" 이자에만 적용된다. 과도한 이자의 기준에 관하여는 국가들마다 다양한 접근법을 사용하고 있는데 이 문제에 관한 국제적 합의는 아직 없다. 가장 일반적인 접근법은 일정된 부채 : 자기자본 비율을 사용하는 것인데, 이에 따르면 자기자본과 비교하여

4) 한국의 경우 「국제조세조정에 관한 법률」 제22조 제1항에서 "국외지배주주"에 대해서 규정하고 있다. "국외지배주주"란 내국법인이나 외국법인의 국내사업장을 실질적으로 지배하는 하는 자로, 내국법인의 경우에는 외국의 주주·출자자와 그 외국의 주주·출자자가 출자한 외국법인을 말하고, 외국법인의 국내사업장의 경우에는 그 외국법인의 본점 또는 지점, 그 외국법인의 외국주주, 그 외국법인과 나목의 외국주주가 출자한 다른 외국법인을 말한다.

5) 한국의 경우 50% 이상으로 규정하고 있다(「국제조세조정에 관한 법률 시행령」 제45조 제1항).

부자연스럽게 과다한 부채에서 발생하는 이자로서 지배주주 또는 상당한 비중의 지분을 소유한 주주에게 지급되는 것—즉, 부채로 위장한 자기자본—만 손금(비용) 산입이 부인된다. 조세조약에 관하여 OECD가 권고하는 대안적 접근법은 내국법인의 부채 : 자기자본 비율을 포함한 모든 사실과 상황을 참고하여 부채와 자기자본을 판정하고자 한다. OECD에 따르면, 이 접근법이 이전가격에 사용되는 독립기업원칙(arm's length standard)과 일치하고, 일정한 부채 : 자기자본 비율을 적용하는데 따르는 경직성 및 자의성을 피할 수 있다고 한다.[6]

부채 : 자기자본 비율 산정(Computation of a debt:equity ratio) 과소자본세제를 위한 부채 : 자기자본 비율은 아래의 두 가지 중 하나로 결정한다.

- 회사 상호간의 부채와 출자금액을 무시하고, 통합기준(consolidated basis)으로 산출된 임의적 비율 또는
- 모든 내국법인 또는 특정 산업 또는 상업 부문에 종사하는 모든 내국법인의 평균 부채 : 자기자본 비율을 고려한 비율

대부분 국가들은 1.5 : 1에서 3 : 1까지의 부채 : 자기자본 비율을 사용하는 것으로 보인다. 금융기관에 대해서는 때로 더 높은 비율을 규정하기도 한다.[7] 비율의 구성요소인 부채와 출자금액을 계

6) 한국의 경우 부채와 출자금액과 비율은 2:1이다(「국제조세조정에 관한 법률」 제22조 제2항). 그러나 차입한 금액의 규모 및 차입 조건이 특수관계가 없는 자 간의 통상적인 차입 규모 및 차입 조건과 같거나 유사한 것임을 대통령령으로 정하는 바에 따라 증명하는 경우 그 차입금에 대한 이자등에 대해서는 과세자본세제를 적용하지 않는다(「국제조세조정에 관한 법률」 제22조 제4항).

7) 한국의 경우 금융업에 적용하는 국외지배주주의 출자금액에 대한 차입금의 배수는 6배로 한다(「국제조세조정에 관한 법률 시행령」 제50조 제1항). 다만, 내국법인이 금융업과 금융업이 아닌 업종을 겸영하고 그 내국법인의 출자금액 또는 차입금이 업종별로 구분되지 않는 경우 금융업과 금융업이 아닌 업종의 각 영업이익(기업회계기준에 따른 영업이익을 말한다)에 비례하여 업종별로 구분되지 않는 출자금액 또는 차입금을 배분하고, 출자금액에 대한 차

산할 때에는 많은 부수적인 조세정책적 결정이 필요하다. 예를 들어서 비거주자의 부채 전부를 고려하여야 할 것인가 아니면 상당한 비중의 지분을 보유한 비거주자 주주의 부채만을 고려할 것인가? 자기자본은 납입잉여금(contributed surplus)을 포함해야 할 것인가, 아니면 주식금과 유보이익(retained earnings)만을 포함할 것인가? 우선주와 같은 혼성금융상품은 어떻게 분류할 것인가? 비거주자인 주주가 보증하는 부채를 고려할 것인가? 회사의 총부채를 계산할 때 이자소득을 창출할 수 있는 보유 현금(cash on hand)은 제외할 것인가?

결과(Consequences) 과소자본세제 또는 「소득 대비 과다이자비용손금불산입규정」의 적용 효과는 일반적으로 과도한 이자의 손금(비용) 산입을 허용하지 않는 것이다. 이 과도한 이자를 배당으로 취급하는 국가도 있다. 일부 국가는 한 사업연도에 손금(비용) 산입하지 못한 과도한 이자를 이월하여 다음 해의 지급이자 손금(비용) 산입 한도 내에서 공제하여 주기도 한다.

과세당국은 납세의무자가 국제적 은행 및 다른 금융 중개인과 제3자 개입 차입 거래(back－to－back)를 함으로써 회사 간에 대여금을 지급한다면, 과소자본세제의 적용을 회피할 수 있다는 사실을 알아야 한다. 그러므로 일부 국가의 과소자본세제는 제3자 개입 차입 거래와 유사한 조세회피방안의 사용을 방지할 수 있는 규정을 포함하고 있다.8)

과소자본세제는 비거주자에 대한 이자의 지급에 중점을 두고

입금의 배수를 업종별로 적용한다. 이 경우 영업이익을 계산할 수 없는 때에는 「법인세법 시행령」 제94조 제2항 제2호의 규정을 준용하여 업종별로 구분되지 않는 출자금액 또는 차입금을 배분하고, 출자금액에 대한 차입금의 배수를 업종별로 적용한다(「국제조세조정에 관한 법률 시행령」 제50조 제2항).

8) 한국의 경우에도 「국제조세조정에 관한 법률」 제22조에 과소자본세제를 규정하고, 같은 법 제23조에 제3자 개입 차입거래를 규정하고 있다.

있다. 거주자에 대한 이자 지급은 이자를 수취하는 거주자가 일반적으로 그 수취한 이자에 관하여 과세되기 때문에 대체로 문제가 되지 않는다. 그러나 유럽연합국가들은 다른 유럽연합 회원국의 거주자에 대한 차별을 금지하고 있으며, 유럽사법재판소(European Court of Justice)는 비거주자에 대한 이자 지급에만 적용되는 과소자본세제는 그 과소자본세제가 다른 유럽연합 회원국의 거주자에게 적용되는 한 무효라고 판결해 왔다. 따라서 아래 7.2.3에서 설명하겠지만, 2016년 유럽연합은 거주자에게 지급하는 것을 포함하여 내국법인이 의한 모든 이자 지급에 적용되는 「소득 대비 과다이자비용손금불산입규정」을 유럽연합 회원국들이 채택해야 한다는 조세회피방지 지침을 발령하였다.

이자가 과도한지 여부를 소득(Earnings)에 근거하여 결정하는 것과 일정한 '부채 : 자기자본' 비율 규정에 근거하여 결정하는 것의 중요한 차이점 중 하나는 '부채 : 자기자본'은 이자율변동에 민감하지 않은 반면, 소득은 이자율변동에 민감하다는 것이다. 회사는 이자율이 낮은 기간 동안 그렇지 않은 기간에 비하여 더 많은 부채를 질 수 있다. 일정한 '부채 : 자기자본' 비율을 근거로 하는 과소자본세제는 이자율이 높건 낮건 간에 관계없이 적용된다. 이러한 문제는 이자율의 의미 있는 변동을 반영하기 위하여 '부채 : 자기자본' 비율을 주기적으로 조정하여 해결할 수 있다.

7.2.3. 「소득 대비 과다이자비용손금불산입규정」(Earnings-stripping rules)

BEPS Action 4의 최종보고서는 과소자본세제를 거부하고, 「소득 대비 과다이자비용손금불산입규정」을 선호하고 있는데, 위 보고서에 따르면, 그 이유는 대체로 소득(earnings)이 단체의 이자채무 이행능력을 측정하는데 더 나은 척도를 제공하고 과소자본세제는 이자율을 고려하지 않기 때문이다. 반면에 소득 접근법에 따르면, 납세의무자는 지급이자의 손금(비용) 산입 제한을 회피하기 위하여 이자율이 상승하는 기간 동안에는 부채를 줄일 유인을 갖게 된다.

BEPS Action 4 보고서에서의 권고는 강제적인 것은 아니다. 각 국가들은 그 권고를 채택할 수도 있고, 채택하지 않을 수도 있다. 그러나 유럽연합과 미국은 보고서에서 권고한 규칙과 유사한 「소득 대비 과다이자비용손금불산입규정」을 채택해 왔다.

BEPS Action 4 보고서에서 권고하는 「소득 대비 과다이자비용손금불산입규정」의 주요 특징을 요약하면 다음과 같다.

> 이 규칙은 법인의 이자비용이 최소한(*de minimis*)의 금전적 기준을 초과한 경우에만 적용될 것인데, 이는 규정을 적용할 때의 행정적 부담 및 순응부담을 줄이기 위한 것이다. 유럽연합 지침은 최소기준을 300만 유로로 설정하였는데, 이는 다국적기업집단의 구성원들간에 배분되어야 한다.

법인은 세전 영업현금흐름(EBITDA)에 대한 순이자비용에 관한 기준비율(benchmark ratio)까지 순이자비용(이자소득을 초과하는 이자비용)을 손금(비용) 산입할 수 있다.[9] 법인의 순이자비용과 세전 영업현금흐름은 해당 국가의 재무회계기준이 아니라 세법에 따라서 계산되어야 한다. 기준비율은 한 법인의 세전 영업현금흐름(EBITDA)의 10에서 30%의 범위 내에서 정해질 것이다. 유럽연합과 미국은 [미국의 경우 2022년 이후 조세·이자비용 공제전 수익(EBIT)[10]을 기준으로 비율을 변경할 예정이기는 하지만], 세전 영업현금흐름의 30% 비율

9) 「국제조세조정에 관한 법률」 제24조 제1항 제1호에서 "순이자비용"이란 국외특수관계인에게 지급한 이자등에서 국외특수관계인으로부터 받은 이자수익을 뺀 금액이라고 규정하고 있다.

10) 조세·이자비용 공제전 수익(Earning Before Interest, Taxes; EBIT)과 세전 영업현금흐름(EBITDA)의 차이점은 유형·무형자산 감가상각비의 상각여부이다.

기준을 선택하였다. 손금 산입이 가능한 범위를 초과하는 이자비용은 손금산입되지 않지만, 이전 연도로 소급하거나 차후의 연도로 이월될 수 있다.

이 규정은 기업집단 내의 이자 지급을 반영하기 위하여 법인의 순이자비용(총 이자수입을 초과하는 이자비용)에 적용될 것이다.

선택적 경감조치로서 어떤 법인은 만약 그 법인이 속한 다국적기업집단의 세전 영업현금흐름에 대한 정상이자비용의 비율이 해당 법인의 같은 비율보다 크다면, 해당 법인의 손금(비용) 산입 가능한 세전 영업현금흐름의 비율을 초과하는 이자비용을 손금(비용) 산입할 수 있다. 다국적기업집단을 위한 대안을 인정하는 논리는, 만약 내국법인이 다국적기업집단의 부채비율에 근사한 비율로 부채를 부담한다면, 내국법인이 지급이자를 손금산입함에 따라 발생하는 과세기반의 침식은 수용가능하고 과도하지도 않다는 것이다. 위 규정을 시행하려면 납세의무자가 다국적기업집단과 관련한 재무정보를 일체로서 집계하고 과세당국은 이 정보를 감사할 필요가 있다. 이를 위해서는 세무정보보다는 재무회계 정보를 사용할 필요가 있을 것이다. 유럽연합의의 「소득 대비 과다이자비용손금불산입규정」은 연결납세집단을 구성하는 법인이 해당 연결납세집단의 세전 영업현금흐름에 대한 순이자비용 비율까지 과다 이자를 손금산입할 수 있도록 허용한다. 나아가 법인의 총자산에 자기자본비율에 2%를 더한 수치가 전체 연결납세집단의 같은 비율과 같거나 높을 경우에는 모든 이자비용을 손금(비용) 산입할 수 있다. 미국의 「소득 대비 과다이자비용손금불산입규정」은 다국적기업집단을 위한 경감규정을 두지 않고 있다.

「소득 대비 과다이자비용손금불산입규정」은 경제적 실질 접근법을 적용하여 이자 및 경제적으로 이자와 동등한 모든 지급액에 적용할 것을 의도한 것이다.

다국적기업집단에 속하지 않는 내국법인에 대한 「소득 대비 과다이자비용손금불산입규정」의 적용은 선택적이다. 만약 위 규정이 그러한 내국법인에 적용되지 않는다면, 그 내국법인은 모든 지급이자를 손금(비용)에 산입할 수 있다.

법인은 손금(비용) 산입한도를 초과한 지급이자를 소급적용하거나 이월할 수 있을 뿐 아니라, 손금(비용) 산입에 사용하지 않은 지급 이자를 해당 연도로부터 장래로 이월하여 손금(비용) 산입할 수 있다.

장기 공익사업(public benefit projects)에 소요되는 자금을 조달을 하는 과정에서 발생한 이자비용의 경우 해당 자금을 비소구부채(nonrecourse debt)로 조달하고 해당 사업에서 발생한 소득은 과세대상이 되고 차입한 자금을 다른 법인으로 재대여하지 않는 경우라면 예외를 인정할 수 있다. 유럽연합 규칙은 일반 공익을 위한 장기 공공 사회기반시설 사업에 관한 예외를 규정하고 있다.

인위적인 계약을 방지하고 금융서비스와 보험회사를 특별히 고려하기 위한 특례를 도입하고자 하는 국가도 있을 수 있다. 특례 조세회피방지규정의 예에는 과소자본세제와 제3자 개입 차입 거래에 대처하기 위한 규칙을 포함된다.

대부분 국가들의 과소자본세제와 달리 BEPS Action 4에서 권고하고 유럽연합 및 미국이 채택한 「소득 대비 과다이자비용손금불산입규정」은 제한적인 예외는 있지만, 비거주자에게 지급되는 이자에 한하여 적용되지 않고 모든 거주자의 이자비용에 적용된다. 이와 같은 이들 「소득 대비 과다이자비용손금불산입규정」은 국제적 과세기반 침식을 개별적으로 겨냥하는 것이 아니라, 과도한 이자비용의 손금(비용) 산입을 전체적으로 규율 대상으로 삼고 있다. 위에서 본 바와 같이 유럽연합이 「소득 대비 과다이자비용손금불산입규정」을 폭넓게 적용하는 이유는 유럽연합법의 차별금지규정

(nondiscrimination protections)과 충돌되는 것을 피하기 위해서이다. 다른 국가들 또한 조세조약상의 차별금지(Non-discrimination) 규정과 충돌하는 것을 피하기 위하여 폭넓은 「소득 대비 과다이자비용손금불산입규정」을 적용하기로 할 수 있다. OECD 및 UN 모델조약 제24조 제4항과 제5항에 따르면, 일방체약국이 타방체약국의 거주자에게 지급하는 이자(그리고 그 이외의 지급금)를 일방체약국의 거주자에게 지급하는 유사한 지급금보다 불리하게 취급하는 것과 타방체약국의 거주자가 소유하거나 지배하는 내국법인을 다른 내국법인보다 불리하게 취급하는 것을 각각 금지하고 있다. OECD 및 UN 모델조약의 차별금지 규정은 제8장 8.8.1에서 논의될 것이다.

「소득 대비 과다이자비용손금불산입규정」의 중요한 장점 중 하나는 만약 다국적 기업집단이 이익을 고세율국에서 저세율국으로 이전한다면, 고세율국의 과세기반에 대한 이자의 손금(비용) 산입이 그에 비례하여 줄어든다는 점이다.

소득을 기초로 지급이자의 손금(비용) 산입을 제한하는 데 대한 심각한 문제 중 하나는 법인에게 하나의 사업연도 동안 손실이 발생한 상황을 어떻게 처리할 것인지이다. 일반적으로 법인 차입금을 사용하여 실제로 과세소득을 얻었는지 여부를 묻지 않고 그 차입금에 대한 지급이자는 손금(비용)에 산입된다. 소득이 실제적으로 발생할 때 이자를 손금(비용) 산입해 주는 것은 납세의무자로 하여금 위험한 벤처사업을 꺼리게 하므로 좋은 조세정책이 아니라는 것이 일반적인 이론이다. 그러므로 위험도가 매우 높거나 성질상 순환성이 있는 사업에 불이익한 영향을 미치지 않도록 손금(비용) 산입하지 않은 이자의 이월을 허용할 수도 있다.

이자의 손금(비용) 산입을 인정하는 한도로 소득 중 특정 %를 정하는 것은 임의적이다. (사업수행 과정에서의 합리적인 비용인) 다국적기업집단이 지급한 제3자에 대한 정상이자비용은 손금(비용)

산입을 허용하지만, 한 국가의 세원을 수인 한도를 넘어서 잠식하는 이자비용은 손금(비용) 산입을 허용하지 않는 것이 목표이다. 대부분의 국가들은 소득(earnings)의 25~30% 범위에서 제한을 두고 있다.[11)]

7.3 피지배외국법인세제(CFC Rules)

7.3.1 개 관

제3장 3.3.1에서 설명하였듯이, 거주자가 전세계소득에 대한 과세를 회피하기 위한 가장 효과적인 방법 중 하나는 국외원천소득을 벌어들일 피지배외국법인(CFC) 등을 이용하는 것이다. 국외원천소득에 대한 국내의 과세는 그 소득을 벌어들일 외국법인 또는 신탁과 같은 법인체를 설립함으로써 쉽게 이연하거나 회피할 수 있다. 외국법인 또는 신탁은 일반적으로 별도의 과세 단체로 간주되고, 그 지배주주나 수익자의 거주지국에서는 내국법인이 아니기 때문에 외국법인이나 신탁이 벌어들인 소득에 관하여 그 주주 또는 수익자에게 과세할 수 없다.

그 외국법인이나 신탁으로부터 주주 또는 수익자에 대한 분배가 이루어질 때, 그 주주나 수익자는 거주지국에서 과세될 수 있다. 그러나 많은 국가들은 외국회사에 상당한 비중의 지분을 가지고 있는 내국법인이 그 지분에 기하여 배당을 수취한다면 그 배당에 관하여 거주지국 과세를 면제한다. 배당이 과세가 된다고 하더라도 거주지국 과세는 배당금이 수취될 때까지는 이연될 수도 있고, 그 기간은 외국법인이 소득을 벌어들인 이후 수년이 될 수도 있다. 그러므로 외국법인을 통해서 소득을 벌어들이는 것은 거주지국에서

11) 한국의 경우에는 30%이다(「국제조세조정에 관한 법률」 제24조 제2항).

의 과세이연 또는 완전한 조세회피라는 결과를 낳을 수 있다. 이러한 이점은 외국회사나 신탁의 소득에 대한 외국의 세율이 낮거나 아예 과세를 하지 않을 때 극대화된다. 그러므로 이 문제는 피지배외국법인(CFC) 또는 신탁이 조세피난처(tax havens)에 설립될 때 주로 발생한다.

피지배외국법인체를 이용한 조세회피 또는 과세이연의 문제는 수동적 투자소득과 관련하여 가장 많이 나타났는데, 그러한 소득은 쉽게 조세피난처에서 설립한 역외법인에 쌓아두거나 그 역외법인으로 우회시킬 수 있기 때문이다. 예를 들어, A국 법인이 채권으로 1,000의 이자소득을 벌어들이고, A국의 세율이 40%라고 가정하자. 만약 그 법인이 조세를 부과하지 않는 조세피난처에 완전자회사를 설립한다면, 그 법인은 외국자회사로 채권을 이전함으로써 400의 세금을 이연할 수 있다. 외국자회사에서 발생한 이자소득은 그 이자가 A국의 원천소득이 아니라는 이유로 또는 이자에 대하여 원천소득세가 면제된다는 이유로 A국 원천징수세의 적용을 받지 않을 수 있다. 그러나 설사 그 이자가 A국 원천징수세의 과세대상이 된다고 하더라도, 그 법인은 법인세율과 원천징수세율 간의 차이(상당할 수도 있음) 정도만큼 A국의 과세를 이연할 수 있다. 만약 A국이 외국법인으로부터 수취한 배당에 대하여 지분참여면제(participation exemption)를 규정하고 있다면 채권을 외국자회사로 이전하는 데 따르는 조세혜택은 더욱 극대화될 수 있다.

거주지국이 외국법인 등으로부터의 배당에 대해서 과세할 경우에 거주지국 과세는 이연은 되지만 완전히 피할 수는 없다. 외국자회사가 내국법인인 모회사에게 배당금을 분배하거나 모회사가 자회사의 주식을 처분할 경우 거주지국은 배당 또는 주식처분이익에 대해서 과세할 것이다. 그러므로 구체적인 경우 과세이연의 혜택은 내국 세율과 외국 세율 간의 차이, 이연된 조세의 납부율, 과세이연의 기간에 좌우된다. 일반적인 현재가치 계산에 따르면 무기한의 과세이연은 과세면제와 거의 같다.

일부 국가들은 국내 과세를 이연시키거나 회피하기 위하여 피지배외국법인(CFC)을 이용하는 것을 막거나 제한하는 상세한 규정을 두고 있다. 미국은 1992년에 피지배외국법인세제(Subpart F)[12]를 도입한 최초의 국가였고, 그 규정은 1937년에 도입된 개인에 의한 외국법인 이용을 대상으로 한 유사한 규정(외국 개인 지주회사 규정, the foreign personal holding company rule)을 기초로 한 것이었다.

Subpart F 규정의 도입은 큰 논란이 되었다. 최종적으로 제정된 규정은 피지배외국법인(CFC)의 모든 소득에 대해 과세이연을 허용하지 않는 원래의 제안과 수동적 소득에 한하여 분명히 과세이연이 허용되어서는 안된다는 미국 다국적기업의 주장 사이에서 절충적 입장을 취하였다. Subpart F는 오늘날에도 논란이 많다. 여러 해 동안 미국의 다국적기업들은 Subpart F 규정은 다른 국가들의 피지배외국법인세제보다 더 광범위하고 더 엄격하며, 그 규정은 미국의 다국적기업들을 경쟁에 있어 불리하게 만든다고 주장을 해왔다. 2001년 1월에 미국 재무부는 Subpart F에 대한 보고서[미국의 피지배외국법인을 통하여 얻은 소득의 과세이연: 정책연구, 2000. 12.(*The Deferral of Income Earned Through U.S. Controlled Foreign Corporations: A Policy Study*, December 2000)]를 발간하였는데, 여기서 Subpart F의 기본정책은 적합하고, 미국의 다국적기업이 이 규정에 의해서 불리한 영향을 받았다는 확실한 증거가 없다고 결론을 지었다.

1962년 미국이 Subpart F를 도입한 이후, 다른 자본수출국들도 자국의 과세기반을 보호하기 위하여 피지배외국법인세제를 제정하였다. 2018년 기준으로 30개국 이상이 피지배외국법인세제를 도입하였다. 이러한 추세는 확고하게 자리를 잡아 계속될 것으로

12) 이하 미국의 경우 Subpart F로 지칭한다.

보인다.

이 제도를 채택한 모든 국가에서 피지배외국법인세제 입법의 기본적인 방식은 유사하다. 조세가 없거나 저세율국에서 설립된 외국법인을 지배하거나 그 회사에 상당한 지분을 가지고 있는 거주자 주주는 외국법인 소득의 전부 또는 일부에 대하여 지분비율에 따라 그 소득이 실제로 주주에게 배분되었는지에 관계없이 거주지국에서 과세된다는 것이다. 그러나 외국법인이 적법한 역외 사업활동에 종사하고 있다면, 피지배외국법인세제는 그로 인한 소득에 관하여 적용되지 않는 것이 일반적이다. 예를 들어 A국 법인인 A사가 저세율국 법인인 피지배외국법인의 주식 전부를 소유하고 있다고 가정하자. 피지배외국법인은 1,000의 수동적 소득을 벌어들이고 그 소득에 대하여 거주지국에 100의 조세를 납부한다. 피지배외국법인은 A사에 세후 소득을 분배하지 않는다. 만약 A국에 피지배외국법인세제가 있다면, A사는 피지배외국법인의 소득 1,000(A사가 피지배외국법인으로부터 소득 분배를 받지 않았다는 사실에도 불구하고)에 대하여 A국에 의해 과세될 것이고, 피지배외국법인이 납부한 100의 세금에 대해서는 세액공제를 받을 것이다. 따라서 A국이 40%의 세율로 과세한다면 A사는 300(400에서 외국세액공제 100을 차감한 금액)의 조세를 납부하게 될 것인데, 이는 A사가 직접 그 소득을 얻었다면 납부하였어야 할 세액과 정확하게 일치한다.

피지배외국법인세제의 기본 구조는 두 개의 대립되는 정책들을 반영한다. 첫째, 조세회피를 방지하고자 하는 것과 제1장 1.3에서 논의된 공평과 경제적 효율이라는 전통적 목표에 다가가고자 하는 바람이다. 동시에 국가들은 일반적으로 국외시장에서 경쟁하는 자국회사들의 능력에 불합리하게 간섭하기를 원하지 않는다. 피지배외국법인에 대한 조치들을 두고 있는 모든 국가에서는 비록 각 국가마다 달리 나타나기는 하지만 이들 두 정책이 균형을 유지하고 있다.

브라질을 제외하고, 피지배외국법인을 이용하여 얻은 혜택을 전적으로 허용하지 않는 국가는 없고 대부분의 국가들은 특정외국법인 유보소득 합산과세제도의 적용을 저세율국에 설립된 피지배외국법인과 그 법인이 얻은 수동적 소득으로 한정하고 있다. 이와는 대조적으로 브라질의 피지배외국법인세제는 피지배외국법인의 거주지국에 상관없이 브라질 거주자가 20% 이상의 주식을 소유한 모든 피지배외국법인의 모든 능동적·수동적 소득에 관하여 적용된다. 뉴질랜드의 초기 피지배외국법인세제 또한 다른 국가의 피지배외국법인세제와 현저히 달라서 열거된 7개국에 설립된 피지배외국법인을 제외하고, 뉴질랜드 거주자가 지배하는 모든 피지배외국법인의 모든 능동적·수동적 소득에 관하여 적용하는 등 과세이연을 전혀 허용하지 않았다. 그러나 뉴질랜드의 피지배외국법인세제는 능동적 사업소득을 피지배외국법인세제의 적용에서 제외하기 위하여 2010년에 개정되었다.

2017년 미국은 피지배외국법인의 유형자산에 관한 간주수익 10%를 초과하는 미국 납세의무자의 피지배외국법인 소득에 대하여 10.5%의 최저한세(2026년에는 13.25%로 상향될 예정이다)를 부과하는 이례적인 조치를 취하였다. 이 새로운 최저한세의 과세대상이 되는 소득은 "저세율과세 무형자산소득(global intangible low taxed income)" 또는 GILTI로 부른다. 그래서 Subpart F 규정에 따라 완전한 미국 법인세율의 적용을 받지 않는 피지배외국법인의 소득(대부분 능동적 사업소득)은 이 최저한세의 적용을 받게 될 것이고, 그 소득에 대하여 피지배외국법인이 납부한 외국 세액의 80%만 이 최저한세에 대해 공제된다.

7.3.2 피지배외국법인세제(CFC Rules)의 구조적 특징

비록 각국의 피지배외국법인세제는 상당히 달리 규정되지만,

대부분의 국가에서 피지배외국법인세제의 기본적인 구조적 측면은 동일하다.[13] 아래에서는 이러한 피지배외국법인의 구조적 측면을 논의한다.

7.3.2.1 피지배외국법인(CFC)의 정의

일부 예외는 있지만 피지배외국법인세제의 범위는 (1) 비거주자, (2) 소유자와는 별개로 과세되는 회사 또는 그와 유사한 법인체, (3) 국내 주주가 지배하거나 국내 주주가 상당한 비중의 지분을 가지고 있는 법인체로 한정된다.[14]

도관(conduit or flow－through) 기반으로 과세되는 (파트너십 같은) 단체는 외국 파트너십의 거주자인 파트너가 파트너십 소득 중 지분에 해당하는 금액에 관하여 거주지국 과세를 받는다면, 피지배외국법인세제의 적용범위에 포함되지 않는다. 법인체가 비거주자(즉, 외국법인)인지 여부는 법인체에 관한 거주지국의 통상적인 거주지 판정 규정에 따라 확정된다(설립장소나 관리장소 또는 둘 다). 회사 및 법인체에 관한 거주지 규정은 제2장 2.2.2에서 살펴보았다.

이상해 보일 수도 있지만 프랑스와 같은 일부 국가는 피지배외국법인세제 규정을 외국 지점(branches)이나 고정사업장에 적용한다. 피지배외국법인세제 규정을 외국 지점이나 고정사업장으로 확대 적용하는 것은 어떤 국가가 외국 지점이나 고정사업장을 통하여 얻은 소득에 대하여 과세를 면제하고, 그 면제 소득이 만약 피지배외국법인의 소득이었다면 그 국가의 피지배외국법인세제의

---

13) 한국의 피지배외국법인세제는 "특정외국법인의 유보소득에 대한 합산과세"라는 표제로 「국제조세조정에 관한 법률」 제27조에서 제34조까지 규정되어 있음은 앞서 언급한 바 있다.

14) 「국제조세조정에 관한 법률」 제27조 제1항은 법인의 실제부담세액이 실제발생소득의 15% 이하인 국가 또는 지역에 본점 또는 주사무소를 둔 외국법인에 대하여 내국인이 출자한 경우에는 그 외국법인 중 내국인과 특수관계가 있는 법인의 각 사업연도 말 현재 배당 가능한 유보소득(留保所得) 중 내국인에게 귀속될 금액은 내국인이 배당받은 것으로 본다고 규정하고 있다.

적용을 받았을 수동적 소득을 포함하는 경우에 필요하다. 외국 지점이나 고정사업장을 통하여 얻은 소득에 대한 과세면제가 능동적 사업소득(즉, 피지배외국법인의 소득이었더라도 피지배외국법인세제 규정의 적용을 받지 않았을 소득)에 한정된다면 피지배외국법인세제를 외국 지점이나 고정사업장까지 확대하여 적용할 필요는 없다.

"피지배외국법인(controlled foreign corporation)" 유보소득 합산과세제도라는 명칭을 고려하면, 대부분의 피지배외국법인세제가 일정한 국내 주주에 의해 지배되는 외국법인에만 적용되는 것은 놀랍지 않다. 일반적으로 지배는 의결권 있는 발행주식의 50% 이상의 소유지분을 의미한다. 일부 국가들은 지배 개념을 확장하여 회사의 발행주식 총가액의 50% 이상과 동일한 가치를 가진 주식소유를 포함하도록 규정하고 있다. 다른 국가 중에는 거주자가 의결권 있는 주식을 50% 미만의 지분비율로 소유한다 하더라도 일정한 상황에서 거주자가 외국회사를 지배하는 것으로 추정하는 규정을 두고 있다. 예를 들어 호주와 뉴질랜드의 피지배외국법인세제는 만약 거주자가 외국회사의 의결권 있는 주식 40% 이상을 소유하고 비거주자가 그 회사의 의결권 있는 주식을 소유하고 있지 않다면, 그 거주자는 그 외국회사를 지배하는 것으로 간주한다.

일부 국가들만 기본적인 법률상(de jure) 지배심사에 대해 보충적으로 사실상(de facto) 지배심사를 채택하고 있다. 사실상(de facto) 지배심사에 따르면, 거주자 납세의무자가 모든 사실관계와 상황을 고려해 볼 때 의결권에 의한 지배권을 가지지 않아도 그 회사의 업무를 지배할 수단을 보유하고 있다면 외국회사를 지배하는 것으로 간주한다. 예를 들어 회사주식의 20%를 소유한 납세의무자가 나머지 주식이 (여러 사람에 의해서) 분산되어 보유된다면 그 회사의 사실상 지배권을 가질 수 있는 것이다. 사실상 지배심사는 납세의무자에게는 상당한 불확실성을 유발하고, 또한 과세당국은 그 심사기준을 적용하기 어렵다.

지배요건을 요구하는 근거는 공평이다. 만약 거주자인 주주가 외국회사에 대하여 그 회사가 할 사업활동을 결정하거나(즉 피지배외국법인세제의 적용을 받도록 할 것인지 말 것인지) 소득의 분배를 요구할 충분한 법률상 또는 사실상 권한이나 영향력을 가지고 있지 않다면, 외국회사가 분배하지 않은 소득에 대하여 거주자 주주에게 과세하는 것은 공평하지 않을 것이다.

브라질, 덴마크, 포르투갈과 같은 몇몇 국가들은 지배심사의 복잡함과 제약을 거부하였다. 그 국가들은 거주자가 상당한 비중의 지분(브라질의 경우 20%, 포르투갈과 덴마크의 경우 25%)을 보유한 외국회사에 대하여 피지배외국법인세제를 적용한다. 2004년까지 프랑스는 피지배외국법인의 주식 10% 이상을 소유한 프랑스 거주자에게 피지배외국법인세제를 적용하였다.

피지배외국법인세제에서 지배는 대개 간접지배를 포함한다.[15)]그래서 조세피난처에 있는 회사의 주식을 거주자가 지배하는 또 다른 외국회사가 보유하도록 하는 방법으로 피지배외국법인세제를 피할 수는 없다. 예를 들어 만약 어떤 거주자가 A사의 의결권 있는 주식 60%를 소유하고, 또 A사가 두 번째 외국법인 B사의 의결권 있는 주식 50% 이상을 소유한다면 B사는 그 거주자의 피지배외국법인으로 간주된다. 간접지배는 대개 한 회사에 대한 납세의무자의 지분에 그 회사가 다른 회사에 대해 가지는 지분을 곱하는 등의 방식으로 결정된다. 예들 들어 A사가 B사의 주식 40%를 소유하고 있고, B사는 C사의 주식 30%를 소유하고 있으면 A사는 C사의 주식 12%를 소유하는 것으로 본다. 그러나 한 회사가 또 다른 회사를 지

15) 한국의 경우 특정외국법인 유보소득 합산과세제도의 적용을 받는 내국인의 범위는 피지배외국법인의 각 사업연도 말 현재 발행주식의 총수 또는 출자총액의 10% 이상을 **직접 또는 간접으로 보유한 자**로 한다(「국제조세조정에 관한 법률」 제27조 제2항).

배한다면, 그 회사는 그 회사가 소유하는 어떤 다른 회사 지분 모두를 소유하는 것으로 간주해야 한다. 예를 들어 만약 A사가 B사의 주식 51%를 소유하고 B사가 C사의 주식 51%를 소유한다면 A사는 26.01%(51%×51%)가 아니라 B사가 소유되는 C사의 주식 전부를 소유한 것으로 간주될 것이다. 그러므로 A사는 B사와 C사(그리고 C사에 의해 지배되는 다른 회사도)를 지배하는 것으로 보게 된다.

대부분의 국가들은 또한 특수관계인 간에 주식의 소유를 분산시켜 납세의무자가 피지배외국법인세제의 적용을 회피하지 못하도록 간주소유규칙(constructive ownership rules)을 규정하고 있다. 예를 들어 한 내국법인이 외국법인 주식 40%를 소유하고 있고 또 다른 내국법인이 외국법인의 의결권 있는 주식 20%를 소유하고 있는 경우, 만일 두 내국법인이 특수관계에 있다면(예컨대 그 두 내국법인이 또 다른 내국법인의 완전자회사인 경우) 그 외국법인은 두 내국법인 모두의 피지배외국법인이 될 것이다. 특수관계가 있는지 여부는 그 내국법인의 국내법에 따라 판단한다.

일부 국가에서는 피지배외국법인세제가 적용되기 위한 지배는 적은 수의 거주자 주주에게 집중되어 있어야 한다고 규정한다. 예를 들어 호주, 캐나다, 뉴질랜드는 외국회사의 지배는 다섯명 이하의 거주자 주주에게 집중되어야 할 것을 요건으로 하고 있다. 미국의 Subpart F 규정에 따르면, 외국회사의 주식 10% 이상을 소유한 미국 주주만이 외국회사가 피지배외국법인인지 여부를 결정할 때 계산에 포함된다. 노르웨이, 독일 같은 다른 국가에서는 매우 많은 수의 거주자 주주가 소유하는 외국회사라 할지라도 피지배외국법인에 해당할 수 있다.

집중소유요건은 지배심사에 대한 이론적 근거와 관련이 있다. 외국회사의 주식이 거주자 주주에 의해서 분산되어 소유된다면 그 주주는 그 외국회사에 대하여 소득 창출 사업활동을 결정하거나 분배를 요구하기에 충분한 권한을 행사하기 쉽지 않다. 집중소유요건은 간주소유규칙과 (아마도) 조세회피방지규정을 필요로 한다.

7.3.2.2 지정과세관할 접근법 또는 포괄적 접근법(Designated Jurisdiction or Global Approach)

피지배외국법인세제의 주된 초점은 조세피난처에 있는 법인에 맞추어져 있다. 결과적으로 대부분 국가들의 피지배외국법인세제는 조세피난처로 정의되고 지정된 국가에 위치한 피지배외국법인에 한정된다["**지정과세관할 접근법(designated jurisdiction approach)**"].[16)] 그러나 브라질, 미국, 캐나다와 같은 일부 국가들은 피지배외국법인이 조세피난처의 법인인지 아니면 고세율국가의 거주자인지 여부에 관계없이 피지배외국법인이 벌어들이거나 그 법인으로부터 수취한 일정한 특정 유형의 소득에 대하여 피지배외국법인세제를 적용한다["**포괄적 접근법(global approach)**"].

지정과세관할 접근법에 따르면, 지정된 조세회피처에서의 외국회사의 거주 여부가 피지배외국법인세제의 적용에 결정적이다. 이 방식은 대체로 무엇이 조세피난처를 이루는지 일반적인 정의를 규정한 다음 과세당국이 조세피난처 국가로 간주되거나 조세피난처로 간주되지 않는 국가의 명단을 공표함으로써 그 정의를 보충한다. 그러나 조세피난처에 관한 법적 정의를 하지 않고 단순히 조세피난처 국가 또는 조세피난처가 아닌 국가의 명단을 공표하는 국가도 있다. 조세피난처로 지정되지 않은 국가에 설립된 모든 외국회사들은 피지배외국법인세제의 적용을 받지 않기 때문에 포괄

---

16) 한국의 특정외국법인 유보소득 합산과세제도는 「국제조세조정에 관한 법률」 제27조 제1항에서 "법인의 실제부담세액이 실제발생소득의 15% 이하인 국가 또는 지역에 본점 또는 주사무소를 둔 외국법인에 대하여 내국인이 출자한 경우"라고 규정하여 지정과세관할 접근법을 채택하고 있다.

적 접근법에 비해 피지배외국법인세제의 순응 부담과 행정적 부담은 줄어든다. 반대로 포괄적 접근법에 따르면 외국회사의 거주지와 관계없이 피지배외국법인세제는 전 세계를 기반으로 그러나 특정한 유형의 소득에만 적용된다. 이 접근법의 배경이 되는 이론은 모든 국가의 조세체계는, 설사 일반적으로 고세율 국가라 하더라도, 소득에 특혜를 주거나 낮은 세율의 과세를 허용하는 측면을 가지고 있다는 것이다.

조세피난처의 일반적인 정의는 언제나 외국과 거주지국에서 부과되는 조세를 비교하는 것에 근거를 둔다. 만약 외국이 실제로 거주지국과 거의 같은 세율로 과세한다면, 그 외국은 거주지국의 상당한 세액을 이연하거나 회피하는데 사용될 수 없기 때문에 조세피난처로 간주되어서는 안 된다. 국내세율과 외국세율의 비교는 다음의 항목 중 하나에 의해서 결정된다.

- 명목세율(nominal tax rates)
- 유효세율(effective tax rates)
- 피지배외국법인이 납부한 실제 외국세액

조세피난처를 확정하기 위하여 명목세율을 사용하는 것은 외국에 의해 부여될 수 있는 공제, 면제, 세액공제 등을 고려하지 않기 때문에 문제가 있다. 유효세율을 사용하는 것도 유효세율을 결정하기도 어렵고 내국법인의 피지배외국법인의 모든 거주지국에 관하여 매년 결정되어야 하기 때문에 문제가 있다. 또 한 국가의 유효세율이 높다는 것이 반드시 그 국가의 거주자인 피지배외국법인이 낮은 외국법인 과세를 받지 않는다는 것을 의미하는 것도 아니다. 유효세율 접근법을 사용하는 국가도 일부 있지만, 대부분의 국가들은 피지배외국법인이 납부한 실제 외국세액에 중점을 두고 있다.

피지배외국법인이 납부한 실제 외국세액과 피지배외국법인이 내국법인이었다면 납부했을지도 모르는 명목상 국내세액과의 비교는 각 피지배외국법인의 상황에 중점을 두고 있기 때문에 이론적으로는 올바른 접근법이다. 그러나 이 접근법은 명목상 국내세액을 결정하기 위하여 피지배외국법인의 소득이 거주지국 규칙에 따라 재계산되어야 하기 때문에 납세의무자에게 과중한 순응부담을 지운다.

외국의 조세와 거주지국의 조세 간의 구체적인 관계에 관한 입장도 매우 다양하다. 일부 국가들은 세율이 거주지국 세율의 55%(스웨덴), 60%(핀란드), 66과2/3(프랑스와 노르웨이) 또는 75%(스페인과 영국) 미만인 국가를 조세피난처로 정의한다. 기준이 되는 외국세율만을 규정하여 조세피난처를 정의하는 국가도 있다. 예를 들어 독일과 일본은 25% 미만, 한국은 15%의 미만의 세율을 적용하는 국가를 조세피난처로 정의한다. 외국세율과 국내세율 간의 차이가 적다해도 거주자 납세의무자로 하여금 외국에 있는 피지배외국법인으로의 (쉽게 이전할 수 있는) 수동적 소득의 이전을 유도하기에는 충분할 수 있다는 점에 주목해야 한다.

조세피난처의 세율과 국내세율을 비교하여 조세피난처를 정의할 때 발생하는 어려움 — 특히 납세의무자와 과세당국 모두에게 야기되는 불확실성 — 때문에 지정과세관할 접근법을 사용하는 대부분의 국가들은 조세피난처국가의 목록을 지정하거나 혹은 조세피난처가 아닌 국가의 목록을 지정하여 조세피난처의 정의를 보충해왔다. 그 목록은 법령에서 규정(피지배외국법인을 규정하는 법령에 포함시킴)하거나 행정지침(과세관청이 고시)으로 규정될 수 있다. 이러한 목록은 납세의무자와 세무공무원들에게 구체적인 지침을 제공하고자 하는 것이다. 그 목록의 쓰임은 매우 다르다. 일부 국가에서는 어떤 국가의 지위가 조세피난처가 되는지 아니면 비조세피난처로 되는지에 대해 (법적으로 구속력 있는) 결정적인 요소가 되는 반면, 다른 국가들에서는 단지 번복할 수 있는 추정에 그치기도 한다. 보다 정교한 조세피난처 국가의 목록은 일반적으로 고세율 국가로 분류되는 국가도 일정한 소득이나 법인체에 대하여는 조세를 거의 부과하지 않거나 전혀 부과하지 않는다는 사실도 표시한다. 이 경우 그러한 국가들은 조세혜택이 주어지는 소득이나 법인체에 관한 경우를 예외로 유보하면서 비조세피난처 목록에 오를 수 있다. 이 경우 저세율 과세체계에 포섭되지 않는 피지배외국법인은 피지배외국법인세제의 적용을 받지 않는다.

포괄적 접근법은 지정과세관할 접근법보다 더 정교하다. 위에서 설명하였듯이, 포괄적 접근법에 따르면 피지배외국법인의 거주지국은 특별히 고려할 필요가 없고, 모든 거주자가 지배하는 모든 피지배외국법인이 수행하는 모든 거래를 (그 거래로부터 발생하는 소득의 성격을 결정하기 위하여) 검토하여야 한다. 만약 회사에 피지배외국법인세제의 "**적용대상**(tainted)" **소득**이 있다면, 아래에서 논의하는 바와 같이, 그 소득은 그 피지배외국법인의 거주자 주주에게 귀속되고 거주자 주주는 피지배외국법인이 그 소득에 관하여 납부한 외국세액에 대한 공제를 받으면서 과세된다. 그러므로 만약 피지배외국법인이 적용대상 소득(tainted income)을 벌어들이면, 피지배외국법인세제는 잠재적으로 고세율 국가에 있는 피지배외국법인에 대하여도 적용될 수 있다. 반대로 지정과세관할 접근법은 이렇게 정교하지는 않지만 피지배외국법인세제의 순응부담과 행정부담을 최소화할 수 있다.

7.3.2.3 귀속소득(Attributable income)의 정의와 계산

일부 국가들은 피지배외국법인의 소득을 거주자 주주에게 과세할 때 **법인접근법**(entity approach)이라고 부르는 방법을 채택하고 있다. 이 접근법에 따르면, 피지배외국법인세제는 일반적으로 진정한(genuine) 사업활동을 주로 영위하는 일정한 피지배외국법인에 대하여는 적용을 면제하는 규정을 둔다. 이러한 면제는 아래의 7.3.2.4에서 논의될 것이다. 만약 피지배외국법인이 이러한 면제요건 중 어느 하나도 충족하지 않으면, 모든 소득은 거주자인 주주에 귀속된다. 그러나 만약 피지배외국법인 면제요건을 충족하면, 그 어떤 소득도(수동적 소득이더라도) 거주자 주주에게 귀속되지 않는다. 이러한 양자택일(all－or－nothing)의 결과는 법인접근법의 본질적인 특징이다.

반대로 일부 국가들은 **거래접근법**(transactional approach)을 따르는데, 이 접근법에 따르면 피지배외국법인이 얻는 일정한 유형의 소득("적용대상 소득 tainted income[17]"이라고 한다)만 귀속의 대상이 된다. 거래접근법에 따르면 피지배외국법인이 행하는 각 거래는 그 거래가 적용대상 소득 또는 다른 소득을 발생시키는지 결정하기 위하여 분석되어야 하고, 이러한 목적으로, 적용대상 소득은 거주지국의 세법 규정을 적용하여 결정되어야 한다. 법인접근법은 거래접근법보다 정교함은 떨어지지만, 피지배외국법인세제상의 순응부담과 행정부담을 최소화한다. 거래접근법과 법인접근법의 요소들을 결합한 혼합접근법(hybrid approach)을 사용하는 국가도 있다. 예를 들어, 호주, 뉴질랜드, 미국과 같은 몇몇 국가들은 거래접근법을 사용하지만, 피지배외국법인의 적용대상 소득이 전체소득의 특정한 비율에 미치지 못하면 그 피지배외국법인에 대해서는 적용면제를 규정하고 있다.

적용대상 소득은 대개 수동적 투자소득과 **기지회사소득**(base company income)으로 구성되어 있다. 수동적 소득은 배당, 이자, 임대료, 사용료, 자본이득(양도소득)으로 구성되어 있다. 피지배외국

17) Tainted income이란 결국 피지배외국법인세제에서 적용면제되지 않는 적용대상 소득을 의미하므로, 여기서는 (피지배외국법인세제) "적용대상 소득"으로 번역하였다.

법인세제를 보유한 모든 국가들은 각기 수동적 소득을 다르게 정의하고 있지만, 수동적 소득을 적용대상 소득으로 본다. 피지배외국법인세제의 적용을 위하여 수동적 소득을 정의할 때 마주치는 가장 어려운 문제는 수동적 소득이 능동적 사업소득으로 분류되어야만 하는 상황이 발생한다는 것이다. 예를 들어 순수 금융회사가 벌어들인 이자소득은 일반적으로 능동적 사업소득으로 간주되기 때문에 피지배외국법인세제의 적용을 받지 않는다. 유사한 문제가 임대료나 사용료와 관련하여 발생한다.

"기지회사소득(base company income)"이라는 용어는 수동적 소득 외에 피지배외국법인세제도 목적상 적용대상 소득으로 간주되는 특정한 소득을 일컫는데 사용된다. 기지회사소득의 정의는 복잡할 경우가 많고 각국의 피지배외국법인세제마다 그 정의 및 범위가 다양하다.

일반적으로 기지회사소득에 해당하기 위한 주된 요소는 다음의 3가지이다:

(1) 지배주주 거주지국으로부터 피지배외국법인이 얻는 소득 만약 그러한 소득이 거주지국에서 과세가 되지 않으면, 거주지국의 과세기반은 침식된다. 많은 국가들은 이런 방식으로 피지배외국법인에 의해 과세기반이 침식되는 경우에는 본래 피지배외국법인의 모회사가 그 소득을 직접 벌어들일 수 있었던 것이므로 부적절하다고 보고 있다.

(2) 특수관계인과의 거래에서 피지배외국법인이 얻는 소득 특수관계인 간의 거래로부터 발생하는 소득을 적용대상 소득으로 취급하는 것은 대개 이전가격세제를 강화하기 위한 것이다. 이전가격세제는 매매, 서비스, 다른 거래에 대하여 비정상적(non-arm's-length) 가격책정을 통하여 특수관계가 있는 외국회사로 소득을 우회시키는 것을 방지하고자 한다. 이전가격세제는 집행하기 힘든 것으로 악명

이 높다. 피지배외국법인세제에서는 그러한 소득을 적용대상 소득으로 취급하여 이전가격세제에만 의존해야 하는 상황을 탈피할 수 있다.

(3) 피지배외국법인의 거주지국 밖의 거래에서 피지배외국법인이 얻는 소득 피지배외국법인이 그 거주지국의 국내시장 밖에서 행한 거래로 거둔 소득을 적용대상 소득으로 취급하는 근거는 국제적 경쟁의 고려와 관련있다. 피지배외국법인의 거주지국 국내시장 거래에서 발생하는 소득을 적용대상 소득으로 하면 그 피지배외국법인이 속한 다국적기업의 능력에 불리한 영향을 미치므로 대체로 과세면제한다. 그러나 피지배외국법인이 그 거주지국의 국내시장 밖에서 소득을 거둘 경우에는 거주지국 국내시장에서의 경쟁이라는 측면에서 굳이 과세의 이연이나 면제가 필요하지 않다. 더욱이 피지배외국법인이 그 거주지국에서 사업을 영위한다면 거주지국에서 설립된 데에 합당한 상업적 이유가 있을 것이다.

기지회사소득의 이 세 가지 유형은 상호배타적인 것은 아니다. 따라서 기지회사소득의 정의를 피지배외국법인의 거주지국 밖의 특수관계인 거래에서 발생하는 소득 또는 특수관계인 간의 거래결과로 지배주주 거주지국에서 발생하는 소득으로 한정하는 국가도 있다.

적용대상 소득 정의의 핵심적인 측면 중 하나는 피지배외국법인 간의 거래로부터 발생하는 소득과 관련이 있다. 예를 들어 만약 고세율국의 거주자인 피지배외국법인이 저세율국의 거주자인 특수관계 있는 피지배외국법인에게 이자, 사용료 또는 다른 손금(비용) 산입가능한 종류의 금액을 지급한다면, 상당한 조세절감이 이루어질 수 있다. 특별 규정이 없다면, 피지배외국법인이 수취하는 이자, 사용료, 다른 종류의 금액은 피지배외국법인세제가 적용되는 수동적 소득으로 간주되기 쉽다. 그러나 많은 국가들은 적용대상 소득의 범위에서 위와 같은 피지배외국법인 간의 지급되는 금액을 배제하는 특별 규정을 두고 있다. 따라서 일반적으로 다국적기업은 피지배외국법인세제의 적용을 받지 않고 외국세액을 줄이기 위하여 지적재산권을 목적으로 하는 기업집단 금융회사나 지주회사를 설립할 수 있다.

국내 주주에게 귀속되는 피지배외국법인의 적용대상 소득은 내국세법 규정과 국내 통화에 따라 산출되어야 한다. 이 의무는 외국 세법과 내국 세법의 차이 때문에 많은 어려움을 가져온다. 대체로 동일한 국내 주주가 지배하는 복수의 피지배외국법인 사이에서는 손익을 통산할 수 없다.

7.3.2.4 적용면제의 성질과 범위

각 국가들은 피지배외국법인세제의 적용 범위를 제한하는 다양한 적용상 면제를 규정하고 있는데,[18] 이들 적용면제와 관련된 가장 중요한 사항들을 아래에서 설명한다. 적용면제의 방식은 위에서 설명한 바와 같이 법인접근법을 취하는지 아니면 거래접근법을 취하는지에 따라 다양하다.

진정한 사업활동 또는 능동적 사업소득에 대한 적용면제 피지배외국

18) 한국은 ① 피지배외국법인의 각 사업연도 말 현재 실제발생소득이 대통령령으로 정하는 금액(2억원) 이하인 경우, ② 피지배외국법인이 특정국가등에 사업을 위하여 필요한 사무소, 점포, 공장 등의 고정된 시설을 가지고 있고, 그 법인이 스스로 사업을 관리하거나 지배 또는 운영을 하며, 그 특정국가등에서 주로 사업을 하는 경우, ③ 피지배외국법인이 대통령령으로 정하는 요건에 따라 주식의 보유를 주된 사업으로 하면서 그 피지배외국법인(이하 "해외지주회사"라 한다)이 각 사업연도 말 현재 해외지주회사가 모든 자회사의 주식을 그 자회사의 배당기준일 현재 6개월 이상 계속하여 보유하고 있고, 해외지주회사가 가목의 요건을 갖추어 주식을 보유하고 있는 자회사로부터 받은 이자소득, 배당소득 등을 고려하여 일정한 계산식에 따라 계산한 소득금액비율이 대통령령으로 정하는 비율 이상일 것이라는 요건을 모두 갖추어 자회사의 주식을 보유하고 있는 경우 특정외국법인 유보소득 합산과세제도의 적용을 배제한다(「국제조세조정에 관한 법률」 제28조).

법인이 진정한(genuine) 사업활동을 주로 혹은 전적으로 영위할 때 또는 능동적 사업소득을 벌어들일 때 적용면제가 명시적으로 또는 묵시적으로 적용된다. 거래접근법을 사용하는 국가는 피지배외국법인의 적용대상 소득에 대해서만 과세를 한다. 능동적 소득은 적용대상 소득으로 간주되지 않기 때문에 이 접근법에서 능동적 소득에 대한 적용면제는 당연한 것이다. 다른 국가들은 법인접근법을 사용하는데, 그 접근법에 따르면 각 피지배외국법인에 대한 심사를 한 후 그 단체의 모든 소득이 국내 주주에게 귀속되거나, 혹은 아무 소득도 국내 주주에게 귀속되지 않게 된다. 이 방법에 따르면 진정한 사업활동을 주로 하거나 전적으로 그러한 사업활동만을 하는 피지배외국법인에 대해서는 언제나 적용면제를 적용한다. 이러한 적용면제는 일반적으로 (1) 피지배외국법인이 일정하게 정의된 능동적 사업을 수행하거나 또는 투자활동을 수행하지 않고, (2) 피지배외국법인이 외국에 상당한 실재(substantial presence)를 두고 있으며, (3) 적용대상 소득(대개 수동적 소득과 기지회사소득)이 피지배외국법인의 소득의 일정 비율 미만인 경우에만 적용된다.

스웨덴과 브라질의 피지배외국법인세제만이 능동적 사업소득과 다른 소득을 구별하지 않는다. 그 두 국가의 피지배외국법인세제에 따르면, 적용면제가 되지 않는 피지배외국법인의 모든 소득이 국내 주주에게 귀속된다. 그러나 스웨덴은 피지배외국법인세제의 적용면제를 넓게 규정하고 있어서 스웨덴과 조세조약을 체결한 국가뿐만 아니라 다른 고세율국에 설립된 사실상 모든 피지배외국법인이 적용에서 면제된다.

배분면제(Distribution exemption) 피지배외국법인이 거주지국 과세를 받는 거주자 주주에게 외국법인의 현재 이익에서 배당을 할 때에는 피지배외국법인세제를 적용할 필요가 없다. 거주지국 과세가 회피되거나 이연되지 않았기 때문이다. 배분면제는 이론적으로 정당하지만 현재 그러한 면제를 규정하고 있는 국가는 없다. 배분면제를 인정하지 않는 이유는 많은 국가들이 피지배외국법인으로부터의 배당을 면세하고 있을 뿐만 아니라 배분면제가 너무 복잡해서 처음에 배분면제를 채택했던 국가들도 나중에는 폐지했기 때문이다.

소액면제(De minimis exemption) 피지배외국법인의 소득(또는 적용대상 소득)이 최소금액을 초과하지 않을 경우에 소액면제 규정이 적용될 수 있다. 소액면제는 매우 다양하며 소액면제를 규정하지 않는 국가도 있다. 캐나다의 경우 피지배외국법인의 적용대상 소득이 캐나다 달러로 5,000달러(2018년 말 기준으로 미화 약 3,800달러 - 소액이어서 큰 의미가 없다) 이하인 경우에만 소액면제가 적용된다. 다른 국가들은 정책적 근거를 정당화하기는 힘들지만, 꽤 큰 금액의 소액면제 규정을 두고 있다.[19] 소액면제는 대개 피지배외국법인세제가 상대적으로 적은 금액이 과세대상이 될 때 납세의무자에게 상당한 순응비용을 초래할 수 있다는 염려를 불식시키기 위한 정치적 고려로 규정된 것으로 보인다.

그 외의 적용배제(Other exemptions) 일부 국가들은 피지배외국법인이 조세를 회피하거나 줄이기 위한 목적으로 이용되지 않을 때 적용배제하는 규정을 두고 있다[동기상의 적용배제(motive exemption)]. 비록 동기상의 적용배제는 피지배외국법인세제의 조세회피방지 목적과 일치하지만, 그 적용배제는 과세당국에게 상당한 재량을 부여한다. 더 많은 구체적 예외규정을 두어야 하는 입법상의 번잡함을 피하면서도 제도의 적용범위를 제한하는 간편한 방법이라고 할 수 있다.

---

19) 한국도 소액면제를 규정하고 있는데, 그 금액은 피지배외국법인의 각 사업연도 말 현재 실제발생소득이 「외국환거래법」에 따른 기준환율 또는 재정환율로 환산한 금액이 **2억원 이하**인 경우이다(「국제조세조정에 관한 법률」 제28조, 같은 법 시행령 제64조 제1항).

7.3.2.5 과세대상 거주자 납세의무자

대부분의 국가에서 개인 주주와 법인 주주 둘 다 피지배외국법인세제하에서 과세대상이 되는데, 일부 국가에서는 피지배외국법인세제는 내국법인에 대하여만 적용된다. 이 제도가 왜 개인에게 적용되어서는 안되는지에 대해서는 설득력 있는 이유가 없는 것 같다.

대부분의 국가에서 피지배외국법인이 분배하지 않은 소득은 과세연도 말에 피지배외국법인의 주식을 소유하고 있는 거주자 주주에게 귀속된다. 이 접근법은 주주가 해당 연도의 일부 기간 동안만 주식을 소유했을 가능성이 있음에도 불구하고, 해당 연도 전 기간 동안 피지배외국법인의 소득에 대하여 지분비율에 따라 주주에게 과세를 하기 때문에 불공평해 보일 수 있다. 이 접근법은 일년 중 일부 기간 동안만의 (피지배외국법인의 소득에 관한) 납세의무자의 지분을 확정하는 것보다 정교함은 떨어지지만 훨씬 더 간단하다. 또한 이 연도말 규칙이 잘 알려진다면, 피지배외국법인의 주식을 취득하는 자는 주식의 취득가격을 정할 때 이를 고려할 것이다.

대부분의 국가에서 피지배외국법인의 거주자 주주는 주주가 최소주식 소유요건(대개는 10%임)을 충족하지 않으면, 피지배외국법인의 미배분 소득 중 그들의 지분에 관하여 과세되지 않는다. 피지배외국법인에 대한 소규모투자를 하는 주주에 대하여는 이처럼 면제를 하는 이유는 그 주주들은 피지배외국법인에 대하여 그 회사 소득의 분배를 요구하거나 지분에 따른 소득이 어떻게 되는지 계산하기 위하여 필요한 정보에 접근하기 위한 충분한 영향력이 없을 수 있기 때문이다. 그럼에도 불구하고 이런 소규모 주주들은 피지배외국법인이 거주자 주주의 지배를 받고 있는지 여부를 결정할 때에는 고려될 수 있다.

7.3.2.6 이중과세조정 규정(Relief Provisions)

일반적으로 피지배외국법인세제가 작동할 때 발생할 수 있는 이중과세문제를 해결하기 위하여 각 국가들은 일정한 공제 규정을 두고 있다. 피지배외국법인세제에 따른 기본적인 과세구조는 배분되지 않은 소득에 대하여 피지배외국법인의 주주들이 지분에 따라 과세되는 것이기 때문에, 대부분의 국가는 거주자 주주에게 과세되는 소득에 대하여 피지배외국법인이 납부한 외국세액이 있으면 그에 대해 세액공제를 허용한다.[20] 피지배외국법인의 소득이 외국에서 과세되고 주주가 그 피지배외국법인으로부터 배당을 받거나 그 주식을 처분할 경우에도 이중과세가 또 발생할 수 있다. 대부분의 국가는 외국세액과 이미 과세된 피지배외국법인의 소득으로부터 지급된 배당에 대한 공제는 규정하고 있지만, 이미 과세된 피지배외국법인의 소득이 반영된 피지배외국법인의 주식 처분시의 양도소득에 대하여 공제를 규정한 국가는 거의 없다. 이러한 이중과세 문제는 다음의 예로 설명할 수 있다.

P국 법인인 P사는 S국 법인 S사의 모든 주식을 소유하고 있다. 2016년 S사는 S국에서 수동적 소득 1,000을 벌었고, 그 소득에 대해서 S국에 100의 조세를 납부하였다. P국의 피지배외국법인세제에 따르면, P사는 S사의 소득 1,000에 대하여 40%(=400)의 세율로 과세가 되고, S사가 S국에 납부한 100의 세액에 대해서는 외국납부세액공제를 받을 수 있었다. 2018년 S사는 P사에게 900의 배당을 지급하였다. P사는 이미 배당지급의 원천이 되는 소득에 대해서

20) 「국제조세조정에 관한 법률」 제33조 제1항은 피지배외국법인이 내국인에게 실제로 배당할 때에 외국에 납부한 세액이 있는 경우 특정외국법인 유보소득 합산과세제도의 적용으로 배당으로 간주되어 익금등에 산입한 과세연도의 배당간주금액은 국외원천소득으로 보고, 실제 배당 시 외국에 납부한 세액은 배당간주금액을 익금등에 산입한 과세연도에 외국에 납부한 세액으로 보아 공제한다고 규정하고 있다.

과세되었기 때문에 그 배당은 P국의 법에 따라 달리 과세가 되지 않는다면, P국의 과세에서 면제되어야 한다. 만약 S국이 그 배당에 대해서 10%의 원천징수세를 부과한다면, P국은 그 원천징수세에 관하여 P사가 소급하여 2016년도에 외국납부세액공제를 할 수 있도록 허용하거나 2018년 이후의 사업연도에 피지배외국법인 소득에 관한 조세에서 외국납부세액공제를 할 수 있도록 규정을 두어야 할 것이다.

만약 P사가 배당을 받지 않고 2018년에 S사의 주식을 매도한다면, 그 자본이득(양도소득)에는 2016년도의 S사 세후 소득인 900이 반영될 것이다. P사가 그 액수에 관하여 P국에 이미 조세를 납부하였기 때문에 자본이득(양도소득)이 이미 과세된 900의 소득에 귀속되는 한도에서 P사는 S사 주식의 양도에서 실현된 자본이득(양도소득)에 관하여는 조세를 납부하지 않아야 할 것이다. 이 경우에 관하여 P국이 공제규정을 두고 있지 않다면, P사는 주식의 양도에 따른 양도소득을 줄이기 위하여 S사가 900의 배당(이는 위에서 설명한 바와 같이 P국 과세에서 면제될 것이다)을 지급하도록 할 수도 있다.

피지배외국법인의 손실은 일반적으로 거주자 주주에게 귀속되지 않는다. 대부분의 국가는 그 손실을 이월시켜서 차후 연도에 피지배외국법인의 과세소득을 계산할 때 공제한다.

대부분 국가의 피지배외국법인세제는 둘 또는 그 이상의 국가가 피지배외국법인세제를 적용함에 따라 발생하는 이중과세에 관하여 구체적인 공제규정을 두고 있지 않다. 예를 들어 A국 법인인 A사가 B국 법인인 B사의 모든 주식을 소유한다고 가정하자. B사는 조세피난처에 설립된 회사의 모든 주식을 소유하고 있고, 그 회사는 수동적 소득을 벌어들이고 있다. 만약 A국과 B국 둘 다 피지배외국법인세제가 있다면, 조세피난처 회사의 수동적 소득은 A국에 의해 A사에게 과세되고, B국에 의해 B사에게 과세될 것이다. A국이 그 피지배외국법인세제에 따라 B국에서 부과한 조세에 관하여 세액공제를 해주어야 할 것으로 보이지만, A국은 조세피난처회사의 수동적 소득이 A국으로부터 이전되었으며 A국에서 과세가 되어야 한다는 입장을 취할 수도 있다. 일부 국가는 다른 국가들의 피지배외국법인세제에 따라 부과된 외국납부세액에 관하여 소득공제 또는 세액공제를 통한 구체적인 공제규정을 두고 있다. 혹은 조세조약의 상호합의절차(MAP)에 따라 공제가 가능할 수는 있어도 공제를 따로 규정하고 있지 않은 국가도 있다. 이러한 이중과세의 문제는 점점 더 많은 국가들이 피지배외국법인세제를 도입함에 따라 더욱 심각해지고 있다.

7.3.3 조세조약과 피지배외국법인세제(CFC Rules)

조세조약과 피지배외국법인세제의 관계는 논란이 많다. 핀란드, 프랑스, 일본, 스웨덴, 영국의 납세의무자들은 피지배외국법인세제를 외국자회사에 적용하는 것은 조세조약의 위반이라고 주장하였다. 이들 납세의무자는 통상의 조세조약상 사업소득 규정(OECD 및 UN 모델조약 제7조)은 일방체약국(피지배외국법인세제를 두고 있는 국가)은 어떤 법인이 일방체약국에 고정사업장을 두고, 그 이익이 고정사업장에게 귀속되는 경우를 제외하고는 타방체약국 법인의 사업이익에 대하여 과세를 할 수 없도록 규정하고 있다고 주장하였다(설사 일방체약국의 거주자가 지배한다고 하더라도). 이에 대하여 과세당국은 피지배외국법인세제하에서는 피지배외국법인이 아니라 그 주주인 거주자를 과세하는 것이고, 조세조약의 그 어떤 규정도 거주자에 대한 과세를 막을 수는 없다고 주장하였다(2017년 OECD 및 UN 모델조약 제1조 제3항은 조세조약은 각 체약국이 자신의 거주자를 과세하는 것을 제한할 수 없다는 원칙을 분명히 하고 있다).

이러한 주장의 강도는 특정 국가의 피지배외국법인세제와 조약의 구체적 조항에 따라 다양하다. 위에서 설명하였듯이 대부분 국가의 피지배외국법인세제는 능동사업소득에 적용되지 않지만, 일부 국가는 그들의 피지배외국법인세제를 조약 상대국의 피지배외국법인 거주자에게 적용하지 않는다. 결과적으로 조세조약과 피지배외국법인세제 간의 잠재적인 충돌은 제한적이다. 관련 사건들은 프랑스를 제외하고는 한결같이 과세당국에 유리하게 판결되어 왔는데, 프랑스 최고법원은 프랑스·스위스 조세조약은 프랑스 회사의 스위스 자회사에 대하여 프랑스법상의 피지배외국법인세제를 적용하는 것을 배제한다고 판결하였다.

OECD에 따르면, OECD 모델조약 제1조 주석은 피지배외국법인세제와 조세조약 간에는 아무런 충돌이 없고, 그래서 조세조약이 피지배외국법인세제의 적용을 배제하는 것은 아님을 명확하게 하기 위하여 2003년에 개정되었다. 또 주석 개정안은 피지배외국법인세제를 둔 국가들이 피지배외국법인세제의 적용을 허용하는 명시적인 규정을 조약에 둘 필요가 없다는 것을 분명히 하였다. 벨기에, 룩셈부르크, 스위스 같은 일부 국가는 주석의 내용에 관하여 부동의하였다. OECD 모델조약의 주석은 피지배외국법인세제를 두고 있는 국가도 양 체약국에서 거주지국 과세에 준하는 과세를 받는 법인 거주자에 대하여는 피지배외국법인세제를 적용하지 말도록 주의를 주고 있다.

7.4 비거주자 신탁(Nonresident Trusts)

신탁(Trust)이란 재산의 법적 소유 및 관리가 수익의 소유와 분리된 법률관계이다. 신탁은 보통법(common law)의 일부로서 영국법에서 유래되었고, 대부분의 보통법 국가들 법에서 인정되고 있다. 일부 대륙법(civil law) 국가들은 신탁 또는 신탁 유사 관계의 설립을 허용하는 입법을 채택하였다. 일반적으로 신탁은 **설정자**(settlor)(신탁을 설립하고 신탁에 재산을 이전한 자) 및 **수탁자**(trustee)[1인 또는 그 이상의 **수익자**(beneficiaries)(재산의 수익적 소유자)의 이익을 위하여 재산의 법적 소유권과 관리권을 가지는 자]와 관련이 있다. 신탁은 신탁의 설정자가 수탁자와 수익자가 될 수도 있기 때문에 매우 유연한 약정이다. 신탁은 재량형(discretionary)일 수도 있고 비재량형(nondiscretionary)일 수도 있다. 비재량형 신탁하에서는 수익자의 이익은 고정되어 있고, 신탁의 변경이 있어야 바꿀 수 있다. 반면에, 재량형 신탁하에서는 수탁자는 특정 수익자에게 지급할 소득금액 또는 자본과 관련하여 재량을 가지고 있다.

신탁의 유연성으로 인하여 신탁 과세는 매우 어려웠고, 그 어려움은 비거주자 신탁과 관련해서까지 확대되었다. 신탁을 인정하는 많은 국가에서, 신탁은 적어도 소득을 축척하는 한에는 법인(entities)으로 과세된다.

수익자들은 일반적으로 수익자들이 배분받은 신탁소득에 대해서는 과세가 되었지만, 신탁 자본(capital)의 분배에 대해서는 과세되지 않았고, 이것은 일반적으로 신탁의 세후소득을 포함한다(다시 말해 한해에 신탁이 취득하거나 받은 소득은 그것이 그 해에 배분되지 않으면 대개 신탁 자본에 추가되었다).

만약 A국의 거주자가 마찬가지로 A국의 거주자인 가족의 이익을 위하여 조세피난처(그리고 많은 조세피난처 특히 영국의 이전 식민지는 이러한 관행을 용이하게 하는 유연한 신탁입법을 규정하였다)에 신탁을 설립할 경우 특별한 규정이 없으면, A국은 수익자가 신탁의 소득으로부터 현재 배분을 받지 않으면 이 신탁의 소득에 대해 과세를 할 수 없다. 신탁 그 자체는 A국의 거주자가 아니기 때문에 A국에서 소득이 발생하는 범위를 제외하고는 A국이 과세할 수 없다. 대부분의 경우 한 해 동안 신탁이 번 소득은 신탁에 축척될 것이고,

다음 해에 비과세되는 자본(capital)의 분배로만 또는 수익자들이 A국의 거주자 지위를 포기한 경우에만 수익자에게 배분될 것이다.

이런 유형의 조세회피를 방지하기 위해서 일부 국가들은 거주자가 거주자인 수익자를 대상으로 하는 비거주자 신탁에게 재산을 이전하면 과세하고자 하는 특별한 규정을 도입하였다. 납세의무자들은 공인된 국제 자선단체를 유일한 수익자로 지정하여 외국신탁을 설립하고 언제든지 신탁에 새로운 수익자를 추가할 수 있는 수탁자 또는 보호자(protector)(대개 비거주자인 믿을 만한 친구 또는 조언자)의 권한을 유보함으로써 이러한 규정들을 회피하고자 할 것이다. 또 일부 조세피난처는 수익자 지정을 필수적으로 요구하지 않는 목적 신탁(purpose trust)의 설립을 허용한다. 이에 대응하여 일부 국가들은 비거주자 신탁 규정을 그 신탁의 소득에 대하여 거주자인 설정자(비거주자 신탁에게 재산을 이전한 거주자)를 과세하도록 확대 적용한다. 신탁설정자는 법적으로 그 신탁으로부터 자금을 획득할 권리가 없기 때문에 이러한 조치가 가혹하다고 여겨질 수도 있다. 그러나 그것은 신탁 또는 거주자인 수익자 과세를 통하여 신탁소득 과세를 할 때 국가가 가지는 어려움을 인식하여 애당초 거주자가 펀드를 비거주자 신탁에게 이전하는 것을 막기 위한 것이다.

7.5 외국투자펀드 세제(Foreign Investment Funds)

위의 7.3.2.1에서 논의된 바와 같이 피지배외국법인세제는 일반적으로 거주자 주주, 일부 국가에서는 소규모 집단의 거주자 주주에 의해서 지배되는 외국법인에만 적용된다. 게다가 일부국가의 피지배외국법인세제는 외국법인의 최소 지분 비율(대개 5~10%)을 소유한 거주자 주주에게만 적용된다. 결과적으로 외국투자회사, 뮤

추얼펀드, 또는 단위형 신탁(unit trusts)은 피지배외국법인세제의 적용을 받지 않고, 상대적으로 쉽게 저세율국에서 설립할 수 있다. 거주자인 납세의무자는 그러한 외국투자펀드(Foreign Investment Funds: FIF)를 통하여 거주자 납세의무자는 그들의 수동적 투자소득에 대하여 국내의 조세를 이연할 수 있다. 또 외국투자펀드는 납세의무자가 그 펀드의 지분을 처분할 때 경상소득(ordinary income)이 될 것을 자본이득으로 전환하도록 만들 수 있다.[21)]

몇몇 국가들은 외국투자펀드의 이용하여 국내 과세를 이연하는 것을 방지하기 위하여 상세한 입법을 하였다. 일부 국가에서 이러한 규정을 두는 목적은 피지배외국법인세제의 적용을 회피하는 것을 막기 위함이다. 일부 국가에서의 외국투자펀드규정은 훨씬 더 큰 목적을 가지고 있다. 그 규정들의 목적은 피지배외국법인세제의 적용 대상이 되지 않는 수동적 외국법인 등의 투자에 관하여 과세이연의 혜택을 주지 않고자 하는데 있다.

외국투자펀드 관련 세제를 고려할 때, 세 가지 대체가능한 투자 — (1) 외국투자펀드에 투자, (2) 국내투자펀드에 투자, 그리고 (3) 직접 외국 투자(예를 들어 외국 채권 또는 해외에 위치한 임대부동산의 구입) — 의 과세결과를 비교하는 것이 도움이 된다. 국내투자펀드에 거주자가 투자하는 것과 외국투자펀드에 투자하는 것을 비교했을 때 과세결과상 본질적인 차이는 외국펀드와 관련해서는 거주자가 펀드에서 분배금을 받거나 지분을 처분할 때까지 거주지국 과세가 이연된다는 것이다. 반대로 국내투자펀드에서 발생하는 소득에 대해서는 국내의 조세가 통상적으로 매년 부과된다.

직접외국투자와 외국투자펀드 투자를 비교하였을 때, 외국투

21) 대표적으로 미국법의 경우 자본이득을 경상소득보다 가볍게 과세하기 때문에 이런 소득의 전환을 의도하게 되는 것이다. 한국법 적용시에도 당연히 타당한 언급은 아니다.

자펀드의 이점은 펀드로부터 발생하는 소득은 그 펀드가 그 소득을 축척한다면 자본이득으로 효과적으로 전환될 수 있다는 것이다. 이렇게 투자소득이 자본이득으로 전환하는 것은 내국법인의 주식투자와 관련해서도 일어날 수 있다. 그러나 내국법인은 거주지국에서 그 소득에 대하여 현재로 법인세가 부과되는 반면 외국법인은 그렇지 않다.

결과적으로, 많은 국가들의 조세체계는 (1) 외국법인의 소득에 대한 외국의 과세가 내국법인의 동일한 소득액에 대한 국내의 과세보다 적을 때, 그리고 (2) 외국법인이 그 소득을 최소 일부라도 축척하고 있을 때, 개인 거주자가 내국법인보다는 외국법인에 투자할 유인을 내포하고 있다. 그 이점은 외국법인이 조세피난처에 근거지를 두고 그 소득을 축적할 경우에 가장 극대화된다.

외국투자펀드 투자에 대한 세법을 규정하기 위하여 각 국가들은 몇몇 다른 접근을 하고, 일정한 상황에서 일부 국가들은 하나 이상의 방법을 사용한다. 아래에서 그 방법들을 간단히 설명하고자 한다.

피지배외국법인세제(CFC rules) 독일과 같은 일부 국가에서, 외국투자펀드 규정은 피지배외국법인세제의 일부분을 구성한다. 피지배외국법인세제는 단체들이 주로 수동적 소득을 벌 때에 거주자가 지배하는 외국법인과 다른 단체의 소액 투자자들에게 적용된다.

목적기준(Purpose test) 캐나다와 같은 일부 국가에서는 외국투자펀드의 지분을 소유한 거주자들을 규제하기 위하여 목적을 기준으로 한(purpose-based) 개별적 조세회피방지규정을 두고 있다. 그래서 외국투자펀드의 지분을 소유한 거주자는 만약 그 펀드의 지분을 취득하거나 보유한 주된 목적 중 하나가 조세회피를 위한 것이라면 귀속 소득(imputed income)에 대하여 과세될 수 있다.

시가평가방법(Mark-to-market method) 시가평가 방법은 본질적으로 발생주의에 근거한 자본이득과세(accrual-based capital gains)로, 거주자 납세의무자의 외국투자펀드에 대한 지분 가치의 증감을 매년 납세의무자의 소득을 계산할 때 포함시키는 방법이다. 예를 들어, 만약 한해가 시작할 때 납세의무자의 외국투자펀드에서의 지분이 300으로 평가되고, 그 해 말에 500으로 평가된다면 그 200의 이득에 대해 과세된다는 것이다. 만약 다음 연도말에 지분의 평가가치가 200으로 떨어진다면 납세의무자는 300의 손실을 가지게 된다. 시가평가 방법은 외국투자펀드가 증권거래소에서 활발하게 거래되거나 그 펀드가 펀드 지분의 현재 시가에 대한 정보를 제공한다면, (주로 투자자의 지분을 상환할 목적으로) 적용하기 쉽다. 다른 상황에서는 지분이 매도될 때를 제외하고 외국투자펀드의 지분의 시가를 평가하기가 매우 어려울 것이다.

간주소득접근법(Imputed income approach) 간주소득(imputed income) 또는 간주 수익률(deemed rate of return) 접근법은 거주자인 납세의무자가 펀드를 통해 실제로 번 소득과 관계없이 해외펀드 투자액에 대한 특정 비율에 따라 소득을 얻었다고 간주하는 것이다. 예를 들어, 특정 수익률이 10%라면, 펀드에 10,000을 투자한 개인은 1,000의 간주소득을 얻는 것으로 되고 그에 대해서 과세될 것이다. 한 해의 간주소득은 그 펀드의 지분에 대한 취득가액에 추가될 수 있다. 그래서 그 펀드에서 분배가 이루어지지 않는다고 가정하면, 그 개인은 다음 해에 1,100(11,000의 10%)의 간주소득에 대해서 과세될 것이다. 간주소득방법의 장점은 적용하기가 간단하고, 납세의무자에 대해서는 순응부담을, 과세관청에 대해서는 행정적 부담을 최소화한다는데 있다. 왜냐하면 납세의무자나 과세관청이 외국투자펀드 소득에 대한 구체적인 정보를 획득할 필요가 없기 때문이다. 그러나 간주소득 방법은 투자자에 대해 과소한 과세나 과다한 과세를 야기할 수 있다.

간주배분접근법(Deemed distribution approach) 이 접근법에 따르면, 거주자 주주는 펀드 소득이 실제로 분배되었는지 여부에 관계없이 외국펀드 소득을 지분에 비례하여 과세된다. 이 접근법은 피지배외국법인세제에 따른 과세방법과 동일하다. 이 방법은 외국투자펀드의 소득 지분을 계산하기 위하여 납세의무자가 충분한 정보를 가지고 있을 것을 요구한다. 그 결과 이 방법은 역외 법인(offshore entity)에 상당한 지분을 소유한 납세의무자에 대하여만 한정하여 적용되기도 한다.

과세이연부담금접근법(Deferral charge approach) 이 접근법에 따르면 거주지국은 납세의무자가 분배를 받거나 이익이 실현될 때까지는 과세를 하지 않는다. 그러나 분배를 받거나 이익이 실현될 때에는 납세의무자가 향유하는 과세이연의 혜택을 없애기 위해서 이자상당액을 부과한다.

외국투자펀드 규정을 가지고 있는 대부분의 국가는 일반적으로 그 규정을 주로 수동적 소득을 벌거나 펀드의 자산이 주로 시장성 있는 유가증권(marketable securities)과 같은 수동적 자산으로 구성된 외국법인 등에 대하여만 적용한다. 주로 능동적 사업을 하거나 모든 소득을 사실상 매 사업연도마다 배분하는 외국법인 등에 대하여는 과세를 면제하는 경우가 많다. 능동적 소득과 수동적 소득 또는 자산의 구별은 납득할 만한 방법으로 이루어지기 어렵고 대개 복잡한 규정을 필요로 한다. 대부분의 국가는 외국납부세액, 실제 분배, 그리고 펀드의 소유권 처분에서 발생하는 자본이득(양도소득)에 관한 이중과세조정을 규정하고 있다. 이러한 조정구조는 피지배외국법인세제를 통하여 발생하는 소득과 관련하여 유사한 상황에 대해 규정한 것들과 비슷하다(위의 7.3.2.6을 보라).

7.6 제3자 개입 차입 거래 또는 도관 방지 규정

이자에 대한 원천징수세는 대개 독립기업원칙에 따라 거래를 하지 않는 비거주자에 대하여 이자를 지급할 때에만 부과된다. 마찬가지로 과소자본세제하에서 이자의 손금산입은 내국법인에 지배력을 행사하거나 상당한 비중의 지분을 가진 비거주자 주주에 대한 이자 지급과 관련해서만 부인될 수 있다. 이러한 상황 또는 이와 유사한 상황에서 지급이자 수취인의 신원을 확인해야 하기 때문에 납세의무자는 제3자 개입 차입 거래(back–to–back) 또는 도관(conduit) 거래를 통하여 규정을 회피하고자 한다. 사용료와 같은 다른 지급금과 관련하여 유사한 상황이 발생할 수 있다.

이 문제는 국내법과 조세조약 둘 다에 있어서 중요하다. 조약의 경우에 대여자의 신원을 확인하는 것은 대여자가 그 이자의 수익적 소유자인지 그리고 조세조약의 혜택을 받을 수 있는지(이 경우 대체로 낮은 원천징수세를 부담한다) 여부를 결정하는데 필수적이다. 국내법하에서는 대여자의 적절한 신원확인은 정보보고 목적뿐만 아니라 원천징수세와 과소자본세제 또는 「소득 대비 과다이자비용손금불산입규정」과 같은 이자 손금산입에 대한 제한에서도 중요할 수 있다.

제3자 개입 차입 거래의 경우 금융기관과 같은 중개인이 다른 당사자와 특수관계가 없다면 정확한 대여자를 확인하는 것이 훨씬 더 어려워진다. 예를 들어 A국 법인인 A사가 B국 법인인 은행에 1,000의 예금을 한다고 가정해보자. 그 후 그 은행은 A국의 완전자회사인 C국 법인 C사에 1,000을 대여한다. C국은 C사에 대한 금전대여를 C국의 국내법과 B국과 C국 간의 조세조약 목적상 A사가 대여한 것으로 취급해야 하는가?

이 문제는 이러한 간단한 사실관계, 특히 C사가 A사에게 직접

이자를 지급하면 25%의 원천징수세의 적용을 받지만, 특수관계가 없는 금융기관에게 이자를 지급하면 원천징수세가 면제되는 경우라면, 쉽게 대답할 수 있을지도 모른다. 그러나 다른 상황에서 이 문제는 결정하기가 어려울 수 있다. 예를 들어 금전대여의 액수나 조건 또는 통화가 같지 않다면 어떨까? 중개인에 의한 지급의 성격이 중개인이 수취한 지급의 성격과 다르다면 어떨까?(예를 들어 중개인은 이자를 받았지만 최종 수익자에게 지급한 돈의 성격은 임대료나 사용료인 경우) 일반적으로 그 문제는 두 거래의 액수, 그 거래들이 시간적으로 얼마나 근접한지, 그리고 이자율을 포함한 두 거래의 조건 등과 같은 요소에 달려 있다. 만약 첫 번째 거래가 최종적인 금전 대여 또는 차입거래를 조건으로 한 것이라면, 그것은 두 거래가 제3자 개입 차입 거래에 해당된다는 명백한 징표가 될 것이다.

일부 국가들은 제3자 개입 차입 거래를 방지하기 위하여 개별적 조세회피방지규정을 제정하였다.[22][23] 예를 들어 2016년 캐나다는 제3자 개입 차입 거래에 대처하기 위하여 포괄적이지만 매우 복잡한 규정을 제정하였다. 다른 국가들은 그 문제에 대처하기 위해

---

22) 「국제조세조정에 관한 법률」 제23조는 내국법인이 국외지배주주가 아닌 자로부터 차입한 금액이 첫째, 해당 내국법인과 국외지배주주 간에 그 차입에 대한 사전계약(차입과 관련된 증거에 따라 사전에 실질적인 합의가 있는 것으로 인정되는 경우를 포함)이 있을 것, 둘째, 해당 내국법인과 국외지배주주 간에 그 차입의 조건이 실질적으로 결정될 것이라는 두 가지 요건을 모두 갖춘 경우에는 국외지배주주로부터 직접 차입한 금액으로 보아 과소자본세제를 규정한 제22조를 적용한다고 규정하고 있다.

23) 이에 관한 행정해석은 다음과 같다. 「내국법인이 국외지배주주가 아닌 국외특수관계인으로부터 차입한 금액의 차입조건이 동 내국법인과 국외지배주주에 의하여 실질적으로 결정된 경우에는 국제조세조정에 관한 법률 제15조의 규정에 의거 동 차입금을 국외지배주주로부터 직접 차입한 금액으로 보아 동법 제14조의 규정을 적용하는 것이며, 이 경우에 국외지배주주로부터 차입한 금액에 대한 지급이자 중 손금불산입된 금액은 동법 제14조 및 동법 시행령 제25조 제5항의 규정에 의거 법인세법 제67조의 규정에 의한 배당으로 처분된 것으로 보는 것임(국업 46017−30, 2001. 1. 18).」

서 실질우위원칙(substance over form), 가장거래원칙(sham)과 같은 판례상의 조세회피방지원칙이나 일반적 조세회피방지규정을 이용한다.

일부 국가에게는 조약남용에 관한 BEPS Action 6 보고서 상의 최소기준(minimum standard)을 충족하기 위하여 제3자 개입 차입거래규정을 채택하는 것이 중요할 수 있다. 제8장 8.8.2에서 논의하겠지만, 어떤 국가가 OECD 및 UN 모델조약의 제29조 제9항에 규정된 일반적 조세회피방지규정을 적용하지 않는다면, 그 국가는 OECD 및 UN 모델조약 제29조 제1항에서 제7항까지와 같은 조약혜택제한(LOB) 규정을 간소판 또는 상세판의 형태로 채택하여야 하고, 다시 그 규정들을 조약조약 또는 국내법상 도관방지(anti−conduit) 규정으로 보충해야 한다(도관방지 규정이 적용되어야 하는 거래의 예에 관하여는 OECD 모델조약 제29조에 대한 주석 문단 187 참조).

제8장

조세조약 개관

8.1 개 관

두 국가 간의 조세조약은 국제조세 분야의 중요한 특징으로서 조약체약국들의 조세제도를 연결하는 가교 역할을 한다. 현재 3,000개 이상의 조세조약이 발효 중이고 그 숫자는 점점 증가하고 있다. 대부분의 조세조약은 OECD 모델조약이나 UN 모델조약에 기반을 두고 있다. UN 모델조약은 OECD 모델조약과 상당히 유사하지만, 원천지국의 과세권이 더 많이 보장될 수 있도록 OECD 모델조약과 다른 내용의 조항 및 추가 조항을 두고 있다.

이하 8.2에서 8.6까지는 조세조약의 법적 성격, 국내법과의 관계, 조세조약의 목적과 해석을 포함하여 조세조약의 가장 중요한 일반적 특징들을 개관한다. 8.7에서는 전형적인 조세조약규정에 대한 기본적인 이해를 돕기 위해서, 조세조약에서 가장 큰 영향을 끼치고 있는 OECD와 UN 모델조약의 주요 특징들을 요약한다. 8.8에서는 조약남용(treaty abuse), 차별금지원칙(nondiscrimination), 분쟁의 해결(resolution of disputes), 행정협조(administrative cooperation) 그리고 BEPS 프로젝트의 조약관련 개정사항들을 이행할 수 있게 하는 다자간 조약(multilateral treaty)을 포함한 몇몇 쟁점들에 관하여 검토한다.

이 장에서는 소득에 관한 조세조약에 중심을 두긴 하지만, 다른 형태의 조약들도 조세문제를 다루고 있는 것이 있다. 예를 들어, 유산세 또는 상속세(estate/inheritance tax)를 부과하는 국가들은 이와 관련된 이중과세를 해결하기 위해 조세조약을 체결할 수 있다. 또한 OECD와 유럽평의회(Council of Europe)가 발의하여 1995년에 발효되고 2011년도에 큰 폭의 개정이 이루어졌던 「조세행정상호협력에 관한 다자간 조약(Multilateral Convention on Mutual Assistance in Tax matters)[1]」에는 2018년 8월 현재 90개국 이상이 서명했다. 이

1) 다자간 조세행정공조협약에는 2020년 9월 현재 137개국이 가입되어 있다.

다자간 조세행정공조협약은 정보교환, 조세징수, 분쟁해결과 같은 조세행정 쟁점들을 다루고 있다. 이외에도 비조세적인 문제를 주로 다루지만, 조세관련 규정을 포함하고 있는 조약도 많이 있다.

이러한 비조세조약에는 항공운송협약(air transportation agreement)이나 무역투자협정(trade and investment treaties)이 포함되는데, 이들 협정은 대부분 소득과세와 관련된 쟁점들은 국가 간의 소득에 관한 조세조약에서만 다룬다는 취지의 제외규정을 두고 있다. 1994년 재협상된 「관세 및 무역에 관한 일반협정(General Agreement on Tariffs and Trade: GATT)」 및 「서비스와 교역에 관한 일반협정(General Agreement on Trade and Services: GATS)」은 둘 다 모두 1994년에 세계무역기구(WTO)를 출범시키는 협정의 일부로 흡수되어 대체되었는데, 이 협정에는 소득과세 조항이 무역장벽이나 수출유인책으로 악용되는 것을 방지하기 위한 중요한 규정들이 포함되어 있다.

최근의 가장 중요한 발전은 조세정보교환협정(TIEAs)의 증가이다. 즉, 조세정보교환 목적이 아니었다면 포괄적인 조세조약을 체결하지 않았을 고세율 국가와 저세율(또는 비과세) 국가 사이에 체결되는 조세정보교환협정이 그 전형적인 예이다.[2] 일반적으로, 조세정보교환협정은 저세율 혹은 비과세 국가가 OECD 및 UN 모델조약 제26조(정보교환 관련)에 규정된 것과 동일한 기준으로 정보를 교환할 것을 요구한다.

소득에 관한 조세조약은 십중팔구는 다자간에 이루어지기보다

한국은 2010년 5월 27일에 이 조약에 서명하였고, 위 조약은 2012년 7월 1일에 국내 발효되었다. 체약국에 관한 상세한 정보는 국세법령정보시스템(txsi.hometax.go.kr/docs/main.jsp) 및 기획재정부 '20년 9월 기준 조세조약 및 조세정보교환 협정 등 체결현황(20.9.8)'을 참조하라.

2) 한국은 2020년 9월 현재 버뮤다, 바하마, 영국령 버진아일랜드 등 12개국과 조세정보교환협정 체결하여 시행하고 있다. 상세한 국가의 목록은 국세법령정보시스템(txsi.hometax.go.kr/docs/main.jsp)을 참조하라.

는 양자간에 이루어진다. 다자간 조세조약에 대한 제안이 이따금씩 있어왔지만, 지금까지는 다자간 조세조약은 행정적인 문제에 국한되어 왔다. 각국은 양국 간의 국제무역과 투자 흐름 그리고 소득세 체계를 고려하여 각각의 요구에 맞춘 협정을 선호하는 것으로 보인다. 그러나 GATT와 GATS와 같은 무역과 투자에 관한 협정은 다자간 협정이고, 이러한 협정이 체결되었다는 사실에 비추어 볼 때 다자간 조세조약을 체결하는 데 법적인 장애물은 없다. 사실상 다자간 협약은 양자간 조약을 각각 재협상하는 것보다는 광범위하게 체결된 양자간 조세조약망을 개정하는데 훨씬 더 효율적인 방식이다. 이런 점을 고려하여, 「BEPS Action 15: 양자간 조세조약 개정을 위한 다자간 협약 개발(*Developing a Multilateral Instrument to Modify Bilateral Tax Treaties*)」에 따라 BEPS 프로젝트에서 권고된 조세조약상 개정사항을 이행하기 위하여 다자간 조약이 2018년 7월 1일 발효되었고, 2018년 7월 23일 현재 85개국이 서명하였다(아래 8.8.6 참조).[3]

8.2 조세조약의 법적 성격 및 효과

8.2.1. 조약법에 관한 비엔나협약

조세조약을 포함한 모든 조약은 1969년 5월 23일에 채택되고, 1980년 1월 27일 발효된 「조약법에 관한 비엔나협약」[4]의 지배를

3) 한국은 2017년 6월 7일 OECD BEPS 방지 다자간 협약에 서명하였고 2019. 12. 10. 국회비준동의를 완료하였으며 2020년 5월 13일에 OECD에 비준서를 기탁하여 2020년 9월 1일부터 BEPS 방지 다자간 협약이 국내 발효되었다. 한국은 비준서 기탁시 2020년 5월 현재 한국이 체결한 조세조약 93개 중 73개를 다자간 협약 적용대상으로 통보하였으며 그중 32개 체약국이 한국과의 조세조약을 다자간 협약의 적용대상으로 하여 비준서 기탁 및 통보를 마쳤다.

받는다. 미국을 비롯하여 몇몇 국가들이 아직 비엔나협약에 서명하지 않고 있지만, 비엔나협약은 조약을 다루는 관습적인 국제법의 원칙을 명문화한 조항들로 이루어져 있기 때문에 모든 국가가 여기에 구속된다고 생각하는 것이 일반적이다. 모든 국가들은 관습적인 국제법 원칙을 따라야 하는 것으로 간주된다.

조약은 주권 국가들 간의 합의이다. 비엔나협약 제2조는 다음과 같다.

> 조약은 국가 간에 체결되고 국제법의 지배를 받는 국제적인 합의(명칭과 관계 없는 하나 이상의 법률문서)이다.

그래서 어떤 것은 '조약(conventions)', 또 어떤 것은 '협정(agreements)'이라고 부르는 데 이들 간에 큰 차이는 없다. 조세조약은 **체약국**(contracting states)이라고 불리는 당사국 또는 조약 서명국에 권리를 주고, 의무를 부여한다. 대부분의 국가에서, 조약의 규정이 어떤 방식으로든 체약국의 국내법 체계로 포함되지 않으면, 포함될 때까지는 두 체약국의 국민이나 거주자에게 조약상의 권리를 부여하지 않는다. 조약을 국내법에 포함시키는 방식은 국가별로 다양하다. 대부분의 영연방국가들은, 조세조약이 대개 국내입법화되는 방식으로 국내법에 포함된다. 일부 국가들에서는 조세조약이 일단 권한 있는 정부 공무원에 의해 체결되고 비준되면 국내법으로 자동 발효되어 즉시 시행된다. 또 어떤 국가에서는 조약이 특별한 입법절차를 거쳐야 한다. 예를 들어 미국에서는 행정부(대통령)가 체결한 조세조약은 반드시 발효되기 전에 연방상원의 자문과 동의를 거쳐야 한다.[5)]

---

4) 조약법에 관한 일반조약으로서 국제연합 조약법회의에서 채택된 조약. 전문과 조약본문(85개조) 및 부속서로 이루어져 있고, 국제연합이 중심이 되어 체결된 중요한 입법조약의 하나이다. 협약의 당사국은 77개국이고 한국은 1980년 1월 27일 이 협약의 당사자가 되었다.

5) 한국은 헌법 제6조 제1항에 의해 "헌법에 의하여 체결·공포된 조약과 일반

비엔나협약 제26조는 "합의는 준수되어야 한다(pacta sunt servanda principle)"는 원칙을 담고 있고, 이 원칙에 따라 조약은 체약국들을 구속하고, 성실하게 이행되어야만 한다. 이러한 기본원칙은 자명한 것이다. 조약은 주권국가 간의 구속력 있는 합의이고 존중되어야만 한다 — 만약 어떤 국가가 의무를 충실히 준수하지 않는다면 다른 국가들은 그 국가와 조약을 체결하려고 하지 않을 것이다. 안타깝게도 "합의는 준수되어야 한다"는 원칙은 조약이 의도된 대로 작동하기 위해 필수적인 것이지만, 그럼에도 불구하고 조세조약을 준수하지 않는 사례들도 있었다.

상호주의(Reciprocity)의 정확한 의미는 확실하지는 않지만, 조세조약의 근본이 되는 원칙이다. 거의 모든 양자간 조세조약 규정들은 상호적인 것이다. 예를 들어, 조세조약상 배당, 이자, 사용료에 대한 세율이 제한세율 10% 또는 15%라면, 그 세율은 일방체약국 거주자가 타방체약국 거주자에게 지급하든, 타방체약국 거주자가 일방체약국 거주자에게 지급하든 변함없이 동일하게 적용된다. 게다가 체약국들이 부과하는 배당, 이자, 사용료에 대한 상호 제한세율은 양 국가 사이의 (배당, 이자, 사용료) 지급액이 동일하지 않더라도 적용된다. 상호주의 원칙을 적용하는 것은 정보교환이나 징수협조 같은 조항의 경우에는 특히 어렵다. 이러한 조항들은 국가에 대하여 잠재적으로 큰 의무를 지우게 되기 때문이다. 조약규정들이 양국 모두에게 동일한 방식으로 적용되기는 하지만, 상호주의 원칙

적으로 승인된 국제법규는 국내법과 같은 효력"을 가지며, 헌법 제60조 제1항에 해당하는 조약("국회는 상호원조 또는 안전보장조약, 중요 국제조직에 관한 조약, 우호통상항해조약, 주권제약에 관한 조약, 강화조약, 국가나 국민에게 중대한 재정적 부담을 지우는 조약 또는 입법사항에 관한 조약의 체결·비준에 대한 동의권을 갖는다")은 국회의 비준 동의를 거친 후에 비준서 교환 및 국내 공포가 이루어질 수 있다. 조세조약은 대부분 국민의 재정적 부담과 관련된 내용이므로 조약 서명 이후에 국회의 비준 동의를 거쳐야 하는 경우가 대부분이다.

은 양국이 조약을 모두 합리적 수준으로 동일하게 적용할 것을 요구하는 것인가?

8.2.2 조세조약과 국내법의 관계

조세조약과 국내법의 관계는 많은 학자들과 조세전문가들이 인식하는 것보다 훨씬 더 복잡하다. 많은 이들이 조약과 국내법의 관계가 국내법 조항과 조세조약이 충돌할 때 조약이 우선한다는 기본적인 원칙에 불과하다고 생각한다.

사실 조세조약과 국내법의 관계는 다음 쟁점들과 관계되었을 때 더 복잡해진다.

- 조세조약이 지방정부의 조세에 영향을 주는지 여부
- 조세조약이 국내법을 제한하거나, 조세권을 배분하거나, 조세를 부과하는지 여부
- 조세조약이 국내법을 완전히 대체할 수 없다는 점에서 그 영향력의 한계
- 국내법상 용어의 의미를 조세조약으로 편입시키는 것
- 조세조약의 용어를 국내법으로 편입시키는 것
- 조세조약 규정을 배제하는 국내법

이러한 쟁점들은 아래에서 간략히 논의한다.

대체로 조세조약은 체약국에서 부과되는 모든 소득과세에 적용되는데, 여기에는 주·지역 등의 하위 정부가 부과하는 소득과세가 포함된다. 그러나 일부 연방국가에서는, 중앙정부가 지방정부의 조세부과권을 제한하는 조세조약을 체결하는 것은 헌법이나 관습에 따라 금지된다. 따라서 미국이나 캐나다와 같은 일부 연방국가에서의 조세조약은 연방조세에 관하여만 적용된다. 그런 상황에서는 중앙정부가 조세조약의 규정에 반하는 조세를 부과할 수 없음

에도 불구하고 하위정부가 조약에 반하는 조세를 부과하는 경우도 있을 수 있다.

일반적으로, 조세조약은 조세를 부과하지도, 체약국 간에 과세권을 배분하지도 않는다 — 과세권은 각 국가의 국내법으로부터 나온다. 조세조약은 각 국가가 부과할 세금을 제한한다. 실제로 조세조약은 주로 조세를 경감해 주는 역할을 한다. 프랑스와 프랑스의 관습을 따르는 일부 아프리카 국가들은 이런 점에서 매우 예외적이다. 왜냐하면, 국내법에서는 과세할 수 없는 경우에도 조세조약에 따라 과세할 수 있기 때문이다. 즉, 이들 국가는 국내법상으로는 과세할 수 없는 경우에도 조약이 과세할 수 있도록 허용하는 범위까지는 조세를 부과한다. 반대로, 대부분의 국가의 경우 국내법에서 과세할 수 없는 조세에 관하여서는 과세할 수 없다. 조세조약까지 언급할 필요도 없다.

조세조약의 규정은 국내법 규정을 완전히 대체하지는 않는다. 예를 들어, 국내법에서는 A국과 B국 모두의 거주자로 간주되는 자가, A국과 B국 간 조세조약의 이중거주자 판정기준에 따르면 A국의 거주자로 판명될 수 있다. OECD와 UN 모델조약의 제4조(거주자) 제2항 규정은 이중거주자를 조약의 목적상 한 국가만의 거주자로 결정하는 이중거주자 판정규칙(tie-breaker rule)을 규정하고 있다. 그러나 조세조약의 목적상 한 개인이 A국의 거주자로 간주된다고 하더라도, 조세조약에 영향을 받지 않는 국내법 목적상으로는 여전히 B국 거주자의 지위를 가질 수도 있을 것이다. 예를 들어, 그 개인이 배당, 이자, 사용료를 비거주자에게 지급했다면, 지급한 금액에 관하여 B국 거주자로서 B국이 부과하는 원천징수 의무를 부담할 수 있다.

여러 조세조약의 조항들은 국내법에서 사용되는 용어의 의미를 참조하도록 하는 규정을 포함한다. 결과적으로, 조세조약상 용어의 의미는 체약국의 국내법에서의 해당 용어의 의미를 참조하여 결정된다. 예를 들어, OECD와 UN 모델조약의 제6조(부동산소득: immovable property)에 따르면, 부동산으로부터 발생한 소득은 그 부동산의 소재지국에서 과세된다. 여기서, '부동산(Immovable Property)'이라는 용어는 해당 자산 소재지국의 국내법에 따라 정의하도록 되어 있다(제6조 제2항). 게다가, 아래에서 논의될 제3조(일반적 정의) 제2항에서는 조약에서 정의되지 않은 용어는 조약이 적용되는 국가의 법에서 내포하는 의미에 따라 결정된다고 하고 있다. 반대로, 조세조약에서 사용하는 용어를 국내법에서도 사용하는 일부 국가에서는 국내법상 사용되는 용어의 의미는 조세조약상 사용되는 용어의 의미와 동일하게 해석할 수도 있다. 이런 상황에서는 조세조약에서 사용된 용어의 의미가 실질적으로 국내법에 편입된다.

위에서 살펴보았듯이, 조세조약 규정이 국내법과 충돌할 경우에는 조세조약이 우선하는 것이 일반적 원칙이다. 이 원칙이 헌법에 규정되어 있는 국가도 있고 성문법으로 제정되어 있는 국가도 있다. 그렇지 않은 국가의 경우에도 조세조약은 특별한 법률관계를 규율한다고 보기 때문에 다른 법률에 비해 우위에 있다(*lex specialis* 특별법 우선의 원칙). 미국의 경우, 조약과 법률간의 충돌을 해결하는 기본원칙은 신법우선의 원칙이다. 헌법이 조약에 우선권을 부여하는 국가를 제외하면, 조세조약보다 우위를 갖는 국내법을 입법하는 것도 가능하다. 그러한 입법을 **조약배제**(tax override)라고 한다.[6] 예를 들면 일부 국가들은, 국내 법원이 행한 조세조약 해석이 OECD 또는 UN 모델조약의 주석이나 체약국의 의도와 불합치한다는 이유로 국내법원의 조세조약 해석을 수정하거나 번복하는 법안을 통과시켰다고 가정해 보자. 그런 입법은 신의성실에 입각하여 이루어졌기 때문에 조세조약에 따른 의무를 위반하지 않을 수는

6) 조약배제를 인정하는 대표적인 국가는 미국과 독일이다.

있다. 그렇지만 조약배제를 행하는 국가는 선의를 증명하고 상대방 체약국의 오해를 방지하기 위하여 사전에 상대방 체약국과 협의를 해야 할 것이다.

일부 국가들은 납세의무자들이 조세조약이 법적용을 방해한다고 법원에서 주장하는 것을 막기 위해 조약배제를 입법에 포함시키기도 한다. 이러한 형태의 조약배제는 논쟁을 불러일으킬 수 있다. 조세조약은 예외적인 상황을 제외하고는 경시되어서는 안 되는 엄중한 의무이다. 어떤 국가가 조세조약의 규정에 불만이 있다면, 그에 상응한 적절한 조치는 조세조약의 재협상 또는 조세조약의 종결이다. 그와 동시에 현재 상황에 부합하게 하기 위해, 그리고 조약과 국내법의 관계에 관한 해석상 어려움을 명확히 하기 위해 내국세법을 개정할 수도 있다.

8.3 OECD와 UN 모델 조세조약

전세계적으로 영향력이 큰 모델조약은 「소득과 자본에 관한 OECD 모델조약(www.oecd.org 참조)」과 「선진국과 개발도상국 간의 이중과세 방지를 위한 UN 모델조약(www.un.org/esa/ffd/wp-content/uploads/2018/05/MDT_2017.pdf)」, 이 두 가지가 있고 각각의 최신판은 2017년에 출판되었다. 일부 국가는 독자적인 모델조약을 가지고 있고, 공표를 하지 않더라도 조세조약 협상을 위하여 다른 국가에게 제공하기도 한다. 미국은 독자적인 모델조약을 여러 버전으로 공표해 왔고, 가장 최근판인 2016년판은 미국연방국세청의 홈페이지(www.irs.gov)에서 확인할 수 있다. UN 모델조약과 여러 국가의 다양한 모델조약은 많은 부분에서 OECD 모델조약과 유사하고, 전혀 다른 별개의 모델조약이라기보다는 OECD 모델조약의 수정된 버전으로 볼 수 있다.

OECD 모델조약은 19세기 초 외교조약의 시작과 함께하는 긴 역사를 가지고 있다. 이러한 조약들의 최소한의 목적은 다른 국가에서 일하는 외교관이 차별받지 않도록 담보하기 위한 것이었다. 그리고 이 목적은 20세기 초에 소득세 제도가 광범위하게 채택되기 시작하면서 소득과세를 다루는 것까지 확대되었다. 제1차 세계대전 후에는 국제연맹(League of Nations)이 소득세 문제만을 다루는 모델조약을 개발하는데 착수하였다. 이 작업의 결과는 1943년과 1946년의 모델조약 초안에 축적되었다. 이 모델조약은 만장일치로 받아들여지지는 않았고, 모두가 만장일치로 수용할 만한 모델 조세조약을 만드는 작업은 OECD가 이어받게 되었다. 현재, OECD는 주요 선진국들 대부분으로 구성된 36개국을 회원국으로 두고 있다. OECD 회원국은 최근에 칠레, 에스토니아, 이스라엘, 슬로베니아, 리투아니아 및 콜롬비아까지 확대되었고, 코스타리카도 곧 회원국이 될 것으로 보인다.

OECD 모델조약은 1963년에 처음으로 초안이 발간되었고, 1977년, 1992년에 개정되었다. 1992년 OECD는 모델조약이 드물게 그러나 한번 개정될 때 전면적으로 개정되는 것보다는, 자주, 그리고 주기적으로 업데이트 되는 역동적인 것(ambulatory)이 되어야 한다고 결정했다. 결과적으로, 1992년 이후부터 OECD 모델조약은 10번 개정되었고, 가장 최근 개정은 2017년에 이루어졌다. OECD 재정위원회(Committee on Fiscal Affairs: CFA)는 회원국의 고위 조세공무원으로 구성되어 있는데, 모델조약을 담당하고 있는 1 작업반을 포함한 여러 작업반이 활동하고 있고, 조약 관련된 쟁점들을 지속적으로 검토한다. 제1장의 1.5에서 OECD 조세 관련조직의 구조에 관한 설명을 참조하기 바란다.

UN의 모델조약 관련 작업은 1968년에 '선진국과 개발도상국 간의 조세조약에 관한 UN 임시전문가 그룹(UN Ad Hoc Group of Experts on Tax Treaties Between Developed and Developing Countries)'의 '국제연합경제사회이사회(ECOSOC: UN Economic and Social Council)'의 설립과 함께 시작되었다. 전문가그룹은 '선진국과 개발도상국간의 양자간 조세조약의 협상을 위한 매뉴얼(Manual for the Negotiation of Bilateral Tax treaties between Developed and Developing Countries)'을 발간했고, 이것이 1980년 '선진국과 개발도상국간의 국제연합 모델 조세조약'의 발간으로 이어졌다. UN 모델조약은 2001년, 2011년, 그리고 가장 최근에는 2017년에 개정되었다. 2004년에 전문가그룹은 '조세문제에 관한 국제협력 전문가위원회'가 되었다. 제1장 1.5에서 전문가위원회와 UN의 조세작업에 관한 설명을 참조하기 바란다.

UN 모델조약은 OECD 모델조약이 설정한 패턴을 따른다. UN 모델조약 조항의 많은 부분이 OECD 모델조약의 조항과 완전히 또는 거의 동일하다. 두 모델의 가장 큰 차이점은 UN 모델조약이 개발도상국의 조세부과권을 OECD 모델조약보다는 덜 제약한다는 점이다. 예를 들어, UN 모델조약은 원천지국이 부과하는 배당, 이자, 사용료에 대한 원천세율에 특정한 제한을 두지 않는다. 대신에, 원천세율의 수준은 조약체약국 양자 간의 협상에 맡겨져 있다. 마찬가지로 아래 8.7.3.2에서 살펴보는 것처럼, UN 모델조약은 고정사업장(PE)에 대한 판단기준(threshold)을 낮추었기 때문에 원천지국이 OECD 모델조약에서보다 국제무역에 관하여 과세권을 더 많이 행사할 수 있다.

두 모델조약 모두 조문별로 구성된 상세한 주석서를 펴내고 있다. 특히, OECD 주석서는, OECD 회원국이 아닌 국가들 간에 체결된 조약도 포함하여, 조세조약을 해석하고 적용하는데 있어 점점 더 중요성이 커지고 있다. 1997년에는 OECD 회원국이 아닌 국가들의 입장을 고려하기 위해서 비회원국들도 OECD 모델조약과 그 주석서에 대한 입장(position)을 등록할 수 있도록 함으로써 주석서가 보다 널리 이용될 수 있도록 하였다. 2018년 기준으로 32개국이 비회원국임에도 불구하고 입장(position)을 등록하고 있다.

일반적으로 그리고 UN 모델조약과 비교해 보면, OECD 모델조약은 자본수입국(원천지국)보다는 자본수출국(거주지국)에 유리하다. OECD 모델조약은 많은 경우에 원천지국으로 하여금 상대방 체약국 거주자가 얻은 특정한 종류의 소득에 관한 과세권을 일부 또는 모두 포기하도록 함으로써 이중과세를 없애거나 경감시킨다. OECD 모델조약의 이러한 특징은 만약 두 국가 간의 무역과 투자의 양이 상당히 비슷하고, 원천지국이 (조약에 따라) 면세해주는 소득에 대해서 거주지국이 과세할 수 있는 상황이라면 적정한 것으로 평가할 수 있을 것이다. 다음의 예시를 보자.

A국과 B국은 모두 조세조약의 체결을 고려하고 있는 선진국이다. 양국은 거주자의 전세계소득에 대해서 과세하고, 국외원천소득에 관하여는 국외에서 납부된 원천세를 대상으로 외국납부세액공제를 해준다. A국 납세의무자인 a는 B국에서 1,000의 사용료를 벌어들인다. B국도 b라는 납세의무자가 있고, A국에서 1,000의 사용료를 번다. 조약이 없다면 B국은 납세의무자 a에게 지급되는 사용료에 15%의 원천세를 부과할 것이고, A국은 납세의무자 b에게 지급되는 사용료에 동일하게 원천세를 부과할 것이다. B국은 b가 A국에 납부한 원천세에 대한 외국납부세액공제를 허용하고, A국은 a가 B국에 납부한 원천세에 대한 공제를 허용한다. 만약, 두 국가가 상대 체약국의 거주자에게 사용료소득에 관한 원천세를 0%로 낮춰주는 조세조약을 맺기로 합의한다면, 각국은 150(=1,000×0.15)의 원천소득에 대한 세수를 잃게 된다. 그러나 양국은 거주자로부터 (외국납부세액공제를 해줄 필요가 없으므로) 추가적인 150의 세금을 부과할 수 있게 되기 때문에 잃어버린 원천소득에 관한 세수를 회복할 수 있을 것이다.

위 예에서 두 가지 중요한 시사점이 도출된다. 첫 번째는, 자국에서 발생한 원천소득에 관한 과세를 포기한 국가가 만약 국제적 이중과세 경감을 위하여 세액공제방식이 아닌 소득면제방식(exemption system)을 사용한다면, 그 국가가 거주지국 관할원칙의 적용범위를 확장시킨다고 하더라도 잃어버린 세수를 회복할 수 없을 것이다.

두 번째로, (납세의무자의 거주지에서 발생하는) 소득원천에 대한 국내 과세를 통한 세수의 보완은 자본순수입국에게 불리할 것으로 보인다. 물론 두 체약국간의 투자량이 위의 예와 같이 정확히 일치할 수는 없고, 엄격한 상호주의에서 다소 벗어날 수 있다. 특히 조세조약의 망을 갖고 있는 국가들의 경우에는 더욱 그렇다. OECD 모델조약에 근거해 양자조약을 체결하는 국가집단이 있다면 그 집단 내의 투자흐름이 대략 균형을 이루어야 한다는 점이 중요하다. 그런 조건이 충족된다면 한 조세조약에 의해 세수를 상실하는 국가라도 다른 조세조약 하에서 세수를 회복할 수 있을 것이다.

개발도상국들은 자본순수입국이고, 그들 중 다수가 거주자에게 이중과세 경감을 위해 소득면제방식(exemption method)을 사용한다. 결과적으로 선진국과 조세조약을 체결한 개발도상국은 OECD 모델조약에 따라서 거주지국 과세로 원천지국 과세를 보완하더라도 혜택을 보기 어렵다. 이런 OECD 모델조약의 단점 때문에, 개발도상국들은 UN의 지원 하에 그들 자신의 모델조약을 만들어냈다.

OECD 모델조약의 성공은 주목할 만한 것이었다. 사실상 존재하는 모든 조세조약이 여기에 근거하고 있다. 앞에도 언급했듯이, 심지어 UN 모델조약과 미국의 모델조약도 OECD 모델조약의 기본적인 패턴을 따르고 있다. OECD 모델조약의 폭넓은 수용과 이에 따른 국제적인 조세규범의 표준화는, 국제적인 이중과세를 줄이고,

국제무역과 투자를 촉진시키는데 중요한 요소가 되어왔다.

그럼에도 불구하고, OECD 모델조약은 결함이 있다. 예를 들어, 일부 조항들은 OECD 회원국들 간의 의견불일치를 감추기 위해 의도적으로 모호하게 규정되었다. 또한, 외환이익과 손실, 복잡한 금융상품들, 국제적 조직재편, 기업결합 등과 같은 국제조세의 중요한 측면들은 모델조약에서 전혀 다루어지고 있지 않다. 게다가, 어떤 면에서 OECD 모델조약은 이러한 성공의 희생자다. OECD 모델조약의 흠을 수정하고 새로운 발전에 대응하기 위해 조약의 조항을 바꾸는 것은 극도로 어렵다. 그 이유 중 하나는, 기존에 조세조약을 체결한 국가들이 OECD 모델조약의 개정사항을 받아들이려면 기존에 체결한 조세조약을 재협상해야만 하는데 다수의 조세조약망을 갖고 있는 입장에서는 그 작업이 상당한 시간을 필요로 할 것이라는 점이다.

모델조약을 수정하는 것이 어려운 또 다른 이유는 모든 회원국들의 만장일치 합의에 의해서만 모델조약을 개정하는 OECD 전통 때문이다. 만장일치의 원칙은 모델조약에 동의하지 않는 국가가 조약의 특정조항에 대하여 유보하도록 함으로써 그 실질적인 중요성이 줄어들었다. 이러한 **유보(reservation)**는 모델조약의 주석서에서 찾을 수 있다. 유보는 그 국가가 조세조약에 있어서 OECD 모델조약의 특정 조항을 받아들이지 않을 것이라는 것을 나타낸다. 대부분의 국가들은 모델조약의 몇몇 부분에 대한 유보를 표시했다. 예를 들어, 사용료 규정인 제12조에 대해서는 14개 회원국이 사용료에 관하여 원천세를 부과할 것이라는 입장을 고수하면서 유보를 표시했다.

주석은 또한 주석의 일정 부분에 대한 특정 국가들의 **이견(Observations)**을 포함한다. 이견은 대개 특정 국가가 모델조약의 일부 조항이나 주석에 관하여 회원국 다수와 다르게 해석한다는 점을 밝히기 위해 사용한다. 이견을 표시한 국가는 모델조약의 특정 조항 자체를 반대하지는 않는다. 이러한 이견의 목적은 그 국가가 조세조약을 체결할 때 해당 조항을 포함할 것이지만, 주석에 나타난 관점과는 다른 방식으로 그 조항을 해석하고 적용할 것이라는 점을 나타내게 된다. 만약 주석서가 대안을 제시하고 그 국가가 이 중의 하나를 취한다면 이견을 표시하지는 않을 것이다.

OECD 모델조약의 주석은 모델조약 자체보다는 훨씬 바꾸기 쉽다. 주석에 따르면, 유보나 이견을 포함하여 주석에 표현된 견해들은 회원국 간의 모든 조세조약을 해석하고 적용할 때 고려해야 하고, 심지어 주석이 개정되기 전에 체결된 조약을 해석할 때에도 마찬가지로 바뀐 주석을 고려해야 한다. 개정된 주석의 내용을 그 이전에 체결된 조세조약에 관하여도 적용하는 관행은 아래 8.6에서 다루어질 조세조약의 해석문제에서 몇 가지 흥미로운 물음을 불러 일으킨다.

8.4 조세조약을 협상하고 개정하는 과정

조세조약의 체결을 위한 협상은 전형적으로 국가간 최초의 접촉으로부터 시작된다. 대개, 다른 국가와 조세조약 체결을 위한 협상을 시작할 것인지 여부를 결정하는 데에는 해당 국가와의 무역과 투자수준을 포함하여 많은 요인을 고려할 것이다. 일단 협상하기로 결정하면, 양국은 모델조약(또는 만약 모델조약이 없다면 가장 최근의 조세조약)을 교환하고 대면협상 일정을 짠다.

전통적으로, 조약은 각국에서 한 번씩, 두 차례에 걸쳐 협상한다. 첫 번째 협상라운드에서, 협상팀은 협상 초안으로 사용하기 위해 특정한 본문 — 대개 OECD 모델조약이나 UN 모델조약 — 에 합의한다. 각국은 자국의 국내조세체계를 각자 제시하고 나서, 축조

식으로 협상을 진행된다. 합의가 안 된 부분은 나중에 논의하기 위해 보통 대괄호, [ ]로 남겨둔다. 조문의 자구선택이 합의되면, 협상 당사자들은 그 조문에 이니셜로 서명한다. 모든 조문이 협상 담당자들에 의해 합의가 되면, 권위 있는 공직자(대사 또는 정부관료)가 서명하기 위한 합의문이 만들어지게 된다. 서명 후에는, 각국은 비준절차에 따라 조약을 비준해야 하고, 조약은 비준서를 교환할 때 체결된다. 체결된 조약은 조세조약의 규정[OECD 모델조약, UN 모델조약의 제30조 조약발효(entry into Force) 규정]에 따라 발효된다.

이와 같이, 조세조약의 체결과정은 몇몇 단계 또는 국면에 따라 이루어진다. 즉, 서명, 비준, 체결, 그리고 발효로 이루어지는 이들 각 단계는 특별한 의미와 특정한 결과를 가지고 있다.

일단 조약이 체결되면, 체약국 상호간의 동의에 의해 중요한 부분 혹은 사소한 부분을 개정할 수 있다. 조세조약은 체약국 쌍방이 의정서(protocol)를 체결하는 방법으로 개정하는 것이 일반적이다. 위 8.2.1에서 논의되었던 비엔나협약의 조항에 따라, 의정서라는 명칭이 붙어 있는 협정은 단순히 다른 이름의 조약이라고 보면 된다. 따라서 위에서 설명했듯이 발효 이전에 조약에 적용되는 법규에 따라 비준절차를 거쳐야 한다.

조세조약들은 국내법과 마찬가지로 개정이 필요하다. 실제로, 개정 과정은 지나치게 느리고 어려울 때가 많다 — 의정서가 조약이 협상되는 것만큼 오래 걸리는 일이 흔하다. 조약의 한 부분을 수정하려고 협상하게 되면, 조약의 다른 부분에 관하여도 협상의 여지가 생길 때가 적지 않다. 결과적으로, 한 국가가 다수의 국가와 조세조약을 맺고 있다면 — 어떤 국가는 100개국 이상과 조세조약을 체결하고 있기도 하다[7] — 전체 조세조약망을 재협상하는데는 수십 년이 걸릴 수 있다.

---

7) 참고로 한국이 체결한 조세조약의 숫자는 2021년 6월 현재 95개이다.

조세조약은 제한적인 수준에서 조세조약의 해석과정을 통해서 공식적 개정절차 없이 개정될 수 있다. 예를 들어, 8.3에서 논의한 바와 같이, OECD 주석은 종종 조세조약 조항의 의미를 명확히 하기 위해 개정되고, OECD는 주석이 개정되기 전에 체결된 조세조약에도 개정된 주석의 내용이 적용된다는 입장이다(OECD 모델조약 서문(Introduction) 문단 33−36.1 참조). 게다가, OECD와 UN 모델 조세조약의 제25조(상호합의 절차)는 두 국가의 권한 있는 당국(Competent Authorities)에게 조세조약의 해석문제를 해결할 수 있는 권한을 부여한다. 조약을 해석하는 일반적인 원칙은 아래 8.6에서 논의한다.

8.5 조세조약의 목적

일반적으로 말하자면 조세조약의 근본적인 목적은 국제 무역과 투자에 대하여 세금이라는 방해물을 제거함으로써 국제 무역과 투자를 촉진한다는 것이다. 몇 가지 구체적인 운영목적이 이러한 광범위한 목적을 보충해준다.

납세의무자의 관점에서, 양자간 조세조약의 가장 중요한 운영상 목적은 이중과세를 없애는 것이다. 전형적 조세조약의 몇 가지 조항들은 이 목적을 달성하기 위한 것이다. 예를 들어, 조세조약은 양국에서 모두 거주자로 간주되는 납세의무자를 오직 한 국가의 거주자로 결정하는 이중거주자 판정규칙(OECD와 UN 모델조약의 제4조 제2항, 제3항)을 두고 있다. 또한, 어떤 종류의 소득에 관하여는 원천지국 과세를 제한하거나 불가능하게 하고(OECD와 UN 모델조약의 제10조, 제11조, 제12조), 거주지국이 원천지국 과세에 대해서 외국납부세액공제나 국외소득공제의 방식으로, 경감조치를 취하도록 요구한다(OECD와 UN 모델조약 제23조). 이중과세 경감조치를 제공하는 방식은 제4장의 4.3에서 논의한다.

20세기 중반에는, 조세조약이 대체로 이중과세의 문제를 해결하는데 초점을 맞추고 있었다. 이는 OECD 모델조약의 1963년, 1977년판 제목에 반영되어 있다. 그 제목은 '소득과 자본에 관한 조세의 이중과세 방지를 위한 A국과 B국간 조약'으로 되어 있었던 것이다. 그 당시에는 다국적기업들이 상당한 이중과세의 위험에 직면해있었고, 이중과세 방지를 위한 일방적인 조치를 제공하는 나라는 거의 없었다, 그리고 넓게 펼쳐진 조세조약 네트워크는 이제 막 발전하려고 할 무렵이었다. 주요한 이중과세 문제에 대한 조약상의 해결책은 1950년대, 그리고 1960년대 초반에서나 만들어졌다. 그러나 이제는 그러한 조약의 해결책들은 조세조약을 체결할 때 당연한 것으로 받아들여진다.

역사적으로 이중과세 제거를 강조해왔다고 해서 대부분의 조세조약이 이와 동일하게 탈세와 조세회피 방지도 중요한 운영목적으로 삼아 왔다는 사실의 중요성을 도외시해서는 안 된다. 이 목적은 이중과세 방지의 정반대이다. 조세조약은 국경을 넘은 소득에 대한 이중과세를 제거할 의도이지만, 이중 비과세를 촉진하려고 하는 것은 아니다. 조세조약의 근본적인 가정은 국경을 넘는 소득은 과세되어야 하지만, 오직 한번만 과세되어야 한다는 것이다.

원래, OECD와 UN 모델조약은 조세조약이 이중과세를 방지하고 탈세(fiscal evasion)를 방지할 목적을 가졌다고 서술한 서문을 포함하였다. 그 당시 '탈세'라는 용어의 의미는 불명확했다. 일부 국가들은 조세회피(tax avoidance)를 포함한 광범위한 개념으로 해석했으나, 스위스와 같은 국가들은 이 용어를 범법적인 탈세에 제한되는 용어로 해석했다. 1992년과 2001년도에 이중과세방지와 탈세의 예방이라는 서문(序文, preamble)의 문구는 OECD와 UN 모델조약에서 빠졌고, 주석(footnote)으로 이동했다. 그러나 OECD 모델조약의 2003년 주석에서는 명확히 "조세조약은 조세회피와 탈세를 방지하는 데에도 그 목적이 있다"는 문장을 포함하도록 개정되었다.

조세회피를 용이하기 하기 위하여 조세조약을 사용하는 것이 점차 증가하게 되자, OECD는 BEPS 프로젝트의 일부로서, 모델조약의 제목(title)과 서문(preamble)에서 명확하게 조세회피 방지를 언급하도록 수정할 것을 제안했다(BEPS Action 6: 부적절한 상황에서 조세혜택의 부여 방지, OECD 웹사이트와 8.8.2.3 참조).[8] 2017년에 OECD 모델조약의 제목은 "소득과 자본에 관한 과세의 이중과세방지 및 탈세와 조세회피 방지를 위한 A국과 B국간 협약"으로 개정되었다. 새로운 서문은 이중 비과세와 조약남용에 대해서 명확하게 언급하고 있다.

> "비과세 기회나 탈세 또는 조세회피(제3국 거주자의 간접적인 이익을 위하여, 이 조약에서 제공되는 경감조치를 획득하기 위한 목적으로 만들어진 조약편승장치를 포함하여)를 통한 조세경감 없이, 소득과 자본에 관한 조세의 이중과세를 방지하기 위하여 다음과 합이 합의하였다"

조세회피와 탈세의 제거가 대부분의 조세조약의 명확한 목표이기는 하지만, 조약내에 이러한 목적을 달성하기 위하여 만들어진 조항은 거의 없었다. 다만, OECD와 UN 모델조약 모두는 정보교환(제25조)과 징수공조(제27조) 규정을 두고 있다. 이 조항들은 체약국들에게 조세회피와 탈세를 방지할 수 있는 중요한 도구를 제공해 준다. 그렇지만 2017년까지는 두 모델조약은 일반적 조세회피방지규정(general anti-avoidance rule)을 두고 있지 않았고 개별적 조세회피방지규정(specific anti-avoidance rule)도 없었다. OECD의 BEPS Action 6 최종보고서는 미국의 모델조세조약에 포함된 혜택의 제한규정(Limitation-On-Benefits: LOB)과 유사한 구체적인 조약남용 방지 규정을 추가할 것을 제안했다. 또한 OECD 모델조약에 일반적인 조세회피방지규정, 즉 조약의 혜택을 주는 것이 조약의 목적과

8) 한국어로 된 문헌은 한국조세재정연구원 BEPS대응지원센터(kipf.re.kr/beps/data/OECDReport/beDataRoom/list.do)에서 찾을 수 있다.

취지에 부합하지 않는다면, 그리고 조세의 회피가 어떤 거래나 합의의 주된 목적 중 하나라면 조약의 혜택을 부인하도록 하는 규정을 추가할 것을 제안하였다. 조약남용(treaty abuse)과 혜택의 제한규정(LOB 조항)을 포함한 조약편승(treaty shopping) 그리고 2017년에 OECD 및 UN 모델조약에 추가된 일반적 조세회피방지규정에 관하여는 8.8.2.에서 논의할 것이다.

조세조약에는 주된 두 가지 운영상 목적에 더해서, 몇 가지 부수적인 목적이 있다. 한 가지 부수적인 목적, 즉 아래 8.8.1에서 논의될 목적은, 외국 국민과 비거주자에 대한 차별과세 방지이다. 조세조약을 체결하는 대부분의 국가들은 그 거주자들이 다른 체약국 거주자와 동일하게 취급되기를, 그리고 다른 제3국의 거주자보다 더 불리하게 취급되지 않는다는 점을 명확히 하기를 원한다. 8.8.4에서 논의될 또 다른 목적은 체약국 간의 정보교환과 조세징수공조이다. 위에서 논의한 바와 같이, 납세의무자의 소득창출 활동에 관한 정보를 얻을 수 있다는 것은 조세회피에 대항하고, 보다 일반적으로는 조약의 조항들이 적절히 적용되고 있다는 것을 확인하는 데 매우 중요한 도구이다. 또한 체약 상대국이 부과하는 조세와 관련하여 징수공조하도록 요구하는 것은 다른 국가로 이주하거나, 다른 국가에 자산 및 펀드를 숨기는 방식으로 조세를 회피하고 탈세하는 것을 방지할 수 있도록 한다. 최종적으로 대부분의 체약국은 조세조약의 적용에 관한 분쟁, 특히 이전가격 분쟁을 해결하기 위한 방법을 조약에서 제공한다. 분쟁해결장치는 8.8.3에서 논의한다.

조세조약의 중요한 효과 — 그리고 암묵적 목적 — 는 납세의무자에게 국제적 투자의 과세상 결과에 관하여 확실성을 제공하는 것이다. 조세조약은 대개 15년의 평균 수명을 가지고 있다. 결과적으로, 비거주자인 투자가는 원천지국의 조세법이 불가피하게 변화될 것임에도 불구하고, 원천지국의 과세권을 제한하는 기본적인 조세조약의 조항들은 국내법 개정으로 인한 미래의 변화를 방지해 줄 수 있다는 것을 알게 된다. 예를 들어, A국 거주자인 a회사가 B국 거주자인 b회사에 지분투자를 한 경우, B국이 국내법에서 배당에 대한 원천세율을 올렸다고 하더라도, 양국간 조세조약에서 제공되는 B국의 배당소득에 대한 조약의 제한세율이 계속 적용될 것이라는 것을 알 수 있다.

조세조약의 또 다른 중요한, 그리고 암묵적인 목적은 양 체약국간 국경을 넘는 활동으로부터 발생하는 조세수입의 배분이다. 조세조약의 규정은 두 국가의 국경간 활동으로부터 얼마만큼의 조세수입이 각국에서 과세될 것인지를 결정한다. 예를 들어, 만약 A국이 사용료 규정인 OECD 모델조약 제12조와 유사한 조항을 B국과의 조약에 포함시키기로 한다면, A국 거주자가 B국 거주자에게 지불하는 어떠한 종류의 사용료도 B국에서만 과세될 것이고, 반대의 경우도 마찬가지이다. 만약 A국과 B국간 사용료의 이동이 상대적으로 같다면, 이러한 이동으로부터 생기는 조세수입의 배분 또한 상대적으로 같을 것이다 그러나 A국으로부터 B국으로부터의 이동이 불균형적이라면(A국이 개발도상국이고, B국이 선진국인 경우가 대개 그러할 것이다) 조세수입은 B국에 유리하게 배분될 것이다. A국은 A국 거주자가 다른 체약국(B국) 거주자에게 지불하는 사용료를 조세조약 제12조에 따라 원천지국이 제한세율, 말하자면 15%의 제한세율로 과세할 수 있도록 해야 한다고 주장하면서 이러한 (불균형한 조세배분의) 결과를 피하고자 할 수 있다. 이 경우, A국은 자국 거주자가 B국 거주자에게 지급하는 사용료의 15% 수준으로 조세수입을 얻을 수 있을 것이고, B국은 A국 거주자가 B국 거주자에게 지급한 사용료에 부과하는 세율에서 15%를 뺀 것만큼의 조세수입을 얻게 된다(B국이 A국에서 납부한 세금에 대한 세액공제를 해준다고 가정한 경우의 조세수입이다).

8.6 조세조약의 해석

8.6.1 개 관

어떤 면에서 조세조약의 해석은 내국세법의 해석과 유사하다. 조약상 단어의 의미, 그 단어들이 사용되는 문맥, 그리고 조약의 목적은 대개 조세조약과 국내세법을 이해하는데 중요한 요소들이다. 결과적으로, 한 국가의 과세당국과 법원은 조세조약을 국내세법의 방식과 동일하게 해석하는 것으로 보인다. 그러나 조세조약과 내국세법 간에는 몇 가지 중요한 차이점이 있다.

(1) 조세조약은 양국 간의 것이므로, 해석의 문제는 양 국가의 의도를 고려하여 해결해야 한다.

(2) 조세조약은 양국의 정부와 납세의무자들 모두에게 적용되는 것이지만, 국내세법은 더 좁은 범위에 적용된다.

(3) 조세조약은 국내법에서 사용되는 것과는 다른 용어를 사용하기도 한다. 예를 들어, OECD와 UN 모델조약은 많은 국가의 국내법에서는 잘 사용되지 않는 "enterprise"이라는 용어를 사용한다.

(4) 내국세법과는 달리, 조세조약은 대개 조세를 부과하지 않는다. 즉 조세조약은 체약국이 부과하는 조세를 제한한다.

(5) 상당한 영향력을 가지고 있는 OECD 모델조약과 주석 그리고 UN 모델조약과 주석은 국내세법의 체계에서는 그와 비슷한 비교대상이 없다.

이러한 차이점들은 조세조약이 국내세법과는 다르게 해석되어야 한다는 것을 시사할 수 있다. 그러나 조세조약과 국내세법 조항들을 포함하여, 모든 형태의 언어에 관한 해석은 기계적 방식에 의해 제한되어서는 안 되는, 판단의 문제라는 것을 명심하여야 한다.

8.6.2 조약법에 관한 비엔나협약의 해석 조항

조세조약의 해석은 조약법에 관한 비엔나협약에 구현되어 있는 바와 같이 관습적인 국제법의 지배를 받는다. 비엔나협약의 해석규정은 조세조약뿐만 아니라 모든 조약에 적용된다. 위 8.2.1에서 논의한 바와 같이, 비엔나협약의 규정들은 관습적인 국제법을 명문화한 것이기 때문에 모든 국가들을 구속한다.

비엔나협약의 제31조 제1항은 조약 해석의 기본적인 규칙을 제시한다.

> 조약은 그 용어의 문맥상 주어진 일반적 의미에 부합되도록 그리고 조약의 목표와 목적에 비추어 신의성실하게 해석되어야 한다.

비엔나협약 제31조 제2항에서, 조약의 맥락(context)이라는 것은 조약의 본문, 그리고 조약 체결과 관련해서 당사자들 간에 만들어진 협정, 그리고 한 국가에서 만들어지고 상대방 국가에서 수용한 모든 종류의 법률문서를 포함한다. 예를 들어, 미국은 각각의 조세조약에 대한 기술적 설명(technical explanation)을 만들었고, 캐나다는 미국－캐나다 조세조약에 대한 미국의 기술적 설명을 받아들인다고 공식적으로 발표했다. 비엔나협약 제31조 제3항에서는, 당사국들 간의 조약에 부속하는 협정, 조약의 해석과 관련된 부수적인 관행, 그리고 적용 가능한 국제법 규칙 또한 모두 조약의 본문과 함께 고려해야만 한다고 규정하고 있다. 비엔나협약 제31조 제4항에서는 당사국들이 의도한대로 정립된 것이라면, 조약의 용어는 그 용어의 일반적 의미보다는 좀 더 특별한 의미를 가질 수도 있다고 규정하고 있다. OECD나 UN 모델조약의 주석은 어떤 용어가 특별한 의미를 가지도록 했다는 것에 대한 증거가 될 수 있다.

비엔나협약의 제31조 제1항에 있는 기본적인 해석 규칙은 직관적으로 알 수 있다. 해석을 하는 첫 번째 단계는 조약에 사용된 문구의 일반적인 의미를 주의 깊게 고려하는 것이 되어야 한다는 점은 명백하다. 그리고 조약에 사용된 문구는 맥락—그러한 문구가 사용되는 특정 한 조항과 조약 전체 사이의 맥락—에 따라 읽어야 한다. 왜냐하면 문구의 의미는 언제나 사용되는 맥락에 달려 있기 때문이다. 또한 조약의 용어들은 조항과 조약 전체의 목적에 비추어 해석하는 것이 합리적이다. 왜냐하면 체약국들은 분명히 조약을 체결하고 그러한 용어들의 사용에 합의함으로써 무엇인가를 달성하고자 하였기 때문이다.

비엔나 협약의 제31조 제1항이 일리가 있기는 하지만, 이 조항은 상당히 모호하고, 납세의무자, 과세당국 또는 법원이 조약을 어떻게 해석해야 하는지에 관하여 명확하고 의미 있는 지침을 제시하지 못한다는 점도 인정하지 않을 수 없다. 가장 중요한 문제점은 이 조항이 개별적인 사안에서 문구의 일반적 의미, 문맥 그리고 조약의 관련 조항의 목적 중에서 각각 어느 정도의 가중치를 두어야 하는지를 구체적으로 제시하고 있지 않다는 점이다. 예를 들어, 문구의 일반적 의미와 관련 조항의 목적 간에 충돌이 있는 경우에, 제31조 제1항은 어떻게 이 충돌을 해결할 수 있는지를 제시하지 않는다. 대부분의 법원과 학자들은 불명확한 목적을 추구하기 위하여 상대적으로 명확한 의미를 가진 문구들을 가볍게 여겨서는 안 된다는 입장을 취하기는 하지만, 구체적인 사안에서 관련된 모든 요인들에 관하여 각각 어느 정도의 가중치를 두어 고려해야 할 것인지, 해석 규칙을 정립하기는 어렵다.

비엔나협약의 제32조에서, 해석의 보충적인 수단이라고 언급되었던 다른 자료에는 조약의 교섭기록(*travaux préparatoires*)이 포함되는데, 이 자료는 제31조에 따라 도출되는 의미를 확인하거나, 제31조를 적용하면 모호, 불확실, 부조리 또는 비합리적 결과를 가져오는 경우에 그 의미를 확정하기 위해서만 고려되어야 한다.

OECD와 UN 모델조약의 주석이 조세조약의 해석에서 매우 중요하기는 하지만, 비엔나협약 규정에 따르면 그 법적 위치가 명확하지 않다. 언뜻 보기에는 비엔나협약 제32조에서 말하는 해석의 보충적 수단 같기도 하다. 그렇다면, 비엔나협약 제31조의 기본적인 해석규칙을 적용하여 도출되는 의미를 명확하게 하기 위해서, 또는 제31조에 따르면 그 의미가 모호, 불명확, 부조리, 또는 비합리적인 경우에만 적용될 수 있다. OECD는 주석이 이런 제한적인 역할만 하는 것은 아니라고 한다. 주석의 개관은, 주석이 "조약의 적용과 해석상 매우 큰 도움이 될 수 있고, 특히 분쟁의 해결에 큰 도움이 될 것이다(문단 29)"라고 서술하고 있다. 그러나 비엔나협약 제31조에 따를 경우 OECD 주석서를 조약의 문맥(context)의 일부로서 포함시키기는 어렵다. 특히 해석해야 할 조항이 해당 주석이 개정되기 전에 발효되었다거나 체약국 중 하나가 OECD 회원국이 아니어서 주석의 제정 과정에 관여하지 않았다면 더욱 그렇다.

비엔나협약 하에서 OECD 모델조약과 주석서의 지위가 국제조세 학자들 사이에서 논쟁이 있는 주제이기는 하지만, 이 문제는 실질적인 중요성은 없는 것으로 보인다. 실질적으로 모든 나라의 조세조약관련 사건에서, 법원은 일관되게 OECD 모델조약과 그 주석을 상당히 중요시하고 있다.[9)]

조세조약의 조항들은 두 체약국에서 동일한 방식으로 해석되어야 한다(공통해석의 원칙, the principle of common interpretation). 그

---

9) 한국의 경우, 서울고등법원 2010. 2. 12. 선고 2009누8016 판결은 "… 위와 같은 OECD 모델협약의 주석은 헌법 제6조 제1항에 의해 체결·공포된 조약이 아니고 일반적으로 승인된 국제법규라고 볼 수 없으므로 법적인 구속력이 인정될 수는 없는 것이지만, 이는 한국과 벨기에 등을 비롯한 OECD 회원 국가 간에 체결된 조세조약의 올바른 해석을 위한 국제적으로 권위를 인정받는 기준으로서 국내법상의 실질과세원칙 등과 관련한 OECD 회원 국가 간 조약 해석에 있어서 하나의 참고자료가 될 수 있다"고 판시한 바 있다. 서울고등법원 2015. 9. 23. 선고 2014누74185 판결 및 대전고등법원 2013. 9. 5. 선고 2012누1165 판결 등도 같은 취지로 판시하였다.

렇지 않은 경우에는 소득이 이중과세되거나 이중 비과세될 수도 있다. 예를 들어, A국 거주자인 a법인이 b법인을 위해서 B국에서 용역을 수행한다고 가정해보자. 용역제공의 결과 b법인이 사용하는 작업산출물이 생산되었다. a기업은 작업이라는 상품을 창출할 것이다. a법인은 b법인으로부터 대가를 지급받는데 B국 법률은 그 대가를 용역 제공에 대한 대가로 규정한다. 반대로 A국 법률은 b법인이 a법인의 작업산출물을 사용하도록 하는데 대한 대가인 사용료로 규정한다. 두 국가 간의 조세조약상, 인적용역에 대한 보수(fees for personal service)는 원천지국에서 과세하지만, 사용료는 거주지국만 과세할 수 있다. 이런 상황에서, 양국의 권한 있는 당국(competent authority)이 동일한 행위를 각각 다른 방식으로 해석하는 문제가 해결되지 않는다면, a법인은 이중과세의 대상이 된다. B국은 조세조약 제7조에 따라서 (a법인이 B국에서 고정사업장을 가지고 있다고 가정하면) a법인의 소득에 과세할 것이고, 반대로 A국은 조세조약 제12조에 따라 a법인이 받는 대가를 사용료로서 과세할 것이다. A국은 B국이 a법인에 대하여 부과한 조세가 사용료에 관한 것이 아니므로 a법인이 B국에서 납부한 조세에 관하여 이중과세 경감조치를 제공하지 않을 수도 있다.

일부 국가들은 복수의 공식 언어를 두고 있다. 이러한 국가들이 조세조약을 체결할 때에, 각각 다른 언어로 된 복수의 공식적인 조약버전이 있을 수 있다. 비엔나협약의 제33조는 복수의 언어로 체결된 모든 버전의 조세조약은 충돌이 생겼을 때 특정한 언어로 된 버전이 우선한다고 구체적으로 조항을 두고 있지 않다면 모든 버전을 동등하게 정본으로 간주한다고 규정하고 있다. 중국같이 조세조약을 복수의 언어로 체결한 국가들은 각 버전이 충돌할 경우 영어버전을 우선시한다.

8.6.3 정의되지 않은 용어를 국내법에 따라 해석하기 — 모델조약 제3조 제2항

비엔나협약의 해석 규정 외에도 OECD와 UN 모델조약에 근거한 조세조약들은 자체적인 해석규칙을 포함하고 있다. OECD와 UN 모델조약 제3조 제2항은 다음과 같이 규정하고 있다.

> 일방체약국이 이 조약을 적용할 때, 조약에 정의되지 않은 용어는 문맥에서 달리 해석되지 않는 한, 이 조약이 적용되는 조세의 목적상 그 일방체약국의 법에 따라 그 당시에 가지는 의미를 가지며, 같은 체약국의 적용 가능한 세법에 따른 의미는 같은 체약국의 다른 법에 따른 의미보다 우선한다.

즉, 제3조 제2항은 조세조약에서 정의되지 않은 용어는 조세조약의 문맥에서 다르게 해석되지 않는 이상 조세조약을 적용하는 일방체약국의 국내법상 의미를 갖는다고 한다. 판결을 내리거나 조세를 부과하는 등 조세조약과 관련된 조치를 취할 때, 해당 체약국은 이러한 내용에 따라 조세조약을 적용한다.

제3조 제2항을 적용하는 과정은 세 가지 단계로 이루어진다.

(1) 조세조약에 용어의 정의가 규정되어 있는가?
(2) 조세조약이 용어의 정의를 규정하고 있지 않다면 그 용어의 국내법상 의미는 무엇인가?
(3) 조약의 문맥이 국내법상 의미와 다른 의미를 요하는가?

첫 번째 단계는 보이는 것처럼 단순하지 않는데 경우에 따라서 포괄적인 정의도 있고 반면에 배타적인 정의도 있기 때문이다. 예를 들어, 제3조 제1항(a)는 '인(person)'을 '개인, 회사, 그리고 그 밖에 인의 단체(body of person)'를 포함하는 것으로 정의한다. 반대로 제3조 제1항(b)에서 '법인(company)'의 정의는 배타적이다("법인은 … 의미한다"). 일반적으로, 포괄적인 정의는 그 용어가 본래의 통상적 의미에다가 구체적으로 언급된 항목을 덧붙인 의미를 갖는다는 것을 뜻한다. 제3조 제2항은 '인(person)'과 같이 포괄적으로 정의된 용어의 국내법상 통상의 의미를 결정하는 데에도 적용되는 것인가? 저자의 생각으로는 제3조 제2항은 이러한 상황에서도 적용되어야 하며, 따라서 '인(person)'이라는 용어는 조세조약을 적용하는 국가의 국내법에서 '인'으로 간주하는 법적 실체도 포함하여야 한다. 문제를 더 복잡하게 만드는 것은, 조세조약에서의 정의가 가끔씩 정의되지 않은 용어를 포함한다는 사실이다. 예를 들어서, 제3조 제1항(a)에서 '개인(individual)', '인의 단체(body of persons)'라는 용어는 정의되지 않은 개념이다. 따라서 저자는 다시 한번 제3조 제2항을 적용하여 이들의 용어의 의미를 국내법에서 끌어와야 한다고 생각한다.

국내법에서 용어의 정의를 결정하는 것 역시 어려울 수 있다. 제3조 제2항은 정의되지 않은 용어는 국내세법에서 갖는 의미가 세법 이외의 다른 국내법에서 갖는 의미보다 우선한다고 한다. 그러나 정의되지 않은 개념은 한 국가의 세법 목적상 하나 이상의 의미를 가질 수 있다. 이러한 상황에서, 조약적용을 위해서는 가장 적합한 국내법적 의미가 사용되어야 한다. 또한 제3조 제2항은 국내법에서 정의되지 않은 용어의 정의가 아니라 '의미(meaning)'에 관하여 언급하고 있다. 어떤 용어가 한 국가의 세법상 정의되지 않을 수는 있지만, 의미는 반드시 갖기 마련이다.

제3조 제2항을 적용하는 마지막 단계는 조약의 문맥이 특정한 용어가 그 국내법에서 갖는 의미와 다른 의미를 부여하도록 하는지 검토하는 것이다. 이를 위해서는 조약의 해석을 위해 그 용어의 대안적 의미를 생각하고, 이러한 의미들 중 하나가 국내법보다 조약의 문맥상 더 적합한 것인지 여부를 고려할 필요가 있다. 이러한 분석에서 고려할 문제로는 다음의 것들이 포함된다.

- 국내법상 의미와 비교한 용어의 통상적인 의미
- 다른 나라의 세법상 용어의 의미
- 조약의 관련 조항이 갖는 목적
- OECD나 UN 모델조약 주석과 같은 외부자료

일부 국제조세 학자들은 제3조 제2항을 적용할 때, 가능하다면 정의되지 않은 용어들은 국내법과 독립적인 별개의 의미를 가져야 하고, 국내법적 의미는 최후의 보루로써 사용되어야 한다고 주장한다. 이에 반해 다른 학자들은 국내법상의 의미는 오직 '문맥이 다르게 해석하기를 요구하는(require)' 경우에만 조세조약상의 의미로 대체되기 때문에 제3조 제2항이 국내법적 의미를 선호한다는 뜻도 내포하고 있다고 본다. 이 학자들은, 제3조 제2항이 '요구하다(require)'라는 단어를 사용함으로써 (국내법과 구별되는) 조약상의 의미를 더 중요하다고 생각하는 사람들에게 상당한 입증책임을 부과한다고 한다.

저자의 생각으로는, 제3조 제2항은 정의되지 않은 개념에 대해서 국내법상의 의미나 조세조약상의 의미 중 어느 쪽에 대한 명확한 선호를 보여주는 것은 아니다. 게다가 정의되지 않은 개념에 관하여 국내법 또는 조약상 의미를 선호한다는 추정의 여지를 줄 만한 것도 없다. 위에서 썼듯이, 조세조약의 정의되지 않은 개념의 의미는 모든 관련 정보를 참조하여서 결정하여야 한다.

OECD 및 UN 모델조약의 제3조 제2항과 관련된 해석의 중요하고 논쟁거리인 또 다른 쟁점은 용어가 조약이 합의되었을 당시의 국내법상 의미를 가지고 있는지 여부(정적 접근법, the static approach), 또는 때때로 개정되면서 개정된 이후의 국내법상의 의미를 가지고 있는지 여부(동적 접근법, ambulatory approach)이다. OECD 모델조약 제3조 제2항은 동적 접근법의 입장에 따라 적용되어야 한다는 것을 명백히 하도록 1995년에 개정되었다. UN 모델조약에서는 유사한 내용의 개정이 2001년에 있었다. 동적 접근법은 조세조약을 재협상하지 않고도 국내법의 변화를 수용할 수 있도록 해 준다. 결과적으로 동적 접근법은 실질적으로 일방체약국이 국내법을 개정함으로써 타방체약국과의 조세조약을 일방적으로 수정하는 것을 허용한다. 그러나 양국간의 협상을 상당히 변화시키는, 그리고 조약을 협상할 때 양국에서 고려하지 않았던 방향으로의 국내법 개정은 조약배제(treaty override)와 마찬가지이다.

8.7 OECD와 UN 모델조약 조항의 요약

8.7.1 개 관

이 절에서는 OECD와 UN 모델조약의 주요한 규정들을 설명한다. 8.7.2는 조약의 당사자를 확인하고 이에 따라 납세의무의 영향을 받는 '인(人)'들에 대한 조항, 그리고 조약의 범위를 설정하는 조항과 조약의 비준, 종료와 개정을 규율하는 조항을 설명한다. 8.7.3은 전형적인 조세조약에서 다양한 소득의 범주를 어떻게 다루는지 설명한다. 이 조항들은 조약의 분배규정(distributive rules)이라고 한다. 8.7.4에서는 행정적인 문제들과 조약체약국들간의 협력을 다루는 규정을 설명한다.

모든 조세조약은 이중과세를 경감 또는 완화하는 규정을 포함한다. OECD와 UN 모델조약에서, 이중과세 경감은 제23A조(소득면제방식, Exemption Method) 또는 제23B조(세액공제방식, Credit Method)에서 다루고 있다. 이중과세경감조치의 방식에 대해서는 제4장에서 논의한다.

이전가격을 통한 조세회피를 방지하기 위해 대부분 국가의 국내법은 과세당국에게 특수관계가 없는 정상기업과 거래시 일반적으로 적용될 가격을 반영하여 특수관계인들 간의 거래가격을 조정할 수 있는 권한을 부여한다. OECD와 UN 모델조약의 제9조(관계기업, associated enterprises)는 체약국들이 이른바 정상가격기준에 따라 특수관계기업간의 거래가격을 조정하고 이익을 재계산할 수 있도록 허용한다(좀 더 정확히는 표현하면, 그렇게 하기를 기대한다). 이전가격과 정상가격기준은 제6장에서 논의한다.

8.7.2 범위, 영역 그리고 법적 효과

양자 간 소득에 관한 조세조약을 체결한 두 국가를 '체약국(contracting states)'이라고 부른다. OECD와 UN 모델조약의 제1조(인적 범위)에 따르면, 조세조약 규정은 "하나 또는 양 체약국의 거주자"인 인(人)에게 적용된다. 제4조(거주자, Resident)는 체약국의 '거주자'를 조세조약 목적상 거소(residence), 주소(domicile), 관리장소(place of management) 또는 그 밖에 유사한 기준과 같은 특정한 연결 요소에 근거하여 체약국의 국내법에 따라 조세를 부담할 의무를 지는 인(人)이라고 정의한다. 제2장, 2.2.3에서 살펴본 바와 같이, 제4조는 조약목적상 한 인(人)이 양 체약국의 거주자가 되는 것을 방지하기 위한 이중거주자 판정규칙(tie-breaker rule)을 포함한다. '인(人)'은 제3조(일반적 정의)에서 '개인(individual), 회사(company) 그리고 다른 인의 단체(body)'를 포함하는 것으로 정의된다. OECD 주석은 자선재단이 제3조가 규정하는 '인(人)'에 포함된다고 한다. 실제로, 체약국법에 따라서 법적 실체로 인정되는 실체는 조세조약 목적상 '인(人)'으로 취급될 것이다. 파트너십은 인(人)의 단체로 볼 수 있고 그렇기 때문에 OECD와 UN 모델조약상 '인(人)'으로 취급될 수도 있지만 파트너십 그 자체보다 그 파트너십의 구성원들이 체약국에서 납세의무를 진다면 파트너십 자체는 체약국의 거주자에 해당하지 않게 될 것이다.

OECD 및 UN 모델조약 제2조(대상조세 Taxes Covered)는 조세조약이 '체약국 또는 그 정치적 하부조직 또는 지방정부가 과세하는 소득과 자본에 관한 조세'에 적용된다고 규정한다. 일부 조세조약은 하위 국가조직의 소득세는 적용대상에서 제외한다. 그러나 OECD와 UN 모델조약의 제24조(차별금지), 제26조(정보교환), 제27조(조세징수협조)는 제2조에 규정되지 않은 조세에 관하여도 적용된다.

전형적인 조세조약은 조세조약이 적용되는 체약국의 국세(경우에 따라서는 지방세)를 명확하게 규정한다. 각국의 개인소득세 그리고 법인세는 거의 틀림없이 열거된다. 또한 대부분의 조세조약은 열거된 조세들이 개정될 경우 그 개정된 조세, 열거된 조세와 동일하거나 상당히 유사한 조세에 관하여도 조세조약이 적용된다고 규정한다. 조세조약의 적용을 받지 않은 특정한 소득과 자본에 관한 조세를 명시하는 조세조약도 있다. 예를 들어, 많은 조세조약은 실업보상과 정부연금을 위한 사회보장세를 대상조세 범위에서 제외한다.

OECD 및 UN 모델조약 제30조 발효(entry into force)조항에 따르면, 조세조약은 비준이 됨에 따라 발효되고, 국가들은 최대한 빨리 비준서를 교환하는데 동의해야 한다고 한다. 각 체약국은 조약을 비준하는 각국 내부의 절차를 충족시켜야 한다. 예를 들어, 많은 나라들은 정부가 협상한 조약이 발효되기 위해 입법부 동의를 받아야 한다. 일단 이러한 내부절차가 충족되면, 체약국들은 비준서를 교환하게 될 것이다. 일반적으로 제7조(사업소득)와 같이 사업연도를 기준으로 적용되는 조약 규정은 비준서가 교환된 후의 다음 해 1일부터 발효된다. 조약의 다른 조항들은, 예를 들어 배당, 이자, 사용료에 적용되는 원천지국의 원천세율과 관련 조항은, 조약의 다른 부분들보다 더 빨리 혹은 늦게 발효될 수도 있다. 게다가, OECD와 UN 모델조약의 특정 조항들은 소급 적용되기도 한다. 예를 들어, 정보교환요청이나 조세징수협조 요청은 조세조약이 발효되기 이전의 기간과 관련될 수도 있다. 이 경우 그러한 (정보교환 또는 조세징수협조) 요청은 조세조약이 발효된 이후에 이루어진다면 유효하다.

조세조약의 체약국들은 그 관계가 영원히 지속될 것이라고 생각하지만, 조세조약은 체결국의 요청에 따른 종료규정을 두고 있다. OECD 모델조약과 UN 모델조약 제31조(종료)에 따르면 일방체약국은 해당 연도 말일로부터 6개월 이전에 그 타방체약국에게 조약의 종료를 통보함으로써 일방적으로 다음 해부터 조세조약을 종결할 수 있다고 한다. 체약국들은 상호 동의만 한다면 언제든지 조세조약을 종료할 수 있는 것이 원칙이지만, 일부 조세조약들은 조세조약이 발효된 이후 최소기간 동안 존속된 이후에야 비로소 종료할 수 있도록 정하고 있기도 하다.

8.7.3 분배규정: 제6조부터 제21조까지

8.7.3.1 개 관

OECD와 UN 모델조약의 제6조부터 제21조까지는 다양한 소득의 종류에 대한 취급, 예를 들어 사업소득과 같은 광범위한 범주에서부터, 이사의 보수나 연금과 같은 좁은 범주의 소득까지 다룬다. 이 접근법은 특정한 금액이 조세조약상 어떤 범주의 소득으로 분류되어야 할 것인지의 충돌 문제를 필연적으로 야기한다. 이런 충돌을 「성질의 충돌(conflicts of qualification)」이라고 하는데 관련되는 조항의 개념 정의에 의해서 해결될 때가 적지 않다. 예를 들면, 제10조 제3항은 배당을 주식 또는 '채권이 아닌' 다른 권리들로부터 발생하는 소득이라고 정의하고, 제11조 제3항은 이자를 '모든 종류의 채권으로부터 발생하는 소득'이라고 정의한다. 결과적으로, 제10조와 제11조는 하나의 금액에 동시에 적용될 수 없다. 만약 그 금액이 채권으로부터 발생한다면 이자일 뿐이고 배당은 될 수 없다. 이러한 충돌은 조세조약의 특정한 조항에 의해 해결되기도 한다. 예를 들어, 제7조와 조세조약의 다른 조항이 동시에 적용될 때, OECD 모델조약 제7조 제4항과 UN 모델조약의 제7조 제6항은 다른 조항보다 우선 적용된다. 특정한 조항으로 해결되지 않는 경우도 있다. 어떤 소득이 제6조부터 제20조까지의 어떤 조항에도 해당하지 않을 경우에는 제21조의 기타소득으로 취급된다.

OECD와 UN 모델조약의 분배규칙은 놀라울 정도로 일관되게 기술되어 있다. 특정한 조항이 체약국의 "일방에서만 과세한다(shall be taxable only)"라는 표현을 사용하면, 이는 타방체약국은 같은 소득을 과세하지 못한다는 의미이다. 예를 들어서, 제8조 제1항에서 국제운수에서 선박 또는 항공 운행으로부터 발생하는 이익은 그 기업의 실질적인 관리장소가 소재한 "국가에서만 과세가능하다(shall be taxable only)." 반대로, 일방체약국에서 "과세될 수 있다(may be taxed)"라는 표현이 사용되는 경우, 이는 해당 소득이 그 국가에서 과세될 수 있다는 의미이지만, 타방체약국에서는 과세할 수 없다는 의미가 아니다. 즉, "과세할 수 있다"는 문구는 쌍방체약국 모두 조세조약하에서 그 금액에 관하여 과세할 권한이 있다는 의미이다. 이런 경우, 원천지국이 과세에서 우선권을 가지고, 제23조는 거주지국이 거주지국에서 과세할 때 그 소득에 관하여 과세를 면제하거나 원천지국에서 납부한 조세를 세액공제해 줌으로써 이중과세를 경감시켜 준다.

8.7.3.2 사업소득

OECD와 UN 모델조약은 사업소득을 몇 가지로 구분하고 있다. 예를 들어, 부동산(immovable property)으로부터 이익(profits), 국제 항공 및 선박운행(international shipping and air transportation)으로부터 이익, 그리고 연예·체육활동(entertainment and athletic activities)

으로부터 이익은 각각 제6조, 제8조, 제17조에서 다룬다. OECD와 UN 모델조약 제7조는 개별 규정에서 다루지 않은 사업소득에 관하여 적용된다. 제7조(사업소득)는 '일방체약국의 기업(enterprise)'은 타방체약국에서 수행한 사업에서 얻은 이익에 관하여 면세되도록 규정한다. 다만 그 사업이 타방체약국에 소재한 고정사업장(permanent establishment)을 통해 수행되고 그 이익이 고정사업장에 귀속되지 않는 경우에 한해서만 면세된다. 이러한 원천지국 과세권의 제한은 제2장에서 살펴본 바 있다. 고정사업장의 정의는 제5조(고정사업장)에서 언급되어 있는데, 아래에서 논의될 것이다. 제3조(일반적 정의)는 '일방체약국의 기업'을 일방체약국의 거주자(제4조)가 운영하는 기업으로 정의한다.

일방체약국 기업이 타방체약국에 고정사업장을 두고있다면, 그 기업은 고정사업장에 귀속되는 이익에 관하여만 타방체약국에서 과세된다. OECD와 UN 모델조약 제7조 제2항은 고정사업장의 이익은 고정사업장이 속한 기업의 다른 부분들과는 독립적으로 움직이는 분리된 별개의 실체라는 가정에 따라 결정되어야 한다고 규정한다. 제7조 제2항에서 규정하고 있는 가정의 효과는 제9조에 규정된 [특수관계기업(associated enterprises) 간에 적용되는] 이전가격 규칙이 고정사업장에 귀속되는 이익을 결정할 때에도 유추적으로 적용된다는 의미이다. 고정사업장에 귀속되는 이익을 결정할 때, 이전가격 규칙에 따른 정상가격을 적용하는 어려움은 아래 8.8.5에서 살펴본다.

OECD 모델조약 제7조는 소위 총괄주의 접근법(force-of-attraction approach)[10] — 이 방식에 따르면 납세의무자는 그 고정사

10) 고정사업장이 있는 이상 국내원천소득을 총괄적으로 고정사업장에 몰아 과세하는 제도를 말하며, 고정사업장과 무관한 별개의 활동에서 버는 소득이라도 국내에서 발생한 경우 과세하게 된다. 이와 달리 고정사업장과 무관한 소득은 별개로 하고, 고정사업장의 활동에 귀속되는 소득에 국한해서 과세

업장이 소재하는 국가에서 발생하는 모든 소득에 대해서 과세된다 — 을 채택하지 않는다. 제7조는 납세의무자가 한 국가에 고정사업장을 두고 있더라도, 고정사업장에 귀속되는 사업소득에 관해서만 해당 국가에서 과세될 뿐이다. 그 이외의 다른 소득은 조세조약의 다른 규정에 의해서 과세될 수는 있겠지만 제7조에 의해서는 과세될 수 없다.

UN 모델조약의 제7조 제1항은 고정사업장에 귀속되는 소득을 결정할 때 제한적인 총괄주의(limited force-of-attraction principle)를 사용한다. 이 원칙에 따르면 기업이 일방체약국에 고정사업장을 두고 있다면, 그 일방체약국은 고정사업장에 귀속되는 소득뿐만 아니라, 그 고정사업장을 통해 판매하는 것과 유사한 재화를 해당 국가에서 판매하여 얻는 이익이나 고정사업장을 통해 수행되는 활동과 유사한 사업활동을 해당 국가에서 영위해서 얻는 이익에 대하여도 과세할 수 있다. UN 모델의 제한적인 총괄주의 원칙은 제7조의 적용범위를 넓히고 조세회피 기회를 줄이는 것처럼 보이지만, 고정사업장과 관련 없는 소득을 고정사업장과 관련된 비거주자 법인에게 귀속시키는 방법으로 쉽게 적용을 피해갈 수 있다.

고정사업장의 정의

OECD와 UN 모델조약 제5조 제1항은 고정사업장을 "기업의 사업 활동이 전체적으로 또는 부분적으로 수행되는 고정된 사업의 장소"[11]라고 정의한다. 이 용어는 대부분의 조세조약에서 거의 동

하는 접근법을 '귀속주의(attribution approach)'라고 한다. 한국이 체결한 대부분의 조약은 귀속주의를 취하고 있으며, 현행 법인세법 및 소득세법도 국내사업장에 귀속하는 소득에 한하여 과세하도록 하여 귀속주의를 취하고 있다(법인세법 제98조 제1항, 소득세법 제156조 제1항. 상세는 이창희, 「국제조세법」, 제2판, 박영사, 2020, 439~447면).

11) 국내법상 고정사업장에 대응하는 개념은 국내사업장(법인세법 제94조 제1항, 소득세법 제120조 제1항)이다. 다만 조세조약상의 고정사업장은 그 유무에 따라 외국법인에 대한 과세권을 배분하는 것을 일차적 기능으로 함에 반

일한 형태로 사용된다.

체약국에 '고정된 사업의 장소(fixed place of business)'를 둔 기업은 그 장소를 특정한 지리적 위치에서 운영해야 하고, 그 위치에서의 활동은 일시적 기간(대개 6개월) 이상 계속되어야 한다. 그래서 합산하여 6개월 이상 한 국가의 여러 장소에서 사업을 하는 납세의무자는 그 나라에 고정사업장에서 말하는 사업상 고정된 장소(fixed place)를 두었다고 할 수 없다. 오일펌프장비와 같은 사업장비가 사용되는 장소는 그 장소에 법인의 대리인이 상주하지 않더라도 고정된 사업의 장소를 구성한다. 그러나 일부 국가는 사업의 장소가 고정사업장을 구성하기 위해서는 사람의 개입이 필요하다는 입장을 취하기도 한다.

OECD 및 UN 모델조약 제5조 주석에 따르면 지리적 관점에서 사업의 장소가 '고정된' 것이 되기 위해서는 반드시 지리적 그리고 상업적 일관성이 있어야 한다. 예를 들어 장터는 기업이 장터에서 정기적으로 사업을 운영한다면, 때때로 각각 다른 가판대를 사용한다고 하더라도 기업의 고정된 장소가 될 수 있다. 왜냐하면 그 장터는 지리적 그리고 상업적 일관성을 갖고 있기 때문이다. 반대로, 인테리어 디자이너가 넉 달간 대형빌딩의 한 층에 위치한 고객의 사무실에서 그 고객에게 서비스를 제공하고, 그 다음 넉 달간 같은 건물의 다른 층에 있는 다른 고객의 사무실에서 서비스를 제공한다면, 그 건물은 이 디자이너의 고정사업장이 될 수 없다. 그 건물은 지리적 일관성(빌딩은 고정된 장소가 있음)은 가지고 있지만, 그 디자이너가 일하는 사무실은 각각 다른 고객들이 임대한 것이므로

하여 국내법상의 국내사업장은 그 유무에 따라 외국법인 또는 비거주자의 소득을 순소득 기준으로 과세할 것인지 혹은 총소득 기준으로 과세할 것인지 나누는 것을 일차적 기능으로 한다는 점에서 두 개념은 본질적으로 차이가 있다. 그러나 실제로 실정법 차원에서는 두 개념의 표지에 차이가 없기 때문에 양자를 구별할 실익은 없다.

상업적 일관성은 없다. 마찬가지로, 만약 이 디자이너가 같은 사람이 소유하는 각각 다른 두 개의 건물에서 일한다면, 이러한 건물들은 디자이너의 고정사업장이 아니다. 왜냐하면 그 건물들은 상업적 일관성은 가지고 있지만 지리적 일관성(이 건물들은 서로 다른 고정된 장소이다)이 없기 때문이다. 그러나 복수의 건물들이 캠퍼스의 일부를 이루거나 단일한 장소(location)를 구성하는 업무 단지의 일부라면 지리적 일관성이 있을 수 있다.

기업이 어떤 부지를 '임의로 사용할 수만 있다면(at its disposal)' 부지를 빌렸는가 아니면 소유하고 있는가는 고정사업장에 해당하는지 여부를 판단할 때 중요하지 않다(OECD 주석 문단 11 참조). 납세의무자가 '임의로 사용할 수 있는(at its disposal)' 장소라는 개념은 문제의 소지가 있다. 납세의무자가 그 장소를 사용할 법적 권리를 가질 필요가 있다는 것은 명확해 보이지만, 어떤 장소를 6개월 이상 단순히 사용하는 것만으로는 고정사업장을 구성하는 데 충분하지 않는 것처럼 보인다. 예를 들어, OECD 주석에 따르면, 만약 기업에 고용된 판매원이 주문을 받기 위하여 고객의 사무실을 매일 방문하더라도 그 고객의 사무실은 기업이 임의로 사용할 수 있는 곳이 아니고 그렇기에 기업의 고정사업장도 아니다. 2017년판 OECD주석의 문단 12는 납세의무자가 고정된 장소를 임의로 사용할 수 있는지 여부는, 그 납세의무자가 그 장소를 사용할 수 있는 '실효적인 권한(effective power)'을 가지고 있는지, 그 장소에 납세의무자가 얼마나 상주하고 있는지, 그리고 그 장소에서 수행하는 활동의 성격에 달려있다는 것을 명확하게 하도록 개정되었다. 예를 들어, 납세의무자가 사용하지 않는 장소이거나, 그 장소에 출근할 수 있는 권리가 없는 장소는 납세의무자가 임의로 사용할 수 있는 장소로 볼 수 없다. 비슷하게, 납세의무자가 어떤 장소를 주기적으로 방문하지만 장기간 동안 일하지 않는다면, 그 장소는 납세의무자가 임의로 사용할 수 있는 장소가 아니다. 이런 측면에서, 주석에서는 하청업자가 소유하고 있는 공장의 예를 들고 있는데, 납세의무자는 자신을 위하여 재화를 생산하는 하청업자의 공장을 종종 방문할 수도 있지만 그 공장은 납세의무자가 임의로 사용할 수 있는 장소가 아니다.[12] 그러나 특수관계회사가 소유하고 있는 부지를 그 회사의 다른 관계회사 직원이 장기간 사용하도록 허락을 받아 실제로 사용하고 있다면 후자의 회사는 부지를 임의로 사용할 수 있다고 보아야 한다.

OECD 및 UN 모델조약은 건축현장이나 건설 또는 설비공사가 12개월(OECD 모델조약 제5조 제3항) 또는 6개월 이상[UN 모델조약 제5조 제3항(a)] 계속되는 경우에는 고정사업장을 구성하도록 규정한다.[13] 두 조항 모두 건설 또는 조립현장과 관련된 조립 및 감독활동에도 적용된다. 이러한 활동들은 UN 모델조약 제5조 제3항에는 명시되어 있으나, OECD 모델조약에서는 조약이 아닌 주석(제5조에 대한 주석 문단 50)에 포함되어 있다.

개발도상국은 조세조약을 체결할 때 UN 모델조약의 6개월 기준을 채택하는 것이 일반적이다(건설현장의 경우 훨씬 더 짧은 최소기간을 채택하기도 한다). 예를 들어서, 미국－인도 조세조약의 최소기간은 4개월을 선택하고 있다. 선진국간에 체결된 조세조약 중에는 최소기간을 일 년 이상으로 늘린 것도 있다. 예를 들어 미－일 조약은 24개월 기준을 선택한다.

OECD 및 UN 모델조약의 건설현장 조항은 간주조항(deeming

---

12) OECD 주석 제5조 문단 12.

13) 건설고정사업장에 관하여는 법인세법 제94조 제2항 제4호, 소득세법 제120조 제2항 제4호에 규정하고 있으며, 6개월 이상 존속기간을 규정하여 UN 모델조약과 유사하다. 한국이 체결한 조세조약상 건설고정사업장의 최소 존속기간은 183일부터 18개월까지 체약상대국에 따라 다양하다(이경근, 「국제조세 이해와 실무」, 제6판, 조세통람, 2020, 858~860면).

provisions)으로 오해되기도 한다. 그러나 이 조항은 건설현장이 고정사업장을 구성하기 위해서는 반드시 충족되어야 하는 추가적인 조건이라고 해석하는 것이 적절하다. 즉, 건설현장은 제5조 제1항에 따라 고정된 사업의 장소라는 조건을 만족시켜야 하고, 또한 12개월(OECD 기준) 또는 6개월(UN기준) 이상 지속되어야 한다. 그래서 한 국가의 각각 다른 장소에서 총합 12개월 이상 지속된 건설활동을 수반하는 프로젝트는 그 활동들이 각각의 장소에서 적어도 12개월 이상 지속되지 않았다면 고정사업장이 될 수 없다. 건설작업을 하고 있는 각각의 장소는 위에서 논의되었듯이 지리적 그리고 상업적 일관성이 있는 장소가 아닌 이상 별개의 장소로 취급되어야만 하기 때문이다.

고정사업장의 정의가 사업의 고정된 장소에 국한된다면, 그 정의는 매우 협소하고, 고정된 사업장을 통해서 수행될 필요가 없는 여러 가지 형태의 사업에는 적용되지 않을 것이다. 그래서 OECD와 UN 모델조약은 고정사업장의 정의를 기업을 위해서 활동하는 특정한 종속대리인(dependent agent)[14]을 포함하는 것으로 확장시켰다. 두 모델조약의 제5조 제5항은, 일방체약국의 거주자는 (흔히 종속대리인이라고 불리는) 어떤 인(人, person)이 타방체약국에서 상시적으로 계약을 체결하거나 일상적으로 — 거주자에 의한 실질적 내용 수정없이 — 체결되는 계약의 체결 과정에서 주도적인 역할을 하고 그 계약이 해당 거주자를 구속한다면 타방체약국에 고정사업

14) 한국은 법인세법 제94조 제3항, 소득세법 제120조 제3항에서 간주고정사업장 규정을 두고 있다. 이는 2018년 12월 세법 개정 시에 2017년 OECD 모델조약 제5조의 개정내용을 수용한 것으로, 법인세법 및 소득세법상의 종속대리인의 범위를 확대한 것이다. 법개정 전에는 종속대리인을 '비거주자·외국법인을 위하여 계약을 체결할 권한을 가지고 그 권한을 반복적으로 행사하는 자'로 한정하였으나, 개정 후에는 '계약체결권한이 없는 대리인이 계약 체결 과정에서 중요한 역할을 반복적으로 수행하고 비거주자·외국법인이 계약의 중요사항을 수정하지 아니하고 계약을 체결하는 경우'에도 종속대리인의 범위에 포함시키도록 규정하였다(이경근, 앞의 책. 863면).

장을 가진 것으로 간주한다. 종속대리인은 기업이 제공하는 용역에 대해서, 또는 기업이 소유권이나 사용권을 가진 재산을 사용할 수 있는 권리나 소유권을 이전하는 것에 대해서 '기업의 명의로(in the name of the enterprise)' 계약을 체결하여야 한다. 종속대리인은 원천지국에서 타방체약국 거주자인 기업을 대신해서 행동해야 하고, 이를 상시적으로, 즉 정기적 또는 반복적으로 해야 한다. '기업의 명의로(in the name of the enterprise)'라는 문구는 엄격하게 기업의 명의가 현출되어야 한다는 뜻으로 해석할 것은 아니고, 그 계약이 기업을 법적으로 구속하기만 하면 충분하다.

2017년 OECD와 UN 모델조약 개정 전에는 종속대리인 조항은 거주자 본인을 구속할 수 있는 계약을 체결할 권한을 가지고 상시적으로 행사하는 대리인에 한해 제한적으로 적용되었다. 그래서 예를 들어, 2008년의 캐나다 판례(*Knights of Columbus v The Queen*, 2008 TCC307)에서 캐나다 조세법원은 캐나다에 200명 이상의 대리인(agent)을 두고 활동하고 있는 미국 거주자인 보험회사에 대해서 캐나다에 고정사업장이 없다고 판결을 내렸다. 캐나다의 대리인들이 미국회사를 대리하여 계약을 체결하지는 않았기 때문이었다. 캐나다의 대리인들은 고객을 찾고, 다양한 보험상품을 소개하고, 보험가입을 권유했지만, 보험계약의 인수와 승인(거의 90% 이상은 대부분 승인되었다)은 미국회사(Knights of Columbus)의 본사에서 이루어졌다. 개정된 OECD와 UN 모델조약 제5조 제5항에 따르면, 위 사안에서 캐나다 대리인들이 계약의 체결에 지배적인 역할을 했고 미국회사는 그 계약의 내용을 수정하지 않았기 때문에 미국회사는 캐나다에서 고정사업장을 가졌다고 간주할 수 있다.

제5조 제5항의 간주고정사업장 규정은 기업을 대신해서 활동하는 인(人)이 일상적인 사업의 과정에서 활동하는 독립대리인(independent agent)의 지위에 있다면 적용되지 않는다(OECD 모델

조약 제5조 제6항, UN 모델조약 제5조 제7항).[15] 그렇지만 대리인이 '밀접하게 관련된(closely related)' 인(人)을 대신해서 독점적으로 또는 거의 독점적으로 활동할 경우, 이 대리인은 독립대리인으로 볼 수 없다. 이를 위해서, OECD 모델조약 제5조 제8항과 UN 모델조약 제5조 제7항은 기업과 밀접하게 관련이 있다는 것은, 모든 관련사실과 상황을 고려하여 판단할 때, 일방이 타방을 지배하거나, 쌍방 모두를 제3자인 다른 인(人) 또는 기업이 지배하는 경우를 말한다고 설명한다. 그렇지만, 일방이 타방의 수익적 지분(beneficial interest)의 50% 이상을 직·간접적으로 보유하고 있거나, 제3자가 쌍방의 수익적 지분을 50% 이상 직·간접적으로 보유하고 있다면 자동적으로 밀접하게 관련된 것으로 간주한다. 회사(company)와 관련해서 수익적 지분은 총의결권 및 주식가치(the aggregate vote and value) 또는 수익적 출자지분(beneficial equity interest)의 50% 이상을 의미한다. 회사 주식의 '총의결권 및 주식가치(the aggregate vote and value)'나 회사의 '수익적 출자지분(beneficial equity interest)'이 정확하게 어떤 의미인지는 명확하지 않고 주석에도 밝혀져 있지 않다.

독립대리인인지 여부는 사실관계와 상황에 따라 다르고 특히 기업에 대한 관계에서 부담하는 의무의 정도에 따라서 다르다. OECD 모델조약 제5조 제6항에 관한 주석(문단 104)은 기업을 대신하여 하는 대리인의 활동이 '구체적 지시사항(detailed instructions)'에 따라야 하는 것인지 아니면 '포괄적인 통제'에 따라야 하는 것인지에 따라 다르고 만약 대리인이 사업상의 위험(entrepreneurial risk)을 지지 않거나 거의 지지 않는다면 독립대리인으로 볼 수 없다고 한다. 그래서 피용자들은 대부분은 종속대리인이고, 이와 유사한 수준의 통제를 받는 인(人)도 대부분의 상황에서 종속대리인으로

15) 아직 이 조항에 대응하는 우리 세법상의 규정은 없다(이경근, 앞의 책, 915면).

간주된다.

UN 모델조약의 대리인규칙은 OECD 규정보다 조금 더 광범위하다. UN 모델조약에서는 기업을 대신해서, 배달을 하는 장소에서 재화를 상시적으로 보관하는 종속대리인의 경우까지도 고정사업장에 해당할 수 있다.

많은 다국적기업들은 **중간 판매업자 계약**(commissionaire arrangement)을 고정사업장을 회피하기 위해 사용해왔다. 이 중간 판매업자 계약은 민법에서 인정되는 법적 관계로, 판매업자는 타인의 명의로 또는 그를 위해서 계약을 체결하지만, 계약이 그 타인을 법적으로 구속하지는 않는다. 따라서 다국적기업들은 저세율국가에 소재한 계열사가 고세율국가에 소재한 계열사를 중간 판매업자로 삼아 고세율국가의 고객들에게 제품을 판매하도록 사업을 구조화할 수 있다. 중간 판매업자는 제품을 소유하지 않고, 고객과 체결한 계약은 제품을 소유한 계열사를 법적으로 구속하지도 않는다. 결과적으로 중간 판매업자로 활동하는 고세율국가의 계열사는 이러한 활동에서 낮은 수준의 이익을 얻고 이 이익은 거주지국인 고세율국가에서 과세된다. 반면 저세율국의 계열사는 제품 판매로부터 발생하는 대부분의 이익을 얻지만, 고세율국가에 고정사업장이 없기 때문에 고세율국가에서는 과세되지 않는다.

델(Dell) 컴퓨터사는 일부 유럽국가의 고세율 과세를 회피하기 위하여 이러한 형태의 중간 판매업자 계약을 이용했었다. 아일랜드에서 설립된 델(Dell)사는 노르웨이에 계열사를 설립하고 노르웨이에 있는 고객들에게 컴퓨터를 재판매했다. 노르웨이 대법원은 아일랜드 델(Dell)사가 노르웨이에 고정사업장이 없다고 판시했다[*Dell Products v. The State*, December 2, 2011 (*Tax East*), HR−2011−02245−A (Case No. 2011.755), Tax Treaty Case Law IBFD 참조)]. 프랑스 국사원(Conseil d'Etat)은 Zimmer Case에서 이와 동일한 결론을 내렸다

(*Société Zimmer Limited*, March 31, 2010, Case No. 304715/No. 308525, Tax Treaty Case Law IBFD 참조).

2017년 OECD와 UN 모델조약의 개정 이후에, 전형적인 중간 판매업자 계약은 제5조 제5항의 규율 대상이 되었다. 중간 판매업자가 체결한 계약은 법적으로 본인을 구속하지 않지만 중간 판매업자는 본인이 소유하는 재화의 판매를 위해서 계약의 중요한 요소를 협상하고(즉, 중간 판매자는 계약을 체결하는 과정에서 지배적인 역할을 한다) 밀접하게 관련 있는 기업과 독점적으로 또는 거의 독점적으로 거래하기 때문에 독립대리인은 될 수 없기 때문이다.

OECD와 UN 모델조약의 각 제5조 제5항에 규정된 간주대리인 고정사업장 규정은 그 대리인의 활동이 아래 논의될 예외적 활동(예비적·보조적 활동, 제5조 제4항)에 국한될 경우에는 적용되지 않는다.

UN 모델조약의 제5조 제6항은 일방체약국에서 보험의 판매와 관계된 기업은 해당 체약국에서 보험료를 징수하거나 해당 국가에서 발생하는 위험을 보장하는 경우 그 국가에서 고정사업장을 가진 것으로 간주하도록 규정한다. 그러나 이러한 행위가 독립대리인의 일상적인 사업활동의 일부라면 이 조항이 적용되지 않는다.

UN 모델조약의 제5조 제3항 (b)는 기업이 체약국에서 고용인 또는 다른 인적자원을 통해 12개월 동안 183일 이상 용역을 제공하는 경우 고정사업장이 있는 것으로 간주한다. 2017년 UN 모델조약 개정 전의 제5조 제3항 (b)는 이러한 용역이 동일한 또는 연계된 프로젝트에 제공되어야 하는 것이어야 했고, 이는 조항의 적용범위를 상당히 제한하고 있었다. 이 요건은 2017년 개정시에 삭제되었다. OECD 모델조약은 UN 모델조약의 제5조 제3항 (b)와 유사한 규정을 두고 있지 않다. 그렇지만, OECD 주석은 각국에서 채택할 수 있는 대안으로 용역 고정사업장 조항(services PE provision)을 두고 있다(OECD 제5조 주석 문단 144 참조).

UN 모델조약은 독립적 인적용역의 수행으로 인하여 발생한 소득을 제7조가 아닌 제14조로 과세한다. OECD 모델조약도 2000년에 제14조를 삭제하기 전까지 이런 접근법을 사용했었다. 독립적 인적용역에 대한 과세는 아래 8.7.3.3에서 논의한다.

OECD와 UN 모델조약 제5조 제4항은 특정한 예비적 또는 보조적 활동을 위해 독점적으로 사용되는 고정된 사업장소를 고정사업장의 정의에서 제외하도록 한다. 두 모델조약은 다음과 같은 활동을 위해서만 사용되는 법인의 고정된 사업장소는 그 활동들이 성실상 예비적이거나 보조적이라면 활동이 단독으로 이루어지건 혹은 함께 이루어지건 간에 고정사업장으로 간주하지 않는다.[16)]

- 기업 소유 재화의 보관 또는 전시
- 기업이 보관 또는 전시 또는 다른 기업에 의한 가공을 위하여 소유하는 재화의 재고 관리
- 기업을 위한 재화 구매 또는 정보 수집
- 그 밖의 예비적 또는 보조적 성격의 활동

OECD 모델의 제5조 제4항은 기업이 소유한 재화의 배송을 위해서만 사용되는 고정된 사업장소에도 적용된다. 따라서 어떤 기업이 특정 국가에서 그 기업 소유의 재화를 보관하고, 고객에게 배달하기 위해서 창고를 소유하거나 임대하는 경우 그 창고는 고정사업장이 아니다. 반대로, UN 모델조약에서는 재화의 배달은 예외적 활동이 아니기 때문에 창고는 고정사업장이 된다(두 모델조약 모두 창고가 다른 기업이 소유한 재화를 보관하는데 사용된다면 고정사업장이 된다는 점에 유의해야 한다).

2017년 개정시, 제5조 제4항은 위에 열거된 활동들이 진정으로

---

16) 법인세법 제94조 제4항, 소득세법 제120조 제4항도 같은 취지의 규정을 두고 있다.

예비적 또는 보조적인 경우에만 고정사업장의 범위에서 제외될 수 있다는 것을 확실히 할 수 있도록 개정되었다.[17] 따라서 기업이 소유하고 있는 창고가 온라인 쇼핑사이트를 통해 판매되는 재화의 보관을 위해 사용된다면 비록 그 활동이 보관과 배달에 국한되더라도 고정사업장으로 간주되게 되었다.

OECD 모델조약 제5조 제7항과 UN 모델조약 제5조 제8항에 따르면, 특정한 국가를 거주지국으로 하고 해당 국가에서 사업을 수행하는 자회사는 모회사가 그 자회사를 지배한다는 이유만으로 모회사의 고정사업장을 구성하지는 않는다. 마찬가지로, 모회사도 그 자회사의 고정사업장이 아니다. 따라서 A국의 거주자인 회사가 B국의 거주자로서 사업을 수행하는 자회사를 소유한 경우, 모회사로서 자회사를 지배하고 있다는 이유만으로 그 회사가 B국에 고정사업장을 가진 것은 아니다. 그러나 만약 자회사가 상시적으로 모회사에 대하여 구속력이 있는 계약을 체결하고, 자회사가 소유하거나 임차한 설비를 모회사가 임의로 6개월 이상 사용한다면 B국에 고정사업장을 둔 것으로 볼 수 있다. OECD와 UN 모델조약의 주석은 다국적기업과 관련해서, 고정사업장이 존재하는지에 대한 결정은 기업집단 내의 각 회사를 개별적으로 판단해야 한다고 한다. 즉, 계열사 중 하나가 특정 국가에 고정사업장을 두고 있다고 하여 다른 계열사가 그 국가에 고정사업장을 두고 있는 것으로 볼 수는 없다는 의미이다.

어떤 기업이 한 국가에서 디지털 재화 또는 용역을 판매할 경우 그 기업이 그 체약국에 고정사업장을 두고 있는 것인지 여부를

---

17) 한국도 2018년 세법개정시 국내사업장에서 제외되는 특정 활동 장소 요건을 강화하여 해당 장소에서 수행되는 활동이 예비적·보조적 성격인 경우로 한정하고, 예비적·보조적 성격이라도 특정 요건 해당시에는 이를 배제하도록 하여 국내사업장 예외의 남용방지규정을 마련하였다(법인세법 제94조 제4항, 제5항, 같은 법 시행령 제133조 제3항; 소득세법 제120조 제4항, 제5항, 같은 법 시행령 제180조 제2항).

결정하는 것과 관련해서는 많은 문제점이 발생한다. 이 문제는 제9장 9.6에서 설명한다.

국제해운항공운송[18]

OECD 모델조약 제8조와 UN 모델조약 제8조(대안 A)는 국제운수에서 배 또는 항공기의 운항에 의해 일방체약국 거주자인 기업에게 발생된 소득은 해당 일방체약국, 즉 거주지국만 과세하도록 규정하고 있다.[19] 제8조의 목적상 '국제운송(international traffic)'의 정의[제3조 제1항(e)]는 굉장히 광범위하고, 국내에서의 화물과 승객의 이동을 제외한 모든 종류의 운송을 포함한다.

UN 모델조약의 제8조(대안B)는 거주지국이 선박운항(항공운항은 제외한다) 활동으로부터 발생하는 소득에 대해서, 그러한 활동이 '비정기적인 것 이상(more than casual)'인 경우에 과세할 수 있다. 주석에 따르면, 비정기적인 것 이상이라는 의미는 화물을 싣거나 승객을 태우기 위해서 계획에 따른 운항을 하는 것을 말한다.

연예 및 체육 활동으로 인한 소득

OECD와 UN 모델조약 제17조에 따르면, 일방체약국 거주자인 연예인 또는 운동선수가 타방체약국에서 연예 또는 체육 활동을 통해 얻은 소득은 별다른 제한없이 타방체약국도 과세할 수 있다. 따라서 타방체약국은 연예인 또는 운동선수가 자국에 단기간 동안만 있었다고 하더라도 그가 받은 총금액에 대해서 제한세율을 적

18) 법인세법이나 소득세법은 국제해운항공소득을 별도로 규정하고 있지 않기 때문에 조세조약이 체결되어 있지 않은 경우에는 사업소득에 관한 규정(법인세법 제93조 제5호; 소득세법 제5호)이 적용될 것이다. 다만 두 모델조약이 규율하는 국제해운항공운수소득에는 국제해운항공운수와 관련하여 발생하는 부수적 소득이 포함되므로 법인세법 제93조 제4호, 소득세법 제119조 제4호도 적용될 수 있다.

19) 이 부분은 원저의 내용이 2017년 OECD 모델조세조약의 개정 부분을 반영하지 못하고 있어서 역자들이 저자의 동의를 얻어 2017년 개정된 OECD 모델조세조약의 내용대로 수정하여 기술하였다.

용하지 않고 과세할 권한이 있다.

제17조는 제7조, 즉 원천지국은 비거주자가 원천지국에 고정사업장을 갖고, 그 순익이 고정사업장에 귀속되는 경우에만 비거주자 사업소득을 과세할 수 있다는 조항과 완전히 반대된다. 제17조를 일정한 원리로 정당화하기는 어렵다. 일부 연예인과 운동선수는 상대적으로 단기간에 큰 돈을 벌 수 있고, 국가는 그 돈 중 그 국가의 몫을 원한다. 그러나 컨설턴트나 유명인들과 같은, 다른 형태의 납세의무자들도 상대적으로 짧은 기간에 상당한 돈을 받지만, 그 나라에 고정사업장이나 고정된 기반이 없다면 (제7조가 적용되기 때문에) 과세할 수 없다. 또한, 그다지 많지 않은 돈을 버는 연예인이나 운동선수들도 많지만 제17조에 따르면, 그들이 활동을 하는 국가는 어떠한 제한도 없이 과세할 수 있다.

제17조 제2항은 연예인이나 운동선수가 한 국가에서 얻은 연예 또는 체육 활동으로부터 인한 소득을 다른 인(人)에게 맡기더라도 과세를 피할 수 없도록 하는 조세회피방지규정을 담고 있다. 예를 들어, 어떤 연예인이 한 국가에서 인적용역 회사의 피용자로서 연예활동을 수행하는 경우 대부분의 소득이 연예인이 아니라 그 인적용역 회사에 의해 발생하게 된다. 제17조 제2항은 연예인과 그 용역회사 모두에 대하여 과세할 수 있도록 하고 있다.

임대소득(Leasing Income)

1992년 이전에는 장비임대로부터 발생하는 임대소득은 OECD 모델조약 제12조의 사용료의 정의에 포함되어 있었다. 1992년 이후부터 그러한 임대소득은 OECD 모델조약의 제7조 사업소득에 포함되어 과세가 되도록 개정되었다. 따라서 임대소득은 원천지국에 고정사업장이 있고 고정사업장에 귀속될 경우에만 과세할 수 있다. 반대로, UN 모델조약 제12조는 임대소득을 사용료로서 원천지국이 과세할 수 있도록 규정하고 있다. 그래서 상업적, 과학적 또는 산업장비의 임대로부터 발생하는 소득은 원천지국에 고정사업장이 없더라도 총임대소득 중 합의된 세율로 원천지국이 과세할 수 있다. 납세의무자가 원천지국에 고정사업장을 두고 있고, 임대장비가 실질적으로 고정사업장과 관련되어 있다면, 그때는 제7조를 적용한다.

한 국가에 소재한 부동산으로부터 발생한 임대료는 납세의무자가 고정사업장을 두고 있는지 여부와 무관하게 OECD와 UN 모델조약 제6조에 따라 부동산 소재지국이 과세권을 가진다. 예를 들어 아파트를 임대하면서 발생한 소득은 그 건물이 소재한 체약국에서 과세할 수 있다. 제6조는 아래 8.7.3.4에서 살펴본다.

8.7.3.3 근로소득과 인적용역 소득(Employment and Personal Services Income)

OECD와 UN 모델조약의 여러 조항들이 다양한 종류의 용역소득을 다루고 있다. 이 조항들은 많은 차이가 있으므로, 다양한 형태의 용역을 구분 짓는 것은 중요하다. 예를 들어, 고용으로 인한 소득 과세에 대한 기본규칙은 제15조에서 규정하고 있다. 그러나 다른 종류의 근로소득 — 예를 들어 연예 및 운동선수 활동, 이사의 보수, 최고 관리자의 보수, 연금, 공무(公務)로부터 발생한 소득 — 은 특별한 규칙을 따른다.

구체적인 사안에서 제15조 근로소득조항과, 제7조(UN 모델은 제14조) 독립적 인적용역 조항 중 어떤 것을 적용할 것인지 결정하기 위해서 근로소득과 독립적 인적용역(independent personal services) 소득을 구분할 필요가 있을 때가 있다. 두 규정이 상당히 다르기 때문에 양자를 구분하는 것은 상당히 중요하다. 예를 들어, 타방체약국 거주자인 기업이 고용한 일방체약국의 거주자가 그 타방체약국에서 이행한 고용활동에서 발생한 소득에 관하여는 그 타방체약국이 과세할 수 있다. 반대로, 그 개인이 독립적인 계약자(independent contractor)라면, 그는 타방체약국에 정규적으로 사용가능한 고정시설 또는 고정사업장이 있거나, 183일 이상 체류한 경우에만 타방체약국이 과세할 수 있다.

UN 모델조약 제14조(독립적 인적용역)에 따르면, 일방체약국의 거주자가 타방체약국에서 "전문직업적 용역 또는 그 밖에 독립적인 성격의 행위"를 수행하는 경우 그가 정규적으로 이용 가능한 '고정시설(fixed base)'이 있거나, 타방체약국에 12개월 동안 183일 이상 체류하지 않는 이상은 타방체약국은 과세할 수 없다. '전문직업적 용역'이란 독립적인 과학, 문학, 예술, 교육 그리고 교수활동뿐만 아니라 과학자, 변호사, 엔지니어, 건축가, 치과의사 그리고 회계사가 제공하는 서비스를 포함한다. OECD 모델조약의 제14조 독립적 인적용역 조항은 2000년에 삭제되었다. OECD 모델조약의 이러한 개정으로 일방체약국에서 독립적 인적용역을 제공하는 개인이나 회사는 그 국가에 고정사업장이 있고, 이러한 소득이 고정사업장에 귀속될 경우에만 과세가능하게 되었다.

UN 모델조약 제14조 그리고 OECD 모델조약의 2000년 이전 버전의 제14조에서 고정시설(fixed base)의 개념은 제5조 고정사업장의 정의상 '고정된 사업장소'라는 개념과 유사한 것이었다. 그러나 제5조에 규정되어 있는 간주대리인 고정사업장 및 예비적·보조적 활동을 제외하는 규정은 제14조의 고정시설(fixed base)이 존재하는지 여부를 결정하는 데에는 적용되지 않는다.

OECD 및 UN 모델조약 제15조(종속적 인적용역)에 따라서 일방체약국에서 고용으로 인해 발생한 소득은 그 근로자가 그 일방체약국에 고정시설이 있는지 여부와 상관없이 과세가능하다. 그러나 만약 근로자가 원천지국에 고정사업장이 없는 비거주자인 고용인으로부터 소득을 수취하고, 그 근로자가 원천지국에서 12개월간 183일을 초과하여 체류하지 않는다면, 그 고용소득은 (독립적 인적

용역이기 때문에) 원천지국에서 과세되지 않는다.

전문직업인과 고용인에 대한 원천지국 과세의 제한은 연예인과 운동선수(OECD와 UN 모델 제17조)에게는 대부분 적용되지 않는다. 거주자인 법인의 이사로서 지급받는 비거주자의 보수(OECD와 UN 모델조약 제16조) 그리고 거주자인 법인의 최고 경영자로서 받는 보수(UN 모델조약 제16조)에도 이러한 제한은 적용되지 않는다. 제16조를 적용할 때 이사 또는 최고경영자의 소득이 법인의 거주지국에서 수행한 용역에서 발생한 것인지 여부는 중요하지 않다.

이런 예외 외에도, 일방체약국 정부를 위해 용역을 제공하는 개인에 대하여는 오직 그 일방체약국만 과세할 수 있다(OECD 및 UN 모델조약 제19조). 정부 외교공관의 일원으로서 외국에서 근무하는 외교관과 영사직원은 특별협정 또는 국제법 원칙에 따라 과세가 면제된다. 조세조약은 이러한 면제조항에 영향을 미치지 않는다(OECD 및 UN 모델조약의 제27조 참조).

OECD 모델조약 제18조에 따르면, 과거 근로관계의 대가로 연금을 받는 개인에 대하여는 일반적으로 거주지국인 체약국만 과세할 수 있다. 반대로, UN 모델조약은 연금납부자의 거주지국이 과세권을 행사하는데 약간의 제한을 두고 있다. 정부연금은 연금수급자가 타방체약국의 거주자이며 국적자인 경우가 아닌 이상 일반적으로 연금을 지급하는 일방체약국이 과세할 수 있다(OECD 및 UN 모델조약 제19조 제2항 참조).

교육 훈련 목적으로 일방체약국을 방문한 학생과 특정 견습생 혹은 실습생이 타방체약국 거주자로부터 수취하는 생계유지, 교육, 훈련비에 대해서는 일방체약국이 과세하지 않는다(OECD와 UN 모델조약 제20조). 일부 조세조약은 교환교수와 교사에 대한 상호면세 규정을 두고 있다.

8.7.3.4 부동산(immovable property)으로부터 발생한 소득

대부분의 국가들은 부동산 양도와 임대소득 그리고 그들 국가 내에서의 천연자원 추출로 발생한 소득에 대해서 과세할 수 있는 권한을 갖고자 한다. 이를 반영해서 OECD와 UN 모델조약 제6조는 부동산 소재지국이 부동산과 관련된 소득을 과세하도록 한다. '부동산'의 개념은 그 자산이 소재한 국가의 법에 따라 결정된다. 부동산은 가축과 농림업에 사용되는 설비, 광산자원 및 그 밖의 자연자원에 관한 권리 등을 포함한다. OECD와 UN 모델조약 제13조는 부동산의 처분으로 발생한 소득을 원천지국이 과세하도록 한다.

원천지국이 부동산소득과 부동산 양도소득 모두를 과세할 수 있기 때문에 부동산의 처분으로 인한 이익이 소득(income)인지 아니면 자본이익(양도소득, capital gain)인지 구분하는 것은 모델조약의 적용목적상 큰 문제가 되지 않는다. 이러한 구분문제는 국내법의 문제로 남겨져 있다.[20] 부동산 외에 자산으로부터 발생한 소득과 자본이익에 관한 접근방식은 OECD와 UN 모델조약이 모두 동일하다.

OECD와 UN 모델조약 제13조 제4항은 회사, 파트너십 또는 다른 법인체(entity)의 지분 양도로 인한 이익은 그 회사, 파트너십, 또는 법인체의 가치가 주로 부동산에서 기인한다면 그 부동산의 소재지국이 그 양도소득에 관하여 과세할 수 있도록 규정하고 있다. 이 조항은 납세의무자가 부동산을 피지배회사, 파트너십 또는 다른 법인체에 이전하고 이들에 대한 지분을 판매함으로써 조세조약상 원천지국에서 면세가 될 수 있는데, 이런 방식으로 부동산 양도소득에 대한 원천지국 과세를 회피하는 행위를 방지하기 위해서 만

---

20) 법인세법 제93조 제3호, 소득세법 제119조 제3호는 각각 국내원천 부동산소득을, 법인세법 제93조 제7호, 소득세법 제119조 제9호는 각각 국내원천 부동산등 양도소득을 규정하고 있다.

들어졌다.

8.7.3.5 특정 투자소득에 대한 감면 원천세율

대부분 조세조약의 주요 목적은 타방체약국 거주자에게 지급되는 배당, 이자, 사용료에 대한 원천지국의 원천세율을 감면시키는 것이다. 감면세율을 적용하는 목적은 원천지국과 거주지국 간의 조세수입의 배분에 있다.

OECD 모델조약은 원천지국이 부과하는 원천세율은 아래 표에서와 같이 제한되어야 한다고 한다.

〈표 8.1〉 OECD 모델조약에서 승인하는 최대 원천세율

	상당한 지분을 보유한 법인에게 지급되는 배당	그 밖의 인(人)에게 지급되는 배당	이자	사용료
최대세율	5%	15%	10%	0%

근거: OECD 모델조약, 제10조(배당), 제11조(이자), 제12조(사용료)

OECD 모델조약에서 제안된 최대세율은, 특히 사용료 0%는, 대부분의 개발도상국과 다수의 선진국에서 수용할 수가 없다. UN 모델조약은 원천세율에 대한 구체적 제한이 없고, 체약국 간의 협상에 달려 있다. 대부분의 개발도상국이 체결하는 조세조약은 OECD 모델조약에서 제안한 것보다 훨씬 큰 수준의 원천세율을 허용한다. 예를 들어, 드물기는 하지만, 개발도상국은 사용료에 관하여 15%이하의 최대 원천징수세율을 규정하는 예도 있다.

많은 조세조약은 OECD 모델조약에서 제안된 단순한 형태보다는 좀 더 정교한 원천세율 제한을 규정한다. 예로써, 산업사용료, 문학작품에 관한 저작권과 관련된 사용료, 영화 상영에 지급하는 사용료 각각에 별도의 제한세율을 부과하는 경우도 종종 있다.

OECD와 UN 모델조약의 제10조, 제11조, 제12조의 배당, 이자, 사용료 과세 규정은 제7조 사업소득 과세에 대한 규정보다 각각 우선 적용된다. 예를 들어, 제11조에 따르면, 일방체약국 거주자가 타방체약국 거주자에게 지급하는 이자는 그 이자가 타방체약국 거주자의 사업소득이라고 하더라도 일방체약국에서 과세한다. 그러나 타방체약국 거주자가 일방체약국에 고정사업장을 가지고 있고, 부채가 실질적으로 그 고정사업장과 관련되어 있다면 일방체약국은 그 이자에 관하여 제11조(이자소득)가 아니라 제7조(사업소득)를 적용하여 과세할 수 있다(OECD 모델 제7조 제4항, 제11조 제4항, UN 모델 제7조 제6항, 제11조 제4항 참조). OECD와 UN 모델조약 제10조 제4항, 제11조 제4항, 제12조 제4항은 '회귀규칙(throwback rules)'이라고 한다. 왜냐하면, 우선은 사업소득을 구성하는 배당, 이자, 사용료에 대하여 제7조가 적용된다. 그리고 제7조는 제10조, 제11조, 제12조에 우선권을 주어 이들 조항들을 적용하게 하지만 다시 이 조항들에 의해서 제7조가 최종적으로 적용되기 때문이다.

배당, 이자, 사용료를 수취하는 자는 그 자가 일방 체약국의 거주자이면서 그 배당, 이자, 사용료의 수익적 소유자(beneficial owner)인 경우에만 OECD와 UN 모델조약 제10조, 제11조, 제12조 상의 제한세율의 혜택을 각각 받을 수 있다. 수익적 소유자의 요건에 대해서는 8.8.2.2에서 서술한다. OECD 모델조약 제10조 제2항은 일방체약국의 법인거주자가 타방 체약국의 법인거주자로부터 받은 배당에 대해서 수취자가 배당일 이전 365일 내내 배당지급회사 자본 25% 이상을 보유한 경우 최대 5%의 제한세율을 규정하고 있다. UN 모델조약 제10조 제2항도 제한세율이 양 체약국의 협상에 따라 결정된다는 것을 제외하고는 유사하다.

8.7.3.6 기타소득

대부분 조세조약은 체약국들이 위에서 논의되었던 소득 이외에 거주자가 발생시킨 기타소득에 대한 과세에 제한을 두지 않는다[OECD와 UN 모델조약의 제1조 제3항 유보조항을 참조하기 바란다. 이 조항들에 따르면 일정 조건을 충족하면, 모델조약의 규정은 일방체약국(즉, 거주지국)이 거주자를 과세하는데 영향을 미치지 않는다고 한다. 제1조 제3항은 제3장에서 서술된다]. OECD와 UN 모델조약 제13조는 일반적으로, 원천지국에 있는 고정사업장 자산의 처분, 원천지국에 소재한 부동산의 처분, 국제항공운항에 사용된 선박과 항공기의 처분, 원천지국에 소재한 부동산으로부터 법인, 파트너십, 그 밖의 법인체의 가치가 결정되는 경우 그 지분의 처분 등 이외의 자본이익은 거주지국만 과세할 수 있다고 규정한다. UN 모델조약의 제13조 제5항에 따르면 회사나 그 밖의 법인체의 거주지국은 회사나 그 밖의 법인체의 상당한 지분의 처분으로 인한 이익에 관하여 과세할 수 있다.

OECD 모델조약 제21조(기타소득)의 나머지 규정은 조세조약의 다른 부분에서 언급되지 않은 소득항목은 거주지국만 과세할 수 있다고 규정하고 있다. 반대로, UN 모델조약 제21조는 원천지국에서 발생한 기타소득은 원천지국이 과세하도록 한다. OECD 모델조약 제21조는 금융상품에서 발생한 소득과 관련해서 중요하다. OECD 모델조약을 따르는 조세조약의 경우 전통적인 소득형태와 유사하지만, 계약상 합의에 따라서 조약에서 규정되지 않는 소득의 형태로 수정된 다양한 소득항목에 관하여는 원천지국이 과세할 수 없다.

8.7.4 행정협조(Administrative Cooperation)

OECD와 UN 모델조약의 일부 조항은 체약국 간의 행정협조를 촉진하기 위한 것이다. OECD와 UN 모델조약 제24조(차별금지)는 각 체약국에게 불공정하게 상대방 체약국의 거주자와 국민을 차별하지 말 것을 요구한다. 비록 차별금지가 가치 있는 목적이기는 하지만 쉽게 달성되지는 않는다. 차별금지규정 관련 쟁점들은 8.8.1에서 논의한다.

OECD와 UN 모델조약 제25조(상호합의)는 체약국 조세체계의 상호작용 또는 조세조약 운용 자체로부터 발생하는 분쟁을 해결하는 도구가 된다. 조세분쟁의 중재를 포함한 상호합의 절차는 아래 8.8.3에서 논의한다.

실제로 모든 조세조약은 조세조약 및 국내 조세체계의 집행에서 체약국이 서로 협력하도록 한다. OECD와 UN 모델조약의 제26조(정보교환)는 "본 조약 조항 또는 본 조약 대상 조세에 관한 체약국 국내법의 적용을 위해서 관련되는 것으로 보이는 정보"를 교환하도록 제안한다. OECD와 UN 모델조약에 최근 추가된 제27조(조세징수공조)는 조세징수와 집행을 위한 상호공조를 제시한다. 정보교환과 상호공조는 아래 8.8.4에서 다룰 것이다.

8.8 특수한 조세조약 문제

8.8.1 차별금지(Nondiscrimination)

일반적으로, 한 국가의 과세권에는 법적 제한이 없고 결과적으로 국가는 거주자보다 비거주자에게 좀 더 과도하게 과세하려고 할 수 있다. 그러나 실제로 대부분의 국가는 비거주자를 거주자와 동일하게 또는 더 유리하게 과세한다. 아마도 비거주자를 불평등하게 취급하기 어려운 이유는 상대국의 보복가능성과 비거주자들의 투자를 유치할 필요성 때문일 것이다.

조세조약상 차별과 관련하여 가장 중요한 법적 보호조치는 양자조약의 차별금지조항이다. GATT와 GATS, 그리고 다른 투자무역협정의 차별금지 조항은 대체로 조세상의 차별은 양자간 조세조약에 따라서 이루어져야 한다고 규정한다. OECD와 UN 모델조약 제24조는 체약국들이 상대방 체약국의 국적자나 거주자에게 자국 국적자나 거주자에게 부과되는 세액보다 덜 유리하거나 더 불리하게 과세하는 것을 금지하고 있다. 조세조약은 차별 또는 차별금지의 의미를 별도로 정의하지 않는다. 그러나 일반적으로 차별은 불합리하거나, 부적절하거나, 자의적인 근거에 따라서 불리하게 구별짓는 것을 의미한다. 반대로, 차별금지는 평등한(기능적으로 동등한) 또는 중립적인 취급을 의미한다. 차별금지 사안에 있어서, 결정적인 쟁점은 비교할 수 있는 정확한 상황을 결정하는 것이다.

OECD와 UN 모델조약 제24조는 외국국적자와 비거주자를 몇 가지 측면에서 차별하지 못하도록 규정하고 있다.

(1) 제24조 제1항은 국적(nationality)에 근거한 차별을 금지한다. 대부분의 국가는 개인을 국적에 따라 과세하지는 않기 때문에(미국은 그 중요한 예외이다) 이 조항은 주로 법인체와 관련하여 의미가 있다.

(2) 제24조 제3항은 고정사업장을 통해 사업을 수행하는 비거주자에 대한 차별을 금지한다. 이런 비거주자들은 동일한 활동에 종사하는 체약국의 거주자보다 불리하게 취급되어서는 안 된다.

(3) 제24조 제4항은 일방체약국 거주자가 타방체약국 거주자에게 지급하는 금액은 일방체약국의 다른 거주자에게 지급되었을 때와 동일한 조건으로 공제되어야 할 것을 요구한다. 이러한 법적 보호의 직접적인 수혜자들은 국내 기업이기 때문에 실제로 이 조항은 차별에 대한 보호를 간접적으로 제공하고 있다. 제7장 7.2에서 논의되었던 과소자본세제(thin capitalism rule)와 「소득 대비 과다이자비용손금불

산입규정(earnings−stripping rules)」은 비거주자에게 지급된 이자의 공제를 부인할 경우에 한하여 적용된다면 차별금지조항의 이러한 측면을 위반하는 것이라고 보는 견해가 많다.

(4) 제24조 제5항은 타방체약국의 거주자가 소유하거나 지배하는 일방체약국의 회사, 파트너십, 그 밖의 법인체가 일방체약국의 거주자가 소유하거나 지배하는 기업들보다 불리하게 취급되지 않도록 규정하고 있다. 제24조 제4항과 마찬가지로, 차별금지조항에 의한 보호는 직접적으로 거주자인 법인체에게 제공되며, 법인체의 소유자인 비거주자에게는 간접적으로만 제공된다.

OECD와 UN 모델조약 제24조는 중요하지만 제한적인 수준의 조세상 차별금지금지 원칙을 규정한다. 캐나다 등 일부 국가는 비거주자를 조세목적상 거주자와 같게 취급하는 것(**내국민대우, national treatment**)을 거부한다. 대신에, 그들은 조세조약에 특정 조약체약국의 거주자에게 **최혜국대우**(most−favored−nation treatment)를 제시한다. 최혜국 대우는 조세조약 체약국의 거주자를 다른 외국 거주자와 동일하게 취급한다는 것이다. 그러나 이것이 타방체약국의 거주자를 일방체약국의 거주자인 납세의무자와 동일하게, 또는 이들과 다름없이 취급하도록 보장해주지는 않는다.

8.8.2 조약남용(Treaty Abuse)

8.8.2.1 개 관

일반적으로 조세조약은 조약체약국에 의해 부과되는 조세를 제한한다. 그렇기 때문에 당연하게도 납세의무자들은 조세회피를 위해서 조세조약을 널리 활용해 왔다. 이 절에서는 조약남용 또는 조약의 부적합한 사용으로부터 각국이 스스로를 지켜온 방식에 대하여 검토한다. 8.8.2.2에서는 특정한 조약남용 문제, 즉 조약편승(treaty shopping)과 조약편승 방지를 위해 2017년에 OECD 및 UN 모델조약에 추가된 **조세조약혜택제한(LOB)규정**을 다룬다. 8.8.2.3에서는 BEPS Action 6에 따라 조약남용을 해결하기 위해 2017년도에 OECD 및 UN 모델조약에 추가된 그 밖의 개정사항들을 논의한다. 8.8.2.4에서는 조약남용을 다루는 OECD 및 UN 모델조약 제1조 주석에 관해 다루는데, 이 주석의 내용은 일반적 조세회피방지규정을 포함하도록 개정하지 않은 조세조약들에서는 매우 중요하다. 8.8.2.5에서는 제3국에 있는 고정사업장에 대응하기 위해 2017년 OECD 및 UN 모델조약에 반영된 개별적 조세회피방지규정으로서의 제29조 제8항을 검토한다.

8.5에서 논의되었듯, OECD와 UN 모델조약에 근거한 조세조약의 가장 분명한 두 가지 목적은 이중과세의 제거와 조세회피 및 탈세의 예방이다. 2017년도에는 모델조약의 새로운 제목(title)과 서문(preamble)에 조세조약의 근본적인 목적은 조세회피 방지라는 내용이 추가되었다. 새로운 제목과 서문의 내용은 8.8.2.3에서 다루어진다.

모델조약은 이중과세를 제거하거나 예방하기 위한 목적이 뚜렷한 조항들을 여럿 두고 있었지만, 2017년 이전까지는 조세회피를 다루는 조항을 거의 두고 있지 않았다. 이전가격을 규정하는 제9조, 제13조 제4항(부동산 과다보유법인의 지분처분이익에 관한 원천지국 과세허용), 제17조 제2항[연예 및 체육활동으로부터 생긴 소득이 다른 인(人)에게 발생된 경우에도 원천지국에서 과세허용]이 모델조약에서 찾을 수 있는 유일한 개별적 조세회피방지규정이었다. 그러나 2017년에는 다음과 같은 개별적 조세회피방지규정이 OECD와 UN 모델조약에 추가되었다.

• 제1조 제2항, 투과과세단체(Transparent entity)를 통해 얻은

소득은 일방체약국 과세목적상 해당 체약국 거주자의 소득으로 취급되어지는 범위에 한하여 그 체약국 거주자의 소득으로 간주(제9장 9.3 참조)[21)]

- 제4조 제3항, 법인체에 관한 이중거주자 판정기준(제2장 2.2.3 참조)
- 제1조 제3항, 각국의 거주자가 그 거주지국가의 과세권을 제한하기 위해 조세조약 규정을 이용하지 못하도록 하기 위한 유보조항(saving clause)(제2장 2.2.3참조)
- 제5조 제4항에 규정되어 있는 예비적 또는 보조적 활동에 관여하는 고정사업장에 대한 예외는, 그 활동이 단독으로 수행되건 또는 다른 활동과 결합되어 수행되건, 예비적이거나 보조적인 활동에만 국한되어 적용(앞의 8.7.3.2 참조)
- 제5조 제4.1항, 반(反) 세분화 원칙(anti-fragmentation rule)은 납세의무자들이 제5조 제4항의 예비적 또는 보조적 활동에 대한 예외의 혜택을 받기 위해 특수관계기업들(closely related enterprises) 간에 활동을 작은 활동으로 쪼개는 것을 방지(앞의 8.7.3.2 참조)
- 종속대리인 고정사업장 원칙(dependent-agency PE rule)을 중간 판매업자 계약(commissionaire arrangement) 및 종속대리인이 스스로 계약을 체결하지 않더라도 본인을 구속하는 계약을 체결하는데 주된 역할을 수행하는 상황에도 확대적용(앞의 8.7.3.2 참조)
- 제10조 제2항 (a)에 따라 배당소득에 관하여 5%의 제한세율을 적용받을 경우 365일 주식보유기간 요건을 추가(앞의 8.7.3.5 참조)

---

21) 국내 판례 중에 이와 관련이 있는 것으로 대법원 2015. 3. 26. 선고 2013두7711 판결을 보라.

- OECD 모델조약 제13조 제4항의 부동산 과다법인 주식의 이익에 대한 조세회피방지규정이 파트너십과 신탁 지분과 같은 유사한 지분 이익에도 확대 적용되었고, 이러한 방지규정은 (주식처분 당시에 한정되는 것이 아니라) 주식 처분일 이전 365일 기간 중 어느 때라도 주식가치의 50% 이상이 부동산으로부터 발생하는 경우에 적용(제5장 5.8.5 참조)
- 체약국의 진정한 거주자에게만 조세조약의 혜택이 적용되도록 제29조 제1항부터 제7항까지 조세조약혜택제한(LOB)규정을 도입(뒤의 8.8.2.2 참조)
- 이중과세방지를 위해 국외소득면제제도(exemption method)를 채택한 국가의 거주자가 제3국에 고정사업장을 설립한 경우에는 제29조 제8항에 따라 특정한 경우 조세조약상의 혜택을 부인(뒤의 8.8.2.5 참조)

앞서 언급된 일반적 조세회피방지규정과 BEPS에서 제안된 다른 조세회피방지규정을 포함하도록 모든 조세조약을 재협상하는 데에는 상당한 시간이 걸릴 것이다. 그러는 동안 몇몇 국가의 조약에만 이러한 변화들이 포함된다면, 이런 내용의 조항들을 가지고 있지 않은 조약들은 조세조약의 남용을 방지하는 방향으로 해석할 수 없다는 부정적인 함의를 불러일으킬 수 있다. 그렇기 때문에, 조약남용에 대한 OECD의 제안사항과 관련된 핵심 쟁점이 효과를 보려면 그로 인한 변화들이 신속하고 효율적으로 이행될 수 있도록 다자간 협약을 체결하여야 한다. 그와 같은 다자간 협약은 BEPS Action 15 보고서인 「**양자간 조세조약 개정을 위한 다자간 협약 개발**」의 주제였고, 이 다자간 협약은 2018년에 발효되었다. 다자간 협약은 아래 8.8.6에서 논의한다.

8.8.2.2 조약편승(Treaty Shopping)에 관한 대응 조치(LOB)

소득에 관한 조세조약에서 오직 체약국의 거주자 및 (일부 경우에는) 국적자가 조세조약의 혜택을 받는다. OECD와 UN 모델조약 제1조는 조약체약국 중 하나 또는 양국의 거주자에게 조약이 적용된다고 한다. 일방체약국의 거주자나 국적자가 아닌 납세의무자는 종종 타방체약국에서 벌어들이는 소득의 도관으로 사용하기 위해 체약국 중 한 국가에 법인이나 그 밖의 법인체를 설립하여 조약의 혜택을 얻고자 한다. 이런 관행을 흔히 조약편승(treaty shopping)이라고 한다. 납세의무자는 조약편승이 없다면 얻지 못했을 혜택을 얻기 위해 이러한 거래에 관여할 수도 있지만, 대부분의 조약편승은 배당, 이자, 사용료에 대한 경감된 원천징수세율을 적용받기 위해서나 자산의 처분이익에 대한 조세를 회피하기 위해서 시도된다. 조약편승(treaty shopping)은 조약남용(tax abuse)의 단지 한 형태일 뿐이다.

단순한 조약편승은 원천지국 거주자가 원천지국과 조세조약이 체결되지 않은 국가에 거주하는 납세의무자의 명의대여자(nominee), 대리인 또는 도관에게 소득을 지급하는 것과 관련된 것이다. 그러나 이러한 명의대여자, 대리인, 도관은 원천지국과 조세조약이 체결된 국가의 거주자이다. 이러한 조약편승의 단순한 형태에 대응하기 위해서 OECD와 UN 모델조약의 제10조, 제11조, 제12조는 배당, 이자 또는 사용료를 지급받는 체약국의 거주자가 소득의 수익적 소유자(beneficial owner)일 것을 요구한다. 위 조항들의 주석은 대리인이나 명의대여자는 수취하는 소득에 대한 수익적 소유자로서의 자격이 없다는 점을 명확하게 하고 있다. 비슷하게 도관회사도 수익적 소유자가 아닌데, 이들이 배당금을 사용하고 향유할 수 있는 권리는 수취한 배당금을 다른 인(人)에게 전달해야 하는 계약적 또는 법적 의무에 의해 제한을 받게 되기 때문이다(예를 들어 OECD 모델조약의 주석 문단 12.4를 보라).

한 가지 고전적인 조약편승의 형태는 조약의 혜택을 받을 수 없는 납세의무자가 투자시에 조약체결국에 소재한 특수관계 없는 금융중개기관을 사용하는 것과 관련된다. 예를 들어, T가 TH국(A국과 조세조약을 체결하지 않은 조세피난처이다)의 거주자라고 가정하자. 반면 A국은 B국과 조세조약이 있고, 이에 따라 A국은 B국 거주자가 수취하는 이자에 관하여 일반적인 30%의 원천징수세율 대신 0%의 제한세율을 적용한다. T는 독립적인 금융중개회사 B사(B국 거주자)에게 100만 달러를 투자한다. B사는 그 100만 달러를 비특수관계법인 A사(A국 거주자)가 발행한 채권을 매수하는데 쓴다. A사는 채권에 대한 이자 10만 달러를 B사에게 지급한다. B사는 A국과 B국 간에 체결한 조세조약에 따라 100만 달러에 대한 A국의 원천징수세가 면제된다고 주장한다. B사는 T의 최초투자에 대한 수익으로 10만 달러에서 수수료를 제외한 금액을 지급한다.

이 예시는 조세를 최소화하기 위한 제3자 개입 거래(back-to-back arrangement)이다. 금융중개회사인 B사는 B국과 A국 간의 조세조약에 따라서 A국에서의 조세를 회피하고, B국에서는 A사로부터 받은 이자수익 10만 달러에서 T에게 지급한 금액을 공제하면서 조세를 회피할 수 있다. 제3자 개입 거래(back-to-back arrangement)는 제7장 7.6에서 논의하였다.

조약편승의 또 다른 전형적 형태는 체약국에서 설립된 피지배회사를 이용하는 것이다. 예를 들어, 위에서 T가 C국에 C사라는 100% 지배법인을 설립한다. T는 C사의 주식을 매수하는데 200만 달러를 쓰고, C사는 이 돈으로 A국을 거주지국으로 하는 여러 법인들이 발행한 주식과 A국 주식시장에 상장된 다양한 주식을 구매한다. C사는 이 주식들에서 40만 달러의 배당을 받는다. A국은 C국과 사이에, C국 거주자가 수취하는 배당에 관하여 A국의 원천세를 30%에서 15%로 경감시켜주는 조세조약을 체결한 바 있다. C국의 거주자로서, C사는 40만 달러의 배당금에 납부해야 할 조세를 12만 달러에서 6만 달러로 감소시키는 조세조약상 혜택을 주장할 수 있다. C국이 국내법상 외국에서 받은 배당금에 비과세하기 때문에 C사가 C국에서 조세를 면제받는다고 가정하면, 이 간단한 조약편승의 형태에서 T는 6만 달러의 조세를 절약할 수 있다.

국제조세 공동체가 조약편승을 방지하기 위한 조치를 취하는 것은 매우 더디었다. 위 사례에서 설명된 조약편승 형태에 대항하기 위해 고안된 조세회피방지규정은 2017년에 가서야 OECD와 UN 모델조약에 도입되었다. 실제로, 일부 국가들은 조약편승을 용인하는 것이 외국투자를 유치하는 수단이 되기 때문에 그들 국가의 이익에 부합한다고 생각하기도 했다. 미국과 같이 광범위하게 다양한 원천징수세율을 정하고 있는 조세조약을 체결한 국가들의 경우에서는 납세의무자들이 가장 유리한 조약을 선택하여 이용할 수 있는 유인이 있기 때문에 조약편승에 따른 더 문제가 심각했다. 그렇기 때문에 미국은 조약편승을 줄이기 위한 국제적 조치를, 공격적으로 취하고자 하는 국가들의 선도자가 되어왔다.

미국이 체결한 최근의 모든 조세조약에는 조약편승을 줄이기 위한 '조약의 혜택제한(Limitation-On-Benefits: LOB)' 조항이 포함되어 있다. 조세조약의 혜택제한 조항의 기본적 논리는 일방체약국의 거주자이지만, 실제로 제3국 거주자의 도관으로 기능하는 법인에게는 조세조약의 혜택을 부인한다는 것이다. 조세조약의 혜택제한 조항을 바라보는 한 가지 시각은 이 규정이 일방체약국의 진정한 거주자에 한해서 조세조약의 혜택을 적용하려는 시도라고 생각하는 것이다.

제29조 제1항부터 제7항까지 규정되어 있는 혜택제한(LOB) 조

항은 2017년에 OECD와 UN 모델조약에 추가되었다. 새로운 LOB 조항은 두 가지 이유에서 특별하다. 첫 번째로, LOB 조항의 정확한 문구(wording)가 제29조 제1항부터 제7항까지에 규정되어 있지 않다는 것인데 왜냐하면 이러한 문구는 그 체약국이 조약남용에 관한 BEPS의 최소기준을 얼마만큼 이행하기로 동의하는지에 따라 달라질 것이기 때문이다. 아래의 8.8.2.3에서 설명하듯이 각국은 다음의 선택지 중 하나를 채택함으로써 최소기준을 만족시킬 수 있다:

- 제29조 제9항의 일반적 조세회피방지규정(GAAR)[22]
- 단순화된 형태(이하, '간소판')의 조약 혜택제한 조항(simplified version of the LOB)과 제29조 제9항의 일반적 조세회피방지규정을 동시에 규정
- 상세하고 포괄적인 형태(이하 '상세판')의 조약 혜택제한 조항(detailed version of the LOB)과 주석에서 설명하고 있는 도관방지규칙(anti-conduit rule)을 규정

둘째, LOB 조항은 간소판이나 상세판이나 모두 OECD 및 UN 모델조약 규정 중에 가장 복잡하다.

LOB 조항의 간소판이나 상세판 모두에서 조세조약의 혜택(단, 제4조 제3항의 이중거주자 판정규정, 제9조 제2항의 대응조정권, 제25조의 상호합의 절차를 제외한다)은 거주자가 조약혜택을 요구할 당시에 '적격인(qualified person, 適格人)'에 해당하지 않는 경우 그 적용이 부인된다. 제29조 제2항의 LOB 간소판에서는 적격인을 다음을 포함하는 것으로 정의한다.

---

22) 모든 관련 사실관계와 상황을 고려할 때 어떤 거래의 주목적 중 하나가 조세조약의 혜택을 얻기 위한 것이라고 합리적으로 결정할 수 있다면, 특정한 소득에 대해 조세조약의 혜택을 부여하지 않는다는 원칙으로, 한국은 이 방식을 채택하였다.

- 개인
- 체약국, 체약국의 정치적 하부조직과 정부기관
- 주요한 종류의 주식(principal class of shares)이나 채권이 공인된 주식시장에서 통상적으로 거래되는 상장법인('주식, 주요 종류의 주식 그리고 공인된 주식시장'에 대한 용어는 제29조 제7항에서 정의되어 있다)
- 비영리법인(nonprofit corporations)
- 연기금(pension funds)
- 위에 언급한 적격인이 직·간접적으로 주식을 소유한 법인체

적격인에 해당하지 않는 거주자인 법인체라 하더라도 능동적 사업활동 기준(active business test)을 만족시키거나 파생적 혜택(derivative benefits)의 요건이 충족된다면 조세조약의 혜택을 받을 수 있다. 제29조 제3항에 따르면 거주자인 법인체는 그 거주자가 거주지국에서 "능동적 사업활동을 수행하고" 그리고 소득이 그러한 "(능동적) 사업활동으로부터 발생하거나 그러한 활동에 부수적인 경우"에 발생하는 소득유형에 관하여는 조세조약의 혜택을 받을 수 있다. 소득이 원천지국에서의 사업활동으로부터나 관련인(connected person)으로부터 발생한다면, 거주지국에서의 사업활동은 모든 사실과 상황을 고려했을 때, 거주자나 관련인에 의해 원천지국에서 수행되는 사업과 실질적으로 관련있는 것이어야 한다. 관련인(connected person)이라는 것은 하나의 인(人)이 다른 인(人)의 수익적 지분(또는 회사의 경우 그 회사 총의결권 및 그 가액)의 50% 이상을 소유하거나, 제3의 인(人)이 두 인(人)의 수익적 지분 50% 이상을 동시에 소유하는 경우, 또는 하나의 인(人)이 다른 인(人)을 지배하거나 두 인(人)이 동일한 제3의 인(人)에 의해 지배되는 경우를 말한다(제29조 제7항). 능동적 사업활동 기준은 지주회사, 관리회사, 금융회사, 또는 투자 실행 및 관리 사업(은행, 보험회사와 등록증권중

개인은 제외)에는 적용되지 않는다.

제29조 제4항에 따르면 어떤 단체가 적격인에 해당하지 않더라도, 조세조약의 혜택을 받을 수 있는 경우가 있다. 즉, 해당 조세조약에 따른 혜택을 부여받은 시점을 포함하는 12개월의 기간의 총일수의 반 이상의 기간 동안 (제29조 제7항에 정의된) '동등수익자(equivalent beneficiaries)'가 해당 거주자 법인체의 주식이나 지분의 75% 이상을 직접·간접적으로 소유하는 경우에는 조약 혜택을 적용받을 수 있다. 이러한 소위 파생적 혜택 조항(derivative benefits provision)은 법인체가 그 자체로는 조세조약의 혜택을 받을 수 있는 적격을 갖추지 못하더라도 적격인들이 그 법인체를 소유하고, 소득이 직접적으로 적격인들에게 지급된다면 조세조약의 혜택을 부여할 수 있도록 한다.

간단한 예를 들어보면, A국 법인인 A사가 있다고 가정하고, 이 회사가 B국 거주자인 회사로부터 배당을 받는다고 가정해 보자. B국의 국내법에 따르면 거주자인 법인이 비거주자인 주주에게 주는 배당은 25%의 원천징수세를 부과하게 되어있다. 그러나, A국과 B국 간의 조세조약에 따르면 배당에 관한 원천징수세는 10%로 경감된다. A사의 주식은 상장주식이 아니기 때문에 A사는 조세조약상의 LOB규정에 따르면 적격인이 아니다. 그러나 A사의 주식 전부를 C국 거주자인 C사가 소유하고 있다. B국과 C국 간의 조세조약에 따르면 배당은 10%의 원천징수세를 적용받는다. 따라서 B사가 A사에게 지급하는 배당이 C사에게 직접 지급된다면, B국에서 10%의 원천징수세율을 적용받을 것이다. B국의 세원은 잠식되지 않았고, A사의 중간개입으로 인해 조세가 줄어들지도 않았다: 결론적으로 A사는 A국과 B국 간의 조세조약에 따른, 배당에 대한 10%의 제한세율 혜택을 부여받을 수 있게 된다.

마지막으로, 납세의무자가 적격인 규정 또는 능동적 사업활동이나 파생적 혜택이라는 예외조항에 해당하지 않아 조세조약의 혜택을 부여받을 수 없는 경우, 권한 있는 당국은 재량적인 근거(discretionary basis)에 따라 조약혜택을 부여할 수 있다. 이러한 재량적 구제는 오직 조세조약의 목적에 부합하고, 납세의무자의 주된 목적이 조세조약의 혜택을 얻는 것이 아닌 경우에만 부여할 수 있도록 하고 있다.

LOB 상세판은 간소판보다 훨씬 더 강경하다. 여기에서는 보다 복잡한 규칙과 추가적인 조항들을 포함하고 있다. 예를 들어, 간소판에서는 회사나 그 밖의 법인체의 주요한 종류의 주식(principal class of share)이 공인된 주식시장에서 통상적으로 거래되는 경우에는 적격인이 된다. 반대로 상세판에서는 주요 종류의 주식이 공인된 주식시장에서 통상적으로 거래될 뿐만 아니라, 주요한 종류의 주식이 그 회사의 거주지국에 소재하는 공인된 주식시장에서 '주로 거래되거나(primarily traded)' 또는 (제29조 제7항에 정의된) 회사의 주된 관리통제장소가 거주지국에 소재하는 경우에 회사는 적격인(qualified person)이 될 수 있다. 이에 더해서, (제29조 제7항에서 정의된) 불균등한 종류주식(disproportionate class of shares)들도 이러한 조건들을 충족해야 할 뿐만 아니라 관련된 과세기간에 전체에 걸쳐서 충족해야 한다. 불균등한 종류주식은 주주에게 그 회사의 소득을 배당이나 그 밖의 지급방식을 통해서 불균등하게 더 많이 참여할 수 있도록 하는 종류주식을 말한다.

일반적 조세회피방지규정을 채택하지 않고 조약남용에 관한 BEPS의 최소 기준을 충족하고자 하면, 그 국가는 도관방지규칙(anti-conduit rules)을 가진 LOB 조항을 추가해야 한다. 간소판이든 상세판이든 LOB 조항만으로 도관계약구조를 사용해서 조세조약혜택을 얻는 것을 막을 수 없기 때문에 도관방지규칙이 필요하다. 도관방지규칙이 없다면 일방체약국 거주자인 회사는 그 회사의 주요한 종류의 주식이 공인된 주식시장에서 공개적으로 거래되거나 또는 능동적 사업활동에 관여하는 경우에는 조세조약의 혜택을 받을 수 있다. 이런 회사는 그 회사의 능동적 사업(active business)과 관련되지 않은 소득유형과 관련해서 조세조약의 혜택을 얻기 위해 도관으로 이용될 수 있다. 예를 들어, A국 거주자인 A사가 A사와 동일한 다국적 그룹에 속하는 B국 거주자인 회사로부터 배당, 이자, 또는 사용료를 수취한다고 가정하자. A국과 B국은 OECD 모델조약과 동일한 조세조약을 체결했다. A사가 적격인으로서 조세조약혜택을 받을 수 있거나 또는 능동적 사업활동을 수행함에 따라 혜택을 받을 수 있다고 가정하자. 그 결과로, A사는 B국으로부터 수취하는 배당, 이자 또는 사용료에 제한세율을 적용할 수 있게 된다. 그러나, 만약 A사가 B국과 조세조약을 체결하지 않은 제3국 거주자인 또 다른 특수관계회사에 그러한 자금을 전달한다면, 이러한 거래구조를 통해서 조세조약의 목적에 반하여 부적절하게 조세조약의 혜택을 얻는 것이 가능하다.

도관거래구조에 대응하기 위해 필요한 규칙은 한 국가의 조세조약이나 국내법에 포함될 수 있다. OECD 모델조약 주석(제29조의 주석 문단 187)은 도관거래구조의 적절한 예시와 부적절한 예시를 기술하고 있으나, 조세조약에 포함될 수 있는 도관방지규칙의 문구를 제시하고 있지는 않다.

8.8.2.3 조약남용에 관한 OECD와 UN 모델조약의 규정

OECD는 BEPS Action 6의 최종보고서: 「부적절한 상황에서 조약혜택의 부여 방지(2015)」는 조약남용에 대응하기 위해서, OECD 모델조약의 제목과 서문에 관한 개정부터, 개별적 조세회피방지규정(8.8.2.1 참조)과 일반적 조세회피방지규정을 덧붙이는 제안까지 일련의 광범위한 개선안을 제시했다. 2017년 OECD 및 UN 모델조약 개정시에 이 모든 제안사항들이 모델조약에 통합되었다. 앞의 절에서는 조약편승 방지조항을 다루었다. 이 절에서는 새로운 제목과 서문 그리고, 일반적 조세회피방지규정을 다루고자 한다.

OECD 및 UN 모델조약의 새로운 제목(title)은 두 체약국 간의 조약이 '소득과 자본과세에서의 이중과세 제거와 탈세 및 조세회피 방지를 위한 것'이라는 점을 명시한다. 1977년 최초의 OECD 모델조약은 오로지 이중과세제거와 탈세(tax evasion) 방지라고만 언급했었다. 2003년에는 주석에서 조세조약의 목적 중 하나가 조세회피(tax avoidance) 방지라는 명확한 진술을 포함하도록 개정되었다. 2017년 OECD 및 UN 모델조약 개정시에는 주석에 기술되었던 내용이 모델조약 자체로 들어오게 되었다.

이에 더해, 2017년 개정사항은 OECD 및 UN 모델조약의 핵심적인 목적이 이중과세 제거와 조세회피 방지에 있다고 훨씬 더 명확하게 설명하는 새로운 서문(preamble)을 추가했다. 새로운 서문은 조약이 "탈세나 조세회피(제3국의 거주자가 간접적인 조약 혜택을 얻기 위해 조약에서 제공하는 경감조치를 얻을 목적으로 체결한 조약편승 거래형태를 통한 것을 포함하여)를 통하여 조세부담을 없애거나(non-taxation) 또는 축소하려는 기회를 만들어내지 않도록 하면서" 이중과세를 제거하고자 한다고 서술한다.

OECD 및 UN 모델조약에 새로운 제목과 서문을 추가한 것은 조세조약 규정의 해석의 측면에서 중요한 의미가 있다. 비엔나협약 제31조에 따르면 제목과 서문은 조약의 일부를 구성한다. 그리고 조약해석의 일반적인 원칙은 조약의 용어에 그 문맥과 조약의 목적을 고려하여 통상의 의미를 부여해야 한다는 것이다. 조약의 해석에 관해서는 8.6에서 상세하게 논의했다. 이러한 제목과 서문에서의 개정은 과세당국과 국내법원들이 실제 양자 조세조약을 해석할 때 조세회피 방지도 고려하도록 하는 근거를 제시하려는데 그

숨은 의도가 있다. OECD 모델조약의 도입(introduction) 문단 16.2에서도 제목과 서문은 "조약 규정의 해석에 있어서 중요한 역할을 해야만 한다"는 견해를 표명하고 있다.

아마도 2017년 OECD와 UN 모델조약의 가장 중요한 개정사항은 제29조 제9항에 포함된 새로운 '일반적 조세남용방지규정(general anti-abuse rule)'일 것이다. 이 일반적 조세남용방지규정은 '주요목적기준(principal-purpose test)' 또는 PPT라고 불리는 경우가 많은데 정확한 표현이라고 보기 어렵다(이 책에서는 이 명칭을 사용하지 않는다. 왜냐하면, 위 규정은 주요목적기준 중 하나와 관련이 있기는 하지만 주요목적기준 자체는 아니기 때문이다).[23] 제29조 제9항의 내용은 다음과 같다.

> 모든 관련 사실관계와 상황을 고려할 때, 직접 또는 간접적으로 그 혜택을 받게 되는 계약 또는 거래의 주요 목적 중 하나가 조세조약의 혜택을 얻기 위한 것이라고 합리적으로 결정할 수 있다면, 이 조세조약의 다른 규정들에도 불구하고, 특정한 소득이나 자본에 대해 조세조약의 혜택을 부여하지 않는다. 다만, 이러한 상황에서 혜택을 부여하는 것이 조항의 관련 규정의 취지나 목적에 부합하는 경우에는 혜택을 부여할 수 있다.

사실, 제29조 제9항은 제1조 주석에 포함되어 있는 「지도원칙(guiding principle)」-아래 8.8.2.4에서 논의할 것이다-을 모델조약

---

23) 한국의 학계 및 실무계도 통상 2017년 OECD 모델조약 제29조 제9항을 '주요목적기준(principal-purpose test)'이라고 부르고 있는데 저자는 그에 반대하면서 위 규정을 '일반적 조세회피방지규정(general anti-avoidance rule)'과도 구별하여 '일반적 조세남용방지규정(general anti-abuse rule)'이라고 부르고 있다. 저자의 의도를 살리기 위하여 이하에서는 '일반적 조세남용방지규정으로 번역한다. 저자와 교신한 바에 따르면 저자는 조세도 기업의 여러 '주요목적' 중 하나이기 때문에 조세에 관하여만 주요목적기준이라는 명칭을 사용하는 것이 적절하지 않다는 입장인 것으로 보인다. 다만 우리 학계 및 실무계에서는 이미 주요목적기준이 자리 잡은 것으로 보인다는 점을 부기해 둔다.

자체로 편입시킨 것이다. 비록 주석이 설득력 있는 가치가 있다고 여겨지긴 하지만, 명확하게 국내법원을 구속하는 것은 아니다. 그러나 조약 자체에 포함되어 있는 규정은 쉽게 무시할 수 없다. 실제 양자간 조세조약에서 이러한 일반적 조세남용방지규정을 포함하는 것은 조세조약과 관련된 조세회피의 시도를 좌절시키는 효과도 있지만, 동시에 납세의무자와 과세 당국간의 많은 분쟁을 야기할 수도 있다.

제29조 제9항의 일반적 조세회피 규정은 2단계의 기준검증으로 구성된다. 첫 번째로, 계약이나 거래의 주된 목적 중 하나가 조약의 혜택을 얻기 위한 것인지를 검토한다. 두 번째로, 첫 번째의 목적기준(purpose test)을 충족된다면, 특정상황하에서 조약의 혜택을 얻는 것이 조세조약 관련 규정의 목적에 부합한다고 입증해야 하는 책임은 납세의무자에게 있다. 입증하지 못한다면, 조약의 혜택을 받을 수 없다.

제29조 제9항은 꽤 논란이 있는 조항이고, 특히 국내법상으로 일반적 조세회피방지규정(general anti-avoidance rule)을 두고 있지 않은 나라에서는 더더욱 그러하다. 이 기준은 모호하고 잠재적으로 광범위하다. 그리고 납세의무자와 과세당국 모두에게 상당한 불확실성을 야기한다. 제29조 제9항에 관한 주석에 일반적 조세회피규정이 어떻게 적용되는지에 대해 설명하는 일련의 단순한 예시들이 제시되어 있기는 하지만, 제한적으로 도움이 될 뿐이다.

제29조 제9항의 주요목적기준을 적용하게 되면 이 규정은 잠재적으로 매우 포괄적인 성격을 갖게 된다. 중요한 조약상 혜택을 받게 되는 계약이나 거래의 주된 목적 중의 적어도 하나가 이러한 혜택을 받기 위한 것이라고 결론짓는 것은 합리적으로 보인다. 그렇지만 이것을 조금 다르게 보면, 실제로 조약상 혜택을 얻게 되는 상당수의 계약이나 거래의 목적이 조약상의 혜택을 얻는 데 있지

않다고 결정하는 것은 어려울 것이다(즉, 납세의무자가 단지 운이 좋아 의도하지 않게 조약상 혜택을 받는 것에 불과하다고 결정하기는 매우 어렵다).

상황이 이렇기 때문에, 제29조 제9항을 적용할 때 대부분의 경우 가장 중요한 쟁점은 조약의 혜택이 관련 조약규정의 목적에 부합하는지 여부이다. 계약이나 거래가 관련 조세조약의 목적에 부합하는지 또는 그렇지 않은지 결정하는 데는 두 단계의 분석이 필요하다. 우선, 관련 조항의 목적이 확인되어야 한다. 이것은 해당 조항의 문구, 해당 조항에 관한 OECD나 UN 모델조약의 주석(해당 조약이 OECD와 UN 모델조약의 규정과 비슷한 문구를 따른다는 전제하에), 그리고, 해당 조세조약의 교섭기록(*travaux préparatoires*)과 같은 외부자료를 분석해서 조항의 목적을 확인할 수 있다. 각국의 법원은 내국의 세법을 문리해석하는데 익숙하기 때문에 제29조 제9항을 적용할 때 목적론적 접근을 하는 것이 매우 어려울 수 있고 조세조약 규정의 목적을 해당 규정의 문자적 의미와 단순히 동일시하고 싶은 생각이 들 수도 있다. 두 번째로, 문제가 되는 계약이나 거래가 조약의 목적에 부합해서 조약의 혜택을 받을 수 있는 것인지 아니면 조약목적에 부합하지 않아 조약의 혜택을 부인해야 하는지를 결정하기 위해 이러한 계약이나 거래를 검토해야 한다. 제29조 제9항은 이러한 두 개의 단계를 어떻게 적용할지에 대해서 자세하게 설명하고 있지는 않지만, 계약이나 거래의 수행방식과 경제적 결과를 고려해야 한다고 보는 것이 합리적이다.

OECD와 UN 모델조약에 일반적 조세회피방지규정을 포함시키는 것이 조약남용 대응에 중요한 것처럼 보이기는 하지만, 이 규정이 실제 효과가 있기 위해서는 양자 조세조약에 분명하게 포함될 필요가 있다. 그러나 일반적 조세회피방지규정을 포함하기 위해 조세조약을 재협상하는 것은—특히 여러 국가와 조세조약을 맺고 있는 국가의 경우—아주 오랜 시간이 걸린다. 게다가 일부 조세조약에만 일반적 조세회피방지규정을 포함시킨다면 이 규정이 포함되지 않은 조세조약은 조약남용 방지목적이 있는 것으로 해석될 수 없다는 부정적인 함의를 줄 수도 있다. BEPS 프로젝트에서는 이러한 문제점을 예견하고 조약남용방지를 목적으로 하는 BEPS의 조세조약 관련 개정사항들을 포함할 수 있도록 현존하는 양자 조세조약을 개정하는 방안으로 다자간 협약을 제안했다. 이 다자간 협약은 8.8.6에서 논의한다.

8.8.2.4 조약남용에 관한 OECD와 UN 모델조약 제1조의 주석

조약남용에 대한 OECD와 UN 모델 조세조약 제1조 주석은 체약국의 법원을 법적으로 구속하는 것은 아니지만, 조약남용을 방지하기 위해 조세조약을 해석할 때 주석의 내용은 잠재적으로 중요하다. 특히 제29조 제9항과 유사한 일반적 조세회피방지규정을 포함하고 있지 않은 조세조약의 경우에는 더욱 그렇다. 두 모델조약의 제1조 주석은 수년간에 걸쳐 광범위하게 개정되어 왔다. OECD 모델조약의 도입부(Introduction) 문단 33−36.1에 따르면, 현재 개정된 주석은 주석이 개정되기 이전에 발효된 양자 간 조세조약을 해석하는 데에도 적용된다. 예를 들어, 2017년 OECD 제1조에 관한 주석은 2017년 이전과 이후의 발효된 조세조약에 모두 적용된다. 하지만, 많은 학자들(그리고 일부 국가의 법원)은 이 입장에 반대한다.[24] 그 주된 이유는 체약국 과세관청이나 납세의무자 모두 특정한 조세조약이 체결되었을 당시에는 그 이후에 작성될 주석에 관해서는 알지 못했을 것이기 때문이다. 대부분의 국가에서, 현재 버전의 주석과, 특정 조세조약이 체결되었을 당시의 주석 중 어떤 것

24) 한국의 대법원도 조약체결 이후에 나온 주석은 조약협상 담당자들의 의사가 아니라고 하여 적용하지 않은 바 있다. 대법원 2016. 6. 10. 선고 2014두 39784 판결.

이 조약규정을 해석하는데 적절한 것인지의 문제는 여전히 풀리지 않는 숙제이다. 따라서, 어떤 국가의 조세조약을 해석할 때 어떤 버전의 주석을 적용할지를 결정하는 것이 중요하다. 일반적으로 OECD와 UN 모델조약 제1조에 대한 주석의 과거 버전, 특히 2011년 이전의 UN 모델조약 제1조 주석과 2003년 이전의 버전의 OECD 모델조약 주석은 그 이후 버전의 주석에 비해서 조약남용을 방지하는데 효과적이지 못하다.

1977년 OECD 모델조약의 제1조 주석은 조세조약은 조세회피를 조장해서는 안 된다고 서술하고 있지만, 조세회피를 국내법에서 대응하고, 조세조약에서 그들이 이러한 국내적 조세회피방지규정을 적용할 수 있도록 하는 것은 국가의 책임이라고 하고 있다. 1992년 OECD 주석은 조세조약이 실질과세원칙(substance over form)과 특정외국법인 유보소득 합산과세제도(CFC rules)와 같은 국내의 조세회피방지규정의 적용을 제한하지 않는다는 내용으로 개정되었다.

OECD의 제1조 주석은 제9장 9.2.2에서 설명할 OECD 유해조세경쟁프로젝트(Harmful Tax Competition Project)에 부합하도록 2003년도에 전면적으로 개정되었다. 처음으로, 주석에서 명확하게 '탈세와 조세회피를 방지하는 것이 조세조약의 목적'이라고 서술했다. 덧붙여, 2003년도 OECD 모델조약 주석에서는 조약남용 상황에서 조약의 혜택을 배제하도록 하는 조세조약 규정에 관한 해석을 다루고 있고, 내국세법의 조세회피방지규정과 조세조약 간의 관계에 관해서 설명하고 있다. 전자의 쟁점에 관해서, 주석 9.5는 다음의 '지도원칙(guiding principle)'이라는 형태로 일반적 조세회피방지규정을 사실상 채택했다.

> 지도원칙(guiding principle)은 특정한 계약이나 거래를 하는 주된 목적이 조약상 유리한 위치를 얻는 것이고, 이러한 상황에서 더 유리한 취급을 받는 것이 관련 조약규정의 의도나 목적에 반대되는 경우에는

조세조약의 혜택이 부여되어서는 안 된다는 것이다.

이러한 지도원칙은 8.8.2.3에서 논의했듯이, 제29조 제9항의 일반적 조세회피방지규정에서의 2단계 분석방법과 동일한 것이다.

두 번째 쟁점(내국세법의 조세회피방지규정과 조세조약 간의 관계: 역자)에 관해서, 주석의 문단 22.1은 국내조세회피방지규정은 조세조약의 영향을 받지 않는다는 원칙을 되풀이하고 있다. 일반적으로 조세조약은 국내 조세회피방지규정의 적용을 배제하지 않으므로 국내 조세회피방지규정과 조세조약 규정 간에는 충돌이 일어나지 않는다는 결론이 된다.

2003년 OECD 주석의 조약남용에 대한 근본적인 접근법이 2017년 OECD의 제1조 주석에서도 유지되었다. 일부 국가는 조약남용을 국내법 남용으로 여기는 경우도 있지만, 조약남용과 국내법 남용을 구분해서 생각하는 국가들도 있다. 어떤 경우이든, 주석은 위에서 언급한 지도원칙에 따라 조약혜택을 부인할 수 있음을 재확인한다.

2011년까지 조약남용에 대한 UN 모델조약 제1조 주석은 2003년 이전의 OECD 주석을 단순히 따르고 있었다. 그러나 2011년에 UN의 제1조 주석은 크게 개정되었고, 2003년 OECD 주석에 근거하여, 조약남용에 대응하는 6가지 접근법에 대하여 설명하고 있다.

- 국내법상 개별적 조세회피방지규정
- 국내법상 일반적 조세회피방지규정
- 사법적인 조세회피방지규정과 해석에 의한 해결방법
- 조세조약상 개별적 조세회피방지규정
- 조세조약상 일반적 조세회피방지규정
- 조약남용을 막기 위한 조세조약의 해석

UN 모델조약의 주석은 조세조약과 국내법이 충돌할 때 일반적으로 조세조약이 우선시되기는 하지만, 그 전에 국내 조세회피방지규정과 조세조약간의 충돌은 피할 수 있을 때가 적지 않다고 설명한다. 또한 무엇이 조약남용을 구성하는지에 대해서 (위에서 인용한) OECD의 지도원칙을 지지한다. 게다가, 주석에 나온 지도원칙의 구속력 없는 진술에 의존하고 싶지 않은 국가들에게는 이 지도원칙이 모델조약에 포함되게 될 일반적 조세회피방지규정의 기초가 될 것이라고 설명하고 있는데, 실제로 2017년에 제29조 제9항이 OECD와 UN 모델조약 모두에 추가되면서 정확하게 실현되었다.

2017년 UN 모델조약 제1조의 조약남용에 관련된 주석은 큰 틀의 변화 없이 단순 정제되어 반영되었고, 조약남용에 관한 OECD 모델조약 제1조의 주석내용과 일치하고자 한다고 명확하게 서술하고 있다. 2017년 UN 모델조약 제1조는 다양한 종류의 잠재적 조약남용과 이에 대응하기 위해 필요한 원칙에 대한 유용한 예시들을 제시하고 있다.

8.8.2.5 제3국의 고정사업장에 대한 조세회피방지규정

2017년 OECD와 UN 모델조약은 특정한 삼각구조를 통한 조세회피에 대응하기 위해 제29조 제8항에 개별적 조세회피방지규정을 추가하여 개정되었다. 일방체약국인 B국 거주자가 배당, 이자, 또는 사용료 명목으로 타방체약국인 A국 거주자에게 소득을 지급할 때, B국에서 경감된 제한세율이 부과되는 형태로 조세조약의 혜택이 적용될 수 있다. 하지만, A국 거주자인 소득의 수취인이 제3국인 C국에 고정사업장을 가지고 있고 A국은 외국의 고정사업장에 귀속되는 이익에 대해서 소득면제를 해주고 있다고 가정해보자. A국에 지급된 소득이 C국의 고정사업장에 최종적으로 귀속된다고 한다면, A국은 그 소득에 아무런 세금도 부과하고 있지 않기 때문에, B국의 입장에서 원천징수세 수입을 줄여가면서 조세조약의 혜택을 주어야 하는 것은 부적절하다.

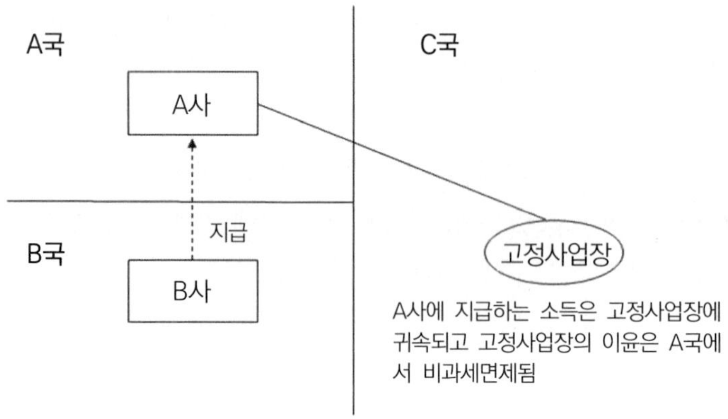

제29조 제8항은 예시에서 언급된 B국(원천지국)은 C국(고정사업장 소재지국)이 부과되는 세금이, 만약에 고정사업장이 A국에 있었다면 A국이 부과했었을 세금의 60% 이하인 경우라면 B국이 조세조약의 혜택을 줄 필요가 없다고 하면서 이러한 형태의 조약남용에 대응하도록 규정하고 있다. 하지만 이 원칙은 두 가지 예외가 있다.

(1) 문제가 된 소득이 고정사업장에서 수행하는 능동적 사업활동에 부수되어 발생하고, 기업이 자신을 위해 투자활동을 하는 것이 아닌 경우(은행, 보험, 유가증권 거래업 제외)에는 조약의 혜택을 부여할 수 있다.

(2) B국의 권한있는 당국이 A국 거주자의 요청에 따라 A국의 권한 있는 당국과의 상호합의를 거친 후에 조세조약의 혜택을 주는 것이 적절하다고 생각하는 경우에는 조세조약의 혜택을 줄 수 있다.

예를 들어, A국 거주자가 손실을 보고 있어서, A국에 고정사업장이 위치해 있다고 하더라도 A국은 과세할 수 없는 경우라면 제29조 제8항에 따른 조세조약의 혜택을 부인하지 않는 것이 적절할 수 있다.

8.8.3 분쟁의 해결

대부분의 조세조약은 조약에서 야기된 분쟁을 해결하기 위해 상호합의 절차(mutual agreement procedure)를 제공한다. 체약국 일방 또는 쌍방의 조치가 조약에 부합하지 않는 과세를 발생시킨다고 생각하는 체약국 거주자는 체약국 중 일방의 '권한 있는 당국'에 대하여 지원을 요청할 수 있다(2017년 OECD 모델조약 개정 전에는 납세의무자의 거주지국에 최초의 부적합한 과세통보가 이루어진 지 3년 이내에 그러한 요청이 제기되어야 했다). 권한 있는 당국은 전형적으로 국제조세문제를 책임지는 그 국가의 조세부서의 고위관료이다. 권한 있는 당국은 납세의무자의 요청이 정당한지 결정하고, 정당하다면, 적절한 조치를 제공하고자 할 것이다. 만약 권한 있는 당국이 단독으로 분쟁을 해결할 힘이 없다면, 타방체약국의 권한 있는 당국과 상의해서 분쟁을 해결하고자 할 수 있다.

OECD와 UN 모델조약의 분쟁해결 장치는 제25조(상호합의절차)에 제시되어 있다. 이 조항은 권한 있는 당국이 회부된 문제를 해결하기 위해 "노력해야 한다(shall endeavor)"고 규정한다. 그래서 심지어 납세의무자가 이중과세를 당하게 되는 결과가 생기더라도 권한 있는 당국이 반드시 합의를 해야만 하는 것은 아니라는 것에 주목해야 한다. 이런 이유로 권한 있는 당국이 2년 이내에 합의를 못한 문제를 해결하기 위해 2008년에 OECD 모델조약 제25조에 강제적인 중재조항(mandatory arbitration)이 도입되었다. 중재는 제9장, 9.5에서 논의된다.

납세의무자는 거주지국의 권한 있는 당국에 상호합의를 의뢰할 수는 있지만, 두 체약국의 권한 있는 당국간의 논의 과정에 직접적으로 참여할 수는 없다.

납세의무자는 다양한 종류의 분쟁을 권한 있는 당국에 의뢰한다. 어떤 분쟁들은 조약 언어의 적정한 해석과 관련되고, 다른 분쟁은 납세의무자의 조세채무와 관련된 사실에 대한 것이 되기도 한다. 권한 있는 당국이 접하는 가장 흔하고 복잡한 분쟁은 국제거래에서 이전가격에 정상가격 기준을 적용하는 사안이다. 이런 분쟁들은 상당한 세수가 달려있는 경우가 많은 등의 여러 가지 이유로 해결이 쉽지 않다. OECD와 UN 모델조약 제9조 제2항은 만약 일방체약국이 정상가격기준에 따라서 특수관계법인이 사용하는 이전가격을 조정하면(그리고 타방체약국이 이 조정에 동의하는 경우), 타방체약국은 이중과세를 막기 위해서 특수관계법인의 소득을 대응해서 조정해야만 한다. 이전가격은 제6장에서 다룬다.

「BEPS Action 14 보고서: 분쟁해결 장치의 효과성 제고(*Make Dispute Resolution Mechanisms More Effective*)」에서는 권한 있는 당국이 상호합의를 해결할 명확한 의무가 없고, 강제 중재제도에 대한 합의가 부족한 것을 인정하고 있다. 그래서 보고서는 상호합의절차에 대한 접근성을 향상시키기 위해 상호보완적인 조치가 필요하고, 일단 상호합의절차가 개시되면 분쟁이 확실히 해결되도록 상호합의절차를 좀 더 효율적이고 효과적으로 만들어야 한다고 제안한다. Action 14는 전반적으로 상호합의절차 사건에 관한 최소한의 기준이 확립되어야 하고, 상호합의절차에 참여하고 있는 국가가 이 최소한의 기준을 지키도록 관리 감독하는 절차가 필요하다고 제안했다. 상호합의절차 최소 이행기준(minimum standards)은 OECD 모델조약의 제25조 제1항부터 제3항까지를 모든 회원국들 조세조약에 포함시킬 것, 24개월 내에 상호합의절차 사건을 종결하기로 할 것, 상호합의절차에 대한 납세의무자의 접근성을 강화시킬 것 그리고 국내법상의 시간상 제약에도 불구하고 상호합의절차에서 합의된 사항을 이행할 것을 말한다.

많은 국가의 국내법에 따르면, 다국적기업은 그룹내 기업간 거래 가격을 결정하는 방법에 대해서 과세당국의 공식적인 사전 승인을 요청할 수도 있다. 이런 절차에 따른 행정적 결정(administrative ruling)을 「이전가격 사전승인제도(APA)」라고 부른다. 많은 경우 다국적기업들은, 가능하다면, 그들이 사업을 하는 다수의 국가들이 공통의 APA를 낼 수 있도록 조율하기 위하여 권한 있는 당국의 절차를 이용하는 것을 선호한다.

8.8.4 행정 협조

과세당국은 거주자의 국외활동에 대한 정보를 얻고 이 정보가 정확한지 확인하는데 어려움을 겪을 때가 많다. 과거에는 여러 국가들에서 은행들이 비밀주의를 고수하였고, 조세피난처가 고세율 국가들과 정보를 교환하기 꺼려했기 때문에 어려움이 가중되었다.

OECD 및 UN 모델조약 제26조(정보교환)는 '조약 규정을 실행하기 위해서, 또는 모든 종류의 세금과 관련한 체약국의 국내법을 집행하고 실행할 때 관련 있을 것으로 예상되는 정보'의 교환에 관하여 규정한다. OECD 모델조약 제26조는 2005년 개정시에 정보교환 기준을 종래의 '필요한(necessary)' 것에서 '관련 있을 것으로 예상되는(foreseeably relevant)' 것으로 개정하고, 조약에서 다루는 조세뿐만이 아니라 체약국에서 부과되는 모든 조세로 조세의 범위를 확대하여 그와 관련한 정보의 교환이 이루어지도록 하였다. 이런 개정은 조항의 의미를 좀 더 명확히 하기 위한 것이지 그 실질내용을 바꾸는 것은 아니었다.

OECD 및 UN 모델조약에서, 정보교환은 체약국의 구체적 요청의 결과로, 혹은 자동정보교환 장치를 통해서나 또는 체약국의 자발적인 주도하에 이루어질 수 있다.[25] 일방체약국이 요청한 정보는 요청받은 국가의 조세와 관련이 없더라도—즉, 해당 정보가 타방체약국의 국내 과세목적과 아무 이해관계가 없다고 하더라도—제공해야 한다.

정보교환 규정에 의해 체약국의 과세관청이 획득한 정보는 비밀로 유지되어야 한다. 다만, 사법절차에서는 정보의 공개가 일반적으로 허용된다. 정보교환 조항에 따르더라도, 일방체약국은 국내법이나 쌍방체약국의 통상적 행정과정에서 얻을 수 없는 정보나 영업비밀 또는 그에 준하는 정보를 공개하는 결과가 될 경우에는 국내법과 관습에 반하여 행정적 절차를 진행할 의무는 없다. 예외규정은 일반적으로 일방체약국은 정보공개가 '공공정책에 반하는(contrary to public policy)' 경우라면 요청된 정보를 제공하지 않을 수 있도록 규정한다. 그러나 제26조 제5항은, 정보가 금융기관, 명의인이나 대리인의 보유정보라는 이유만으로 또는 보유지분이 법인이나 다른 인(人)과 관련된다는 이유만으로는 정보제공을 거부할 수 없도록 규정하고 있다. 대부분의 나라가 은행비밀보호법(bank secrecy law)을 폐지하였기 때문에, 이러한 조항은 예전만큼 중요하지는 않다.

과세당국간 정보교환은 국가간 국제적 합의에 따라서만 이루어질 수 있다. 그래서, 양자간 조세조약이 없거나 행정협조에 관한 다자간 협약이 적용되지 않는 경우, 과세당국이 정보를 교환하는 것은 대개 불가능하다. 21세기 이전에는 고세율 국가가 양자조약이 없는 조세피난처나 저세율국가로부터 정보를 얻는 것은 불가능했다. 이에 따라, 포괄적인 내용을 다루는 조세조약을 체결할 필요가 없는 OECD회원국과 저세율국가 양자간에 조세정보교환협정(TIEAs)

---

25) 국내법 중에서는「국제조세조정에 관한 법률」제36조(조세정보 및 금융정보의 교환)가 정보교환에 관하여 규정하고 있다.

을 체결하는 관행이 생겼다. 조세정보교환협정은 OECD 모델조약 제26조를 근간으로 해서 정보를 교환하도록 규정하고 있다.

1990년도 후반, OECD의 유해조세경쟁프로젝트의 일부로서, OECD는 조세피난처들이 그 기업이나 기타 법인체의 수익적 소유자(beneficial owner)에 관한 정보를 획득하고, 기업들이 일반적으로 받아들여지는 회계기준에 따라 계좌잔고를 유지하도록 하여 감독기관이나 과세당국이 그 계좌잔고기록을 이용할 수 있는 법체계를 갖추도록 요구했다. 2002년, OECD는 '**조세문제에 관한 정보교환 모델협정**(Model Agreement on Exchange of Information on Tax Matters)'을 발간했다. 2005년에 OECD 모델조약은 제26조를 개정하여 조세조약이 정보제공을 요청받은 국가의 은행비밀보호법이나 그 밖의 비밀보장관련법을 배제(override)하고, 요청정보가 해당 국가의 조세와 이해관계가 없더라도 무방하도록 하였다. 2011년에 UN 모델조약 제26조는 OECD조약 제26조에 부합하도록 개정되었다. 다만 UN 모델조약 제26조가 어떤 점에서 더 광범위하다. 예를 들어, UN 모델조약 제26조 제1항에는 조세회피나 탈세방지에 유용한 정보가 교환된다는 문장이 포함되어 있다. 게다가 UN 모델조약 제26조 제6항은 권한 있는 당국이 정보교환 절차를 제정할 권한을 주고 있는데, OECD 모델조약 제26조에는 이에 상응하는 규정이 없다.

2001년, OECD는 비회원국 간의 정보교환문제를 논의하기 위해 조세에 관한 글로벌포럼(Global Forum on Taxation)을 설치했다. 이 글로벌포럼은 이제는 '투명성과 정보교환에 관한 글로벌포럼(Global Forum on Transparency and Exchange of Information)'이라고 불리는데, 정보교환의 국제적 표준이 실효성 있게 이행될 수 있도록 하는데 매우 성공적이었다. 현재 153개국으로 구성된 글로벌포럼은 정보교환을 할 수 있는 법적, 행정적 역량과 실제 정보교환

이행에 대한 상호평가(peer review)에 관여한다. 국가들은 정보교환의 국제적 기준에 얼마나 부합하는지에 근거해서 점수를 부여받는데, 이 점수는 대외적으로 공개된다.

최근까지, 과세당국간 정보교환의 국제기준은 오직 요청정보교환(exchange on request)에만 요구되었다. 즉, 한 국가는 상대국 과세당국이 구체적으로 특정 정보를 요구한 경우에만 정보를 제공하도록 요구되었다는 말이다. 그러나 2014년에 OECD는 새로이 '**조세문제에 있어 금융정보의 자동정보교환 기준**(Standard for Automatic Exchange of Financial Information in Tax Matters)'(www.oecd.org에서 원문을 볼 수 있다)을 제정하였다. 이 기준은 금융기관으로부터 취득한 특정한 종류의 금융정보(예를 들어, 배당, 이자, 금융상품 판매수익 그리고 특정계좌 잔액)는 자동적(상대국 과세당국이 요청할 필요 없이)으로 상대국 과세당국에 매년 제공되어야 한다고 규정한다. 90개국 이상이 이 새로운 기준에 동의했다. 게다가, 60개국 이상이 자동정보교환을 이행하기 위해 '**다자간 금융정보 자동교환협정**(Multilateral Competent Authority Agreement)'[26]에 서명했다.

과세당국은 다른 국가에 대하여 정보를 요구할 뿐만 아니라 경우에 따라서는 납세의무자의 국제적 사업활동에 관하여 조사를 하기도 할 것이다. 그러나 어떤 국가의 국세공무원이 외국정부가 요청하지 않는 이상 납세의무자의 기록을 조사할 목적으로 다른 국가를 방문할 수는 없다는 것이 국제적 관습이다. 일부 국가들은 납세의무자의 동의도 없이 국세공무원이 외국을 방문하는 것은 부적절하다고 본다. 어떤 국가들은 이 문제를 공동조사 프로그램을 통해서 해소하고자 해왔고, 이에 따르면 문제가 되는 납세의무자(와 그 관련인들)는 양국의 과세당국에 의해 조사를 받게 된다.[27]

---

26) 한국은 2014년 10월에 위 협정에 서명하였고, 2017년 9월 영국·케이만·BVI 등 50여 개국과 최초로 자동정보를 교환하였다(국세청, "국세청, 조세회피처를 이용한 역외탈세를 끝까지 추적하여 과세, 2017. 12. 6. 보도자료 참고).

일단 과세당국이 납세의무자를 조사하고 납부하여야 할 세액을 결정하면 다음에는 이를 징수해야 한다. 과세당국은 다른 국가에서 조세채무를 집행하는데 굉장한 어려움을 겪을 때가 많다. 대부분 국가의 국내법에 따르면, 외국정부가 결정한 세금은 일반적으로 '세수원칙(revenue rule)'에 따라서 강제징수될 수 없다. OECD와 UN 모델조약 제27조(징수공조)는 다른 국가의 조세징수에 협조하도록 각국에 요구함으로써 이 세수원칙의 한계를 극복한다.[28] 제24조(차별금지)와 제26조(정보교환)와 같이, 제27조는 조세조약 대상 조세에만 한정되는 것이 아니고 체약국에서 부과되는 모든 종류의 조세에 적용된다.

납세의무자가 협조요청국의 법제도 하에서 세금징수를 거부할 수 없다면, 징수공조를 요청받은 국가는 그 요청을 승인해야만 한다. 납세의무자는 요청을 받은 국가의 법원이나 행정관청에서 조세채무의 존재, 유효성, 금액을 다툴 권리가 없다. 또한, 요청을 받은 나라는 요청국가의 세금이 마치 자국의 세금인 것처럼 취급하여 징수해야 한다. 그러나 공조요청국이 그의 국내법과 행정 실무에서 사용가능한 조세징수와 채권보전을 위한 모든 종류의 조치를 다하지 않거나, 요청을 받은 국가가 (요청받은) 조세를 징수하는 행정적인 부담이 공조요청국의 이익과 비교해서 불합리하게 크다면 여기에 협조하지 않을 수 있다. 다른 국가가 징수할 세금에 관하여 징수공조 요청을 받은 경우, 요청을 받은 국가의 국내법이나 행정 실무와 부합하지 않거나 공공정책에 반하는 조치를 취할 필요는 없다.

---

27) 「국제조세조정에 관한 법률」 제39조가 세무조사 협력에 관하여 규정하고 있다.

28) 「국제조세조정에 관한 법률」 제40조가 조세 징수의 위탁에 관하여 규정하고 있다.

8.8.5 고정사업장에 귀속되는 소득(Attribution of Profits to PE)

제5장, 5.8.1.2에서 논의한 바와 같이 일방체약국 거주자인 법인체는 타방체약국에 설치한 지점(branch)이나 고정사업장을 통해서 또는 타방체약국에 설립한 자회사와 같은 법인체를 통해서 실질적인 사업 활동을 수행할 수 있다. 자회사와 달리, 지점이나 고정사업장은 독립된 법인이 아니므로, 스스로 독자적인 행위를 할 수 없다. 지점이나 고정사업장의 자산과 활동은 그들이 속한 법인의 자산과 활동이다.

일방체약국 거주자인 법인이 타방체약국에서 지점과 고정사업장을 통해 사업활동을 영위할 때, 양국은 지점이나 고정사업장의 소득금액을 결정할 필요가 있다. 원천지국은 원천과세시 비거주자 법인의 과세소득을 결정하기 위해 정보가 필요하다. 거주지국은 국외 지점이나 고정사업장을 통해 법인이 벌어들인 소득에 대한 이중과세 조정 — 외국소득 면제나 외국납부세액공제에 의해 — 을 위해서 정보가 필요하다. 비거주자가 국내에서 얻은 과세소득을 계산하기 위해 사용하는 방법은 국가마다 상당히 다르며, 제5장 5.8.1.1에서 이미 논의했다.

OECD와 UN 모델조약의 제7조 제1항에 따르면, 일방체약국 거주자는 타방체약국에 소재한 고정사업장을 통해 그 나라에서의 사업수행으로 벌어들인 경우에만 상대국에서 사업소득으로 과세된다. OECD 모델조약은, 타방체약국에서 고정사업장을 통해 사업을 수행하는 거주자는 고정사업장에 귀속되는 소득에 관하여만 과세 가능하다고 규정한다. UN 모델조약에 따르면 이러한 거주자에 대하여는 고정사업장을 통해 판매한 것과 유사한 재화의 판매로부터 발생하는 소득이나 고정사업장을 통해 수행된 것과 유사한 그 밖의 사업활동으로 인한 이익에도 과세할 수 있다. UN 모델조약이 취한 제한적인 총괄주의원칙은 쉽게 회피할 수 있기 때문에 큰 의미는 없다.

두 모델조약 제7조 제2항은 고정사업장이 그가 속한 기업의 나머지 부분들과는 독립적으로 운영되는 독립 기업이라는 가정 하에서 고정사업장에 귀속되는 소득을 결정하도록 규정한다(기업의 다른 나머지 부분들이라는 것은 기업 본사 그리고 다른 고정사업장들을 의미한다).[29] 이 가정에 따라 일반적으로 고정사업장에 귀속되는 소

---

29) 국내 판례 중 관련된 것으로 대법원 2020. 6. 25. 선고 2017두72935 판결이 있다.

「…대한민국과 필리핀공화국 간의 소득에 대한 조세의 이중과세회피와 탈세방지를 위한 협약 제7조는 제1항에서 "일방체약국의 기업의 이윤은 동 기업이 타방체약국 내에 소재하는 고정사업장을 통하여 동 타방체약국 내에서 사업을 영위하지 아니하는 한 그 일방국에서만 과세된다. 동 기업이 전술한 바와 같이 사업을 영위하는 경우에 동 기업의 이윤 중 동 고정사업장에 귀속시킬 수 있는 부분에 대하여서만 동 타방국에서 과세될 수 있다"라고 정하고, 제2항에서 "일방체약국의 기업이 타방체약국 내에 소재하는 고정사업장을 통하여 동 타방체약국 내에서 사업을 영위하는 경우에 동 고정사업장이 동일 또는 유사한 조건하에서 동일 또는 유사한 활동에 종사하며 또한 동 고정사업장인 기업과 전적으로 독립하여 거래하는 별개의 분리된 기업이라고 가정하는 경우에 동 고정사업장이 취득할 것으로 기대되는 이윤은 각 체약국에서 동 고정사업장에 귀속된다"라고 정하고 있다. 한편 과세처분 취소소송에서 과세요건사실의 존재 및 과세표준에 대한 증명책임은 과세관청에 있다. …

각 규정의 문언 내용 및 취지를 위와 같은 법리에 따라 살펴보면, 필리핀법인이 대한민국 내 고정사업장을 통하여 사업을 영위하는 경우에는 고정사업장이 필리핀법인과 독립하여 거래하는 별개의 분리된 기업으로서 얻었을 이윤만이 고정사업장에 귀속되어 대한민국에서 과세될 수 있고, 이와 같이 고정사업장에 귀속되는 이윤에 관하여는 과세관청이 증명책임을 부담한다.

… 필리핀법인인 원고는 2007. 6. 30. 국내에서 외국인 전용 카지노를 운용하는 원고보조참가인과, 원고가 원고보조참가인에게 카지노 이용고객(Junket, 이하 '정켓'이라고 한다)을 모집·알선하여 주고 원고보조참가인으로부터 고객이 잃은 돈의 70%를 모집수수료로 지급받기로 하는 이른바 정켓 계약(Junket Agreement, 이하 '이 사건 계약'이라고 한다)을 체결하였다.

… 원고는 이 사건 계약에 따라 2007. 7. 무렵부터 중국, 대만, 홍콩, 필리핀, 일본 등 한국을 제외한 아시아 전 지역을 대상으로 정켓을 모집하였다. 이는 원고가 이 사건 계약에 따라 국외에서 하는 구체적 활동 중 핵심적인 것으로, 개별적인 정켓모집활동은 대부분 각 나라에 있는 여러 하위 정켓업자들을 통하여 수행하였다. 그 이외에도 원고는 모집한 정켓들이 한국으로

득을 결정할 때 제9조의 이전가격 규정을 적용할 수 있다.

OECD 모델조약 제7조는 장기적 프로젝트의 일환으로 2008년에 작성된 "고정사업장에 대한 소득의 귀속(*Attribution of Profits to Permanent Establishments*)" 보고서의 내용과 OECD의 이전가격 가이드라인에서 고정사업장을 다루는 새로운 장에 부합하도록, 2010년에 상당히 많이 개정되었다. 이 새로운 장은 제6작업반에 속한 경제학자들에 의해 대부분 개정되었고, 개정은 그 당시의 모델조약 제7조의 문구로 제한되지 않았다. 실제로, 제6작업반은 제7조 제2

출국하기 전에 원고보조참가인의 영업장에서 게임을 할 수 있도록 정켓들로부터 자금을 원고 등의 해외 계좌로 받아 원고보조참가인의 홍콩 계좌로 송금하였고, 정켓들이 게임과정에서 자금대여를 요청할 경우에 대비하여 정켓들로부터 해당 금액을 미리 받아두거나 담보 등을 설정하기도 하였으며, 정켓들과의 정산 업무와 향후의 고객유치를 위한 고객관리 업무 등을 수행하기도 하였다.

… 원고는 국내에서 원고보조참가인의 영업장 내 사무실(이하 '이 사건 사무실'이라고 한다)에 직원들을 두고 원고가 모집한 정켓들에게 칩을 제공하거나 원고보조참가인이 운영하는 롤링게임에서 발생한 매출액을 확인하기도 하였고, 위 정켓들에 대한 항공권 예약 및 탑승 안내 업무, 공항에서 원고보조참가인의 영업장까지 안내하는 업무, 호텔과 식당의 예약 및 안내 업무 등을 수행하였다.

… 원고는 위와 같은 업무에 대한 대가로 원고보조참가인으로부터 모집수수료(이하 '이 사건 모집수수료'라고 한다)를 받았다.

… 그런 다음 원심은 아래와 같은 이유를 들어, 이 사건 모집수수료 전액에서 부가가치세를 제외한 금액 전부가 원고의 고정사업장에 귀속되는 수입금액이라고 전제하여 부과한 법인세 부과처분 및 이 사건 모집수수료 전부에 대하여 부가가치세 납세의무가 있다고 전제하여 부과한 부가가치세 부과처분(이하 통틀어 '이 사건 처분'이라고 한다)이 위법하다고 판단하였다.

… 원고의 직원들이 이 사건 사무실에서 수행하는 활동이 원고의 본질적이고 중요한 사업활동에 해당한다고 하더라도, 원고의 보다 본질적이고 핵심적인 업무는 국외에서 이루어지고 있고, 그 비용도 대부분 국외에서 지출되고 있는 것으로 보인다.

… 이 사건 모집수수료 중 원고의 대한민국 내 고정사업장인 이 사건 사무실에 귀속되는 수입금액은 이 사건 사무실에서 수행한 업무에 대한 대가로 국한되고, 원고가 국외에서 수행한 각종 업무에 대한 대가까지 포함된다고 볼 수 없다.」(강조는 역자)

항의 개별실체 가정을 논리적 결론으로 택하였고, 이에 따라 고정사업장은 그 소득 계산 목적상 별개의 개별실체로 취급되게 되었다. 이러한 새로운 접근법에 따라서 제7조 문구가 전면적으로 개정되었다.[30)]

OECD 모델조약 제7조 제2항은 고정사업장의 귀속 소득을 마치 고정사업장이 '고정사업장과 법인의 다른 부분을 통해 기업이 수행하는 기능, 사용자산, 위험을 고려했을 때' 개별적인 법적 실체

---

30) 참고로 해당 규정의 변천을 들어둔다.
1977년 OECD 모델조약 제7조(Business Profits) 2. Subject to the provisions of paragraph 3, where an enterprise of a Contracting State carries on business in the other Contracting State through a, permanent establishment situated therein, there shall in each Contracting State be attributed to that permanent establishment the profits which it might be expected to make if it were a distinct and separate enterprise engaged in the same or similar activities under the same or similar conditions and dealing wholly independently with the enterprise of which it is a permanent establishment (제3항의 규정을 조건으로 하여, 일방체약국 기업이 타방체약국에 둔 고정사업장을 통하여 사업을 영위하는 경우 각 체약국에서 고정사업장에 귀속하는 사업소득이란, 고정사업장이 독자적인 별개의 기업이라면 벌었으리라 기대할 수 있는 소득으로서 고정사업장이 같거나 비슷한 활동을 같거나 비슷한 조건에서 영위하고 또 고정사업장이 속하는 기업과 완전히 독립적으로 거래하였을 경우 벌었으리라 기대할 수 있는 소득이다).
2010년 개정 OECD 모델조약 제7조(Business Profits) 2. For the purposes of this Article and Article [23 A] [23 B], the profits that are attributable in each Contracting State to the permanent establishment referred to in paragraph 1 are the profits it might be expected to make, in particular in its dealings with other parts of the enterprise, if it were a separate and independent enterprise engaged in the same or similar activities under the same or similar conditions, taking into account the functions performed, assets used and risks assumed by the enterprise through the permanent establishment and through the other parts of the enterprise(본항과 제23A조 및 제23B조의 목적상, 제1항에서 말하는 각 체약국의 고정사업장에 귀속하는 소득은, 특히 그 고정사업장이 속하는 기업의 다른 사업부문과의 거래에서, 고정사업장과 법인의 다른 부분이 수행하는 기능, 사용자산 그리고 부담하는 위험의 정도를 고려하였을 때 동일하거나 유사한 조건하에서, 동일하거나 유사한 활동에 종사하는 독립된 기업이라고 가정하는 경우 그 고정사업장이 취득할 것으로 기대되는 소득이다).

인 것처럼 계산되어야 한다고 개정되었다. 아래 논의될 제7조 제3항에서부터 제6항까지는 삭제되었고, 제9조 제2항과 유사한 새로운 대응 조정이 제7조 제3항[31]에 추가되었다. 제7조 제3항은 타방체약국이 자국 법인의 고정사업장의 소득을 제7조에 따라 조정한다면, 일방체약국도 그 법인의 소득을 대응하여 조정할 것을 요구한다.

개별실체설에 입각한 제7조의 개정은 논쟁을 불러일으켰다. OECD회원 8개국은 제7조의 개정 조항을 거부하고 기존 버전을 준수할 것이라고 하면서 새로운 조항에 대한 유보를 표시했다. 게다가 UN 전문가 위원회는 2011년 UN 모델조약 개정시에 OECD가 새로 개정한 제7조를 채택하지 않기로 했다.

---

31) 참고로 해당 규정의 변천을 들어둔다.

1977년 OECD 모델조약 제7조(Business Profits) 3. In determining the profits of a permanent establishment, there shall be allowed as deductions expenses which are incurred for the purposes of the permanent establishment, including executive and general administrative expenses so incurred, whether in the State in which the permanent establishment is situated or elsewhere (고정사업장의 소득을 결정할 때, 경영비나 일반관리비를 포함하여 고정사업장의 목적을 위하여 발생된 경비는 그 고정사업장이 소재하는 체약국 또는 다른 곳에서 발생되는지 여부에 관계없이 손금산입이 허용된다).

2010년 OECD 모델조약 제7조(Business Profits) 3. Where, in accordance with paragraph 2, a Contracting State adjusts the pr-ofits that are attributable to a permanent establishment of an enterprise of one of the Contracting States and taxes accordingly profits of the enterprise that have been charged to tax in the other State, the other State shall, to the extent necessary to eliminate double taxation on these profits, make an appropriate adjustment to the amount of the tax charged on those profits. In determining such adjustment, the competent authorities of the Contracting States shall if necessary consult each other(제2항에 따라 일방체약국이 한 기업의 고정사업장의 소득을 조정하고 그 조정된 소득에 따라 이미 타방 체약국에서 과세된 소득에 대하여 과세할 경우, 타방체약국은 해당 소득에 대한 이중과세를 방지하기 위하여 필요한 범위 내에서 해당 소득에 대한 과세금액을 적절하게 조정할 수 있다. 그러한 조정을 결정할 때 필요할 경우 양 체약국의 권한 있는 당국은 상호협의할 수 있다).

제6장에서 설명했듯이, 이전가격 규정을 고정사업장에 적용하는 것은 상당한 개념적 어려움과 실제적인 곤란함을 야기한다. 제9조의 이전가격 규정은 특수관계인(related persons) 간의 거래에 적용된다. 이 규칙은 고정사업장은 인(人, person)이 아니기 때문에 적용되지 않는다. 고정사업장은 단순히 기업의 법적 일부이고, 하나의 법인 내의 부서 간에는 거래가 일어나지 않는다. 법적 관점에서, 이전(transfer)은 하나의 인(人)에게서 다른 인(人)에게로의 소유권의 변화를 필요로 한다. 그리고 고정사업장은 자산을 소유할 수 없다. 본부와 기업의 고정사업장간 또는 동일 법인의 두 고정사업장 간에 자산의 이전으로서 종종 은유적으로 묘사되는 것은 법인 소유 자산의 사용이나 위치에 있어서의 단순한 변화이지 진정한 의미에서의 이전은 아닌 것이다.

그렇기 때문에 이전가격 규칙을 고정사업장에 적용하기 위해서, 고정사업장을 별개의 법적 실체인 것처럼 취급하고 고정사업장과 고정사업장이 속한 기업의 나머지 부분들간에 가정적인 거래를 구성해야 할 필요가 있다. 예를 들어, A국 거주자인 A사는 A국에서 재화를 생산하고 이 재화를 B국에 있는 고정사업장인 판매대리점을 통해 판매한다. 이전가격 규정을 참조해서 A국과 B국간에 A사의 소득을 나누기 위해서는 B국에서의 고정사업장을 통한 A사의 판매활동을 마치 이러한 활동이 B국 거주자인 자회사(예를 들어, B사라는 자회사)에 의해서 수행되어진 것처럼 취급해야 한다. A사는 판매나 위탁을 통해서 가상의 B사에 재화를 이전한 것처럼 취급될 것이다. 이전가격 규정은 이 관념적인 이전(transfer)에 적용할 수 있다. 그리고 B사가 B국에서 독립적 판매자로 역할을 했는지 아니면 A사의 대리인으로서 활동했는지에 대한 가정을 해야 하는데, 이는 시장에서 판매자와 대리인이 얻은 소득은 같지 않을 수 있기 때문이다.

OECD 모델조약 제7조 제2항에 따른 고정사업장의 귀속 소득 결정은 2단계의 과정을 거친다. 첫 단계는 고정사업장의 수행기능, 자산에 관한 고정사업장의 경제적 소유권, 고정사업장이 부담하는 위험, 고정사업장의 자본 그리고 고정사업장과 법인의 다른 부분간 가정적인 '거래'를 결정하기 위해서 고정사업장에 관한 기능적·실질적인 분석을 하는 것이다. 두 번째 단계는 정상가격 결정을 위해서 이러한 거래에 이전가격 규칙을 유추하여 적용하는 것이다.

고정사업장과 기업의 다른 부분간 거래를 관념적으로 도출해야 할 필요성 때문에, OECD의 이전가격 규정을 고정사업장에 적용하는 것은 관계기업 간에 적용하는 것보다 훨씬 더 어렵고 불확실하며, 신뢰가 덜 간다. 위에서 말했듯, 일부 국가는 OECD의 새로운 접근을 거부했고, 이 규정을 효과적으로 적용할 수 없는 국가들도 적지 않을 것이다.

대부분 현존하는 조세조약은 1977년 버전의 OECD 모델 제7조와 현재 UN 모델 제7조와 유사한 사업소득 조항을 두고 있다. 위에서 밝힌 바와 같이, 제7조 제2항에 따르면, 고정사업장의 소득은 고정사업장이 이들이 속한 기업의 나머지 부분들로부터 독립적인 법적 실체라는 가정하에 계산된다. 그래서 1977년 OECD 모델조약 제7조 제2항은 새로운 OECD 모델조약의 제7조 제2항과 아주 크게 다르지는 않다. 그러나 1977년 OECD 모델조약의 주석은 그 논리적 귀결을 위해 개별실체가정을 취하지는 않는다. 대신에, 주석은 고정사업장 귀속 소득의 계산을 위하여 일련의 잠정적인 실행규칙을 제시한다. 주석은 수시로 고정사업장을 별개의 실체로 다룬다. 예를 들어, 고정사업장이 본점으로 자산을 이전했다면, 이전시에 고정사업장이 자산을 시장가격으로 팔고, 동시에 본점은 같은 금액으로 자산을 구매한 것으로 보아 고정사업장의 소득을 계산한다. 반대로, 주석이 고정사업장을 별도의 실체로 취급하지 않는 경우도 있다. 예를 들어, 1977년 OECD 모델조약 제7조는 고정사업장의 소득 계산시에 가상의 이자나 사용료 지급액을 공제하지 않는다. 그러나 새로운 OECD 모델조약 제7조는 가상의 이자 또는 사용료의 비용공제를 인정한다.

다음 사례에서 제7조의 두 가지 버전에서 각각 다른 접근법을 설명한다. A사는 A국 거주자인 법인으로 B국에서 고정사업장을 통해 사업을 수행한다. A사는 10% 이자율로 200,000을 빌리고 B국에서 사업수행을 위한 비용으로 쓰기 위해 고정사업장으로 200,000을 이전한다. A사는 또한 고정사업장 사업비용을 위해 고정사업장에 추가적으로 1,000,000을 선지급한다. 새로운 모델조약 제7조에 따르면, 그 고정사업장의 기능을 수행하고, 자산을 보유하며, 위험을 인수하려면 독립된 법인체가 얼마만큼의 부채와 자본을 갖고 있었을 것인지를 결정하여야 한다. 만약 이 법인체가 자본의 2배만큼의 부채를 갖고 있었을 것이라면, 이 고정사업장은 자본 400,000, 부채 800,000을 가진 것으로 가정할 수 있다. 따라서 (정상이자율이라고 가정할 경우) 가상의 부채인 800,000에 대한 10%의 이자비용은 고정사업장 귀속 소득을 계산할 때 공제될 것이다. 반대로, 1977년 OECD 모델조약 제7조와 현행 UN 모델조약 제7조에 따르면(제7조 제3항은 명백하게 가상의 이자나 사용료에 대한 지급액 공제를 허용하지 않는 것을 참조), 고정사업장을 위해 사용된 부채의 경우 A사에 대하여 발생한 실제 200,000에 대한 이자비용만이 고정사업장 소득계산시 공제될 것이다.

가상의 이자와 사용료 지급액의 공제를 허용하는 것은 문제가 있다. 실제 이자와 사용료 지급액이 있고 이를 고정사업장 소득 계산시 공제하는 모델조약의 제11조나 제12조에 따르면 원천지국은 (이자나 사용료) 지급액에 대한 원천징수세 부과를 할 수 있다. 그러나 이자와 사용료에 관한 가상의 지급액에 관하여는 원천지국이 원천징수세를 부과할 수 없다.

국제은행(international banks), 보험회사, 그리고 그 밖의 금융서비스회사는 지점을 통해 전세계 영업을 하는 경우가 적지 않다. 지점을 이용하는 이유는 투자자와 고객보호를 위해 많은 국가에서 요구하는 자본보유요건을 충족하기 위한 것이 보통이다. 1977년 OECD 모델조약 제7조 제3항 주석 문단 49와 UN 모델조약 제7조 제3항 주석 문단 41에 따르면, 금융기관은 고정사업장 소득 계산시 가상의 이자지급액을 공제할 수 있다. 그 주석에 따르면, 은행과 그 밖의 금융기관을 특별하게 취급하는 것은 "선급금을 주고 받는 것이 금융기관의 통상적인 사업활동과 밀접하게 연관되어 있다는 관점에서" 적합하다.

UN 모델조약 제7조 제3항 및 1977년 OECD 모델조약 제7조 제3항은 고정사업장을 위해 기업에서 발생한 비용은 그 비용이 어디에서 발생되었는지 그리고 전적으로 고정사업장을 위해서 발생한 것인지 여부에 상관없이 고정사업장 소득 계산시에 공제되어야 한다고 규정한다. 따라서 고정사업장이 있는 국가는 이러한 비용이 원천지국 밖에서 발생되었다거나 비용의 일부만이 고정사업장과 관련된다는 이유로 비용공제를 거부할 수 없다. 예를 들어, 회계나 법률비용 같은 본점비용은 고정사업장을 대신해 본점에서 발생되는데, 이것들은 고정사업장의 소득 계산시에 공제되어야 한다. 그러나 비용공제 가능성은 국내법의 문제라는 것을 잊어서는 안 된다. 따라서, 예를 들어 원천지국 국내법상 접대비의 일부만 공제가 능하다면, 원천지국이 제7조에 의해서 고정사업장 소득 계산시 모든 접대비 전액을 공제해야 하는 것은 아니다.

UN 모델조약 제7조 제4항 및 1977년 OECD 모델 제7조 제4항은 고정사업장의 소득을 계산할 때 그 기업 전체 소득을 공식에 따라(formulary) 배분하는 것이 고정사업장 소재 국가의 관례라면 그렇게 계산하여야 한다고 규정한다. 그러나 공식에 따른 배분은 모델조약 제7조의 원칙에 부합되어야 한다. 즉 고정사업장이 독립실체였다면 산출되었을 소득과 일치해야만 한다는 것이다.

UN 모델조약 제7조 제5항 그리고 1977년 OECD 모델조약의 제7조 제5항은 고정사업장의 소득은 소득계산 방법을 바꾸어야 할 충분히 정당하고 합리적인 이유가 있지 않는 한 매년 일관된 방법으로 결정되어야 한다고 규정한다.

이전가격원칙을 지점까지 적용하기 위해 상세하고 포괄적인 국내규정을 제정한 국가는 없다. 실제로 대부분의 국가들은 고정사업장의 소득을 납세의무자의 회계장부에 나타난 소득에 근거해서 계산하고 이 장부에 따른 결과가 합리적이지 않을 경우에 임의로 조정을 한다. 그러나 고정사업장의 장부와 기록은 소속 기업의 통제하에 있기 때문에, 이 장부와 기록은 신뢰할 수 없을 수 있고, 과세당국은 이것들이 고정사업장의 소득을 정확하게 반영하였는지 주의 깊게 확인하기 위해 면밀히 조사해야 한다.

8.8.6 BEPS 방지조치와 관련된 조세조약을 시행하기 위한 다자간 협약(The Multilateral Instrument)

8.8.2에서 논의했듯이, BEPS 프로젝트는 조세조약 남용에 대응하기 위해, 새로운 제목과 서문, 일반적 조세회피방지규정, 혼성체 대응원칙, 유보조항, 법인에 대한 새로운 이중거주자 판정기준 그리고 고정사업장 정의에 관한 몇 가지 수정을 포함하여 OECD 모델조약의 개정을 제안했다. 이러한 개정사항을 수정하기 위해 국가간의 양자조약을 재협상하는 것은 과도한 시간이 걸릴 것이고 조약남용문제에 대한 효과적인 대응책도 아니다. 이러한 문제를 인식하고, BEPS Action 15에서는 BEPS에서 제안한 조세조약 개정사항들을 효율적이고 신속하게 반영하기 위해 다자간 협약을 체결해야

한다고 제안했다.

2016년에 거의 100개국과 7개의 국제기구가 다자간 협약의 초안에 참여했다. 2016년 11월 24일에 OECD는 「양자간 조세조약 보완을 위한 다자간 협약 개발(Multilateral Convention To Implement Tax Treaty Related Measures To Prevent Base Erosion and Profit Shifting)」, **다자간 협약**[Multilateral Instrument(MLI)]으로 더 잘 알려진 보고서를 발표했다. 다자간 협약은 2017년 6월 7일에 약 76개국이 서명했고, 9개국이 추가로 서명하기로 약속했으며, 2018년 7월 1일에 발효되었다. 그 이후에 비준하는 국가들은 그 국가의 비준서를 기탁한 날로부터 3개월 후 1일에 발효된다. 현재 서명국은 OECD 웹사이트에서 확인할 수 있다(2018년 7월 기준 83개국).

일반적으로 다자간 협약 조항은 원천징수세와 관련된 부분에 대해서는 다자간 협약이 발효된 가장 최근일 이후의 첫 번째 달부터 효력이 발생하고, 과세기간이 있는 다른 조세에 관하여는 다자간 협약이 발효된 가장 최근일 이후 6개월 이후부터 효력이 발생한다.

다자간 협약은 일곱 개의 장으로 되어 있다. 제1장은 협약의 범위(이 협약은 대상조세협정 에 적용된다)와 정의를 다룬다. 제7장은 기술적인 쟁점들, 즉 서명, 비준, 발효, 시행, 그리고 아래에서 논의될 유보(제28조)와 통지(제29조)라는 중요한 쟁점을 다루고 있다. 제2장부터 제6장까지는 실체적인 BEPS의 조약개정사항들을 다룬다. 즉, 제2장[혼성불일치거래(hybrid mismatch)], 제3장[조약남용(treaty abuse)], 제4장(고정사업장 지위의 회피), 제5장(상호합의절차), 제6장(중재)이 그 내용이다.

다자간 협약은 BEPS Action 6의 권고사항과 2017년 OECD 모델조약의 새로운 개정 조항들을 조세조약에 포함시킴으로써 기존의 대상조세협정(Covered Tax Agreement)에 규정되어 있던 조항들을 수정할 목적으로 만들어진 것이지만, 단순히 OECD 모델조약의 관련 조항이나 문구를 참조하는 것만으로는 수정할 수가 없다. 왜냐하면, 어떤 조약은 조항의 번호가 다를 수 있고, 양자간 조약 상 동일규정의 문구라고 하더라도 OECD 모델조약의 문구와는 다를 수도 있기 때문이다. 그래서 다자간 협약의 규정은 OECD 모델조약에 비교할 만한 대상조세협정의 관련 규정에 관하여 일반적인 설명을 하고 있다.

다자간 협약은 각 체약국이 이 협약의 적용대상이 되기를 희망한다는 통지를 서명 또는 비준시에 한 국가의 조세조약에만 적용된다[제2조 제1항 (1)(ii) 대상조세협정의 정의 참조]. 그렇기 때문에 특정한 조세조약이 다자간 협약에 따라 수정되었는지 판단하기 위해서는 우선적으로 그 조약이 양체약국 모두에서 대상조세협정으로 등록되었는지를 확인해야 한다. 만약 조약이 양국 모두에서 등록되지 않았다면, 그 조세조약은 다자간 협약의 영향을 받지 않는다. 다음으로, 특정한 조세조약이 대상조세협정이라고 해도, 당사국 중 하나가 특정 조항에 대해서 '유보'를 했다면, 다자간 협약의 그 조항은 적용되지 않는다. 다자간 협약 제28조 제3항에 따라 유보의 효과는 어떤 체약국에서 했는지 상관없이 상호적으로 적용된다. 하지만, BEPS에서 이행 최소 기준을 규정한 조약남용방지와 상호합의 절차 개선에 관해서는 그 국가의 등록된(listed) 조세조약이 이미 이러한 최소기준을 충족시킨 경우가 아니라면, BEPS의 최소기준에 대한 유보는 허용되지 않는다. 예를 들어, 다자간 협약 제6조 제1항은 모든 대상조세협정에 대하여 조세조약은 탈세나 조약편승 장치를 포함하여 조세회피를 통한 조세경감의 기회를 창출하지 않고, 이중과세를 방지하고자 한다는 새로운 서문을 포함하도록 수정하고 있다. 제6조 제4항에 따르면 체약국은 서문이 새로운 서문과 유사한 표현을 이미 포함하고 있는 자국의 기존 대상조세협정에 대해서는 새로운 서문을 적용하지 않도록 유보할 수 있다.

일반적으로, 다자간 협약의 대부분의 조항들은 당사국의 모든 대상조세협정에 대해 다자협약 조항 전체의 적용과 관련되어 유보를 하거나, 또는 일부에 대해서 유보를 할 수 있도록 하고 있고, 다자간 협약 규정의 내용을 이미 포함하고 있는 대상조세협정에 대해서도 유보할 수 있도록 하고 있다. 그렇지만, 몇몇 국가들과의 대상조세협정에 관해서만 선택적으로 유보를 할 수는 없다. 이미 기존의 조세조약이 이 특정한 쟁점을 다루고 있는 규정이 있는 경우는 제외하고 말이다. 유보는 OECD에 통지하기만 하면, 언제든지 철회하거나 대체(유보를 더 줄이는 경우만 가능)할 수 있다. 사실상 일단 당사국이 다자간 협약을 따르기로 하면, 다시 철회하거나 이를 제한할 수 없다.

다자간 협약에 서명한 국가는 적어도 BEPS 최소기준을 담은 협약 조항에는 동의를 해야만 하는데, 이는 새로운 제목과 서문, 조약남용 그리고 상호합의절차이다.

다자간 협약의 각 조항은 적용규칙(operative rule)을 가지고 있다. 적용규칙은 4가지 종류로서 다음과 같다.

(1) 기존 조약의 조항을 대체해서(in place of) 적용하는 방식
(2) 조약의 기존규정에 적용(apply to)되거나 수정(modify)하여 적용하는 방식. 예를 들어, 다자간 협약에서 일반적 조세회피방지규정을 다루는 제7조 제3항은, 일반적 조세회피방지규정에 따르면 조세조약의 혜택이 배제되어야 함에도 불구하고, 체약국이 권한있는 당국이 재량적 판단하에서 조약의 혜택을 주는 것도 허용한다.
(3) 조약의 기존 규정이 없는 경우(in the absence of)에 적용하는 방식
(4) 조약의 기존 규정을 대체하거나(in place of), 기존 규정이 없는 경우(in the absence of)에 적용하는 방식. 예를 들어

> 다자간 협약 제4조 제2항은, 이중거주단체의 거주지 판단 규정과 관련하여 양체약국 모두가 OECD에 통지한 경우, 다자간 협약 제4조 제1항(권한 있는 당국은 그 이중거주단체의 거주자성을 결정하기 위해 노력한다는 내용)은 거주자 판단 기준을 대체할 수 있다고 한다. 하지만 양국이 모두 통지를 하지 않은 경우라고 하더라도, 다자간 협약 제4조 제1항은 해당 대상조세협정의 거주지 판단규정이 불일치하는 한도에서 그 대상조세협정의 규정보다 우선하여 적용되고, 대상조세협정에 그런 거주지판단 규정이 없다면, 그 대상조세협정에 추가되어 적용된다.

다자간 협약은 최소기준을 포함해서 BEPS 개정사항들을 담기 위해서 각 당사국들이 선택할 수 있는 옵션이 있기 때문에 훨씬 더 복잡하다. 옵션을 선택(어떤 경우는 아무 옵션도 선택하지 않은)한 당사국은 OECD에 그 선택과 관련 조항을 담고 있는 각 조세조약 그리고, 관련 조항번호를 통지해야 한다. 대상조세협정의 양체약국이 모두 동일한 옵션을 선택한 경우에만 그 옵션은 그 대상조세협정에 적용된다.

제9장

최근의 쟁점

9.1 개 관

이 장에서는 국제조세에 관한 몇 가지 중요한 최근의 발전된 내용을 다룬다. 이 내용 중에는 많은 부분이 앞에서 이미 언급되었지만 편의상 이 장에서 자세히 설명한다. 이 부분에서 다루고 있는 쟁점 중 무엇보다 중요한 사실은 최근 몇 년 동안 이러한 내용들이 점점 더 중요해지고 있다는 것이다.

이 장에서 논의되는 쟁점들은 광범위하다. 여기에는 국내법의 국제적 측면과 조세조약, 현실적인 쟁점 및 정보 교환과 중재와 같은 행정적 쟁점들이 포함된다.

여기서 논의된 쟁점들은 OECD와 UN의 작업의 결과 중요하게 된 것들이다. 최근의 BEPS 프로젝트가 보여주듯이 OECD는 국제조세 문제와 관련하여 지배적인 역할을 하고 있다. 최근 몇 년 동안 UN은 전문가위원회와 소속 역량개발기구를 통해 국제조세 분야에서 점점 더 중요한 영향력을 행사하기 시작했다. 예를 들어, 아래 9.4에서 논의하고 있는 기술적 용역 사용료에 대해 UN 모델조약에 새로 제12A조를 추가한 것은 조세조약의 발전에서 중요한 도약이 될 것이다.

9.2 세원잠식과 소득이전

9.2.1 개 관

2012년부터 OECD의 BEPS 프로젝트는 국제조세의 의제를 지배하고 있다. 아래 9.2.3에서 논의하는 바와 같이, 이 프로젝트는 크게 15개의 행동계획(Action Plan) 항목으로 구성되어 있으며, 완료시한 — 약 2.5년 — 은 비현실적으로 촉박했다. 이 프로젝트는 OECD

회원국뿐만 아니라 G20 및 개발도상국도 참여하고 있다. 대부분의 조치 항목의 쟁점들은 이 책에서 다루어지고 있다.

이 절에서는 BEPS 프로젝트의 개요와 이 프로젝트가 국제조세 시스템에 미치는 영향을 설명한다. 여기서 이해해야 할 중요한 부분은 BEPS 프로젝트가 지향하는 국제조세의 문제는 새롭게 나타난 것이 아니라는 것이다. 대부분의 BEPS 프로젝트는 OECD나 UN과 같은 국제기구와 여러 나라들이 수십 년간 고군분투한 원천지국과 거주지국간의 과세권 배분이라는 근본적이고 구조적인 특징과 관련되어 있다. BEPS 프로젝트를 이해하기 위한 기초로서 9.2.2에서는 국제조세체계의 근본적 문제 중 일부를 해결하려는 OECD의 첫 번째 시도인 — 1990년대 후반에 발생한 유해조세경쟁 대책(harmful tax competition initiative)에 대해서 논한다.

9.2.2 1998년 OECD의 유해조세경쟁에 관한 보고서 (The 1998 OECD Harmful Tax Competition Report)

지난 50년 동안 고세율국가에서 조세피난처(tax havens)와 조세특혜제도(preferential regimes)에 대한 이용은 놀랄 만큼 증가되었고 확산되었다. 이러한 현상에 기여한 변화들은 다음과 같다:

- 외국환관리라는 장벽 제거와 국가 간 무역 및 투자의 자유화
- 통신, 운송 및 금융 서비스의 향상
- 세무자문회사의 글로벌화
- 조세피난처에서 탄력적인 상업적 특혜 도입
- 공격적인 마케팅

조세피난처와 조세특혜제도를 가진 국가들은 조세전략에 대한 모든 요구와 세계 모든 지역에 대해 자신들의 서비스를 마케팅하는데 매우 정교해졌다. 이 분야의 경쟁은 이미 치열하지만 새로운

조세피난처와 특혜제도가 이익을 노리고 지속적으로 도입되면서 이 분야는 여전히 혼잡스럽다.

OECE는 이러한 저부담 조세특혜(low-tax regimes)의 확산과 그들의 세원잠식효과(base-eroding effects)를 "바닥을 향한 경쟁(race to the bottom)"이라 불렀다. 이러한 바닥을 향한 경쟁에 대한 우려는 OECD와 EU가 1990년대 후반에 주도한 유해조세경쟁 대책으로 이어졌다. 수년간의 노력과 어려운 협상 끝에 OECD는 1998. 4. 유해조세경쟁에 관한 보고서(*Report on Harmful Tax Competition*)를 발표했다. EU는 1997. 12. 유해한 조세경쟁에 관한 행위규범(Code of Conduct)을 채택하였다[유럽 공동체 집행위원회, 유럽연합에서의 유해조세경쟁 대처 패키지(*A Package to Tackle Harmful Tax Competition in the European Union*)]. 두 가지 대책은 상호보완적이었지만, EU 행위규범은 OECD 보고서와 달리 그 범위가 지리적 이동 행위에 국한되지 않았기 때문에 OECD 보고서보다 상당히 광범위했다. OECD 보고서는 제조업, 개인저축 등 비이동성 행위와 관련해서도 유해조세경쟁이 발생한다는 점을 인정했지만, 이러한 행위에 대해서는 대처하기가 더 어렵다고 판단되어 향후 조치를 위해 남겨두었다.

OECD 보고서가 "유해조세경쟁"을 목표로 하고 있음에도 불구하고 이 보고서에는 개념정의가 되어 있지 않았다. 이 용어를 정확하게 정의하기가 불가능하기 때문에 이러한 단점은 이해할 수 있다. 세계 자유무역과 자본주의 시대에는 모든 경쟁은 이로운 것이라는 신념이 있었기 때문에, "경쟁(competition)"이라는 용어를 사용하는 것은 불행이라 하겠다.

다만 "유해조세경쟁"이라는 용어의 개념에는 본질적으로 1980년대 후반의 전 세계적인 저세율-세원확대라는 조세경쟁(tax competition)과 앞에서 설명한 바닥을 향한 경쟁이 수반되는 유해조세경쟁(harmful tax competition) 간에는 차이가 있다는 점을 내포하고 있다. OECD에 따르면 모든 국가는 고유한 조세정책을 결정할 주권을 가지고 있지만, 다른 나라의 세원을 "잠탈(poach)"하기 위한 제도를 제정하는 것은 금지된다.

OECD 보고서는 OECD 회원국 조세 체계상 특혜제도를 포함하는 유해한 조세특혜제도와 조세피난처 모두를 대상으로 하였다. 보고서는 또한 조세피난처와 저부담 조세특혜를 다루기 위해 회원국들이 독자적인 차원과 협력적 차원에서 취할 수 있는 다양한 여러 대책을 제시했다. 그러나 OECD는 대화와 협력이라는 전략을 위해 조세피난처에 대한 제재계획을 포기하였다.

이러한 유해조세경쟁 대책은 조세포탈과 조세회피에 대처하기 위한 실효적인 국제공조의 시작을 알리는 것이기에 그 의미가 컸다. 그러나 OECD의 조치는 많은 논란을 일으켰다. 일부 논자들과 몇몇 소규모 조세피난처 국가들이 그 조치가 소규모 후진국들을 유혹하는 부유한 국가들의 카르텔이며 특정한 유형의 조세 체계 — 소득세제 — 를 도입하고 최저세율을 부과하려는 시도라고 비난하였다. 그러나 다른 논자들은 각국이 자국의 세원을 보호하기 위해 취해야 할 논리적 조치로서 OECD 대책을 환영하였다.

주요 조세정책에 대한 어떠한 새로운 대책도 본질적으로는 정치적인 문제이며, 유해조세경쟁 프로젝트도 예외가 아니다. 2000년 말까지만 해도 유해조세경쟁 프로젝트의 열렬한 지지자였던 미국은 OECD에 대해서 조세피난처와 유해한 조세특혜제도에 관한 대처를 사실상 포기하게 하였고, 그 프로젝트를 정보교환에만 집중하도록 OECD에 강요하였다. 그 결과 OECD는 조세형사문제와 조세민사문제를 모두 다루면서 양자 및 다자 형식으로 기능하는 표준화된 정보교환 조항을 개발하는데 전념하였다. 그러한 노력으로 정보교환에 대해 더 효과적이고 효율적인 체계가 만들어졌는데, 이는 제8장 8.8.4에서 논의하였다.

9.2.3 G20/BEPS 프로젝트(The G20/BEPS Project)

돌이켜 보면 국가 세수에 대한 압박이 다국적기업의 조세전략으로부터 국내 세원을 보호하기 위한 추가적인 노력으로 이어지는 것은 시간문제였다; 이러한 노력은 2008년 금융위기 동안 추진력을 얻었다. 2012년에 OECD는 세원잠식과 소득이전(BEPS)에 대응하기 위한 프로젝트를 시작하였다. 이 프로젝트는 애플, 아마존, 스타벅스 및 구글 등 몇몇 미국 다국적기업들이 사용한 공격적인 조세회피전략 기법이 국제 언론과 유럽 및 미국 정치인들의 거센 비난을 받자 활성화되었다.

2012. 6. "세원잠식과 소득이전을 방지할 필요성"을 강조한 G20 재무장관 회의의 최종 선언이 이 프로젝트를 촉진시켰지만, 국제적 조세회피를 방지하는 하나의 도구로서 정보교환에 대한 OECD의 노력이 자연스럽게 발전한 것이 BEPS 대책이었다. 2013. 2. OECD는 몇 가지 조치 영역을 확인하고 대응 실행 기한을 정한 "세원잠식과 소득이전에 대하여"라는 짧은 목록을 발행하여 G20의 우려에 대응하였다. 2013. 2. 회의에서 G20 재무장관들은 OECD 보고서를 환영하고 이 대책을 강력하게 지지하였다.

OECD는 2013. 7. 19. 세원잠식과 소득이전에 대한 구체적인 행동계획[OECD 행동계획(action plan)]을 발표하였다. 빠듯한 마감시한과 함께 야심찬 의제로 설정된 이 행동계획은 아래의 내용들로 이루어져 있다.[1)]

(1) 각국이 전자상거래(디지털 경제)에 대해 직·간접적인 조세를 부과할 수 있는 규정을 개발한다(전자 상거래는 9.6에서 다룬다).

(2) 혼성단체와 혼성금융상품의 사용 등 혼성불일치 거래를 다

1) https://www.kipf.re.kr/beps

루기 위한 국내 규정에 대한 조약 및 권고안을 개발한다(혼성기업과 혼성금융상품에 관한 BEPS 제안은 9.3에서 논의한다).

(3) 피지배외국법인(controlled foreign corporation) 세제를 강화하기 위한 제안서를 개발한다(CFC 규정과 관련된 BEPS 제안은 7장 7.3에서 논의하였다).

(4) 이자 및 기타 금융비용을 통한 세원잠식을 다루는 권고안을 개발한다(이자비용 공제와 관련된 BEPS 제안은 제7장 7.2에서 논의하였다).

(5) 유해조세제도에 대한 보다 효과적인 대책을 개발한다.

(6) 국내 조세조약남용방지 규정(domestic anti-abuse rules)의 도입을 위한 권고안과 남용방지조약규정을 개발한다[조약편승(treaty shopping)을 포함하여 조약남용에 대한 BEPS 제안은 제8장 8.8.2.3에서 논의한다].

(7) 고정사업장의 지위를 피하기 위해 판매대리인(commissionaire) 및 다른 형태의 거래를 이용하는 것을 방지하기 위해 OECD 모델 조약의 고정사업장(PE) 정의를 개정한다(고정사업장 정의와 관련된 BEPS 제안은 제8장 8.7.3.2에서 논의하였다).

(8) 이전 가격(transfer pricing)이 세원잠식 및 소득이전 목적으로 사용될 수 없도록 이전 가격 규정을 개정한다(이전 가격에 대한 BEPS 제안은 제6장에서 논의하였다).

(9) BEPS 관련 자료의 수집 및 분석을 위한 방법론과 BEPS 대책의 효과를 평가하기 위한 방법론을 개발한다.

(10) 공격적 조세회피 거래에 대한 보고(disclosure)를 요청할 수단을 개발한다.

(11) 이전가격 문서화를 향상시킨다(제6장 6.8 참조).

(12) 중재를 포함한 분쟁해결을 위한 조약 체결 절차를 개선한다(조세분쟁해결은 제8장 8.8.3절에서, 중재는 아래의 9.5에서

논의한다).

(13) BEPS 대책을 이행하기 위한 다자조약을 개발하고 양자조약을 개정한다(다자조약은 제8장 8.8.6에서 논의한다).

OECD의 BEPS Action은, BEPS 프로젝트가 발표되기 전에 OECD가 혼성불일치 거래 및 이전가격과 같은 일부 문제에 대해 연구해 왔다는 사실을 고려해 보더라도 분명히 야심찬 것이었다. 2015년 말 이전에 모든 15개 실행항목에 대한 BEPS 최종 보고가 완료되었지만 일부 후속 작업은 계속되었으며 오늘날에도 여전히 계속되고 있다.

그러나 BEPS 권고안의 대부분이 구현 단계는 2017년 초에서야 시작되었다. 이 작업을 수행하기 위해 OECD는 모든 국가가 조약 남용과 상호합의절차(MAP)의 개선 등을 다루는 BEPS 프로젝트의 최소 기준을 준수하는 한 동등하게 참여할 수 있는 포괄적 이행체계(Inclusive Framework)라는 협의체를 만들었다. 현재, 포괄적 이행체계는 120개 이상의 회원국을 보유하고 있으며, BEPS Action의 이행에 있어 회원국의 진행 상황을 모니터링하고 상호검토(peer reviews)를 시행하는 시스템을 갖추고 있다.

이 단계에서 BEPS 프로젝트에 대한 몇 가지 일반적 평가를 하는 것이 시의적절하다고 본다.

첫째, 이 프로젝트는 개발도상국들뿐만 아니라 브라질, 러시아, 인도, 중국 및 남아프리카 공화국(이른바 BRICS 국가들)을 포함한 G20에서도 폭넓은 지지를 얻었다. 이 프로젝트는 유엔, 세계은행, 국제통화기금(IMF)의 지원을 받고 있다. 한 가지 중요한 문제는 이 프로젝트가 특정 사안에 대해 각국의 협력적 조치를 필요로 하는 경우에도 대체적으로 BEPS 프로젝트에 대한 광범위한 지지가 유지될 수 있는가 하는 것이다.

둘째, 다국적기업은 전 세계적인 조세회피전략을 운영하기 때문에, 다국적기업의 공격적인 조세회피전략을 물리치기 위한 조치가 성공하기 위해서는 OECD 회원국, 브릭스 및 개발도상국의 협력적 조치가 필수적이다. 미국과 같이 경제 규모가 가장 큰 나라들에 의한 일방적인 조치는 효과가 없다고 판명되거나 국내 경제에 심각한 피해를 줄 수 있다.

셋째, BEPS의 문제들은 — (그런데, "세원잠식"과 "소득이전"이라는 용어는 동의어이며, 그 둘은 서로 다른 문제점을 기술한 것이 아니다) — 새로운 것이 아니다. 국제적 조세회피는 수십 년 동안 사업실무상 표준화된 부분이었고, 불가피하게, 정부는 그들의 세원을 유지하기 위해 다양한 종류의 규정으로 대응해 왔다. 따라서 지금의 상황을 다국적기업과 과세당국 사이의 긴장관계가 가장 최근까지도 나타나고 있다고 보는 것이 중요하다. 그러나 과거에는 과세당국이 주로 국내법 또는 양자 간 조세조약의 일방적 조세회피방지 조치로 국제적 조세회피에 대응했었다. 이와는 대조적으로 다국적기업은 전 세계적인 조세회피전략을 운영한다.

위에서 지적한 바와 같이, 국제적 조세회피 문제에 효과적으로 대응하기 위해서는 과세당국들 간의 협력적 조치가 필요하다. 이런 협력적 조치가 얼마나 성공할지는 두고 보아야 할 일이다. 일부 BEPS 실행항목은 매우 성공적이었다는 것은 이미 명백하다. 즉, 조약 남용을 다루는 OECD 모델 조약의 변경 및 이러한 변경을 이행하기 위한 다자조약의 변경에 대한 권고안, 국가별 보고, 이자비용 공제제한 규정(earnings-stripping rules) 및 상호합의절차(MAP) 개선에 대한 권고안 등을 예로 들 수 있다.

그러나 디지털 경제와 CFC 규정과 같은 다른 실행항목에는 거의 진전이 없었다. 한편으로, 유해조세경쟁에 대처했던 OECD의 기존 시도가 실패하였던 점과 각국들이 자국의 편협한 국익과 관련이 없는 부분에는 무능력하였다는 점으로 인해서 BEPS 프로젝트를 회의적으로 바라보게 되었다. 다른 시각에서는 G20이 지원하고 있다는 점과 조세피난처를 포함한 모든 나라들의 과세당국 간 정보교환을 OECD가 개선하고자 했던 노력이 명확하게 성공하였다는 점으로 인해서 오늘날은 상황이 다를 수 있음을 시사하고 있다.

마지막으로 BEPS 프로젝트는 좀 힘이 빠져버린 국제조세 시스템을 재편성하는 데 첫 걸음을 내딛을 수 있는 기회가 될 것이다. 그리하여 BEPS 프로젝트는 오랜 기간 동안 다국적기업에 의한 국제적 조세회피에 취약하지 않도록 하는 대처해 온 노력과 거주지국(선진국)과 원천지국(개발도상국) 사이의 국경 간 거래활동으로부터 조세수입의 안분이 적정해지도록 노력한 것 중에 가장 최근에 일어난 무척 야심찬 사건으로 보아야 한다.

OECD BEPS 대책의 근간을 이루는 조세정책적 고려사항은 표면상 명확하다. 다국적기업의 국제적인 공격적 조세회피는 국가 조세 시스템에 다음과 같은 여러 해로운 결과를 초래한다.

(1) 국가세수를 감소시키고 다국적기업이 조세법령을 준수하게 만드는 행정비용을 증가시킨다.
(2) 조세 시스템의 인지적 완전성(perceived integrity)을 훼손하고 대체적으로 조세순응(tax compliance)에 악영향을 미칠 수 있다.
(3) 다국적기업 이외의 납세의무자들이 더 큰 조세부담을 지기 때문에 국가 조세 시스템의 공정성을 훼손한다.
(4) 중소기업은 다국적기업처럼 국제적 조세회피 기회를 이용하기 어려울 것이며, 따라서 경쟁적 불이익을 받을 수 있다.
(5) 마지막으로 공격적 조세회피 전략을 수행할 기회가 국내의 경우보다 국제적 상황에서 더 클 정도로 투자 지역의 왜곡이 발생할 수 있다.

그러나 특정 국가에 대한 BEPS를 조세정책적으로 분석하는 것은 앞에서 언급한 결과목록을 제시하는 것보다 훨씬 더 미묘하고 어렵다. 많은 자본수출국들의 조세 시스템에는 국내 소재 다국적기업의 국제경쟁력을 제고하는 특징들을 가지고 있다. 지난 20~30년 동안 이들 국가는 소재하는 다국적기업의 경쟁력 강화 조치를 지속적으로 취해왔거나, 최소한 다국적기업을 경쟁에서 불리하도록 만드는 조치들은 피해왔었다. 따라서 많은 국가들은 BEPS에 대해 이중적 태도를 가지고 있는 것 같다. 한편으로는 국외 소재 다국적기업의 공격적 조세회피 전략으로부터 국내 세원을 보호하려고 한다. 다른 한편으로는 국내 소재 다국적기업의 국외 세원잠식을 방지하는 것에 관심이 없다(예를 들어 외국세액을 더 많이 납부하도록 하는 것).

따라서 특정 국가의 관점에서 볼 때 이상적인 BEPS 프로젝트의 결과는 다른 국가들이 그 소재지 다국적기업들에게 외국납부세액을 더 많이 납부하도록 조치하는 반면에, 소재지 다국적기업의 경쟁력을 제고하기 위한 노력을 거의 또는 전혀 하지 않는 것이다. 간단히 말해서 이러한 점이 협력적 조치의 중요성과 어려움을 설명해주고 있다. 그 어려움의 일부 원인은 OECD 회원국들의 폭넓고 다양한 이해관계 때문이다. 예를 들어 순자본수입국들은 순자본수출국들과는 다른 이해관계를 가지고 있다. 게다가 벨기에, 아일랜드, 룩셈부르크, 네덜란드 등 일부 OECD 회원국은 공공부문의 관점(세수, 투자, 고용)과 민간부문의 관점(전문회사 및 금융기관)에서 모두 다국적기업의 국제적 조세회피를 용이하게 하는 것에 상당한 이해관계를 갖고 있어서 현상유지를 원하고 있다.

9.3 혼성거래(HYBRID ARRANGEMENTS)

9.3.1 혼성거래란 무엇인가?(What Is a Hybrid Arrangement?)

"혼성거래"는 그 거래의 일부분에 대한 과세상 취급에 대해 두 국가가 서로 다르면서 일관되지 않은 상황을 묘사할 때 일반적으로 사용되는 용어다. 이러한 일관되지 않은 과세상 취급은 납세의무자에게 유리하거나 불리한 결과를 초래할 수 있다. 예를 들어 이전가격에 대한 일관되지 않은 입장은 이중과세를 초래할 수 있는 반면, 특정 지급액의 성격에 대한 일관되지 않은 입장은 한 국가에서는 공제가 되고 다른 국가에서는 비과세가 발생할 수 있다. 물론 다국적기업처럼 자문을 잘 받을 수 있는 납세의무자들은 혼성거래의 불리한 결과를 피하면서 이를 활용하여 조세수익을 창출하려는 전략을 펼칠 것이다.

위에서 폭넓게 정의되고 있는 혼성거래에는 소득세제의 기본적 특징: 과세대상자, 소득 발생 행위유형(고용, 사업 및 투자) 및 순소득 계산에 관련된 지급액 유형을 모두 포함하고 있다. 그러나 가장 중요한 형태의 혼성거래 유형은 혼성단체와 혼성금융상품이다.

혼성거래는 조세피난처 단체와 연결된 조세회피전략 거래의 대체수단으로 종종 사용되고 있다. 예를 들어 조세피난처 단체는 고세율 원천지국의 단체로부터 공제받을 수 있는 지급액을 받은 후 그 금액을 고세율 거주지국의 관련단체에 비과세형태로 지급하는 중개자 역할을 보통 맡고 있다. 혼성거래는 조세피난처를 이용하지 않아도 동일한 결과를 얻을 수 있다. 예를 들어 고세율 원천지국의 혼성단체가 도관체(flow-through or transparent entity)로 취급되는 경우, 원천지국에서는 혼성단체에 대한 공제가능한 지급액을 고세율국가에 거주하리라 예상되는 혼성단체의 소유자, A사에 대한 지급액으로 처리하게 된다. 혼성단체에 대한 지급액은 국내법이나 조세조약의 규정에 의해서 원천지국의 과세로부터 면제될 것이다. 또한 거주지국에서 혼성단체를 별도의 독립된 과세법인체로 취급하기 때문에 그 지급액에 과세가 되지 않을 수 있다. 즉 거주지국에서는 그 지급액을 A사가 수령하지 않는 것으로 취급되는 것이다.

9.3.2 혼성단체(Hybrid Entities)

혼성단체는 하나의 사법관할구역에서는 별도의 과세단체로 취급되고 다른 사법관할구역에서는 도관체로 취급되는 법률관계를 말한다. 예를 들어 A국 법령에 따르면 구성원이 이익을 분배받고 유한책임을 지는 사업형태를 설립할 수 있다. A국은 이러한 사업형태를 과세목적상 조합으로 취급하여, 그 결과 해당 조직의 이익 지분에 대해 구성원 또는 파트너에게 과세가능하다. 반면에 B국 세법에 따르면 그 조직은 법인으로—법인의 구성원 또는 주주와는 분리된 법적 실체로—규정하고, 그 결과 자신의 소득에 대해 조직 자체에 과세가능하다. 따라서 구성원 중 한 명 또는 다수가 B국에 거주할 경우, 사업형태에 대한 두 나라의 서로 다른 취급으로 인해 조세회피전략을 펼칠 기회가 많이 발생하게 된다.

혼성단체의 모양과 형태는 다양하다. 특정 단체가 혼성단체인지 여부는 관련된 국가의 국내법에 따라, 특히 과세목적상 단체를 규정하는 방법에 따라 좌우된다. 예를 들어 신탁 및 다른 유사한 신탁관계가 일부 영미법계 국가들에서는 단체로 인정되지만 일부 대륙법계 국가들에서는 단체성이 부인되기 때문에 혼성단체가 될 수 있다. 또한 혼성단체에는 보증유한회사(corporations limited by guarantee)와 같이 일부 조세피난처의 법률에 의해 성립되는 특별한 단체나 약정도 포함될 수 있다. 회사의 가치를 "소유한 자"(보증인)[The "owners" of the value of the company (the guarantors)]는 계약에 따른 권리와 의무를 가지고 있지만 의결권이나 배당권이 없다. 이 회사의 주식을 소유하고 있는 자들은 임원선출권과 제한된 배당권을 가진 주주들이다. 회사와 특수관계가 없는 사람(즉, 보증인과 관련된 사람)에게 배당금이 지급될 수 있다. 주주들은 전형적으로 자산 관리와 자산배분설계 서비스(estate planning services)를 제공하는 신탁회사들이다. 몇몇 조세피난처는 생전신탁(inter vivos trusts) 특성을 많이 가지는 이러한 유형의 단체를 설립할 수 있는 법률을 제정했다.

몇몇 나라들은 본질적으로는 계약상 관계인 익명조합(silent partnerships)을 인정하고 있다. 익명조합원은 사업소득을 분여하는 것에 대한 대가로 자산을 업무집행조합원에게 기부한다. 익명조합은 단체로 취급되지 않는다; 익명조합원에 의해 이전된 자산은 업무집행조합원의 소유가 된다. 익명조합원에게 지급되는 지급액은 원천징수의 대상이 될 수 있음에도 불구하고 일반적으로 업무집행조합원의 소득을 계산할 때 공제된다. 익명조합원이 거주하는 국가가 익명조합을 파트너십관계로 취급하고, 영토 단위로 사업소득에 과세한다면, 어느 나라에서도 원천징수세 외에는 과세가 되지 않을 것이다.

영국의 1998년 Memec PLC v. IRC[1998] STC 754(항소법원) 사례에서 두 개의 독일 사업회사(operating companies)의 주식을 순차적으로 소유하고 있는 독일 회사의 주식을 영국회사인 Memec이 소유하고 있었다. Memec이 자회사인 독일 회사로부터 배당을 받았을 때 사업회사들은 독일의 영업세(german trade tax[2])를 납부하였는데 영국 조세에서 공제불가능한 것이었다. 이에 Memec은 독일 회사와 익명조합관계를 맺고 조합원의 자격으로 사업회사로부터 직접 배당을 받았기 때문에 독일의 영업세는 공제가능하다는

2) 독일법에서는 영업세를 Gewerbesteuer라고 한다.

주장을 하였다. 영국 항소법원은 독일의 익명조합은 영국법에서는 파트너십으로 인정되지 않으며 소득의 원천은 계약거래(contractual arrangement)라고 판단하였다.

지난 15년에서 20년 동안 미국의 **납세의무자 선택규정 또는 체크더박스 규칙**(check-the-box rules)[3]의 결과로 혼성단체를 이용한 조세회피전략의 기회가 급증하였다. 1997년 이전에는 미국 세법에 따라 유한책임, 지속성, 중앙관리, 이익의 자유로운 이전가능성 등을 포함한 6가지 요소를 기준으로 단체(entities)를 법인이나 파트너십으로 분류하였다.

절세조력자는 이러한 요소를 조작하여 회사의 법적 성격을 원하는 대로 얻을 수 있었다. 예를 들어, 도관 투자기구(transparent investment vehicles)로서 흔히 유한책임회사(LLCs)의 이용을 선호하였다. 유한책임회사는 특별한 주법에 따라 투자자에게는 제한된 책임을 제공하지만 미국의 조세 목적상 투명한 것으로 취급되는 조세피난처용 기구로 만들어졌다.

1997년에 미국 정부는 많은 사업체들의 분류를 납세의무자들에게 선택하도록 하는 납세의무자 선택규정을 채택했다. 납세의무자는 원하는 법적 성격을 얻기 위해 6가지 요소를 조작하는 대신 지정된 양식의 항목에 체크함으로써 법인, 파트너십 또는 무실체 사업체(disregarded entity: 기업이 단 하나의 구성원으로 이루어진 경우[4])로 취급되는 단체를 단순히 선택할 수 있다. 무실체 사업체는 단일 소유자가 개인인 경우에는 개인사업(sole proprietorship)으로 취급되고 단일 소유자가 법인인 경우에는 지점(branch)으로 취급된

---

3) 법인으로 간주되는 단체를 제외하고 과세의 목적상 납세단위로서의 법적 성격을 납세의무자가 선택할 수 있는 규정이다. 연방재무부규칙 § 301.7701-1~4.

4) 2020년도 조세특례제한법 개정안 제100조의33 제1항에서는 "특정내국법인"이라는 용어를 사용하였으나, 제안이유에서는 "개인유사법인"이라고 표현하고 있다.

다. 선택에 따라 단체는 유한책임회사, 파트너십, 합작투자, 지점 및 기타 사업체로 취급될 수 있다. 또한 외국 법률에 따라 만들어진 회사에 대해서도 선택할 수 있다. 한번 지정되면 5년 동안 바꿀 수 없다. 하나의 사법관할권에서 명백하게 법인[소위 본질적으로 법인(per se corporations)]이 분명하고 회사의 표준형태를 포함하는 특정 단체에 대해서는 선택할 수 없다.

미국의 납세의무자 선택규정은 국내 조세전략과 조세행정을 단순화하려는 의도에서 도입된 것이다. 아마도 우연하게 납세의무자 선택규정은 미국의 해외투자 및 미국내 투자를 위해 혼성단체를 이용하는 것이 훨씬 더 매력적이며 안정적인 것으로 만들어 주었다. 예를 들어 미국 기업의 인수 또는 확장을 위한 이중금융거래(double－dip financing arrangement)는 다음과 같은 방식으로 이루어질 수 있다.

A국 법인 A사는 미국에서 활발한 사업을 하고 있는 미국 법인인 US사의 모든 주식을 인수하려 한다. A사는 미국 또는 조세피난처의 법률에 따라 자신이 모든 소유지분(units or interests)을 가지는 혼성단체(예를 들어 LLC)를 설립하였다. A국의 세법상 혼성단체는 법인으로 취급된다. 그러나 미국의 납세의무자 선택규정에 따른 선택으로 인해 혼성단체는 무실체 사업체 또는 도관으로 취급된다. 또한 A사는 US사의 주식을 취득하기 위해 미국 완전자회사(wholly owned US subsidiary)인 USHold사를 설립한다. A사는 A국 은행에서 US사 주식의 매입가액을 차용한 후 그 차용자금을 혼성단체에 출자한다. 혼성단체는 그 자금을 USHold사에 대여하여 US사의 주식을 취득하는데 사용된다.

이러한 유형의 거래에 대한 과세상 처리는 다음과 같다.

- USHold사가 지불하는 이자는 USHold사와 US사로 구성된 미국 연결납세집단의 소득 산정시 공제될 수 있다.

- 혼성단체는 미국 조세목적상 부인되기 때문에(다르게 표현한다면 투시과세되므로) 수령한 이자 지급액은 미국에서 과세대상이 아니다.
- USHold사가 혼성단체에 지급하는 이자는 미국 과세실무상 USHold사가 직접 A사에 지불한 것으로 간주되기 때문에 미국 원천징수의 대상이 된다.
- A국의 입장을 보면 이러한 혼성단체는 내국법인이 아닌 것으로 간주하기 때문에 (이러한 이자가 A국 피지배외국법인세제에 따라 과세되는 않는다고 가정할 때) A국의 납세의무를 지지 않는다.
- A사가 지급한 이자는 A사의 소득을 계산할 때 A국 과세실무상 공제가능하다.

원래 이자지급액에 대한 미국의 원천징수 세율은 미국−A국간 조약에서 규정된 경감세율이었고, 경우에 따라서는 0%의 세율도 있었다. 그러나 1997년 미국은 상대국이 혼성단체를 별도의 과세단체로 취급하기 때문에 그 국가에서 지급액에 대해 비과세로 처리하는 조약이 적용되는 경우에 원천징수 경감세율로 인한 조세혜택을 부인하는 규정을 도입하였다. 이자소득은 이제 미국에서 30%의 원천징수세율을 적용받기 때문에 미국에서는 더 이상 이러한 유형의 거래구조가 효과적이지 않을 것이다.

몇 년 간 일부 납세의무자들은 미국의 원천징수를 피하기 위해 이른바 미국에서 "역혼성(reverse hybrid)" 거래를 사용했다.

앞의 사례의 사실관계에 있어서 역혼성은 미국 과세실무상 법인으로 적용받기로 선택한 미국법에 따라 A사가 혼성단체를 구성하게 할 것이다. 혼성단체는 미국 은행으로부터 자금을 차입하고, 활발하게 사업을 영위하고 있는 미국 내국법인 US사의 주식을 취득하기 위해 차입한 자금을 사용한다. 이러한 거래를 이른바 역혼성이라 하는 이유는 단지 미국의 과세실무상 혼성단체가 파트너십이나 무실체 사업체가 아닌 법인으로 취급되기 때문이다.

이러한 역혼성거래의 과세결과는 다음과 같다:

- 혼성단체와 US사로 구성된 미국 연결납세집단의 소득과 혼성단체의 소득 산정시 은행에 지급되는 이자는 미국 과세실무상 손금(비용) 산입할 수 있다.
- 이자가 미국 은행에 지급되기 때문에 미국 원천징수세는 과세되지 않는다.
- 혼성단체가 A사와 ASub사간의 파트너십으로 취급되기 때문에 A사와 ASub사의 소득 산정시 은행에 지급되는 이자는 A국 과세실무상 손금(비용) 산입할 수 있다.

2001년에 미국이 역혼성거래(reverse hybrid arrangements)에 대한 규정을 만들었는데, 이 규정에 따르면 혼성단체는 특수관계에 있는 비거주자에게 지급한 이자를 공제할 수 없도록 하였다. 이러한 이자지급액은 미국 세법이나 미국 조세조약상 배당으로 취급된다. 이러한 배당금 처리는 혼성단체가 특수관계에 있는 미국 법인으로부터 배당금을 받는 경우에만 적용된다.[5]

혼성단체를 이용한 조세회피전략은 겁쟁이들을 위한 것이 아니다. 그것은 국내외 조세법령, 국내외 상사법 및 조세 조약의 복잡한 상호 작용을 수반한다. 이러한 계획의 보상은 상당할 수 있지만 심각한 위험도 존재한다. 예를 들어 위에서 다룬 첫 번째 혼성 사례에서, 혼성단체가 A국에 거주하는 것으로 간주되거나 혼성단체가 미국 내 A사의 PE(고정사업장)로 간주된다면, 거래의 이익은 무효가 될 것이다. 더욱이 혼성단체로 지급한 금액에 대한 미국 세금은 A국 CFC규정에 따라 A사가 지불하는 A국 세금에서 공제되지 않는다. 미국 세금을 납부하는 자는 혼성단체가 아니라 A사이기 때문이다.

5) 근거 규정은 미국세법 제254A조(e)이다.

9.3.3 혼성금융상품(Hybrid Financial Instruments)

일반적으로 혼성금융상품은 두 국가에서 법적 성격이 서로 다른 금융상품을 말한다. 예를 들어 부채와 자본의 특성이 모두 있는 금융상품은 한 국가에서 부채로 취급될 수 있지만 다른 국가에서 자본(주식)으로 취급될 수 있다. 혼성단체와 마찬가지로, 이러한 혼성금융상품은 조세회피목적으로 널리 사용된다. 만약 원천지국에서 법인이 발행한 금융상품을 부채로 취급한다면, 보통 부채를 댓가로 지급한 것을 이자로 규정하고 이러한 지급액에 대해 공제를 허용하려 할 것이다. 그러나 지급액 수령자가 거주하는 국가에서는 그 금융상품을 법인발행자의 주식으로 판단하여 주식을 대가로 지급한 것을 비과세배당(tax-exempt dividends)으로 취급할 수 있다.

거주지국과 원천지국에서 모두 공제 가능한 혼성금융상품의 예로 아래의 매도 및 환매("repo") 거래를 생각해 볼 수 있다. A국에 거주하는 A사는 B국에 거주하는 법인 B사의 모든 지분을 소유하고 있다. 또한 B사는 B국에 거주하는 C사의 모든 보통주 및 우선주를 소유하고 있다. A사는 B사로부터 C사의 우선주를 취득할 목적으로 자금을 차입하였다. 동시에, A사와 B사는 계약을 체결하는데, 그 내용으로 B사가 고정된 가격으로 5년 내에 C사의 우선주를 환매하기로 합의하였다.

A국은 법적 형식에 따라 이 거래를 처리한다. 따라서 A사는 이자지급액을 공제할 수 있지만, A국에 외국법인의 배당에 대한 지분면제제도(participation exemption)가 있다면 C사의 우선주 배당금에 대해 A사에게 과세할 수 없다. 이와는 달리 B국은 경제적 실질에 따라 이 거래를 A사가 보유한 C사의 우선주를 담보로 A사가 B사에 5년간 자금을 대여한 것으로 취급한다. 따라서 B국에서는 C사가 지급한 우선주 배당금을 B사가 이자지급액으로 공제가능하다. 그 결과 이 거래는 소득을 상쇄하지(offsetting income) 않고 A국

과 B국 모두 이자지급액 공제가 이루어진다.

9.3.4 혼성불일치 거래에 대한 BEPS Action 2번에 대한 보고서(BEPS Action 2 Report on Hybrid Mismatch Arrangements)[6)]

BEPS Action 2번에 대한 최종 보고서: 혼성불일치거래 효과의 중립화(*Neutralising the Effects of Hybrid Mismatch Arrangements*)는 모든 유형의 혼성거래가 아니라 혼성단체와 혼성금융상품 및 혼성양도(hybrid transfers)만을 대상으로 한다. 특별히 이 보고서에서는 한 국가에서 공제되는 것이 다른 나라에서 소득으로 포함되지 않는 결과가 발생하는 혼성구조 또는 양국에서 모두 공제되는 결과가 발생하는 혼성구조에 중점을 두고 있다. 이 보고서의 권고사항은 외화환산손익(foreign−currency gains and losses)에 기반한 금융상품과 관련하여 지급액가치의 차이나 시기의 차이를 대상으로 하고 있지는 않다.

혼성금융상품과 관련하여, 이 보고서는 금융상품이나 기초재산(예: 부채나 주식)에 대한 지급액의 특성 차이(예: 이자나 배당)에 중점을 두고 있다. 이런 목적으로 몇몇 국가에서는 국제회계기준(International Financial Reporting Standards)이나 그 밖의 회계기준에 바탕을 둔 국내법에 따라 금융상품이 규정되도록 하고 있다.

혼성단체와 관련하여, 이 보고서는 혼성단체가 지급한 지급액을 대상으로 하고 있는데, 그중에서도 2개의 국가가 그 금액을 지급한 단체의 법적 성격을 동일한 것으로 간주하지 않은 경우 또는 어느 일방의 국가가 그 지급액을 과세상 전혀 고려하지 않은 경우로 하고 있다. 두 번째 유형(후자)의 혼성불일치의 예로 A국에 거주

---

6) 한국의 경우 「국제조세조정에 관한 법률」 제15조의3(혼성금융상품 거래에 따라 발생하는 이자비용의 손금 불산입)을 신설하였다.

하는 A사가 완전자회사인 B국 법인 B사에게 자금을 대출하는 상황을 고려하고 있다. B국은 B사를 과세단체로 취급하고 A사에게 지급되는 차입금 이자에 대해 공제를 허용한다. 그러나 A국은 B사를 투명한 도관으로 간주하고 A사가 B국에 지점이나 고정사업장(PE)을 보유하고 있는 것으로 간주한다. 그 결과 A국은 B사가 A사에 지급하는 이자를 인정하지 않으며, A사의 해외지점 이익을 A국의 조세에서 면제할 수 있다.

이 보고서는 또 혼성단체가 지급받은 대금이 포함된 "역혼성(reverse hybrids)"과 거래당사국들의 법에 따라 성립된 후 제3국으로 진입하는 혼성거래인 "수입 불일치(imported mismatches)"도 대상으로 하고 있다. 수입 혼성불일치 거래의 예로서 다음의 경우를 들 수 있다. B국에 거주하는 B사는 A국에 거주하는 모회사 A사에게 혼성금융상품을 발행한다. B사가 A사에 지급한 대금은 B국 거주 B사에서 공제되지만, A국 거주 A사에서 과세되지 않는다. B사는 그 후 C국에서 거주하고 있는 제3자인 C사에 자금을 대출해준다. 그 차입금에 대한 이자지급액은 C국 거주 C사에서 공제되며 B사의 소득에 포함되어, B사가 A사에 지불하는 공제가능한 금액과 서로 상쇄한다. 사실상, A국과 B국 사이의 혼성거래의 수익은 제3국인 C국으로 이전된다.

위에서 설명한 다양한 유형의 혼성거래로 인한 과세 특혜에 대응하기 위해, 이 보고서는 포괄적인 일반적 대응보다는 일련의 특별한 규정을 권고하고 있다. 이 규정은 매우 복잡하기에 많은 나라들, 특히 개발도상국의 세무 당국이 적용하기가 어려울 것이다.

보고서의 권고사항은 일방적으로 채택하는 국내 규정과 일방적으로 채택하기는 하지만 다른 국가의 규정을 고려하기 위한 기타 국내 조정 규정으로 구성되어 있다. 이러한 목적을 위해, 어떤 국가는 대상 혼성거래에 대해 조치를 취하는 1차 국가로 간주되고,

다른 국가는 1차 국가가 혼성거래를 다루지 않는 경우에만 혼성대응규정(anti-hybrid rules)을 적용해야 하는 2차 국가로 간주된다.

한 국가에서 손금(비용) 산입을 인정하지만 다른 국가에서 소득에 포함시키지 않는 혼성거래의 경우 지급인이 거주하는 국가가 1차 국가이다. 그러나 혼성금융상품과 관련하여 이 보고서는 수취인이 거주하는 국가(2차 국가)는 지급인의 경우 공제가능한 지급액에 대해서는 공제나 면제를 거부해야 한다고 권고한다. 어느 경우든 혼성거래규정을 적절히 적용하려면 각국이 다른 나라에서 혼성금융상품으로 인한 지급액의 과세취급에 대한 상세한 정보를 얻어야 할 것이다. 이러한 내용은 비전형적인 것으로서 대다수 국가들의 과세당국이 풍부한 경험을 가지고 있지 않는 것이다.

이중공제를 수반하는 혼성단체 지급거래의 경우 지급액의 수취인이 거주하는 국가가 1차 국가이고 그 지급액에 대한 손금(비용) 산입을 거부할 것으로 예상된다. 한 국가에서 손금(비용) 산입을 허용하지만 다른 국가에서 소득에 포함시키지 않는 혼성단체 지급, 역혼성 그리고 수입 불일치에 대해서 유사한 접근법이 적용된다. 이런 상황에서 1차 국가는 지급액의 수취인이 거주하는 국가다. 따라서 수취인의 거주지국은 지급액에 대한 과세면제나 손금(비용) 산입을 거부하고 다른 국가가 손금(비용) 산입을 허용한다면 이를 소득에 포함시키도록 요청할 것으로 예상된다. 그러나 1차 국가가 위와 같은 조치를 취하지 않을 경우 2차 국가는 지급액에 관하여 손금(비용) 산입을 거부할 것으로 예상된다. BEPS Action 2번에 대한 보고서는 주로 혼성거래를 다루기 위한 국내법 개정에 초점을 맞췄지만, 2017년 개정 OECD 모델 조세조약에 대해서도 한 가지 변경을 권고했다.

OECD 및 UN 모델조약 제1조 제2항에 따르면 투시과세단체(도관)를 통해 벌어들인 소득은 체약국이 내국세 목적으로 그 소득을 거주자의 소득으로 취급하는 경우에만 조약의 목적상 거주자의 소득으로 취급된다. 예를 들어 A국 법인인 A사가 B국의 단체에 이자를 지급하는 것을 가정해본다. A국은 그 단체를 회사로 간주하고, A국과 B국 사이의 조세조약 제11조에 따라 이자에 대한 원천징수세를 부과한다. 그러나 B국은 그 단체를 투시과세단체인 파트너십으로 간주하고 파트너들에게 과세한다. 그 단체에 두 명의 동등한 조합원 또는 파트너가 있다고 가정할 때, 제1조 제2항을 적용할 것인지 여부는 그 파트너들의 거주지국이 어디인지에 달려있다. 한편으로는 두 파트너가 모두 B국 거주자가 아니라면 B국은 어떠한 이자도 B국 거주자의 소득으로 고려하지 않기 때문에, A사가 그 단체에 지급하는 이자는 제11조에 따른 더 낮은 세율적용의 혜택을 받을 수 없을 것이다. 다른 한편으로는 파트너 중 하나가 B국 거주자인 경우 그 파트너가 받은 이자(즉, 전체 이자의 절반)는 제11조의 혜택을 받을 자격가 있다. 제1조 제2항은 1999년 OECD 파트너십 보고서(OECD 모델 협약의 파트너십에의 적용 *The Application of the OECD Model Convention to Partnership*)의 기초가 되는 원칙이 확장되었음을 보여준다.

사실상 파트너십 보고서와 제1조 제2항은 조세조약의 혜택을 허용하기 위한 목적에서 일방체약국이 어떤 단체의 법적 성격에 관한 타방체약국의 판단을 받아들이도록 요구하고 있다. 따라서 위의 예에서, A국은 문제가 되는 단체를 법인으로 취급함에도 불구하고 B국이 그 단체의 법적 성격을 투시과세단체인 파트너십으로 취급하는 점을 수용하여야 한다.

9.4 관리, 기술, 컨설팅 용역에 대한 수수료(FEES FOR MANAGEMENT, TECHNICAL, AND CONSULTING SERVICES)

9.4.1 개 관

제2장과 제5장에서 살펴본 바와 같이 대부분 국가들이 비거주자에게 국내원천소득에 대해서 과세한다. 일부 국가는 비거주자에게 모든 국내원천소득에 대해서 세금을 부과한다. 다른 국가들은 비거주자에게 예를 들어 고정사업장이나 최소 체류기간과 같은 최저기준을 충족하는 국내원천 사업소득에 대해서만 세금을 부과한다. OECD 및 UN 모델조약의 규정에 따르면 일반적으로 원천지국은 그 사업의 소득이 원천지국에 설립된 고정사업장을 통해 창출되고 고정사업장에 귀속하는 경우에만 거주지국의 거주자가 수행하는 사업소득에 세금을 부과할 권리가 있다.

국내법과 조세조약의 이러한 규정으로 인하여 납세의무자, 특히 다국적기업은 아래의 예와 같이 기술, 관리 및 컨설팅용역에 대한 지급액을 통해 원천지국의 세원잠식을 위한 경영계획을 수립할 수 있다. A국 법인 A사는 호텔 사업에 관여하는 다국적기업의 모회사다. 이 기업집단은 B국에 B사 소유의 호텔을 가지고 있는데, B사는 A사의 완전자회사로서 고세율 국가인 B국 법인이다. B국은 호텔 운영 소득에 관하여 B사에게 과세한다. 그 소득을 산정할 때 B사는 소득에 대응하는 비용을 공제할 수 있다. B사가 지출한 비용에는 저세율 국가인 C국 법인으로서 A사의 또 다른 완전자회사 C사에게 지급되는 관리비용과 컨설팅 수수료가 포함된다.

다국적기업은 이러한 구조를 이용하여 실질적인 절세효과를 누릴 수 있는데, 그 이유는 관리 및 컨설팅 비용이 B국의 과세표준에서 공제될 수 있으며 C국에서는 저세율로 과세되기 때문이다. B사가 요구하는 손금(비용) 산입에 관하여는, 물론 특수관계인에게 지급된 비용이기에 B국의 이전가격세제(transfer pricing rules)가 적용된다. 그러나 절세는 실제거래가격이 정상가격을 초과하여야만 가능한 것이 아니다. 즉, 실제거래가격이 정상가격이라도 절세를 할 수 있다. 게다가 B국이 자신의 국내법에 따라 C사의 수수료에 과세하지 않기 때문에, 그리고 B국이 C국 거주자가 벌어들인 사업소득에 과세할 수 있는 경우란 B국과 C국 간 조세조약에 따라 C국 거주자가 B국에 설치한 고정사업장을 통해 사업을 수행하는 경우이기 때문에 그 수수료에 대해 B국은 C사에게 과세할 수 없을 것이다. C사는 B국에 고정사업장을 두지 않도록 신중을 기할 것이다.

일부 개발도상국들은 비거주자의 관리, 기술, 컨설팅용역 수수료에 대해 비거주자에게 과세하는 특별 규정을 국내법에 두고 있다. 이 규칙에 따르면 해당 국가에서 용역이 제공되었는지 여부와 관계없이 거주자가 관리, 기술 및 컨설팅용역을 위해 비거주자에게 지급한 총액에 대해 원천징수세가 부과된다. 비거주자인 용역의 제공자가 원천지국에서 용역을 수행하는 경우, 용역소득 원천지는 용역을 수행하는 곳이라는 관습에 따라 그 소득은 원천지국으로부터 분명히 발생한 것이다. 그러나 일부 국가는 용역이 사용되거나 소비되는 국가에서 용역소득이 발생한다고 간주한다.

이러한 규정과 관련된 근본적인 어려움은 이 규정이 적용될 용역의 유형이 정확하게 정의되지 않을 때가 적지 않다는 것이다. 일부 국가는 일반적으로 노하우 또는 기술 전문지식의 이전(지적재산권의 이전과 유사함)을 포함하는 기술 지원(technical assistance)과 전문 지식이나 기술의 적용을 포함하는 기술적 용역(technical services)을 구별한다. 조세조약의 규정을 적용할 때 기술적 용역의 정의도 아래에서 논의하는 바와 같이 비슷한 문제가 있다.

개발도상국이 국내법의 규정에 따라 비거주자의 용역소득에 과세하는 경우에도, 다음 절에서 논의하는 것처럼 적용가능한 조세조약의 조항이 과세권을 제한할 수 있다.

9.4.2 관리, 기술, 컨설팅용역소득에 대한 조세조약 적용 과세 (The Taxation of Income from Management, Technical, and Consulting Services under Tax Treaties)

이 절에서는 관리, 기술 및 컨설팅용역[이하 편의상 간략히 "기술적 용역(technical services)"라 한다] 소득에 잠재적으로 적용될 OECD 및 UN 모델조약 조항에 대한 간략한 요약과 일부 개발도상국에서 조세 조약에 포함시킨 용역소득 적용 조항을 개관한다.

OECD 모델조약에는 상대방 국가의 거주자가 다른 체약국 또는 다른 체약국 고객에게 제공한 기술용역소득을 다루는 특별 규정이 포함되어 있지 않다. 일반적으로 사업 용역소득에는 OECD 모델조약 제7조가 적용된다. 제7조 제1항에 따라 해당 국가는 비거주자가 고정사업장을 통해 자국영역에서 사업을 영위하는 경우에만 비거주자의 사업소득을 과세할 수 있다. 고정사업장는 제5조에 규정된 고정사업장으로서 일반적으로 최소 6개월간 지속되어야 한다. 유엔 모델조약 제5조 제3항 (b)에 따르면 비거주자가 12개월 중 183일 이상 원천지국에서 서비스를 제공하는 경우 비거주자는 원천지국에 고정사업장을 가지고 있는 것으로 간주된다. 2017년 UN 모델조약의 개정 이전에 제5조 제3항 (b)는 동일한 또는 연결된 프로젝트에 관하여 제공되는 서비스로 한정하고 있었다. 하나의 국가 안에서의 여러 다른 프로젝트에 관하여 비거주자가 제공하는 서비스를 183일 기준을 충족시키기 위한 목적으로 통합되지 못하도록 하는 이 조건은 2017년에 폐지되었다. 비거주자인 용역 제공업체가 원천지국에서 보내는 시간을 제한하거나, 한 곳에서 6개월 이상 근무하지 않거나, 대규모 계약을 여러 소규모 계약으로 분할하거나, 특수관계인이 프로젝트를 수행하도록 하면 고정사업장 규정과 유엔 모델조약 제5조 제3항 (b) 모두를 쉽게 회피할 수 있다.

UN 모델조약 제14조(OECD 모델조약에서는 제14조가 2000년에 삭제되었다)에 따라 비거주자 개인이 원천지국에서 수행하는 전문적 용역 또는 기타 독립적 용역로부터 받은 소득은 비거주자가 정기적으로 이용할 수 있는 해당 국가의 고정근거지(fixed base)로 귀속되거나 비거주자가 12개월 중 원천지국에 183일 이상 있는 경우에만 원천지국이 과세할 수 있다. 원천지국은 제7조 또는 제14조에 따른 소득에 대해 순소득기준으로 과세하는 것이 일반적이 관행이다. 기술적 용역(technical services)과 기술적 전문지식이 포함된 전문적·비즈니스 용역(professional and business services)의 구분은 불분명하다. 예를 들어 엔지니어링 용역(engineering services)은 종종 기술적 용역라고 간주된다. 그러나 엔지니어의 독립적 활동은 UN 모델조약 제14조의 목적상 "전문적 용역"의 정의에 포함된다. 따라서 엔지니어가 원천지국에 고정근거지를 가지고 있거나, 12개월 중 183일 이상을 원천지국에 체류한 경우에만 원천지국이 엔지니어링 용역소득 또는 적어도 개인이 수행하는 엔지니어링 용역소득을 과세할 수 있다.

제12조 제3항의 사용료에 대한 정의는 지적재산권, 장비 또는 정보의 사용권(the right to use), 또는 사용(the use of)에 대한 지급액으로 제한되기 때문에, 사용료를 다루는 OECD 및 UN의 모델조약 제12조는 모두 관리, 기술 또는 컨설팅용역에 관한 수수료에는 적용되지 않는다. 개인이 타인을 위해 기술적 용역을 수행하는 경우에 재산이나 정보가 이전되지 않는다.

기술적 용역에 관한 비용지급에 의하여 원천지국의 세원잠식이 일어나지만 원천지국은 그러한 지급액에 관하여 과세할 수 없기 때문에 일부 국가들은 조세조약에 특별 규정을 추가하여 총수입금액기준으로 기술적 용역에 관한 비용지급을 과세할 수 있도록 하였다. 세계재정사무국(IBFD)의 2011년 조사에 따르면 1997년과 2011년 사이에 체결된 1,600개의 조세조약 중 134개가 관리, 기술 및 컨설팅용역에 대한 수수료를 다루는 별도의 조항을 두고 있는 것으로 나타났다. 이러한 특별 규정이 있으면 기술적 용역소득은 사실상 사용료처럼 취급된다. 인도와 같은 일부 국가는 사용료를 취급하는 제12조를 확장하여 지적재산권의 적용에 보조적이거나 종속적인 용역이나 기술적 지식, 기술, 노하우 또는 프로세스를 이용 가능하게 하거나 기술 계획이나 설계의 개발을 수반하는 서비스에 대한 지급액을 포함하고 있다. 이 접근법은 지적재산권에 관한 사용권의 이전에 대한 사용료와 용역 제공자가 고객에게 제공하는 노하우나 재산 이전을 수반하지 않는 용역에 관한 수수료의 상호 구분에 혼동을 주기 때문에 만족스럽지 못하다.

전형적으로 기술적 용역 수수료를 다루는 조세조약의 특별 규정은 원천지국의 과세를 원천지국에서 "발생"하는 용역 수수료로 제한하며, 이는 통상 용역이 원천지국에서 수행되어야 함을 의미한다. 더욱이 이러한 조항에 전형적으로 사용되는 표현인 "관리, 기술 또는 컨설팅용역"에 관하여는 일반적으로 개념 정의가 되어 있지 않다.

9.4.3 UN 모델조약 제12A조(기술적 용역에 대한 수수료) [Article 12A (Fees for Technical Services) of the UN Model Treaty]

2017년, 몇 년간의 준비 끝에 UN 전문가 위원회(Committee of Experts)는 UN 모델조약에 관리, 기술, 컨설팅용역에 대한 수수료를 취급하기 위한 새로운 조항인 제12A조를 추가했다. 제12A조에 따르면 일방체약국 거주자가 벌어들인 기술적 용역에 대한 수수료는 그 수수료가 타방체약국에서 발생한 경우 원천징수의 방법으로 총수입금액기준으로 타방체약국이 과세할 수 있다. 만약 지급인이 일방체약국의 거주자이거나, 일방체약국에 고정사업장을 둔 비거주자이고 고정사업장 귀속 이익의 계산시 수수료가 손금(비용) 산입되는 경우, 용역이 일방체약국에서 수행되는지 여부는 중요하지 않다(제12A조 제4항). 이는 OECD 모델조약과 2017년 이전의 UN 모델조약(고정사업장 또는 고정근거지를 통해 원천지국에서 용역을 수행하는 경우에만 순소득기준으로 과세)의 기존 규정에 따른 수수료 처리와 극명하게 대비된다.

기술용역 수수료는 직원들에 대한 지급, 교육기관 내부에서의 지급 또는 교육기관의 교육행위에 대한 지급, 개인의 비상업적 사용에 대한 지급이 아닌 자문, 기술 및 관리 용역에 대한 지급을 의미하는 것으로 제12A조 제3항에 정의되어 있다. 제12A조에 대한 UN 모델조약 주석은 "컨설팅," "기술" 및 "관리"라는 용어는 통상적인 의미를 나타낸 것일 뿐 조약을 적용하는 국가의 국내법에 따른 의미는 아니라고 설명하고 있다. 또한 이 주석은 일반적으로 기술적 용역은 용역의 제공자가 용역을 제공할 때 특별한 지식, 기술 또는 전문지식을 발휘하도록 요구되는 것임을 명확히 하고 있다. 용역 제공자는 고객에게 제공되는 일상적인 용역 개발에 특별한 지식, 기술 또는 전문지식을 적용할 수 있지만, 특별한 지식, 기술 또는 전문지식이 고객에게 직접 제공되지 않기 때문에 이러한 일상적인 서비스는 기술적 용역이 아니다.

용역 제공자가 타방체약국의 고정사업장 또는 고정근거지를 통해 기술적 용역에 대한 수수료를 벌어들이고 그 수수료가 고정사업장과 실질적으로 연결되는 경우, 제12A조는 적용되지 않는다. 그 대신 제7조 또는 제14조가 적용되며, 고정사업장 또는 고정근거지에 귀속되는 이익은 순소득기준으로 과세된다. 따라서 조세조약의 체약국에서 광범위한 기술적 용역을 제공하고 이러한 용역을 제공할 때 상당한 비용을 부담하는 용역 제공자들은 수수료가 순소득기준으로 과세될 수 있도록 해당 체약국에 고정사업장이나 고정근거지를 설립하는 것을 고려할 수 있다.

제12A조 제4항에 따라 기술적 용역에 대한 수수료를 체약국의 거주자가 부담하거나 비거주자가 체약국에 설치한 고정사업장 또는 고정근거지가 부담되는 경우 그 기술적 용역에 대한 수수료는 체약국에서 발생한 것으로 간주한다. 이러한 상황에서 수수료는 일반적으로 지급인이 그 국가의 세원에서 공제할 것이다. 그러나 위에서 언급한 바와 같이 용역이 그 국가에서 수행될 필요는 없다. 기술적 용역 수수료의 지급인이 일방체약국의 거주자이지만 타방체약국에 고정사업장 또는 고정근거지를 가지고 있는 경우, 기술적 용역 수수료는 이를 고정사업장 또는 고정근거지가 부담한다면 거주기국에서 발생하지 않은 것으로 간주하며, 따라서 지급인의 거주지국은 제12A조에 의하여 그 기술 수수료에 관하여 과세하지 못한다. 원천지규칙(지급인이 거주하거나 고정사업장 또는 고정근거지를 가진 국가에서 기술적 용역 수수료가 발생한다)에 대한 이러한 예외는 수수료와 타방체약국에 소재한 지급인의 고정사업장 또는 고정근거지 간의 명확한 경제적 연관성 때문에 정당화된다.

놀랄 것도 없이 새로운 제12A조는 논란이 되고 있으며 일부 선진국들이 강력하게 반대해 왔다. 개발도상국들이 그들의 조세조약, 특히 선진국과의 조약에 새로운 조항을 포함시키는 협상을 성공적으로 할 수 있을지는 지켜봐야 한다.

9.5 중재(ARBITRATION)

제8장 8.8.3에서 논의한 바와 같이 조세조약은 전형적으로 조약의 해석과 적용에 관한 체약국 간의 분쟁을 해결하기 위한 상호

합의절차(MAP)에 관한 조항을 포함하고 있다. OECD 및 UN 모델 조약 제25조 제2항에 따라 두 국가의 관할당국은 납세의무자가 제기한 분쟁을 해결하기 위해 노력해야 하지만, 의무가 있는 것은 아니다. 따라서 일부 경우에는 관할당국이 합의를 도출하지 못하여 납세의무자가 구제받지 못한 이중과세의 대상이 될 수 있다. 게다가 관할당국의 분쟁 해결에는 시간제한이 없으므로 여러 해 동안 진행되어 온 상호합의사건도 알려져 있다.

이중과세 등에 대한 권리구제와 관련한 납세의무자와 세무당국 간의 분쟁은 국제무역과 투자가 고도화되고 조세조약이 확산되며 각국이 이전가격세제를 보다 적극적으로 시행함에 따라 더욱 빈번하게 발생하고 있다. 결과적으로 조세분쟁을 해결하기 위해서 더 효율적이고 확실한 절차가 필요하다는 점은 분명해졌다. 다국적 기업과 영향력 있는 일부 선진국들의 압력으로 인해 OECD는 2008년 OECD 모델 조약의 25조 제5항에 강제적 중재 조항(mandatory arbitration provision)을 포함시켰다. UN 모델조약 제25조는 선택적 중재 조항(optional arbitration provision)을 추가하기 위해 2011년에 개정되었다. 중재 조항은 OECD 및 UN 모델조약에 최근에서야 추가되었기 때문에, 중재 조항은 최근까지 일부의 양자 간 조세조약에만 포함되었고, 이러한 조세조약은 항상 OECD 선진국들 사이에서 체결된 것이었다. 결과적으로 중재 국가들의 실제 경험에 대한 정보는 별로 없으며 기껏해야 한두 개 사례가 있을 뿐이다.

중재는 두 모델조약의 제25조에 규정된 상호합의절차(MAP)의 일부를 구성한다. 중재는 상호합의절차와 독립적으로 진행될 수 없으며, 체약국들의 관할당국이 과세가 조약에 따라 이루어졌다는 사실에 동의하는 경우에는 이용할 수 없다. 또한 하나 또는 그 이상의 쟁점에 대해 관할당국이 합의에 도달하지 못한 경우에만 이용할 수 있다. 사건 전체의 해결은 상호합의절차의 기능이기 때문에 전체 상호합의절차 사건에는 중재를 사용할 수 없다. 사실상 조정은 관할당국이 동의할 수 없는 상호합의절차 내의 특정 문제를 해결하는 데 사용된다. 중재는 상호합의절차의 일부이기 때문에 상호합의절차의 모든 제한이 적용된다.

OECD 모델조약 제25조 제5항은 관할당국이 2년 이내에 사건을 해결하지 못한 경우 납세의무자가 상호합의절차에 제출된 사건의 미해결 쟁점을 중재에 의해 해결할 것을 요청할 수 있다고 규정하고 있다. 다만 미해결 문제가 국내 법원이나 행정재판소(administrative tribunal)에서 이미 결정된 경우에는 중재를 할 수 없다. 중재인의 결정은 (납세의무자에 의해 거부되지 않는 한) 관할당국에 구속력을 가지며, 국내법의 시간적 제한 여부와 상관없이 시행되어야 한다. 관할당국은 상호합의를 통해 중재 절차의 세부 사항을 결정할 권한이 있다. 중재에 관한 상호 합의서 표본은 OECD 모델조약 주석서 제25조 부록에 포함되어 있다.

UN 모델조약의 제25조는 상호합의절차에 관하여 양자택일 가능한 규정을 포함하고 있으며, 그중 하나만 중재를 제안하고 있다. 제25조 제5항(2번째 대체 규정)에 따르면 제25조 제1항에 따른 상호합의절차 사건에서 3년 이내에 해결되지 않은 쟁점은 관할당국(OECD 모델조약에 규정된 납세의무자가 아님) 중 한 곳의 요청이 있어야만 중재가 가능하다. 납세의무자는 그 요청을 통지받을 권리가 있다.

UN 모델조약에 따른 중재와 OECD 모델조약에 따른 중재 사이의 주요 차이점은 다음과 같다:

- UN 모델조약에서는 선택적 대체수단이지만 OECD 모델조약에서는 강제수단이다.
- OECD 모델조약의 경우 납세의무자의 요청에 의해 중재가 가능하나, UN 모델조약의 경우 관할당국의 요청에 따라 중

재가 가능하다.

- OECD 모델조약의 경우 관할당국에서 2년 동안 해결하지 못한 경우에만 중재를 신청할 수 있는 반면에, UN 모델조약의 경우 3년 동안 해결하지 못한 경우에만 신청할 수 있다.
- UN 모델조약의 경우 관할당국은 중재 결정이 내려진 후 6개월 동안 쟁점에 대한 상이한 결론을 도출할 수 있는 반면에, OECD 모델조약의 경우 중재결정이 구속력을 갖는다.

이러한 차이점을 제외하고 UN 모델조약에 따른 중재 절차는 위에서 설명한 것처럼 OECD 모델조약에 따른 중재 절차와 동일하다. 그러나 UN 모델조약에 대한 주석에서 대체적이며 자발적인 중재 절차(alternative voluntary arbitration process)도 제시하는데, 이 절차에서는 두 관할당국이 사안별로 사건을 중재에 맡기는 것에 동의해야 한다.

OECD에 따르면 중재의 목적은 관할당국이 합의할 수 없는 쟁점에 대한 분쟁 해결 메커니즘을 제공함으로써 상호합의절차의 효과를 제고하는 것이다. 그러나 납세의무자의 관점에서 중재는 관할당국을 구속하는 방식으로 중재에 회부된 쟁점을 강제적으로 해결한다는 목적과 (최소한 논란의 여지는 있지만) 효과를 갖고 있다. 관할당국이 동의할 수 없는 상황에서 구속적 중재가 결여된 상호합의절차의 전형적인 결과는 구제받지 못한 이중과세이다. 따라서 중재를 통해 관할당국이 동의하게끔 강요하는 것은 납세의무자들에게 이중과세가 제거될 것이라는 확신을 준다.

중재에 맡겨진 쟁점 범위에서 관할당국은 이러한 쟁점해결에 대한 관리권한을 포기하고 해당 국가의 조세체계에서 그 쟁점이 얼마나 중요한지를 충분히 인식하지 못하고 있는 독립 중재인에게 그 권한을 넘겨주게 된다. (이러한 이유로) 관할당국은 중재를 통해 쟁점을 결정하기보다는 스스로 해결하는 방향으로 사실상 내몰리게 된다. 따라서 중재는 관할당국으로 하여금 중재가 없었다면 불가능하였을 상호합의절차에 따른 해결을 유도한다.

OECD 및 UN 모델조약에 따르면 중재는 체약국 중 일방(OECD 모델조약)이나 거주지국(UN 모델조약)의 관할당국이 제25조 제1항에 따라 상호합의사건을 제기한 경우에만 가능하다. 그 사건은 조세조약의 조항에 반하여 과세를 초래한 (또는 발생할) 체약국 중 일방 또는 쌍방이 내린 조치를 포함해야 하고, 해당 조치가 당사자에게 최초로 통지된 후 2년 또는 3년 이내에 관할당국에 제출된 것이어야 한다. 제25조 제3항과 관련하여 조약의 해석이나 적용 또는 조약에 규정되지 않은 이중과세의 제거에 대한 상호합의절차 사건은, 비록 체약국들은 중재를 그러한 쟁점에 관하여까지 확장할 수 있는 선택권을 가지고 있지만, 중재의 대상이 될 수 없다.

OECD 모델조약에 따른 중재는 납세의무자에 의해 시작되지만, 일단 시작되면 그것은 관할당국이 통제하는 국가 대 국가의 절차가 된다. 이와는 대조적으로 UN 모델조약에 따르면 중재는 관할당국의 요청으로 개시된다. 비록 관할당국 중 일방의 중재개시는 납세의무자 중재개시와는 많이 다른 것처럼 보이지만, 중재를 요청한 관할당국은 사전에 관련 납세의무자와 협의했을 것이며, 대부분의 경우에 중재에 의지하려는 납세의무자의 희망에도 부합할 것이다.

OECD 및 UN 모델조약의 중재 규정에 따르면 어느 한 체약국의 국내 법원이나 행정재판소가 이미 쟁점에 관하여 결정을 내린 사안에 대해서는 중재를 이용할 수 없다. 대부분의 국가에서, 관할당국은 국내 결정에 반하는 중재결정을 이행할 수 없을 것이다. 이러한 제한은 상호합의절차에서 인정되는 비슷한 제한과 대체로 일치한다.

제25조 제1항에 따라 일방 또는 쌍방 체약국의 조치가 "이 조약의 규정에 반하는 과세의 당사자에게" 내려진 경우의 그 당사자

가 상호합의절차에 제기한 사건에 대해서만 중재가 가능하다. 따라서 예를 들어 정보의 교환과 징수 협조(assistance in collection) 관련 쟁점은 조약에 반하는 과세를 수반하지 않기 때문에 중재의 대상이 되지 못한다. 중재에 맡겨진 대부분의 쟁점은 조세조약의 분배조항(제6조~제21조), 특히 이전가격 분쟁을 다루는 제9조와 관련될 것이다. 일부 국가는 제4조(거주), 제5조(고정사업장), 제7조(이익의 고정사업장 귀속), 제9조(이전가격세제), 제12조(사용료)와 같은 조약의 특별 규정을 중재 대상 조항으로 제한하고 있다. 그러나 그 외의 국가들은 중재를 사실관계의 문제로 한정한다. 미국이 체결한 여러 조세조약에 따르면 두 관할당국이 합의할 경우 어느 쟁점에 대해서 중재를 거부할 수 있지만, 중재절차를 거부할 경우 적용할 기준은 없다.

일반적으로 상호합의절차와 마찬가지로 중재는 국내법적 구제책을 대체하거나 납세의무자가 두 개의 분쟁 해결 메커니즘 중 하나를 선택하도록 강요할 의도가 있지는 않다. 중복을 피하기 위해 국내에서의 구제는 보통 중재가 끝날 때까지 정지하게 된다. 중재와 상호합의절차가 완료되면 납세의무자는 관할당국의 결정을 수락하거나 이를 거부하고 국내에서의 구제를 추구할 수 있다. 납세의무자가 중재와 관련된 상호합의절차 결과를 거부할 경우 그 절차는 시간과 자원의 낭비로 비춰지게 될 것이다. 중재는 납세의무자의 선택에 따라 적용되기 때문에 (논란의 여지는 있지만) 납세의무자는 중재인의 결정에 구속되어야 한다. 그러나 납세의무자들이 상호합의를 거부하고 국내 법원을 선택하는 경우는 OECD에 따르면 드문 일이긴 하지만, 납세의무자의 국내 법원 접근권을 박탈하는 것은 불공평할 (그리고 인권 침해일 가능성이 있을) 것이다. 그렇지 않으면 납세의무자에게 중재를 제기할 수 있는 조건으로 국내의 구제에 대한 신청 포기를 요구할 수 있다. 관할당국은 중재를 포함한 상호합의절차의 실행 조건으로 납세의무자에게 통상 그렇게 하도록 요구할 것이다.

국가들이 분쟁해결 메커니즘으로 그 운용에 익숙해질 수 있도록 중재, 특히 강제중재의 경험이 충분히 많아지기 전까지, 그들은 OECD와 UN 모델조약에서 현재 규정하고 있는 것 이상으로 중재의 이용가능성을 확대할 것 같지는 않다. 사실 각국이 중재에 적합한 쟁점의 유형을 훨씬 엄격하게 제한하려 할 것이 예상된다.

조세조약상 중재에 대한 세부절차는 통상 관할당국 간의 양해각서에 명시되어 있다. 일반적으로 중재에는 두 가지 기본 유형이 있다. 한 유형은 중재 패널이 제출서를 접수하고 변론을 듣고 합리적인 서면 결정을 내리는 준사법 절차로, 관할당국이 제시하는 견해에 국한되지 않는다. 결정은 관할당국은 선례가 될 가치를 지니는 결정 기구를 설립하기를 원하는지에 따라 공개적으로 발표될 수도 있고 그렇지 않을 수도 있다. 소위 야구중재(baseball arbitration) 또는 최종최선 제안형 중재(last－best－offer arbitration)에 따라 중재 패널은 관할당국이 제시한 견해 중 하나를 선택할 수 있을 뿐이며, 결정 사유서를 요구하거나 허용하지 않는다. 야구중재는 주권 침해가 우려되고 가능한 한 중재를 제한하고자 하는 국가들이 사용한다. 중재의 필요성 없이 관할당국이 합리적인 견해를 취하도록 하고 사건을 해결하도록 하는데 비용이 덜 들고, 속도가 빠르며, 효과가 더 큰 것이라 생각된다.

일반적으로 중재 절차에는 3명의 중재인으로 패널을 임명하는 절차가 포함되는데, 종종 관할당국에서 사전 승인한 목록에서 각 관할당국이 한 명을 임명하고 다른 두 중재자가 선택한 위원장으로 이루어져 있다. 중재인들은 종종 전직 판사, 정부 관료, 또는 국제적으로 인정받는 세무 전문가들이다. 패널은 관할당국으로부터 서면(때로는 구두로) 제출받으며, 관할당국이 동의한 절차에 따라 납세의무자로부터 제출받을 수도 있다.

9.6 디지털 경제: 전자상거래(THE DIGITAL ECONOMY: ELECTRONIC COMMERCE)

9.6.1 개 관

20세기 후반의 주요 기술 혁신 중 하나는 다양한 개인 및 비즈니스 활동을 수행하고 촉진하기 위한 인터넷의 개발과 광범위한 사용이었다. 인터넷은 처음에 미국 정부의 지원금으로 운영되는 몇몇 미국 연구중심 대학교에 의해 개발되었다. 인터넷은 연구자 간 소통을 원활하게 하고, 전시에는 보안 커뮤니케이션 체계로 기능하도록 설계되었다. 인터넷의 범위가 확장되면서 다양한 규모의 상인들이 인터넷의 상업적 가치를 발견하고 이용하게 되어 더욱더 확장되고 발전하게 되었다. 상거래는 인터넷의 발전을 견인해 왔다는 점은 분명하다.

이 책의 제2판에서 동일한 장은 온라인 판매와 온라인 용역와 같은 인터넷을 통해 수행되는 상업적 활동("전자상거래")에 논의의 중점을 두고 있다. "전자상거래"라는 용어는 전통적인 다른 형태의 상거래와 구별됨을 알려주고 있다. 그러나 지난 10년 동안 디지털 활동은 상업적인 삶의 많은 측면에 스며들어서 이제 디지털 경제를 언급하는 것이 자연스러운 관례가 되었다.

디지털 경제는 태블릿, 스마트폰, 웨어러블 기기 등 다양한 모바일 기기를 통해 24시간/7일 내내 글로벌 연결이 가능한 정보통신 기술의 산물이다. 디지털 경제의 주요한 특징은 실물 재화(tangible goods)에서 디지털 재화으로의 전환, 모바일 기기를 통한 글로벌 연결, 고객으로부터 수집된 데이터의 수집, 분석 및 사업화 등이다.

유형 재화를 디지털 제품으로 전환하는 일반적인 예는 전통적인 서적, 잡지 및 신문을 전자 출판물로 대체하는 것이 증가하고 있다는 점이다. 3D 프린팅의 성장은 전통적인 제조품을, 제조를 직접 수행하는 고객에게 라이선스가 부여되는 무형자산으로 전환할 잠재력을 지니고 있다. 디지털 경제의 연결성은 기업이 고객에게 (모바일 기기를 가지고 있고 인터넷에 접속하는 한) 언제든지 그리고 어디서나 접근할 수 있으며, 기업이 원하는 곳에서 어디에서나 인력과 정보 기술을 찾을 수 있다는 것을 의미한다. 이런 이유로 디지털 경제는 종종 국경이 없다고 한다. 소비자와 사용자는 디지털 경제에서 다양한 방식으로 더 적극적인 역할을 수행한다. 콘텐츠 생산(예컨대, YouTube, 위키백과, Facebook), 다면 플랫폼(예컨대, Google, eBay, Amazon)을 사용하고 빅 데이터의 자료를 제공한다. 인공지능의 성장과 그것의 상업적 결과인 자율주행차량과 로봇의 영향력은 광범위하다.

디지털 경제의 예는 다음의 경우를 포함한다.

- 기업이 고객 개인 정보를 수집하고 이를 이용하여 개인 취향에 따른 마케팅을 수행
- 차량 및 화물의 이동을 전 세계적으로 추적하는 물류에 사용
- 3D 프린팅 및 클라우드 컴퓨팅
- 뉴스 및 엔터테인먼트 접속을 위한 소셜 네트워크 사용
- 온라인 교육 자료와 온라인 연습의 전송
- 원격지 건강관리 환자의 진단 및 치료
- 비트코인과 같은 가상화폐 또는 암호화폐
- 택시 용역(Uber)과 숙박 공유 용역(Airbnb) 등 공유 경제

디지털 경제는 전자상거래와 더불어 몇 가지 새로운 사업모델의 발전을 가져왔다. 다양한 유형의 결제 용역와 새로운 형태의 온라인 광고가 개발되었다. 많은 유형의 비즈니스 활동이 네트워크

플랫폼에서 이루어진다. 온라인 앱 스토어는 디지털 재화와 용역의 개발과 함께 급격하게 성장하였다. 클라우드 컴퓨팅은 컴퓨터 저장 소프트웨어, 데이터 및 그 외의 자료를 네트워크를 통해서 고객에게 유료로 다양한 용역(용역으로서 기반시설, 플랫폼, 소프트웨어, 콘텐츠 및 데이터)을 제공하기 위해 생겨났다. 이러한 새로운 사업모델의 수익 원천에는 디지털 재화와 용역의 매출, 광고, 구독, 데이터 판매 및 거래 수수료가 포함된다.

9.6.2 디지털 경제로 인한 과세 문제(Tax Challenges Posed by the Digital Economy)

일반적으로 디지털 경제는 현재의 국제 조세 체계에 네 가지 주요 과제를 제시한다. 첫째, 위에서 언급한 바와 같이 디지털 경제는 국경 없는 경제로, 기업활동을 원격으로 글로벌하게 수행할 수 있다. 디지털 경제에서 기업은 해당 국가에서 어떠한 물리적 존재가 — 자산 또는 인력 — 없어도 고객과 거래할 수 있다. 둘째, 디지털 경제는 새로운 수익원에 대한 법적 성격이 어떠한지를 판단하는 어려운 문제를 많이 제시하고 있다. 셋째, 데이터가 디지털 경제에서 중요한 가치의 원천이 되었지만, 과세 체계가 데이터에서 발생한 소득을 포착하기 어렵다. 넷째, 각국은 자국의 소비자와 사용자가 공급하는 시장을 기반으로 디지털 재화와 용역에 대한 과세권을 행사할 권리가 있는가? 이러한 각 쟁점은 아래에서 자세히 설명한다.

디지털 경제에 의해 제기된 조세 문제는 새로운 것이 아니다. 예를 들어 수년 동안 통신판매업은 현지에서 아무런 물리적 존재 없이 고객들에게 판매가 가능했다. 기존의 세원을 위협하는 것은 디지털 경제의 규모다.

일반적으로 현재 비거주자는 다른 유형의 활동에서 발생하는 소득에 적용되는 국내 조세법령에 따라 디지털 경제에서 발생한 소득에 과세가 가능하다. 제5장에서 논의한 바와 같이 대부분의 국가들은 비거주자가 국내의 물리적 존재를 기반으로 최저 기준을 충족하는 경우에만 비거주자의 사업소득에 과세한다. 마찬가지로 대부분의 조세조약에서 일방 체약국 거주자는 다른 체약국에 고정사업장을 가지고 있고 그 이익이 고정사업장에 귀속되지 않는 한 다른 체약국에서 발생한 사업수익에 과세되지 않는다. 고정사업장은 계약을 체결하거나 납세의무자에게 구속적인 계약을 체결하는 데에 있어서 주도적 역할을 하는 고정사업장 또는 종속대리인 (dependent agent)으로 정의되지만, 준비활동이나 보조활동만 수행하는 장소나 대리인은 포함하지 않는다. 2017년 OECD 및 UN 모델조약 제5조의 고정사업장에 대한 개념정의의 개정으로 비거주자가 디지털 재화와 용역에서 발생한 소득의 원천지국에 의해 일부 추가 과세가 발생할 수 있지만, 이러한 개정의 목적이 디지털 재화와 용역가 아니었으며 일반적으로 디지털 경제에 대한 원천지국 과세에 상당한 영향을 미칠 것 같지는 않다.

따라서 디지털 경제에서 소득을 과세하고자 하는 국가가 당면한 첫 번째 쟁점은 소득을 발생시키는 비거주 기업이 원천지국 과세의 최저 국내 기준을 충족하는지 여부이며, 충족한다면 그 다음은 해당 조세조약의 목적상 원천지국에 고정사업장을 가지고 있는지 여부이다. OECD와 UN 모델조약 제5조에 대한 주석에 따르면 일반적으로 다음과 같은 활동으로는 고정사업장이 성립되지 않음을 나타내고 있다:

- 국내의 컴퓨터 웹사이트를 통한 그 국가 내에서 재화와 용역의 판매 및 그 밖의 활동 제5조에 대한 OECD와 UN의 주석에 따르면 고정사업장은 기업이 한 국가 내에 (반드시 사람이 존재해야 하는 것은 아니지만) 물리적 존재가 있을 것을 요구하며, 웹사

이트는 무형에 불과하다. 비록 몇몇 국가들(칠레, 그리스, 인도 및 포르투갈)이 주석의 견해에 동의하지 않는다고 밝혔지만, 그 주석의 견해는 국제적인 합의를 대변하는 것으로 보인다. 비록 오프라인 상점과 동일한 기능을 수행하는 웹사이트가 고정사업장으로 취급되어야 한다는 논거가 가능하지만, 그러한 규정을 적용하고 시행하는데 상당한 문제가 발생할 것이다.

- 전자파일을 저장 또는 접근하거나 납세의무자의 사업 운영을 지원하기 위해 서버 등 컴퓨터 장비를 국가 내에서 사용하는 행위 OECD와 UN의 주석에는 컴퓨터 장비를 보관하는 장소가 제5조의 요건을 충족한다면 고정사업장으로 간주될 수 있다고 되어 있다. 그러나 대부분의 경우에 그러한 장소는 비거주 기업이 관리하는 장소가 아니거나 서버에 의해 수행되는 활동이 본질적으로 예비적 또는 보조적이기 때문에 이러한 요건을 충족하지 못할 것이다. 컴퓨터 서버가 고정사업장을 구성한다는 주장을 하는 국가가 있다면 그 국가는 예외 없이 모든 서버는 보다 더 호의적인 관할권으로 이동하게 되어 버린다는 사실을 알게 될 것이다.
- 인터넷 용역 공급자(ISP)와 같이 대리인의 국가에서 인터넷에 접속하기 위해 또는 웹사이트 호스팅을 위해 사용하는 행위 두 모델조약의 제5조에 따르면 사업의 통상적인 과정에서 활동하는 독립대리인은 본인에 대해 고정사업장을 설립하지 않는다. 그러므로 대부분의 경우 ISP는 단지 대중에게 인터넷 접속을 제공할 뿐이고 고객들에게 전화 용역을 제공하는 전화 회사와 대략 유사하기에 독립대리인으로 간주될 것이다. OECD와 UN 모델조약 제5조 주석에 모두 반영된 이 같은 입장은 논란의 여지가 없어 보인다.

디지털 거래에서 발생한 소득의 법적 성격은 조세조약 규정을 적용하는 데 중요하다. 예를 들어 사업소득으로 분류된 소득은 기업이 원천지국에 고정사업장을 가지고 있고 그 소득이 고정사업장에 귀속되는 경우에만 OECD 및 UN 모델조약 제7조에 따라 원천지국에 의해 과세된다. 사업소득은 소득 관련 경비 공제 후 순소득 기준으로 과세된다. 위에서 논의한 바와 같이 OECD와 UN의 주석에는 가상 사무실의 기능을 하는 웹사이트는 고정사업장에 포함되지 않는 것으로 서술되어 있다. 결과적으로 사업소득으로 분류되는 디지털 활동의 수입 대부분은 원천지국에서 과세되지 않을 것이다.

사용료로 분류되는 소득은 OECD 및 UN 모델조약 제12조에 따라 과세된다. OECD 모델조약 제12조에 따르면 사용료 소득은 원천지국에서 과세가 면제된다. 이와는 대조적으로 유엔 모델조약에 따르면 체약국이 합의하는 비율로 원천지국에서 사용료에 과세 가능하다.

디지털 거래로 인한 소득의 법적 성격은 대부분 쉽게 판단할 수 있다. 예를 들어 인터넷을 통한 유형 재화의 판매로 발생한 소득은 사업소득이고, 등록 정보가 포함된 데이터베이스에 인터넷을 통한 접근 용역을 제공함으로서 발생하는 소득은 사용료가 될 것이다. 그러나 디지털 경제에서 발생한 소득의 일부 유형은 법적 성격을 판단하는 데에 문제가 발생한다. OECD 및 UN 모델조약 제12조에 대한 주석은 인터넷을 통한 컴퓨터 소프트웨어 취득에 대한 대가는 사실관계에 따라 사용료 또는 사업소득으로 취급될 수 있다는 입장을 취하고 있다. 양수인이 소프트웨어를 사용할 수 있는 라이선스가 없는 경우 저작권의 침해를 구성하는 방식으로 소프트웨어를 사용할 수 있는 권리를 획득하는 경우 그 대가는 사용료로 간주해야 한다. 그러나 양수인이 프로그램 운영에 필요한 제한된 권리(예로서 프로그램을 사용자의 컴퓨터에 복사하는 것)만 획득하는 경우, 라이선스로서의 거래라는 법적 형태에도 불구하고 대가는 사업소득으로 간주되어야 한다. 하지만 일부 국가는 소프트웨어에 대한 지급은 사용료라는 견해를 취하고 있다. OECD와 UN의 주석에는 또한 컴퓨터 소프트웨어의 취급에 적용되는 원칙을 다른 디지털 제품에까지 확대하는 것으로 서술되어 있다.

요약하자면 디지털 경제에 의해 생기는 과세 문제는 날씨와 같다. 모든 사람들이 여기에 대해 이야기하는 것을 좋아하지만, 여기에 대해 무언가를 행하는 사람은 아무도 없다. BEPS Action 1번 보고서: 디지털 경제의 과세 문제 해결(*Addressing the Tax Challenges of the Digital Economy*)도 예외가 아니다. OECD 보고서는 디지털 경제와 그것이 국제조세체계에 미치는 위험을 잘 설명하고 있다. 그러나 보고서에는 디지털 거래를 처리하기 위한 공동조치에 대한 구체적인 권고사항이 담겨 있지 않다. 왜냐하면 디지털 경제가 제기하는 과제에 대한 의미 있는 대응에는 원천지국과 거주지국 간에 세수를 배분하는 국제조세규범에 관한 근본적인 변화가 필요하며, 이러한 변화가 필요한지 여부와 그 변화의 방법에 대해서 각국이 동의하지 않기 때문이다. 특히 미국은 현 상태에 만족하는 것처럼 보인다. 반대로 많은 다른 선진국과 개발도상국들은 디지털 재화와 용역 수입에 관해 더 큰 과세권한을 원천지국에게 부여해주기를 원한다. 그러나 그들은 이것이 어떻게 이루어져야 하는가에 동의한 바 없다.

OECD 보고서는 각국이 공동의 국제적 해결책에 대한 합의를 보류하고 있는 디지털 경제를 다루기 위해 채택할 수 있는 세 가지 임시 조치의 가능성을 제기하고 있다:

- 디지털 재화 및 용역의 국제적 판매에 대한 기존의 고정사업장 기준을 보완하기 위한 주요 실재 기준(significant-presence threshold)
- 디지털 재화 및 용역의 특정 지급액에 대한 원천징수세

• 디지털 재화 및 용역의 특정 지급액에 대한 소비세

보고서는 각국이 이러한 조치를 자유롭게 채택할 수 있음을 시사하고 있지만 조세조약상의 의무를 존중할 필요가 있음을 강조했다. 보고서는 디지털 경제에 대한 작업이 2020년으로 예정된 최종 보고서를 통해 계속될 것임을 시사했다. 2018년 3월에 OECD 중간보고서가 발표되었는데 이는 과세의 연계점(nexus)과 이익 배분 문제를 다루기 위한 장기조치 또는 임시조치에 대한 합의에 도달하기 어려운 것으로 판명되었고, 결국 불가능한 것으로 판명될 수도 있다는 것이다.

놀랄 것도 없이 2015년 이후 몇몇 나라들은 다양한 일방적 조치를 채택하였다. 프랑스, 헝가리, 인도 및 이탈리아는 온라인 광고의 총지급액에 소비세를 도입하였다; 일부 국가는 특정 디지털 재화와 용역에 대한 지급액에 대해 사용료 원천징수세(royalty withholding taxes)를 부과했다. 일부 국가들은 고정사업장의 존재를 판단하기 위해 주요 디지털 실재 기준(significant digital presence threshold test)을 채택하였고 유럽연합도 같은 기준을 채택할 것을 제안했다. 유럽연합이 제안한 지침("디지털 경제에 대한 현대적이며 공정하고 효율적인 과세 표준을 제정할 시간" COM (2018) 146 final)[7]은 비거주자가 벌어들인 사업소득의 과세에 대한 주요 디지털 존재 기준을 권고한다. 이 지침은 또한 유럽연합 회원국들이 새롭게 이러한 기준을 포함하기 위해 비회원국들과 조세조약을 재협상하도록 권고하고 있다.

제안된 유럽연합 지침은 디지털 존재에 대한 중요한 새로운 기준을 시행하는 것이 장기적인 해결책임을 인식하고 있으며, 결과적으로 유럽연합 회원국들이 임시조치로 온라인 광고에 대한 총지급액에 대해 3%의 세금을 부과할 것을 권고하고 있다.

---

7) https://bit.ly/3vD9TqB

게다가 영국은 2017. 11.과 2018. 3.에 디지털 경제에 대한 두 가지 입장을 발표했는데, 이 보고서는 원천지국은 자국 내 사용자가 생산한 가치를 고려한 이익 분할 접근법(profit－split approach)에 기초하여 비거주자인 디지털 재화와 용역의 공급자에게 과세할 수 있는 권한을 부여해야 한다고 제안하였다. 중간 조치로서 영국 보고서는 온라인 광고와 중개 용역에서 발생한 대규모 다국적기업의 총수입에 대한 과세를 도입할 것을 제안하고 있다. 이는 영국이 일방적으로 그러한 조세를 부과할 준비가 되어 있지만 OECD와 유럽연합을 위해 공통의 임시 접근법(common interim approach)에 따른 합의를 더 선호하게 될 것이라는 점을 보여주고 있다.[8)]

따라서 국제조세가 계속 변화하고 있다는 점을 인정하는 것으로 이 책을 마무리하는 것이 적절하면서도 불가피한 것 같다. 우리는 포괄적 이행체계(Inclusive Framework)에서 작업하는 120개국이 공동의 해결책에 합의할 수 있는지, 그렇지 않다면 합의하지 못한 결과로 서로 다른 국가 규정들이 난무할지를 보기 위해, 2020년 OECD의 디지털 경제에 대한 최종 보고서[9)]가 나올 때까지 기다려야 한다.

8) 영국 정부는 2021년 1월 13일에 'Report on the United Kingdom's Digital Services Tax'를 공식적으로 발표하였다(https://bit.ly/33biKU8 2021. 7. 17. 최종방문).

9) 이 보고서는 2020년 11월 27일에 「OECD Digital Economy Outlook 2020」로 발표되었다(https://bit.ly/3vFBIhR 2021. 7. 17. 최종방문).

부록

국제조세 주요 용어 사전

[ㄱ]

간접외국납부세액공제(Indirect foreign tax credit) 외국자회사가 소득을 재원으로 하는 배당을 내국 납세의무자에게 지급하기 전에 소득에 대한 외국법인세를 먼저 납부하는 경우, 납부한 외국법인세에 대하여 내국 납세의무자에게 외국납부세액공제를 허용하는 제도이다.

간주외국납부세액공제(Tax sparing) 외국의 세제혜택 또는 면세기간(tax holiday)으로 인하여 납부하지 않은 외국세액에 대하여 내국에서의 세액공제를 허용하는 것이다.

거래순이익률법(Transactional net margin method (TNMM)) 특수관계인 간의 거래에서 이전가격을 결정하는 방법으로서 유사한 활동에 종사하는 제3자의, 투입자본이나 총수입액과 같은 경제지표의 이익에 대한 비율을 기초로 하는 것을 말한다.

거래접근법(Transactional approach) 피지배외국법인세제를 적용할 때 피지배외국법인의 적용대상소득(tainted income)(수동소득 및 기지회사소득)만을 거주자인 주주에게 합산과세되도록 하는 방식을 말한다.

거주자(Resident) 전세계소득에 관하여 특정한 국가에서 납세의무를 질 만큼 그 국가와 충분히 밀접한 연계를 가지는 자를 말한다.

거주지국 과세관할권(Residence jurisdiction) 소득원천에 관계없이 특정한 국가의 거주자에게 발생하는 모든 소득(전세계소득)은 거주지국이 과세관할권을 행사하는 원칙이다.

거주지국(Residence country) 소득과세(법인세, 소득세)의 목적상 특정인이 거주자로 취급되는 국가이다.

경제협력개발기구(Organisation for Economic Co-operation and Development (OECD)) 전 세계의 주요 선진국으로 구성된 조직으로 본부는 파리에 있다.

고전적 과세방법(Classical method) 법인이 번 소득에 대해 법인이 소득을 취득할 때 법인 단계에서 한번 그리고 주주에게 배당의 형태로 배분할 때 주주 단계에서 다시 한번 과세하는 방식을 말한다. 경제적 이중과세가 발생한다.

고정근거지(Fixed base) UN 모델조약 제14조에 규정된 개념으로서 일방체약국이 타방체약국의 거주자가 일방체약국에서 수행한 전문적 용역 또는 그 밖의 독립적 용역에서 발생하는 소득을 과세하기 위하여 충족되어야 하는 기준이다. 고정근거지는 일반적으로 고정사업장(PE)의 정의와 관련하여 기업의 사업이 수행되는 일정한 사업장소를 의미하는 고정된 사업장소(fixed place of business)와 같은 의미로 간주된다.

고정사업장(Permanent establishment (PE)) 사업의 전부 또는 일부를 행하는 고정된 장소으로서 특정 국가에서 발생하여 귀속되는 소득에 관하여 해당 국가가 과세할 수 있을 만큼 충분한 연계가 있는지 여부를 결정하는데 사용되는 개념이다.

공식배분법(Formulary apportionment) 다국적기업의 이익과 손실을 다국적기업이 활동하는 국가들 간에 분배할 때 판매액, 자산, 급여와 같은 요소에 근거한 공식에 따르는 방식이다.

과세이연(Deferral) 외국회사를 통한 국외투자로부터 발생하는 이익에 대하여 그 이익이 투자자의 거주지국으로 송금될 때에만 과세되도록 하는 관행이다.

과소자본세제(Thin capitalization rules) 법인이 비거주자인 주주에게 일정한 부채자산비율을 초과하여 지급한 이자에 대하여 공제를 제한하는 제도이다.

국가간 형평성(Internation equity) 자본수입국과 자본수출국 간의 초국가적 소득의 과세로부터 발생하는 세수에 대해 공평한 배분이 필요하다는 개념이다.

국경간 거래(Cross-border transactions) 하나 이상의 국가에 잠재적인 과세결과를 발생시키는 거래이다.

국내세법에 의한 조세조약 적용배제(Treaty override) (종종 부정적인 의미로) 한 국가의 조세조약의 조항보다 우선하여 적용하도록 한 국내 입법을 설명하는데 사용되는 용어이다.

국외전출세(Exit or departure tax) 한 국가에서의 거주지를 포기하는 자에 대하여 해당 거주지국이 미실현소득과 자본이득에 관하여 부과하는 조세이다.

국제적 이중과세(International double taxation) 동일 과세기간에 동일한 납세자의 동일소득에 대하여 복수의 국가가 소득과세(법인세, 소득세)를 부과하는 것이다.

권한있는 당국(Competent authority) 조세조약에서 발생하는 분쟁의 해결과 해석의 문제를 전담하는 조세조약 체약당사국의 공무원을 말한다.

그로스업(Gross-up) 주주가 받은 배당액에 가산하는, 그 배당액에 귀속되는 법인세에 상당하는 명목상의 액수를 말한다. 배당액과 그로스업 액수를 더하면 배당법인의 세전소득이 된다.

기지회사소득(Base company income) 피지배외국법인이 지배주주의 거주지국에서 거둔 사업소득 또는 피지배외국법인이 설립지국 외에서 특수관계인과 거래하여 얻은 사업소득을 말한다.

[ㄴ]

내국민 대우(National treatment) 한 국가가 비거주자 또는 외국인에 대하여 자국의 거주자 또는 국적자와 동등하게 취급하는 것이다.

내부거래(Dealings) 본사와 외국 고정사업장 간 행위 또는 동일 기업이 각기 다른 국가에 둔 두 고정사업장 간의 행위처럼 한 기업의 두 기관 간에 발생하는 행위 또는 활동이 이전가격세제가 적용될 수 있도록 OECD 이전가격지침(OECD Transfer Pricing Guidelines)에 따라 거래로 간주되는 것이다. 내부거래는 법인 간의 거래와 동등하게 취급되지만, 단일 기업의 두 기관 사이에 일어나기 때문에 법적인 서류를 갖춘 거래는 아니다.

누진적 면제(Exemption with progression) 국외원천소득에 관하여 거주지국 과세는 면제되지만, 그 소득이 납세자의 다른 과세대상소득에 적용될 세율을 결정할 때 고려되는 이중과세조정 방법이다.

[ㄷ]

대응조정(Corresponding adjustment) 납세자의 특수관계인이 적용한 이전가격에 관하여 특수관계인 거주지국이 행한 수정을 고려하여 납세자의 거주지국이 납세자가 적용한 이전가격을 수정하는 것을 의미한다.

도관거래(Conduit arrangement) 금전대여 또는 리스 같은 거래에서 어떤 자가 중개인과 거래를 하고, 뒤이어 그 중개인이 앞서 거래한 자와 특수관계가 있는 또 다른 자와 유사한 거래를 하는 방식이다. 도관 거래는 거의 항상 조세회피를 위한 장치로 사용되고 있고, 제3자 개입 거래라고도 일컬어진다.

독립기업(정상거래)방법/기준/원칙/접근법(Arm's-length method/standard/principle/approach) 특수관계인들 간의 거래에서 이전가격을 결정할 때 특수관계 없는 자들 간의 유사 거래에서 적용되는 가격(또는 일부 경우에는 발생 이익)을 기초로 하는 방법이다.

[ㅁ]

모회사(Parent corporation) 자회사를 지배하는 회사이다.

무국적 소득(Stateless income) 어느 나라에서도 과세되지 않는 소득을 뜻하는 것으로, 이 용어는 이중비과세(double nontaxation)와 동의어로 미국에서 가장 일반적으로 사용된다.

[ㅂ]

법인접근법(Entity approach) 피지배외국법인세제를 적용할 때 피지배외국법인 면제요건 충족여부에 따라 피지배외국법인의 모든 소득이 거주자 주주에게 합산과세되거나, 혹은 전혀 합산과세되지 않는 접근법이다.

비거주자(Nonresident) 특정 국가에서 전세계소득에 대한 납세의무를 질 만큼 충분한 연계를 가지고 있지 않는 자로, 그 국가의 원천소득에 관하여만 과세되는 자이다.

비교가능이익법(Comparable profit method (CPM)) 미국이 사용하는 이전가격방법으로 유사한 사업으로부터 발생하는 이익을 비교하여 결정한다. OECD 이전가격지침에서 승인된 거래순이익률법(transactional net margin method)과 유사하다.

[ㅅ]

사전가격합의(Advance price agreement (APA)) 다국적기업과 특정한 국가의 과세당국 사이에서 차후 과세연도에 다국적기업이 사용할 이전가격방법을 승인하는 합의이다.

상호합의절차(Mutual agreement procedure) 조약의 해석과 적용에 관한 분쟁을 해결하기 위하여 체약국의 권한있는 당국이 협의할 수 있도록 조세조약에 규정되어 있는 절차를 말한다.

설립준거법기준(Place-of-incorporation test) 법인은 그 법인이 설립된 국가의 과세상 거주자로 간주되는 규칙이다.

세원잠식 및 소득이전(Base erosion and profit shifting (BEPS)) 주요 20개국

정상회의(G20)와 OECD가 고세율 국가들의 과세기반 침식을 야기하는 다국적기업의 공격적 조세전략(tax planning)에 대처하기 위하여 2012년에 시작한 프로젝트이다.

소득 대비 과다이자비용 손금불산입규정(Earnings-stripping rules) 내국법인이 손금산입할 수 있는 이자비용이 기준소득금액(예컨대, 이자, 조세, 감가상각비, 상각비 차감적 소득인 세전영업현금흐름(EBITDA))의 일정비율의 기준으로 제한되는 규칙이다.

속지주의(Territorial basis) 거주자나 비거주자를 불문하고 특정한 국가는 자국에 원천이 있는 소득에 관하여만 과세할 수 있다는 과세방식이다.

수탁자(Trustee) 신탁관계에서 재산에 관한 법적 소유권을 보유하고 다른 자(수익자)의 이익을 위하여 그 재산을 운영할 권한을 가진 개인 또는 법인을 뜻한다.

신탁(Trust) 보통법(common law) 국가들의 법에 따라 허용되는 약정으로 수탁자(trustee)는 신탁자(settlor)가 이전한 재산을 수익자(beneficiary)의 이익을 위하여 보유한다.

신탁자(Settlor of a trust) 신탁을 설립한 자로서 대체로 재산을 신탁으로 이전한다.

신탁수익자(Beneficiary or beneficiaries of a trust) 신탁에서 수탁자가 법적 소유권을 가지고 있는 자산에 관하여 경제적으로 그 자산을 소유하는 개인 또는 법인이다.

실질관리장소기준(Place-of-management test) 법인은 경영자가 그 법인을 지배 또는 경영하는 국가(대개 이사회가 개최되고 이사회가 회사 업무에 관하여 지배력을 행사하는 장소 또는 회사의 본사가 위치한 장소)의 과세상 거주자로 간주된다는 규칙이다.

[ㅇ]

아웃바운드 거래(Outward-bound (out-bound) transaction) 한 국가의 거주자가 국외로 자본이나 그 밖의 자원을 투자하는 거래이다.

역외적용(Extraterritoriality) 한 국가의 법이 영토경계를 넘어서 적용되는 것이다.

연결납세제도(Consolidation (consolidated or consolidated basis)) 모회사와 자회사처럼 특수관계가 있는 회사들이 그들의 이익과 손실을 통산하여, 한 계열회사의 손실이 다른 회사의 이익과 상쇄될 수 있도록 하는 제도이다.

외국 계열회사(Foreign affiliate) 국내의 납세의무자가 상당한 소유지분을 직접적 또는 간접적으로 보유하는 외국회사(대개 10퍼센트 또는 그 이상의 지분)이다.

외국납부세액공제(Foreign tax credit) 국외원천소득에 대하여 과세되는 국내세액을 그 소득에 대해 납부한 외국세액만큼 공제하여 주는 규정이다.

외국납부세액공제방식(Credit method) 한 국가의 거주자가 납부한 외국세액을 그 거주자의 국외원천소득에 대한 거주지국 세액에 대하여 공제하여 주는 방식이다.

외국납부세액 소득공제방식(deduction method) 한 국가의 거주자가 납부한 외국세액을 거주지국에서 그 거주자의 과세대상 소득을 산출할 때 손금 또는 비용으로 공제하여 주는 방식이다.

외국소득면제방식(Exemption method) 거주자의 국외원천소득의 일부나 전부에 대하여 거주지국 과세를 면제하는 방식이다.

외국투자펀드(Foreign investment fund) 주로 조세피난처인 외국에 설립되어 주식, 채권, 그 밖의 투자 자산에 대하여 수동적 투자를 하는 단위신탁 또는 상호펀드이다. 투자자들은 일반적으로 고세율국가의 거주자들이고 펀드는 그 수입을 대개 적립해둔다.

외국투자펀드세제(Foreign investment fund rules) 거주자인 납세의무자의 역외 또는 외국투자펀드에 대한 지분의 과세에 관한 규칙이다.

원가분담약정(Cost－contribution arrangement) 무형자산의 미래 사용자들이 공동으로 무형자산의 소유권과 그 자산의 개발 비용에 대하여 분담하는 계약상 약정을 말한다. 미국에서는 "cost－sharing arrangements"라고 일컬어진다.

원천지국 과세원칙(Source jurisdiction) 특정한 국가 내에서의 경제적 활동에서 발생하는 소득에 대하여 거주자와 비거주자를 동일하게 과세하는 원칙이다.

원천지국(Source country) 국외 투자가 이루어지거나 소득이 발생하는 국가이다.

원천징수세(Withholding tax) 거주자가 비거주자에게 배당, 사용료, 이자 등을 지급할 때 원천지국이 그 총액에 대하여 비례세율(flat rate)로 부과하는 조세로서 원천지국 거주자인 지급자가 징수하여 원천지국에 납부한다.

유보(Reservation) OECD 회원국이 OECD 모델조약의 한 조항에 대하여 그 조항의 전부 또는 일부에 동의하지 않으며, 자국의 조세조약에 그 조항을 포함하는 것에 동의하지 않는다는 취지를 기재하는 것이다.

유보조항(Saving clause) 2017년 OECD 및 유엔(UN)모델조약 제1조 제3항에 규정되어 있는 것으로, 마치 조세조약이 체결되지 않은 것처럼 자국 거주자(미국의 경우 국적자)를 과세할 수 있는 일방체약국의 권리를 말한다(일정한 예외가 있다).

유엔모델조약(UN Model Treaty) 유엔(United Nations)이 OECD 모델조약을 기초로 개발도상국의 이익을 반영하기 위해 다소 수정을 거쳐 발의한 소득과세에 관한 모델 조세조약이다.

유한책임회사(Limited liability company (LLC)) 특정 국가의 세법에 의하면 투과과세단체로 취급되지만 해당 국가의 일반법에 의하면 그 단체의 투자자들에게 유한 책임이 부여되는 단체이다.

이견(Observation) OECD 회원국이 OECD 모델조약 주석에 관하여 그 주석에서 규정하는 해석에 동의하지 않으며 자국의 조약 적용시에는 그 해석을 따르지 않을 것임을 기재하는 것이다.

이익분할법(Profit-split method) 다국적기업의 전세계소득을 여러 국가의 계열회사들에게 그 회사들이 이익창출에 대하여 기여한 비율에 따라 배분하는 이전가격결정방법이다.

이전가격세제(Transfer pricing rules) 특수관계가 있는 당사자 간의 자산이나 용역의 이전에 관하여 정해진 가격이 특수관계가 없는 자들 간의 유사한 거래에서 정해졌을 가격과 다른 경우에 특수관계가 있는 당사자 간의 가격결정을 제한하는 규칙이다.

이중거주자(Dual-resident taxpayer) 동일한 과세연도에 두 국가 이상에서 과세 목적상 거주자가 되는 납세의무자를 말한다.

이중거주자판정규칙(Tie-breaker rules) 조약의 목적상 이중거주자인 납세자가 한 국가의 거주자인지를 판정하는 조세조약상의 규칙이다.

이중공제리스(Double-dip lease) 두 국가에서 관련 리스거래를 다르게 분류하기 때문에 임대인과 임차인 모두가 각 거주지국에서 리스자산의 소유에 관하여 조세상 혜택을 요청할 수 있는 리스계약을 의미한다.

이중비과세(Double nontaxation) 국경간 소득(cross-border income)이 소득의 원천지국에서도 과세되지 않고 납세자의 거주지국에서도 과세되지 않는 상황이다. 이중비과세는 이중과세의 반대이다.

인바운드 거래(Inward-bound (in-bound) transaction) 비거주자가 특정한 국가에 자본이나 그 밖의 자원을 투자하는 거래이다.

[ㅈ]

자본소유중립성(Capital-ownership neutrality) 투자의 소유자가 그 거주지국에 상관없이 동일한 조세부담을 지는 경우를 지칭하는 상황이다.

자본수입중립성(Capital-import neutrality) 원천지국에 투자하는 거주지국의 거주자가 그 원천지국의 다른 투자자와 동일한 조세부담을 지는 경우를 지칭하는 상황이다.

자본수출중립성(Capital-export neutrality) 거주자 투자자가 국내에 투자하든, 외국에 투자하든 간에 동일한 조세부담을 지는 경우를 지칭하는 상황이다.

자회사(Subsidiary) 다른 회사로부터 직접적으로 소유되거나 지배되는 회사를 뜻한다. 특정한 회사의 외국자회사는 지배회사의 거주지국 밖의 법인 거주자이다.

전세계소득 납세의무(Worldwide basis) 특정한 국가가 거주자에 대하여 과세할 때 그 자의 국내원천소득과 국외원천소득 모두(즉, 전세계소득)에 관하여 과세하는 방식이다.

정상가격(Arm's length price) 특수관계인 간의 재화, 용역 또는 무형자산의 거래에 관하여 특수관계 없는 자들 간의 유사 거래에서 정해지는 가격에 상응하여 결정되는 가격이다.

제3자 개입 거래(Back-to-back arrangement) 금전대여 또는 리스 같은 거래에서 어떤 자가 중개인과 거래를 하고, 뒤이어 그 중개인이 앞서 거래한 자와 특수관계가 있는 또 다른 자와 유사한 거래를 하는 방식이다. 제3자 개입 거래는 거의 항상 조세회피를 위한 장치로 사용되고 있고, 도관거래(conduit arrangement)라고도 부르기도 한다.

조세중립성(Neutrality) 조세를 부과하더라도 조세가 부과되지 않았을 경우에 이루어졌을 경제적 결정에 영향을 주지 않을 경우 조세중립적이라고 한다.

조세피난처(Tax havens) 소득 또는 납세자가 저세율로 과세되거나 아예 과세되지 않는 국가를 뜻한다.

조세유인책(Tax incentives or preferences) 외국투자를 유치하거나 경제활동에 영향을 주기위하여 고안된 조세 면제, 소득공제, 세액공제, 세율감면 또는 그 밖의 세제상 혜택을 설명하는데 통용되는 용어이다.

조세혜택제한 조항(Limitation−on−benefits (LOB) article) 조약체결 당사국이 아닌 제3국의 거주자에게 조약의 혜택이 부여되지 않도록 하고 양 체약국 중 한 체약국의 진정한 거주자인 자에게 조약의 혜택을 제한하기 위하여 조세조약에 포함되어 있는 조항이다.

조세회피(Tax avoidance) 합법적인 수단에 의한 조세의 이연, 회피, 또는 절감을 뜻한다.

조약편승(Treaty shopping) 체약국 중 한 국가의 거주자가 아닌 자가 주로 그 중 한 국가의 도관체에게 부여된 거주자지위를 이용하는 등의 방법으로 조세조약을 이용하는 것이다.

주석(Commentary) 모델조약의 조항들이 어떻게 해석되고 적용되는지를 설명한 OECD 모델조약 또는 UN 모델조약의 주석이다.

주요 20개국 정상회의(G20) 7개국 회의(G7)(캐나다, 프랑스, 독일, 이탈리아, 일본, 영국, 미국)와 경제규모가 큰 주요 개발도상국(아르헨티나, 호주, 브라질, 중국, 러시아, 사우디아라비아, 남아프리카공화국), 그리고 유럽연합을 포함한 20개국 그룹을 말한다.

지분참여면제(Participation exemption) 내국법인이 외국법인 주식의 일정비율 이상을 보유하고 있는 경우 해당 외국법인으로부터 수취하는 수입배당금에 관하여 거주지국 과세를 면제하는 방식이다.

지점(Branch) 납세자가 주로 사무소나 그 밖의 고정된 사업장소를 통해서 운영하는 사업을 말한다. 독립적으로 설립된 것은 지점이 아니다. 외국지점은 납세자의 거주지국 밖에 위치한 지점을 말한다.

지점세(Branch tax) 한 국가에 지점을 보유하고 있지만, 그 국가에 재투자하지 않는 비거주자의 지점에 귀속하는 이익에 대하여 해당 국가가 부과하는 조세이다. 이 조세는 내국법인인 자회사가 외국 모회사에게 지급하는 배당에 관하여 원천징수세와 같은 역할을 하도록 고안되었다.

지정 과세관할 접근법(Designated jurisdiction approach) 피지배외국법인세제를 적용할 때 일정한 국가를 저세율국가로 지정하고, 저세율국가의 내국법인인 피지배외국법인에 대하여 피지배외국법인세제를 적용하는 접근법이다.

직접투자(Direct investment) 투자자에게 투자대상회사에 상당한 영향력을 행사할 수 있도록 하는 유형의 주식투자(equity investment)이다. 회사 발행주식의 50%를 초과하여 지분을 소유하면 항상 직접투자로 분류된다. 10퍼센트 이상의 지분 소유를 직접 투자로 취급하는 국가도 많다.

[ㅊ]

차별금지(Nondiscrimination) 특정한 국가는 비거주자, 외국인, 외국인 소유의 내국법인을 비슷한 상황에 있는 거주자, 국적자, 또는 내국인 소유의 내국법인과 동일하게 또는 기능적으로 동등한 방식으로 과세해야 한다는 관념으로서 널리 인정되고 있다.

차별금지조항(Non-discrimination article) 일방체약국의 거주자가 타방체약국으로부터 차별적인 조세상 취급을 받지 않도록(즉, 해당 국가가 자신의 내국법인이나 거주자에게 부과하는 조세보다 조세상 부담을 더 부여하거나 혜택을 덜 부여해서는 안 된다는 것) 보호하는 조항으로 대부분의 조세조약에 규정되어 있다. OECD 모델조약과 UN 모델조약에서는 제24조에 규정되어 있다.

체약국(Contracting states) 체약국은 조세조약의 당사자인 국가이다.

체크더박스 규칙(Check-the-box rules) 납세자가 (진정한 회사가 아닌) 어떤 사업체를 과세목적상 법인, 파트너십, 지점 또는 과세상 무시되는 단체로 선택할 수 있도록 허용하는 미국의 세법 규정을 가리킨다.

총괄주의 원칙(Force-of-attraction principle) 고정사업장을 둔 외국법인이나 비거주자에 대하여 해당 고정사업장 소재 국가에서 그 고정사업장에 귀속되는 소득뿐만 아니라 그 국가에서 발생하는 외국법인이나 비거주자의 모든 소득에 대해서 과세를 하는 원칙을 말한다.

최혜국대우(Most-favored-nation treatment) 한 국가가 다른 국가의 거주자 또는 국적자에게 또 다른 국가의 거주자 또는 국적자(자국 거주자 또는 국적자는 아님)에게 제공하는 혜택과 동등한 취급을 하는 것이다.

추적과세(Trailing taxes) 어떤 자가 한 국가의 거주자 지위를 벗어난 후에도 해당 국가가 통상적으로 비거주자에게는 부과하지 않을 조세를 부과하는 것을 말한다.

[ㅌ]

탈세(Tax havens) 불법적인 수단에 의한 조세의 절감으로 대개 기만적인 은닉 또는 고의적인 거짓과 연관된다.

[ㅍ]

판매대리인 거래(Commissionaire arrangements) 대륙법계 국가들의 경우 판매대리인이 본인 소유의 재화를 판매하기 위하여 체결한 계약하에서 법적 관계를 말한다. 해당 계약은 본인이 아니라 판매대리인을 법률적으로 구속한다.

포괄적 접근법(Global approach) 피지배외국법인의 거주지국과 무관하게 피지배외국법인세제를 적용하는 접근방법이다.

포트폴리오 투자(Portfolio investment) 투자자가 회사를 상대로 하여 행한 지분 또는 부채 투자로서 해당 회사의 경영에 중요한 영향력을 행사할 수 있는 지위를 갖지 않는 것이다. 일반적으로 회사의 발행주식 10퍼센트 미만의 지분을 소유한 경우 포트폴리오 투자로 분류한다.

피지배외국법인세제(Controlled foreign corporation (CFC) rules) 거주자인 주주가 지배하는 외국법인의 수동소득과 일정한 피지배외국법인세제 적용대상소득(tainted income)을 주주에 대한 실제 배당여부에 관계없이 해당 주주의 소득에 합산하여 과세하는 제도이다.

피지배외국법인세제 적용대상 소득(Tainted income) 외국법인의 거주자 주주에 대하여 그 외국법인의 소득이 배당되었을 때가 아니라 벌어들인 단계에서 과세하는 피지배외국법인(CFC)의 소득이다. 일반적으로 특정외국법인 유보소득합산과세 적용대상 소득은 수동투자소득과 기지회사소득으로 구성된다.

[ㅎ]

혼성금융상품(Hybrid financial instrument) 한 국가의 과세체계에서는 특정한 방식(예: 부채)으로 분류되지만 다른 국가의 과세체계에서는 그와 다른 방식(예: 자산 또는 주식)으로 분류되는 금융상품을 말한다

혼성사업체(Hybrid entity) 한 사업체가 한 국가에서는 회사와 같이 독립된 과세실체로 취급되지만, 다른 국가에서는 파트너십처럼 투과과세단체(transparent or flow-through entity)로 취급되는 것이다.

흡수세(Soak-up taxes) 특정 국가가 그 비거주자로 하여금 거주지국에 납부할 조세에 대하여 세액공제를 적용받을 수 있도록 하기 위한 목적만으로 비거주자에 대하여 부과하는 조세이다.

[영어·숫자]

G20/OECD 포괄적 이행체계(G20/OECD Inclusive Framework) G20/OECD 뱁스 프로젝트(BEPS Project)의 최소기준(minimum standards) 및 권고안 이행을 감독하기 위하여 OECD가 설립하고 운영하는 협의체이다.

OECD 모델조약(OECD Model Treaty) OECD가 발의한 소득과세(법인세, 소득세)에 관한 모델 조세조약으로 사실상 양자간 소득세 조세조약의 기본 양식으로 기능한다.

183일 규칙(183-day rule) 개인이 12개월 동안 모두 합쳐 183일 또는 그 이상의 기간 동안 한 국가에 실재(實在)하면 그 국가의 거주자로 간주하는 규칙으로 많은 국가들이 이 규칙을 채택하고 있다.

찾아 보기

[ㅈ]

[ㅊ]

[ㅌ]

[역자 약력]

문 준 필

현 L.K.B & Partner 구성원 변호사
고려대학교 법과대학 법학과(법학사)
서울시립대학교 세무전문대학원 석사(세무학석사)
서울시립대학교 세무전문대학원 박사과정 수료
서울행정법원(조세전담) 부장판사
사법연수원 수료(제22기)

주요 저서 및 역서

인지실무(공저, 대법원, 2006)
주석 민사집행법(공저, 한국사법행정학회, 2012)
행정소송의 이론과 실무(공저, 서울행정법원, 2015)
행정실무제요(공저, 대법원, 2016)
세법상 처분과 하자(석사학위 논문, 2016)

서 보 국

현 충남대학교 법학전문대학원 교수
고려대학교 법과대학 법학과(법학사)
독일 만하임 대학교(법학박사)
기획재정부 세제발전심의위원회/국세예규심사위원회 위원

주요 저서 및 역서

Der Billigkeitserlass im System des Steuerrechts(박사학위 논문, 2009)
독일 조세법상 소득공제제도 연구(2020)
부가가치세법상 용역의 공급장소에 관한 비교법적 연구－독일의 부가가치세법을 중심으로－(2020)
중소벤처기업 지원을 위한 세제 개선 방안－가업상속공제와 회생절차를 중심으로－(2019)

양 인 준

현 서울시립대학교 세무학과·세무전문대학원 교수
서울대학교 사법학과(법학사)
서울대학교 대학원 법학과(법학석사)
서울대학교 대학원 법학과(법학박사)
University of California Irvine School of Law (LL.M.)
전 기획재정부 세제발전심의위원회/국세예규심사위원회 위원

주요 저서 및 역서

합병·분할시 세무요소 승계에 관한 연구(박사학위 논문, 2011)
경정청구와 환급청구의 관계－부과과세방식의 세금에 대한 불복방법의 측면에서(공저, 2020)
최초 명의신탁 재산에서 파생된 주식에 대한 증여의제 과세범위 연구－최근 대법원 판례 동향을 바탕으로－(공저, 2020)
합병시 영업권 과세요건 해석론에 관한 비판적 고찰－최근 대법원 판례들을 소재로－(2020)

전 애 진

현 국세청 조사분석과장
이화여자대학교 행정학과(행정학사)
美 Emory대 경영학 석사
서울시립대학교 세무전문대학원 박사과정 수료
행정고시(재경직, 제46회)
전 안양세무서장, 중부지방국세청 조사1국 국제거래조사과, 국세청 국제조사과

주요 저서 및 역서

주요 쟁점별 심리결정 사례집(공저, 2008)

최 정 희

현 건양대학교 세무학과 교수
경북대학교 법과대학 법학부(법학사)
University of Florida, Levin College of Law(S.J.D)
기획재정부 세제발전심의위원회/국세예규심사위원회 위원

주요 저서 및 역서

A Comparative Study of the Anti－Tax Avoidance Rules in U.S., Australia, Korea and Japan(박사학위 논문, 2013)
가산세 면제를 위한 정당한 사유에 대한 비교법적 고찰－일본과의 비교를 중심으로－(2020)
미국의 가상화폐에 대한 과세제도와 그 시사점(2020)
최근 일반 조세회피방지규정의 입법 동향과 그 시사점(2020)

황 남 석

현 경희대학교 법학전문대학원 교수
서울대학교 법과대학 사법학과(법학사)
서울대학교 대학원 법학과(법학석사)
서울시립대학교 세무전문대학원(세무학박사)
사법연수원 수료(제29기)

주요 저서 및 역서

법인세법론(공저, 삼일인포마인2021)
주석 국세기본법(공저, 2021)
우리 법인세법의 성립과정 연구(마인드탭, 2017)
회사분할과세론(2011)

제4판
국제조세입문

초판 발행 2021년 8월 31일

지은이 Brian J. Arnold
옮긴이 문준필 · 서보국 · 양인준 ·
전애진 · 최정희 · 황남석
펴낸이 김중용

총괄기획 박노일 · 최준규
편 집 심성보 · 김인숙

펴낸곳 도서출판 정독

경기도 고양시 일산서구 하이파크로 113, 102-204
등록 제406-2014-000093호
전 화 070)7550-3758 팩 스 02)718-8554
홈페이지 www.jeongdok.co.kr 이메일 pnc@pncmedia.co.kr
ISBN 979-11-90899-86-4 93360

정 가 28,000원